Vorwort

Wegen ihrer Bedeutung für den demokratischen Willensbildungsprozess ist die Sicherung der Meinungsvielfalt in den Medien (Presse, Rundfunk, Internet) eine Kernaufgabe des Medienrechts. Zwar gibt das BVerfG in ständiger Rundfunkrechtsprechung das Regulierungsziel vor, den öffentlichen Kommunikationsprozess vor vorherrschender Meinungsmacht und Informationsmonopolen zu bewahren. Die Sicherung der Meinungsvielfalt im privaten Rundfunk für die bundesweit empfangbaren Fernsehprogramme verlangt demnach die Verhinderung vorherrschender Meinungsmacht, eine Aufgabe, die bereits vorbeugende Maßnahmen erfordert, weil – wie das BVerfG formuliert – Fehlentwicklungen nur mit großem Aufwand und häufig überhaupt nicht mehr korrigiert werden können. Hinzu tritt das Postulat, den Kommunikationsprozess offen zu halten für eine Vielzahl unabhängiger Nachrichtenquellen, um Monopolstellungen zu verhindern, die zu einer Informationsverengung führen und damit den politischen Willensbildungsprozess der demokratisch verfassten Gesellschaft gefährden. Die Komplexität der medienökonomischen Gegebenheiten und die zunehmenden Konvergenzprozesse in den Medien, bei denen die Trennlinien zwischen den klassischen Medien Presse und Rundfunk und den Online-Medien mehr und mehr verschwimmen, erschweren indes die rechtliche Umsetzung dieses an sich unbestrittenen Postulats. Die einfachgesetzliche Umsetzung der verfassungsrechtlichen Prämissen im Rundfunkstaatsvertrag erweist sich zunehmend als problematisch.

Die Gründe sind vielschichtig: Die Beantwortung der Frage, wann vorherrschende Meinungsmacht mit Blick auf das Zuschaueranteilsmodell vorliegt, ist ebenso komplex, wie der Versuch der Austarierung der politischen Interessen, die sich oft hinter den jeweils agierenden Landesmedienanstalten formieren, welche damit dem Dilemma der Verfolgung handfester politischer Standortinteressen bei gleichzeitiger Wahrung öffentlicher Vielfaltsicherungsinteressen ausgesetzt sind. Der auf einfachgesetzlicher Ebene unternommene Versuch, die verfassungsrechtlichen Vorgaben der Medienordnung in den Vorschriften der §§ 25 ff. RStV umzusetzen, ist zudem nur begrenzt geglückt. Trotz des Bemühens der Kommission zur Ermittlung der Konzentration im Medienbereich (KEK) um eine sachgerechte und verfassungskonforme Anwendung der Rundfunkkonzentrationsregeln, die auch dem Einzelfall und damit sowohl dem verfassungsrechtlichen Postulat der Vielfaltsicherung als auch den agierenden Medienunternehmen gerecht zu werden versuchen, sind mitunter Interpretationsschwierigkeiten in Bezug auf die konkrete Anwendung verblieben (etwa § 26 Abs. 1 oder Abs. 2 RStV als Ermächtigungsgrundlage, Beurtei-

lungsspielraum, Vermutungstatbestände, Aufgreifschwellen, medienrelevante verwandte Märkte etc.), die teilweise in der Medienpraxis zu Irrita-
tionen geführt haben und erst allmählich durch die Rspr. und den
Rundfunkgesetzgeber ausgeräumt werden.

Gleichzeitig beschränkt sich die Vielfaltsicherung längst nicht mehr auf
das „Suggestivmedium Fernsehen". Ganz im Gegenteil: Spätestens seit
dem viel beachteten, letztlich aber gescheiterten Versuch der Übernahme
von ProSiebenSat.1 Media durch die Axel Springer AG im Jahre 2006
wird man die Pluralismussicherung nicht mehr ausschließlich auf den Bereich des bundesweiten Fernsehens reduzieren können. Zunehmend werden medienrelevante verwandte Märkte ebenso in den Blick zu nehmen
sein, wie meinungsverengende Aktivitäten auf Internet-Plattformen und
anderen Online-Diensten mit meinungsrelevantem Charakter, einer The-
matik, der sich der Rundfunkgesetzgeber in den nächsten Rundfunkän-
derungsstaatsverträgen vermehrt annehmen wird.

Dieser strukturelle Übergang vom Rundfunkkonzentrationsrecht zum
branchenübergreifenden Medienkonzentrationsrecht ist der Anlass für die
vorliegende Monographie. Sie untersucht nicht nur das Medienkonzentrationsrecht, sondern nimmt auch das parallele Verfahren der Kartellbehörden zur Marktmacht-Kontrolle, insbesondere die Fusionskontrolle, mit in
den Blick. Das Buch thematisiert die unterschiedlichen Teilaspekte der
Vielfaltsicherung, indem es sich den verfassungsrechtlichen Grundlagen
ebenso widmet wie der einfachgesetzlichen Ausgestaltung im Rundfunkstaatsvertrag der Länder (der Kontrolle der sog. Meinungsmacht) und deren Relation zum allgemeinen Kartellrecht (der Kontrolle der sog. Marktmacht). Als Studienbuch zum Recht der Medienkonzentration, das sich
gleichermaßen an Studierende wie Praktiker richtet, will es damit einen
Beitrag zur Durchdringung der komplexen Materie der Vielfaltsicherung
in den Medien zwischen Wettbewerbs- und Medienrecht leisten.

Das Entstehen des Buches wurde durch manigfache Hilfe unterstützt.
Dafür ist vielfältiger Dank geschuldet. Ein ganz besonderer Dank gilt
Frau *Linda Grigat* sowie den Herren ref. iur. *Richard Helwig, Johann-
Gottfried Lessing*, Dr. *Thomas Lang* und *Andreas Zenner* für ihre Hilfe
bei den Korrekturen. Ein ebenso herzlicher Dank gebührt Frau *Anna
Christina Pech* und Frau *Nadine Kristin Bemsel* für ihre Unterstützung
bei der Überprüfung des Fußnotenapparates.

Anregungen und Kritik sind stets willkommen und erreichen die Ver-
fasser per e-mail: gouna@staff.uni-marburg.de oder unter folgender An-
schrift: Philipps-Universität Marburg, Fachbereich Rechtswissenschaf-
ten, Institut für Rechtsvergleichung, Universitätsstr. 6, 35032 Marburg.

Marburg, im Juli 2008   *Prof. Dr. Georgios Gounalakis*
                                                    Dr. Georgios Zagouras

Verlag C.H. Beck im Internet:
beck.de

ISBN 978 3 406 58190 8

© 2008 Verlag C.H. Beck oHG
Wilhelmstraße 9, 80801 München
Druck: Nomos Verlagsgesellschaft
In den Lissen 12, 76547 Sinzheim
Satz: ES-Editionssupport, München
Gedruckt auf säurefreiem, alterungsbeständigen Papier
(hergestellt aus chlorfrei gebleichtem Zellstoff)

Medienkonzentrationsrecht

Vielfaltsicherung in den Medien

von

Prof. Dr. Georgios Gounalakis

o. Professor an der Philipps-Universität Marburg

und

Dr. Georgios Zagouras

wiss. Mitarbeiter an der Philipps-Universität Marburg

Verlag C.H. Beck München 2008

Schriftenreihe
Information und Recht

Herausgegeben von

Prof. Dr. Thomas Hoeren
Prof. Dr. Gerald Spindler
Prof. Dr. Bernd Holznagel, LL.M.
Prof. Dr. Georgios Gounalakis
PD Dr. Herbert Burkert
Prof. Dr. Thomas Dreier

Band 70

Verlag C.H. Beck München 2008

Information und Recht

Band 70

Inhaltsverzeichnis

Abkürzungsverzeichnis

PDA .... Personal Digital Assistant
PDF .... Portable Document Format
Rdnr. .... Randnummer
RDV .... Recht der Datenverarbeitung
RL .... Richtlinie
Rs. .... Rechtssache
RTL .... Radio Television Luxemburg
S. .... Seite, Satz, siehe
Slg. .... Sammlung
SLM .... Sächsische Anstalt für privaten Rundfunk und neue Medien
TLM .... Thüringer Landesmedienanstalt
UMTS .... Universal Mobile Telecommunications System
Verw .... Die Verwaltung
VerwArch .... Verwaltungsarchiv
Vgl. .... Vergleiche
Vorb. .... Vorbemerkung
VR .... Verwaltungsrundschau
WAZ .... Westdeutsche Allgemeine Zeitung
WRP .... Wettbewerb in Recht und Praxis
WuW .... Wirtschaft und Wettbewerb
ZAK .... Kommission zur Zulassung und Aufsicht
ZDF .... Zweites Deutsches Fernsehen
ZUM .... Zeitschrift für Urheber- und Medienrecht
ZVS .... Zentralstelle für die Vergabe von Studienplätzen
ZWeR .... Zeitschrift für Wettbewerbsrecht

Literaturverzeichnis

Achterberg, Norbert, Allgemeines Verwaltungsrecht, 2. Aufl., Heidelberg 1986

Alternativkommentar, Kommentar zum Grundgesetz für die Bundesrepublik Deutschland, Reihe Alternativkommentare, Hrsg.: Erhard Denninger, Bearbeiter: Wolfgang Hoffmann-Riem, 3. Aufl., 2. Aufbaulieferung, Neuwied 2002

Badura, Peter, Gleichgewichtige Vielfalt im dualen System des Rundfunks, JA 1987, 180 ff.

ders., Verfassungsrechtliche Bindungen der Rundfunkgesetzgebung: Die Freiheit des Rundfunks und die saarländische Gesetzgebung über private Veranstalter von Rundfunksendungen, Rechtsgutachten erstattet im Auftrag der ARD, Berlin 1980

ders., Verwaltungskompetenz und Organisationsrecht des Bundes (Art. 87 Abs. 1 GG) im Hinblick auf eine Beteiligung an Unternehmen in einer Rechtsform des privaten Rechts, betrachtet am Bespiel der Postreform von 1989, in: Festschrift für Werner Lorenz zum siebzigsten Geburtstag, Hrsg.: Bernhard Pfister, Mi chael R. Will, Tübingen 1991, 3 ff.

Bahr, Martin, Glücks- und Gewinnspiele in den Medien – Die Entwicklung der Rechtsprechung und Gesetzgebung in den Jahren 2004 und 2005 in Deutschland, K&R 2006, 145 ff.

Balda, Volker, Schmits, Volker, Fernsehen ohne Grenzen auf dem Weg zur Konvergenz, CR 1998, 421 ff.

Bamberger, Christian, Sicherung der Meinungsvielfalt durch die Landesmedienanstalt, ZUM 2000, 551 ff.

Bartosch, Andreas, Das Grünbuch zur Konvergenz: Ein Beitrag zur Diskussion auf dem Weg in die Informationsgesellschaft, ZUM 1998, 209 ff.

Basedow, Jürgen, Pressefreiheit = Verlegerfreiheit?, ZEuP 2004, 446 f.

Baur, Jürgen F., Anwendungsprobleme der Missbrauchsaufsicht über marktbeherrschende Unternehmen, JA 1987, 118 ff.

Beater, Axel, Medienrecht, Tübingen 2007

Bechtold, Rainer, Das neue Kartellgesetz, NJW 1998, 2769 ff.

ders., Fusionskontrolle in Anzeigenmärkten – Anmerkung zum Elbe-Wochenblatt-Beschluss des BGH vom 18.12.1979, AfP 1980, 88 ff.

ders., Kartellgesetz – Gesetz gegen Wettbewerbsbeschränkungen: Kommentar, 4. Aufl., München 2006

ders., Tagesspiegel/Berliner Zeitung – Keine oligopolistische Marktbeherrschung: Erwiderung auf Säcker, BB 2003, 2245 ff:, BB 2003, 2528 ff.

Beck'scher Kommentar zum Rundfunkrecht, Rundfunkstaatsvertrag, Rundfunkgebührenstaatsvertrag, Rundfunkfinanzierungsstaatsvertrag, Jugendmedienschutzstaatsvertrag Hrsg.: Werner Hahn, Thomas Vesting, Bearbeiter: Ulrike Bumke, Norbert P. Flechsig, Helge Rossen-Stadtfeld, Margarete Schuler-Harms, Wolfgang Schulz, Hans-Heinrich Trute, Harald Vinke, München 2003

Beck'scher TKG Kommentar, Telekommunikationsgesetz: Kommentar, Hrsg.: Martin Geppert, Hermann-Josef Piepenbrock, Raimund Schütz, Fabian Schuster, Bearbeiter: Guido Göddel, Stephan Hubertus Korehnke, Daniel Tewes, 3. Aufl., München 2006

Becker, Udo, Existenzgrundlagen öffentlich-rechtlicher und privater Rundfunkveranstalter nach dem Rundfunkstaatsvertrag, Baden-Baden 1992

Beckmerhagen, Axel, Die essential facilities doctrine im US-amerikanischen und europäischen Kartellrecht, Baden-Baden 2002

Beese, Dietrich, Merkt, Jutta, Europäische Union zwischen Konvergenz und Regulierung – Die neuen Richtlinienentwürfe der Kommission, MMR 2000, 536 ff.

Bender, Gunnar, Cross-Media-Ownership – Multimediale Konzentration und ihre Kontrolle, Heidelberg 1999

ders., Regulierungskonzepte zum digitalen Fernsehen der USA – Gegenwärtiger Stand und Entwicklungsperspektiven, ZUM 1998, 38 ff.

Berg, Wilfried, Die verwaltungsrechtliche Entscheidung bei ungewissem Sachverhalt, Berlin 1980

Bernard, Claudia, Rundfunk als Rechtsbegriff: Bedeutung, Inhalt und Funktion des Rundfunkbegriffs unter besonderer Berücksichtigung der Multimediadienste, Herbolzheim 2001

Bethge, Herbert, Der Grundrechtsstatus privater Rundfunkveranstalter, NVwZ 1997, 1 ff.

ders., Der verfassungsrechtliche Standort des öffentlich-rechtlichen Rundfunks – Rechtsgutachten über die Verfassungsmäßigkeit des WDR-Gesetzes vom 19. März 1985, Frankfurt am Main 1987

ders., Rundfunkfreiheit in der Perspektive von Bundes- und Landesverfassungsgerichtsbarkeit: Anmerkungen zum Urteil des Bundesverfassungsgerichts vom 4. November 1986 und zur Entscheidung des Bayerischen Verfassungsgerichtshofs vom 21. November 1986, ZUM 1987, 199 ff.

Bettermann, Karl August, Rundfunkfreiheit und Rundfunkorganisation – Kritische Bemerkungen zum Fernsehurteil des Bundesverfassungsgerichts, DVBl 1963, 41 ff.

Bieber, Roland, Epiney, Astrid, Haag, Marcel, Die Europäische Union: Europarecht und Politik, 6. Aufl., Baden-Baden 2006

Bleckmann, Albert, Begründung und Anwendungsbereich des Verhältnismäßigkeitsprinzips, JuS 1994, 177 ff.

Böge, Ulf, Möglichkeiten und Grenzen von Medienfusionen, in: Wieviel Macht verträgt die Vielfalt? Möglichkeiten und Grenzen von Medienfusionen, Hrsg.: Ulf Böge, Jürgen Doetz, Dieter Dörr, Rolf Schwartmann, Frankfurt 2007, 39 ff.

ders., Reform der Pressefusionskontrolle: Forderungen, Vorschläge, Konsequenzen, MMR 2004, 227 ff.

Boesche, KatharinaVera, Wettbewerbsrecht, 2. Aufl., Heidelberg 2007

Bohne, Michael, Cross-mediale Effekte in der Fusionskontrolle, WRP 2006, 540 ff.

Bonner Kommentar, Bonner Kommentar zum Grundgesetz, Hrsg.: Rudolf Dolzer, Klaus Vogel, Bearbeiter: Peter Badura, Christoph Degenhart, Hans-Werner

Rengelin, Loseblattsammlung, 129. Aktualisierung Juni 2007, Heidelberg 2007

Bopp, Dieter, Ordnungsziele des Landesmedienrechts und Wettbewerb der Medienträger, AfP 1989, 641 ff.

Bork, Reinhard, „Geringfügige Unterschreitung des Zuschaueranteils" – Betrachtungen zu § 26 Abs. 2 S. 2 RfStV, K&R 1998, 183 ff.

Bornemann, Roland, Kraus, Volker, Lörz, Nikolaus, Bayerisches Mediengesetz: Kommentar und Textsammlung, Loseblattsammlung, Stand: 3. Lieferung, Februar 1998, Baden-Baden 1996

ders., Cross-Promotion in Fernsehprogrammen von Senderfamilien, K&R 2001, 302 ff.

ders., Die Bedeutung der starken Stellung in der Medienkonzentrationskontrolle, ZUM 2006, 200 ff.

ders., Die Kompetenz-Kompetenz in der Konzentrationskontrolle: Zugleich Erwiderung auf Renck-Laufke, Die KEK eine Zumutung?, ZUM 2004, 344 ff., ZUM 2004, 739 ff.

ders., Wie die KEK gefühlte Meinungsmacht in eine Eingriffskompetenz umrechnet, MMR 2006, 275 ff.

Bremer, Eckhard, Martini, Karin, Kartellrechtsreform und Sicherung der Pressevielfalt: Wäre eine Lex Holtzbrinck im Rahmen der 7. GWB-Novelle verfassungsgemäß?, ZUM 2003, 942 ff.

Bremer, Eckhard, Esser, Michael, Hoffmann, Martin, Der Rundfunk in der Verfassungs- und Wirtschaftsordnung Deutschlands, Baden-Baden 1992

Brenner, Christian, Fusionskontrolle bei privaten Rundfunkveranstaltern, ZUM 1998, 877 ff.

Brinkmann, Tomas, Aussperrung von Hörfunkreportern?, ZUM 2006, 802 ff.

ders., Probleme der Marktregulierung im Bereich des Rundfunks in der dualen Ordnung, in: Wirtschafts- und Medienrecht in der Demokratie: Freundesgabe für Friedrich Kübler zum 65. Geburtstag, Hrsg.: Heinz-Dieter Assmann, Tomas Brinkmann, Georgios Gounalakis, Helmut Kohl, Rainer Walz, Heidelberg 1997, 153 ff.

ders., Zum Urteil des Bundesverfassungsgerichts zur Fernsehkurzberichterstattung: Die Sicherung der freien Berichterstattung von Sportveranstaltungen und anderen öffentlichen Ereignissen, MP 1998, 98 ff.

Brühann, Ulf, Pluralismus und Medienkonzentration im Binnenmarkt: Beitrag zum Expertengespräch des Europäischen Medieninstituts am 12. Mai 1993 in Saarbrücken, ZUM 1993, 600 ff.

Bruns, Alexander, Tagungsbericht zum 64. Deutschen Juristentag vom 17.–20.9.2002 in Berlin, Abt. Medienrecht, JZ 2003, 188 ff.

Buchholz, Anne, Gibt es einen Fernsehzuschauermarkt im Sinne des Gesetzes gegen Wettbewerbsbeschränkungen – Erwiderung auf den gleichnamigen Beitrag von Klaus-Eberhardt Schmidt, ZUM 1998, 108 ff.

Bullinger, Martin, Der Rundfunkbegriff in der Differenzierung kommunikativer Dienste, AfP 1996, 1 ff.

ders., Zur Expansion öffentlich-rechtlicher Rundfunkanstalten im Wettbewerb mit privaten Rundfunkveranstaltern, JZ 1987, 928 ff.

Bullinger, Martin, Mestmäcker, Ernst-Joachim, Multimediadienste: Struktur und staatliche Aufgaben nach deutschem und europäischem Recht, Baden-Baden 1997

Bumke, Ulrike, Die Klagebefugnis der Landesmedienanstalten und das Gebot der präventiven Konzentrationskontrolle, ZUM 1998, 121 ff.

Bunte, Hermann-Josef, Kartellrecht: ein Lehrbuch für Studium und Praxis, München 2002

Bunte, Klaus, Heintz, Dominique, Zugang zu Netzen oder anderen Infrastruktureinrichtungen: § 19 Abs. 4 Ziffer 4 GWB im Lichte der französischen Rechtsprechung zum kartellrechtlichen Begriff der „facilites essentielles", WuW 2003, 598 ff.

Calliess, Christian, Ruffert, Matthias , EUV/EGV: Das Verfassungsrecht der Europäischen Union mit Europäischer Grundrechtecharta: Kommentar, Bearbeiter: Hermann-Josef Blanke, Christian Calliess, Matthias Rossi, 3. Aufl., München 2007

Catranis, Alexander, Die Aufgabe der Zusammenschlusskontrolle – dargestellt am Beispiel der Sanierungsfusion, Berlin 1981

Charalambis, Dimitris, Meinungsfreiheit, Pluralismus und Transparenz im Bereich der elektronischen Medien – Erfahrungen in Griechenland, in: Pluralismussicherung und Konzentrationskontrolle im Medienbereich, Hrsg.: Athanasios Tsevas, Athen, 2007, 129 ff.

Clausen-Muradian, Elisabeth, Konzentrationskontrolle im privaten Rundfunk – Der neue Rundfunkstaatsvertrag (RStV) 1997, ZUM 1996, 934 ff.

Dagtoglou, Prodromos, Wesen und Grenzen der Pressefreiheit, Stuttgart 1963

Degenhart, Christoph, Duale Rundfunkordnung im Wandel, AfP-Sonderheft 2007, 24 ff.

ders., Öffentlicher Rundfunk und Freizeitparks: Rechtsfragen des ZDF-„Medienparks", Heidelberg 2001

ders., Online-Angebote öffentlich-rechtlicher Rundfunkanstalten, Frankfurt am Main 1998

ders., Programmauftrag Internet – Öffentlich-rechtliche Rundfunkanstalten und Online-Dienste, MMR 1998, 137 ff.

ders., Rechtliche Rahmenbedingungen fremdsprachiger Rundfunkprogramme, K&R 2007, 380 ff.

ders., Rundfunkfreiheit in gesetzgeberischer Beliebigkeit? zum 6. Rundfunkurteil des Bundesverfassungsgerichts – WDR-Gesetz und Landesrundfunkgesetz Nordrhein-Westfalen, DVBl 1991, 510 ff.

ders., Rundfunkfreiheit, Rundfunkorganisation und Rundfunkaufsicht in Baden-Württemberg: Kompetenzen der Landesanstalt für Kommunikation gegenüber Programmbeiräten privater Rundfunkveranstalter, AfP 1988, 327 ff.

ders., Wirtschaftliche Betätigung öffentlich-rechtlicher Rundfunkanstalten: Der Medienpark des ZDF, ZUM 2001, 357 ff.

Degenhart, Christoph, Stock, Martin, Zur Novellierung des § 21 Rundfunk-Staatsvertrag – Diskussionsbeiträge, AfP 1995, 548 ff.

Delbrück, Jost, Die Rundfunkhoheit der deutschen Bundesländer im Spannungsfeld zwischen Regelungsanspruch der Europäischen Gemeinschaft und nationalem Verfassungsrecht: Rechtsgutachten erstattet im Auftrag der deutschen Bundesländer, Frankfurt am Main 1986

Detterbeck, Steffen, Allgemeines Verwaltungsrecht mit Verwaltungsprozessrecht, 5. Aufl., München 2007

ders., Zur Grundrechtsproblematik staatlicher selektiver Pressesubventionen, ZUM 1990, 371 ff.

Dietze, Philipp v., Janssen, Helmut, Kartellrecht in der anwaltlichen Praxis, 3. Aufl., München 2007

Diller, Ansgar, Das Urteil des Bundesverfassungsgerichts zum Fernsehstreit, JR 1961, 130 ff.

ders., Rundfunkpolitik im Dritten Reich, in: Rundfunk in Deutschland, Hrsg.: Hans Bausch, München 1980

Dittmann, Armin, Die allzu kecke KEK – Anmerkungen zu Vorbehalt und Vorrang des Gesetzes bei Anwendung von § 26 RStV und zur Rolle der Rechtsaufsicht, in: Festschrift für Karl Peter Mailänder zum 70. Geburtstag, Hrsg.: Karlmann Geiss, Klaus-A. Gerstenmaier, Rolf M. Winkler, Peter Mailänder, Berlin 2006, 467 ff.

Dörr, Dieter, Die Entwicklung des Medienrechts, NJW 1997, 1341 ff.

ders., Die KEK – ein taugliches Instrument zur Bekämpfung der Medienkonzentration? Versuch einer ersten Bilanz der Arbeit der Kommission zur Ermittlung der Konzentration im Medienbereich, MP 1998, 54 ff.

ders., Die Konzentration im Medienbereich: Nationales Vielfaltsicherungsrecht im Spannungsfeld zum europäischen Wettbewerbsrecht, in: Medien in der Europäischen Gemeinschaft, Hrsg.: Dieter Dörr, Peter-Christian Müller-Graff, Baden-Baden 2007, 95 ff.

ders., Die Rolle des öffentlich-rechtlichen Rundfunks in Europa: Rechtsgutachten erstattet im Auftrag der Arbeitsgemeinschaft der öffentlich-rechtlichen Rundfunkanstalten der Bundesrepublik Deutschland (ARD), Baden-Baden 1997

ders., Die Springer-Entscheidung der KEK und ihre Folgen, in: Wieviel Macht verträgt die Vielfalt? Möglichkeiten und Grenzen von Medienfusionen, Hrsg.: Ulf Böge, Jürgen Doetz, Dieter Dörr, Rolf Schwartmann, Frankfurt 2007, 21 ff.

ders., Maßnahmen zur Vielfaltssicherung gelungen?, MP 1996, 621 ff.

ders., Pluralismussicherung und Konzentrationskontrolle im Medienbereich: Das Zuschaueranteilsmodell des Rundfunkstaatsvertrages, in: Pluralismussicherung und Konzentrationskontrolle im Medienbereich, Hrsg.: Athanasios Tsevas, Athen, 2007, 9 ff.

ders., Recht auf nachrichtenmäßige Kurzberichterstattung, JuS 1998, 840 ff.

ders., Rundfunkfreiheit von Landesmedienanstalten, JuS 1997, 1038 ff.

ders., Verfassungsmäßigkeit des nordrhein-westfälischen Rundfunkrechts, JuS 1992, 71 ff.

ders., Vielfaltsicherung im bundesweiten Fernsehen: Relikt aus der analogen Welt oder unverzichtbare Grundlage der Informationsgesellschaft?, AfP-Sonderheft 2007, 33 ff.

ders., Vielfaltssicherung in Gefahr? Die Verhinderung vorherrschender Meinungsmacht und die Springer-Entscheidung der KEK, in: Festschrift für Karl
Peter Mailänder zum 70. Geburtstag, Hrsg.: Karlmann Geiss, Klaus-A. Gerstenmaier, Rolf M. Winkler, Peter Mailänder, Berlin 2006, 481 ff.

Dörr, Dieter, Schiedermair, Stephanie, Ein kohärentes Konzentrationsrecht für
die Medienlandschaft in Deutschland, Frankfurt am Main 2007

Dörr, Dieter, Schwartmann, Rolf, Medienrecht, Heidelberg 2006

Doetz, Jürgen, Die Sicht der privaten Rundfunkunternehmen, in: Wieviel Macht
verträgt die Vielfalt? Möglichkeiten und Grenzen von Medienfusionen, Hrsg.:
Ulf Böge, Jürgen Doetz, Dieter Dörr, Rolf Schwartmann, Frankfurt 2007, 45 ff.

Dreher, Meinrad, Die Verweigerung des Zugangs zu einer wesentlichen Einrichtung als Mißbrauch der Marktbeherrschung, DB 1999, 833 ff.

Eberle, Carl-Eugen, Betätigung des ZDF im Online-Bereich, AfP 1998, 272 ff.

ders., Digitale Rundfunkfreiheit – Rundfunk zwischen Couch-Viewing und Onli-
ne-Nutzung, CR 1996, 193 ff.

ders., Neue Verbreitungswege, neue Angebote – die Sicht des öffentlich-rechtlichen Rundfunks, ZUM 2007, 439 ff.

ders., Programmauftrag Internet?: öffentlich-rechtliche Rundfunkanstalten und
Online-Dienste, Dokumentation der Vortrags- und Diskussionsveranstaltung
der Forschungsstelle für Medienrecht und Medienwirtschaft an der Philipps-
Universität Marburg vom 17. November 1997, Frankfurt am Main 1998

ders., Regulierung, Deregulierung oder Selbstregulierung? – Aktuelle Regelungsprobleme bei Online-Diensten, in: Festschrift für Manfred Engelschall, Hrsg.:
Mathias Prinz, Butz Peters, Baden-Baden 1996, 153 ff.

Ebsen, Christian, Fensterprogramme im Privatrundfunk als Mittel zur Sicherung
von Meinungsvielfalt, Frankfurt am Main 2003

Eckert, Gerhard, Monopol und Wettbewerb im deutschen Fernsehen, München 1958

Ellinghaus, Ulrich, Zur (Un-) Systematik der besonderen Missbrauchsaufsicht im
TKG, CR 2007, 698 ff.

Emmerich, Volker, Kartellrecht: ein Studienbuch, 10. Aufl., München 2006

ders., Möglichkeiten und Grenzen der wirtschaftlichen Betätigung der öffentlich-
rechtlichen Rundfunkanstalten, Berlin 1986

Engel, Christoph, Meinungsvielfalt durch Ministererlaubnis?, ZWeR 2003,
448 ff.

ders., Sonderlasten für Fernsehveranstalter mit einem Zuschaueranteil von 10 %,
ZUM 2000, 345 ff.

ders., Zuschaueranteile in der publizistischen Konzentrationskontrolle, ZUM
2005, 776 ff.

Engels, Stefan, Verfassungsrechtliche Strukturvorgaben für Rundfunkkonzentra-
tionsregelungen – Überlegungen im Kontext der aktuellen medienpolitischen
Entwicklungen, ZUM 1996, 44 ff.

Faßbender, Kurt, Zu Inhalt und Grenzen des rundfunkrechtlichen Sendestaats-
prinzips, AfP 2006, 505 ff.

Fäßler, Hans-Roland, Konzentrationskontrolle des privaten Fernsehens, AfP 1995, 542 ff.

Fechner, Frank, Medienrecht: Lehrbuch des gesamten Medienrechts unter besonderer Berücksichtigung von Presse, Rundfunk und Multimedia, 8. Aufl., Tübingen 2007

Fischer, Heinz-Dietrich, Barsig, Franz, Rundfunk-Intendanten, Kommunikatoren oder Manager?: Rechtsstellung, Selbstverständnis und publizistischer Status der Leiter öffentlich-rechtlicher Rundfunkanstalten in der Bundesrepublik Deutschland, Bochum 1979

Flatau, Kai, Neue Verbreitungsformen für Fernsehen und ihre rechtliche Einordnung: IPTV aus technischer Sicht, ZUM 2007, 1 ff.

Fleischer, Holger, Missbräuchliche Produktvorankündigungen im Monopolrecht – Lehren aus United States v. Microsoft, WuW 1997, 203 ff.

Frankfurter Kommentar, Frankfurter Kommentar zum Kartellrecht: Grundwerk zur Fortsetzung: Mit Kommentierung des EG-Kartellrechts, des GWB und einer Darstellung ausländischer Kartellrechtsordnungen, Hrsg.: Wolfgang Jaeger, Petra Pohlmann, Harald Rieger, Dirk Schroeder, Bearbeiter: Marian Paschke, Karlheinz Quack, 63. Lieferung, Köln 2007

Frey, Dieter, Das öffentlich-rechtliche Fernsehen im Wettbewerbsrecht der EG, ZUM 1999, 528 ff.

Friedrich, Sabine, Rundfunk und Besatzungsmacht: Organisation, Programm und Hörer des Südwestfunks 1945–1949, Baden-Baden 1991

Fuhr, Ernst W., ZDF-Staatsvertrag: Staatsvertrag über die Errichtung der gemeinnützigen Anstalt des Öffentlichen Rechts „Zweites Deutsches Fernsehen" (ZDF-Staatsvertrag), Bearbeiter: Michael Winter, 2. Aufl., Mainz 1985

Gabriel, Ulrich, Barth, Stefanie, Rechtsprobleme bei Gewinnspielen mit Mehrwertdiensten, VuR 2006, 301 ff.

Gehrhardt, Erwin, Lässt Artikel 5 des Grundgesetzes die Einführung einer Fusionskontrolle für die Presse zu?, AfP 1971, 2 ff.

Gersdorf, Hubertus, Der verfassungsrechtliche Rundfunkbegriff im Lichte der Digitalisierung der Telekommunikation: ein Rechtsgutachten im Auftrag der Hamburgischen Anstalt für Neue Medien, Berlin 1995

ders., Grundzüge des Rundfunkrechts: Nationaler und europäischer Regulierungsrahmen, München 2003

ders., Internet über Rundfunkfrequenzen: Vergabe digitaler terrestrischer Rundfunkübertragungskapazitäten an Anbieter von Nicht-Rundfunkdiensten: Rechtsgutachten im Auftrag der Medienanstalt Berlin-Brandenburg (mabb) unter Beteiligung der Bayerischen Landeszentrale für Neue Medien (BLM), Berlin 2006

ders., Rundfunkfrequenzpolitik zwischen Ökonomisierung und Vielfaltsicherung: Zur Reichweite des Rundfunkprivilegs, ZUM 2007, 104 ff.

Gibbons, Thomas, Regulating The Media, 2. Aufl., London 1998

Giehl, Christoph, Der Wettbewerb zwischen öffentlich-rechtlichen und privaten Rundfunkveranstaltern: Wirtschaftliche, verfassungsrechtliche und gesetzliche Rahmenbedingungen, Baden-Baden 1993

Gounalakis, Georgios, Der Mediendienste-Staatsvertrag der Länder, NJW 1997, 2993 ff.

ders., Funktionsauftrag und wirtschaftliche Betätigung des Zweiten deutschen Fernsehens – am Beispiel des ZDF-Medienparks, Rechtsgutachten im Auftrag des ZDF, Mainz 2000

ders., Kameras im Gerichtssaal – Rechtsvergleichende Überlegungen zu einem Pilotprojekt „Gerichtsfernsehen", in: Wirtschafts- und Medienrecht in der Demokratie: Freundesgabe für Friedrich Kübler zum 65. Geburtstag, Hrsg.: Heinz-Dieter Assmann, Tomas Brinkmann, Georgios Gounalakis, Helmut Kohl, Rainer Walz, Heidelberg 1997, 173 ff.

ders., Kommunikationsnetze und -dienste: Konvergenz in der Wettbewerbsaufsicht, K&R 1999, 541 ff.

ders., Konvergenz der Medien – Sollte das Recht der Medien harmonisiert werden?, Gutachten C zum 64. Deutschen Juristentag, Berlin 2002, München 2002

ders., Konvergenz der Medien – Sollte das Recht der Medien harmonisiert werden?, NJW-Beilage 23/2002, 20 ff.

ders., Medienkonzentrationskontrolle versus allgemeines Kartellrecht, AfP 2004, 394 ff.

ders., Regulierung von Presse, Rundfunk und elektronischen Diensten in der künftigen Medienordnung, ZUM 2003, 180 ff.

ders., Sind Rundfunksender zur Ausstrahlung „nationalistischer Wahlwerbespots" verpflichtet?, NJW 1990, 2532 ff.

ders., Werbung im Rundfunkprogramm – Zwischen Trennungsgrundsatz und Schleichwerbungsverbot, WRP 2005, 1476 ff.

Gounalakis, Georgios, Rhode, Lars, Unentgeltlicher Zeitungsvertrieb – modernes Medienkonzept oder Marktstörung?, AfP 2000, 321 ff.

Gounalakis, Georgios, Wege, Christoph, Product Placement und Schleichwerbungsverbot – Widersprüche im neuen Fernsehrichtlinien-Entwurf, K&R 2006, 97 ff.

dies., Öffentlich-rechtlicher Rundfunk hat seinen Preis – Das Karlsruher Gebührenurteil vom 11. 9. 2007, NJW 2008, 800 ff.

Gounalakis, Georgios, Zagouras, Georgios, Crossmedia Konzentration und multimediale Meinungsmacht, AfP 2006, 93 ff.

dies., Konglomerate Medienkonzerne und die Wettbewerbsaufsicht – Eine Nachlese zum Fall Springer/ProSiebenSat.1, NJW 2006, 1624 ff.

dies., Plädoyer für ein europäisches Medienkonzentrationsrecht, ZUM 2006, 716 ff.

dies., Publizistische Vielfaltsicherung – Eine Aufgabe für Europa? JZ 2008, 652 ff.

Grabert, Otfrid, Öffentlichrechtliche Fragen der Programm-Verantwortlichkeit des Rundfunkintendanten, München 1979

Grabitz, Eberhard, Hilf, Meinhard, Recht der Europäischen Union, EUV/EGV, Bearbeiter: Jürgen Bast, Armin v. Bogdandy, Georg Ress, Christian Tietje, Jörg Ukrow, 31. Ergänzungslieferung, München 2006

Graf, Ulrich, Rundfunkanstalten im Kartellrecht: Die öffentlichen Rundfunkanstalten im deutschen und europäischen Kartellrecht, Bayreuth 1991

Greifenberg, Horst, Medienrechtliche und kartellrechtliche Kontrolle der Konzentration im Rundfunk, in: Offene Rundfunkordnung: Prinzipien für den Wettbewerb im grenzüberschreitenden Rundfunk, Hrsg.: Ernst-Joachim Mestmäcker, Gütersloh 1988, 311 ff.

Groeben, Hans v. d., Schwarze, Jürgen, Kommentar zum Vertrag über die Europäische Union und zur Gründung der Europäischen Gemeinschaft, Bearbeiter: Angela Bardenhewer-Rating, Bengt Beutler, Frank Fechner, Jörn Pipkorn, Hans-Claudius Taschner, Peter Troberg, Manfred Zuleeg, 6. Aufl., Baden-Baden 2003

Groh, Sabine, Die Bonusregelungen des § 26 Abs. 2 S. 3 des Rundfunkstaatsvertrages, Frankfurt am Main 2005

Gröner, Helmut, Wettbewerb im Rundfunk, in: Offene Rundfunkordnung: Prinzipien für den Wettbewerb im grenzüberschreitenden Rundfunk, Hrsg.: Ernst-Joachim Mestmäcker, Gütersloh 1988, 349 ff.

Gröpl, Christoph, Rechtsfragen bei der Rundfunkübertragung von Sportereignissen: Ein Vergleich zwischen dem Kurzberichterstattungsrecht und dem Großereignisübertragungsrecht unter dem Aspekt der Berufsfreiheit, ZUM 2004, 865 ff.

Groß, Rolf, Maßnahmen gegen die Pressekonzentration, VR 2007, 150 ff.

ders., Rundfunkverfassung in Deutschland, VR 2007, 258 ff.

ders., Zur Konzentration auf dem Gebiet der Printmedien, ZUM 1996, 365 ff.

Grundmann, Birgit, Die öffentlich-rechtlichen Rundfunkanstalten im Wettbewerb, Baden-Baden 1990

Hadamik, Sabine, Landesmedienordnung und Wettbewerbsrecht – Die Sicht der Landesanstalt für Rundfunk NW, AfP 1989, 643 ff.

Hahn, Andreas, Die Kontrolle von Zusammenschlüssen nach ihrem Vollzug, WuW 2007, 1084 ff.

Hain, Karl-Eberhard, Springer, ProSiebenSat.1 und die KEK – eine Nachlese, K&R 2006, 150 ff.

ders., Vorherrschende Meinungsmacht (§26 Abs. 1, 2 RfStV) und Fensterprogramme (§ 26 Abs. 5 RfStV), AfP 2000, 329 ff.

ders., Vorherrschende Meinungsmacht i. S. d. § 26 Abs. 1, 2 RStV: Die Kontroverse um „quantitative" oder „qualitative" Bestimmung, MMR 2000, 537 ff.

ders., Sicherung des publizistischen Pluralismus auf europäischer Ebene? AfP 2007, 527 ff.

ders., Zum ersten Akt des (verwaltungs-)gerichtlichen Nachspiels der gescheiterten Fusion von Springer und Pro7Sat.1, K&R 2008, 160 ff.

Hamburger Kommentar zum gesamten Medienrecht, Hrsg.: Wolfgang Berlit, Claus Meyer, Marian Paschke, Bearbeiter: Ellen Braun, Marian Paschke, Sarah Céline Tacke, Baden-Baden 2008

Hartstein, Reinhard, Ring, Wolf-Dieter, Kreile, Johannes, Dörr, Dieter, Stettner, Rupert, Rundfunkstaatsvertrag: Kommentar, Grundwerk 1999, Stand 29. Aktualisierung, Juni 2007, München 1999

Hasebrink, Uwe, Zur Berücksichtigung medienrelevanter verwandter Märkte bei der Anwendung des Zuschaueranteilsmodells (§ 26 Abs. 2 Satz 2 RStV), zitiert als: Hasebrink, KEK-Gutachten, im Internet abrufbar unter http://www.kekonline.de/kek/information/publikation/bredow2003.html (Letztmalig aufgerufen: Juli 2008)

Hecker, Manfred, Ruttig, Markus, Versuchen Sie es noch einmal: Telefon-Gewinnspiele im Rundfunk unter Einsatz von Mehrwertdienste-Rufnummern und ihre Beurteilung nach dem StGB und neuem UWG, GRUR 2005, 393 ff.

Hefermehl, Wolfgang, Köhler, Helmut, Bornkamm, Joachim, Wettbewerbsrecht: Gesetz gegen den unlauteren Wettbewerb, Preisangabenverordnung, Unterlassungsklagengesetz, Bearbeiter: Helmut Köhler, 25. Aufl., München 2007

Hege, Hans, Konzentrationskontrolle des privaten Fernsehens – zu den Fragen der Novellierung des § 21 Rundfunkstaatsvertrag, AfP 1995, 537 ff.

Hepach, Stefan, Anmerkung zu VG München, Urteil vom 8. November 2007 – M 17 K 06.2675, ZUM 2008, 351 ff.

ders., Der Kompetenzrahmen der KEK nach dem Sechsten Rundfunkänderungsstaatsvertrag, ZUM 2003, 112 ff.

ders., Die Kommission zur Ermittlung der Konzentration im Medienbereich: Verselbständigungstendenzen eines Organs unter Berufung auf das rundfunkspezifische Gebot einer effizienten Konzentrationskontrolle? – Zugleich kritische Anmerkung zu den Beschlüssen der KEK vom 26.01.1999 (Az.: KEK 026 bzw. KEK 007/029) sowie vom 23.03.1999 (Az.: KEK 003/036, KEK 020 und KEK 022) unter besonderer Berücksichtigung der Untätigkeit der KEK im Rahmen des Prüfungsverfahrens „Discovery Channel", ZUM 1999, 603 ff.

ders., Nochmals: Verfahrensrechtlicher Status und materielle Prüfungskompetenz der KEK: Erwiderung auf Renck-Laufke, ZUM 2006, 907 ff., ZUM 2007, 40 ff.

Herrmann, Günter, Lausen, Matthias, Rundfunkrecht: Fernsehen und Hörfunk mit neuen Medien, 2. Aufl., München 2004

Herrmann, Harald, Wettbewerbsgefahren der Konglomeratfusion, BB 1989, 1213 ff.

Hess, Wolfgang, Medienkonzentrationsrecht nach dem neuen Rundfunkstaatsvertrag – Teil 1: Materielles Medienkonzentrationsrecht, AfP 1997, 680 ff.

Hess, Wolfgang, Jury-Fischer, Christine, Medienkartellrecht, AfP 2007, 199 ff.

dies., Medienkartellrecht, AfP 2007, 338 ff.

Hesse, Albrecht, Rundfunkrecht: die Organisation des Rundfunks in der Bundesrepublik Deutschland, 3. Aufl., München 2003

ders., Zu den verfassungsrechtlichen Rahmenbedingungen des öffentlich-rechtlichen Rundfunks und der Gestaltung der Rundfunkordnungen in den Bundesländern, JZ 1991, 357 ff.

Heun, Sven-Erik, Handbuch Telekommunikationsrecht, Bearbeiter: Valerian Jenny, Köln 2002

Heymann, Christine, Konzentrationskontrolle bei Medienunternehmen: Wie viel Regulierung darf und muss sein? 101. Tagung des Studienkreises für Presserecht und Pressefreiheit e.V. am 1./2. Juni 2007 in Düsseldorf, AfP 2007, 327 ff.

Hildebrandt, Hans Ulrich, Die Anwendung der §§ 22 und 26 Abs. 2 GWB auf das Pressewesen, Hamburg 1973

Hochreiter, Rolf, Die Konzentration der Tagespresse und ihre Kontrolle: Anmerkungen zur geplanten Novellierung des Kartellrechts für Presseunternehmen, WuW 1976, 296 ff.

Hochstein, Reiner, Teledienste, Mediendienste und Rundfunkbegriff – Anmerkungen zur praktischen Abgrenzung multimedialer Erscheinungsformen, NJW 1997, 2977 ff.

Hoffmann-Riem, Wolfgang, Der Rundfunkbegriff in der Differenzierung kommunikativer Dienste, AfP 1996, 9 ff.

ders., Rundfunk im Wettbewerbsrecht: der öffentlich-rechtliche Rundfunk im Spannungsfeld zwischen Wirtschaftsrecht und Rundfunkrecht, Baden-Baden 1991

Hoffmann-Riem, Wolfgang, Starck, Christian, Das Niedersächsische Rundfunkgesetz vor dem Bundesverfassungsgericht: Dokumentation der Schriftsätze und des Urteils vom 4. November 1986, Baden-Baden 1987

Hoffmann-Riem, Wolfgang, Wieddekind, Dirk, Frequenzplanung auf der Suche nach Planungsrecht, in: Festschrift Werner Hoppe, Hrsg.: Wilfried Erbguth, Janbernd Oebbecke, Hans-Werner Rengelin, Martin Schulte, München 2000, 745 ff.

Holzhäuser, Michael, Essential facilities in der Telekommunikation: der Zugang zu Netzen und anderen wesentlichen Einrichtungen im Spannungsfeld zwischen sektorspezifischer Regulierung und allgemeinem Wettbewerbsrecht, München 2002

Holznagel, Bernd, Anmerkung zu BVerfG, Urteil vom 17.2.1998 – Kurzberichterstattung, MMR 1998, 202, MMR 1998, 211 ff.

ders., Rundfunkrecht in Europa, Auf dem Weg in ein Gemeinrecht europäischer Rundfunkordnungen, Tübingen 1996

ders., Rechtsgutachten zur Auslegung des § 26 Abs. 2 Satz 2 RStV, Münster 2005, Internetdokument: abrufbar unter: http://www.kek-online.de/Inhalte/antwort_asv_itm.pdf, (Letztmalig aufgerufen: September 2007)

Holznagel, Bernd, Krone, Daniel, Wie frei ist die KEK? Ein Beitrag zur Auslegung des § 26 Abs. 2 Satz 2 RStV, MMR 2005, 666 ff.

Huber, Peter Michael, Die Entscheidung der KEK zur Übernahme von ProSieben-Sat.1 durch die Axel Springer AG, in: Pluralismussicherung und Konzentrationskontrolle im Medienbereich, Hrsg.: Athanassios Tsevas, Athen, 2007, 41 ff.

ders., Medienkonzentrationskontrolle als Herausforderung an das Verwaltungsrecht – Der Fall Springer, Verw 40 (2007), 1 ff.

Hufen, Friedhelm, Fehler im Verwaltungsverfahren: ein Handbuch für Ausbildung und Praxis, 3. Aufl., Baden-Baden 1998

Hüsch, Moritz, Keyword Advertising: Rechtmäßigkeit suchwortabhängiger Werbebanner in der aktuellen Rechtsprechung, MMR 2006, 357 ff.

Iliopoulos-Strangas, Julia, Die Freiheit der Medien in einer künftigen europäischen Verfassung – unter besonderer Berücksichtigung der verfassungsrechtlichen Gewährleistungen in den Mitgliedstaaten und der Europäischen Konvention zum Schutz der Menschenrechte und Grundfreiheiten, in: Kultur- und

Medienpolitik im Kontext des Entwurfs einer europäischen Verfassung, Hrsg.: Klaus Stern, Hanns Prütting, München 2005

Immenga, Ulrich, Pressemärkte in der Wettbewerbs- und Medienpolitik, ZWeR 2004, 328 ff.

Immenga, Ulrich, Mestmäcker, Ernst-Joachim, Gesetz gegen Wettbewerbsbeschränkungen, GWB: Kommentar, Bearbeiter: Volker Emmerich, Ulrich Immenga, Kurt Markert, Ernst-Joachim Mestmäcker, Wernhard Möschel, Winfried Veelken, 3 Aufl., München 2001

Ipsen, Jörn, Allgemeines Verwaltungsrecht, 4. Aufl., Köln 2005

Irion, Kristina , Die wettbewerbsschützende Drittzulassung zu Vorleistungsmärkten des elektronischen Kommunikationssektors in der europäischen Wettbewerbsordnung, Baden-Baden 2005

Isensee, Josef, Kirchhof, Paul, Handbuch des Staatsrechts der Bundesrepublik Deutschland, Bearbeiter: Martin Bullinger, Wolfgang Rüfner, Heidelberg 1989

Ittner, Dirk, Die Vermutungen des GWB, Berlin 1998

Janik, Viktor, Der deutsche Rundfunkbegriff im Spiegel technischer Entwicklungen, AfP 2000, 7 ff.

ders., Kapitulation vor der eingetretenen Konzentration? Die Sicherung der Meinungsvielfalt im privaten Rundfunk nach dem Sechsten Rundfunkänderungsstaatsvertrag, AfP 2002, 104 ff.

Jank, Klaus Peter, Die Verfassung der deutschen Rundfunkanstalten, DVBl 1963, 44 ff.

Jarass, Hans D., Kartellrecht und Landesrundfunkrecht: Die Bewältigung von Konflikten zwischen dem Gesetz gegen Wettbewerbsbeschränkungen und landesrechtlichen Vorschriften, Köln 1991

ders., Online-Dienste und Funktionsbereich des Zweiten Deutschen Fernsehens: rechtswissenschaftliches Gutachten, Mainz 1997

ders., Rundfunkbegriffe im Zeitalter des Internet: zum Anwendungsbereich der Rundfunkfreiheit, des Rundfunkstaatsvertrags und des Mediendienste-Staatsvertrags, AfP 1998, 133 ff.

Jarass, Hans D., Pieroth, Bodo, Grundgesetz für die Bundesrepublik Deutschland, 9. Aufl., München 2007

Jochimsen, Reimut, Medienaufsicht in der Kontroverse – Konzentration, Kontrolle und KEK, K&R 1999, 433 ff.

ders., Regulierung und Konzentration im Medienbereich, AfP 1999, 24 ff.

Jury, Christine, Die Maßgeblichkeit von Art. 49 EG für nationale rundfunkpolitische Ordnungsentscheidungen unter besonderer Berücksichtigung von Art. 151 EGV – eine Untersuchung am Beispiel öffentlich-rechtlicher Spartenkanäle, Frankfurt am Main 2005

Kallmayer, Sonja, Netzzugang in der Telekommunikation: zur Frage der Verfassungsmäßigkeit des § 33 TKG, Berlin 2004

Kazemi, Robert, Die Verwendung von Marken und geschäftlichen Bezeichnungen in Meta-Tags, MarkenR 2006, 192 ff.

Kepplinger, Hans Mathias, Der Beitrag der Kommunikationswissenschaften zur Gewichtung von Medienmärkten: Die Meinungsmacht der Medien – Modelle zur Gewichtung von Medienmärkten. Internetpublikation 2006, abrufbar unter: http://www.blm.de/apps/documentbase/data/de/vortrag_kepplinger.pdf (Letztmalig aufgerufen: September 2007)

Kiefer, Marie-Luise, Konzentrationskontrolle: Bemessungskriterien auf dem Prüfstand, MP 1995, 58 ff.

Klaue, Siegfried, Die Anwendbarkeit des GWB auf den Wettbewerb um Rundfunkprogramme, in: Offene Rundfunkordnung: Prinzipien für den Wettbewerb im grenzüberschreitenden Rundfunk, Hrsg.: Ernst-Joachim Mestmäcker, Gütersloh 1988, 385 ff.

ders., Zur Anwendung des Kartellgesetzes auf die öffentlich-rechtlichen Rundfunkanstalten, in: Rundfunk im Wettbewerbsrecht: der öffentlich-rechtliche Rundfunk im Spannungsfeld zwischen Wirtschaftsrecht und Rundfunkrecht, Hrsg.: Wolfgang Hoffmann-Riem, Baden-Baden 1998

Kleinmann, Werner, Bechtold, Rainer, Kommentar zur Fusionskontrolle, 2. Aufl., Heidelberg 1989

Kleist, Thomas, Scheuer, Alexander, Audiovisuelle Mediendienste ohne Grenzen, MMR 2006, 127 ff.

Kling, Michael, Thomas, Stefan, Kartellrecht, München 2007

Knothe, Matthias, Lebens, Julia, Rundfunkspezifische Konzentrationskontrolle des Bundeskartellamts, AfP 2000, 125 ff.

Koch, Ulrich, Medienkonzentrationsrecht in Deutschland – Sind wir auf dem richtigen Weg, AfP 2007, 305 ff.

Koenig, Christian, Zur gerichtlichen Kontrolle sogenannter Beurteilungsspielräume im Prüfungsrecht, VerwArch 83 (1992), 351 ff.

Koenig, Christian, Loetz, Sascha, Bedeutung der Essential facilities-Doktrin für den Zugang zu Netzinfrastrukturen im europäischen Telekommunikationsrecht, RIW 2000, 377 ff.

Köhler, Helmut, Wettbewerbs- und verfassungsrechtliche Fragen der Verteilung unentgeltlicher Zeitungen, WRP 1998, 455 ff.

König, Michael, Trafkowski, Armin, Zum Anwendungsbereich der Rundfunkklausel des § 38 Abs. 3 GWB, ZUM 2003, 513 ff.

Kopp, Ferdinand, Ramsauer, Ulrich, Verwaltungsverfahrensgesetz, 9. Aufl., München 2005

Körber, Thomas, Großereignisse und Übertragungsrechte: Sportberichterstattung im Vergleich mit Großbritannien und Spanien, München 2007

Körber, Thomas, Zagouras, Georgios, Übertragungsrechte und Kartellrecht – Zugang zur Übertragung von sportlichen Großereignissen durch die Essential-Facilities-Regelung des § 19 Abs. 4 Nr. 4 GWB, WuW 2004, 1144 ff.

Krause-Ablaß, Günter B., Die Bedeutung des Fernsehurteils des Bundesverfassungsgerichts für die Verfassung des deutschen Rundfunks, JZ 1962, 158 ff.

Kreile, Johannes, Die Finanzierung der Landesmedienanstalten: Der Anspruch der Landesmedienanstalten auf funktions- und bedarfsgerechte Finanzausstattung und die Verpflichtung zur Umsetzung im Rahmen des Achten Rundfunkänderungsstaatsvertrags, UFITA 2005, 109 ff.

ders., Die Reform des Rundfunkstaatsvertrags – Neue Wege bei der Vielfaltsicherung im privaten Rundfunk, NJW 1997, 1329 ff.

ders., Medienkonzentration in Deutschland – Die Regelungen des neuen Rundfunkstaatsvertrages, CR 1998, 24 ff.

Kreile, Johannes, Stumpf, Christoph A., Das neue „Medienkartellrecht" – Die Sicherung von Meinungsvielfalt im novellierten Rundfunkstaatsvertrag, MMR 1998, 192 ff.

Kresse, Hermann, Heinze, Matthias, Der Rundfunk – Das jedenfalls auch kulturelle Phänomen: Ein Pyrrhus-Sieg der Länder? – Eine Kurzanalyse des Urteils des Bundesverfassungsgerichts zur EU-Fernsehrichtlinie, ZUM 1995, 394 ff.

Kübler, Friedrich, Die neue Rundfunkordnung – Marktstruktur und Wettbewerbsbedingungen, NJW 1987, 2961 ff.

ders., Medien, Menschenrechte und Demokratie, Das Recht der Massenkommunikation, Heidelberg 2008

ders., Medienkonzentration und Angebotsvielfalt zwischen Kartell- und Rundfunkrecht. Verhandlungen der Fachgruppe für vergleichendes Handels- und Wirtschaftsrecht anlässlich der Tagung der Gesellschaft für Rechtsvergleichung, Hrsg.: Uwe Blaurock, Baden-Baden 2002, 111 ff.

ders., Medienkonzentrationskontrolle im Streit, MP 1999, 379 ff.

ders., Medienverflechtung – Eine rechtsvergleichende Untersuchung der Marktstrukturprobleme privaten Rundfunks, Frankfurt am Main 1982

ders., Regelungsprobleme der Medienverflechtung, in: Rechtsprobleme der privaten Rundfunkordnung, Vortragsveranstaltung vom 26. und 27. April 1991, Hrsg.: Heinz Hübner, München 1992, 42 ff.

ders., Rundfunkauftrag und Programminformation – Zur Befugnis der Rundfunkanstalten, durch eigene Veröffentlichungen über die Rundfunkprogramme zu informieren, Rechtsgutachten im Auftrag der ARD, Frankfurt am Main 1986

ders., Rundfunkgebühr, Meinungswettbewerb und Medienkonzentration, MP 2004, 131 ff.

Kübler, Friedrich, Simitis, Spiros, Presse und Wettbewerb, JZ 1969, 445 ff.

Kuch, Hansjörg, Das Zuschaueranteilsmodell – Grundlage der Sicherung der Meinungsvielfalt im Fernsehen, ZUM 1997, 12 ff.

Kuchinke, Björn A., Schubert, Jens M., Der Beschluss des Bundeskartellamts in Sachen Springer – ProSiebenSat-1 Eine Einordnung und Bewertung, WuW 2006, 477 ff.

Kühne, Jörg-Detlef, Die Reichsverfassung der Paulskirche: Vorbild und Verwirklichung im späteren deutschen Rechtsleben, 2. Aufl., Neuwied 1998

Kull, Edgar, Freie Presse und Antitrustgesetzgebung, AfP 1974, 634 ff.

ders., Realitätsferne und dogmatische Inkonsequenz – Bemerkungen zum fünften Rundfunkurteil des Bundesverfassungsgerichts, AfP 1987, 568 ff.

Kümmel, Annette, Meyer-Burckhardt, Hubertus, Gewährleisten die Regionalprogramme die Vielfaltsicherung? Eine kritische Bestandsaufnahme zwischen Vielfaltsicherung, Standortpolitik und europarechtlichen Vorgaben, MMR 2005, 288 ff.

Kunert, Wolfgang, Pressekonzentration und Verfassungsrecht, Berlin 1971

Ladeur, Karl-Heinz, Die Kooperation von europäischem Kartellrecht und mitgliedstaatlichem Rundfunkrecht – Zugleich ein Beitrag zur Methodik des Europarechts, WuW 2000, 965 ff.

ders., Die vertikale Integration von Film-, Fernseh- und Video-Wirtschaft als Herausforderung der Medienregulierung – Zur Notwendigkeit einer neuen Form der Regulierung von Vielfaltsanforderungen auf der Programmebene, RuF 1998, 5 ff.

ders., Terrestrische Übertragungsformen für digitales Fernsehen und Hörfunk (DVB-T und DAB-T): Rechtliche Probleme der Projektgestaltung, K&R 1999, 266 ff.

Lange, Bernd-Peter, Die Übernahme von ProSiebenSat.1 durch den Springerkonzern – zu den Prüfungsverfahren beim Bundeskartellamt und der KEK, MP 2005, 546 ff.

Langen, Eugen, Bunte, Hermann-Josef, Kommentar zum deutschen und europäischen Kartellrecht, Band 1, Bearbeiter: Hermann-Josef Bunte, Armin Jungbluth, Alexander Kollmorgen, Hans-Jürgen Ruppelt, Klaus-Peter Schultz, 10. Aufl., Neuwied 2006

Langhoff, Helge, Medienrechtliche Einordnung neuer Angebote über neue Übertragungswege (z.b. IP-TV, Mobil-TV etc.): Diskussionsbericht der gleich lautenden Arbeitssitzung des Instituts für Urheber- und Medienrecht am 20. April 2007, ZUM 2007, 447 ff.

Larenz, Karl, Canaris, Claus-Wilhelm, Methodenlehre der Rechtswissenschaft, 3. Aufl., Berlin 1993

Lauktien, Annette-Tabea, Der Staatsvertrag zur Fernsehkurzberichterstattung: rechtliche Möglichkeiten und verfassungsrechtliche Grenzen gesetzgeberischer Regelungen zur Fernsehkurzberichterstattung, Baden-Baden 1992

Lehr, Gernot, Brosius-Gersdorf, Frauke, Kurzberichterstattung über Fußballbundesligaspiele, AfP 2001, 449 ff.

Lehrke, Anne , Pluralismus in den Medien: verfassungsrechtliche Aspekte von Meinungsbildungsrelevanz als medienübergreifendem Kriterium der Vielfaltsicherung, Hamburg 2006

Lenz, Christofer, Das Recht auf Kurzberichterstattung – Bestätigung und Korrektur aus Karlsruhe, NJW 1999, 757 ff.

Lenz, Otto, Borchardt, Klaus-Dieter, EU- und EG-Vertrag: Kommentar zu dem Vertrag über die Europäische Union und zu dem Vertrag zur Gründung der Europäischen Gemeinschaft, Hrsg.: Otto Lenz, Klaus-Dieter Borchardt, Bearbeiter: H. G. Fischer, Gerd Langguth, 4. Aufl., Köln 2006

Lerch, Janusz-Alexander, Verpaßte Chancen – Anmerkung zum Beschluß des Bundesverfassungsgerichts vom 18. Dezember 1996, ZUM 1997, 258 ff.

Lerche, Peter, Beteiligung Privater im Rundfunkbereich und Vielfaltstandard, NJW 1982, 1676 ff.

ders., Presse und privater Rundfunk: eine Auseinandersetzung insbesondere mit der verfassungsrechtlichen Konzeption von Küblers „Medienverflechtung", Rechtsgutachten, Berlin 1984 *ders.*, Verfassungsrechtliche Fragen zur Pressekonzentration: Rechtsgutachten auf Anregung des Bundesverbands Deutscher Zeitungsverleger e. V., Berlin 1971

Lerg, Winfried B., Die Entstehung des Rundfunks in Deutschland: Herkunft und Entwicklung eines publizistischen Mittels, 2. Aufl., Frankfurt am Main 1970

Lettl, Tobias, Kartellrecht: 2. Aufl., München 2007

Lilienthal, Volker, Mesalliance – Finanzinvestoren vs. Konzentrationskontrolle? epd-medien Nr. 57 2007, 3 ff.

Loewenheim, Ulrich, Meessen, Karl M., Riesenkampff, Alexander, Kartellrecht, Band 2: Gesetz gegen Wettbewerbsbeschränkungen (GWB), Bearbeiter: Michael Bauer, Stefan Lehr, Alexander Riesenkampff, München 2006

Löffler, Martin, Das Pressefusions-Kontrollgesetz, AfP 1976, 155 ff.

ders., Fusionskontrolle im Pressebereich, AfP 1971, 43

ders., Presserecht: Kommentar zu den deutschen Landespressegesetzen, mit systematischen Darstellungen zum pressebezogenen Standesrecht, Anzeigenrecht, Werbe- und Wettbewerbsrecht, Vertriebsrecht, Urheber- und Verlagsrecht, Arbeitsrecht, Titelschutz, Jugendmedienschutz und Steuerrecht, Hrsg.: Klaus Sedelmeier, Emanuel H. Burkhardt, Bearbeiter: Martin Bullinger, 5. Aufl., München 2006

Lüttig, Frank, Die Rolle der Marktzutrittsschranken im Fusionskontrollrecht der Bundesrepublik Deutschland und den USA: eine Untersuchung zur Fortentwicklung der deutschen Fusionskontrolle, Baden-Baden 1992

Lutz, Peter, Änderung der Rechtsprechung zum Gesetz über die Verbreitung jugendgefährdender Schriften, NJW 1988, 3194 ff.

Mailänder, Karl Peter, Crossmediale Zusammenschlüsse – eine Herausforderung für die medienrechtliche Konzentrationskontrolle, AfP 2007, 297 ff.

Mailänder, Peter, Konzentrationskontrolle zur Sicherung von Meinungsvielfalt im privaten Rundfunk: eine vergleichende Untersuchung der Rechtslage in Deutschland, Frankreich, Italien, Großbritannien, Spanien, Österreich und den Niederlanden und im europäischen Recht, Baden-Baden 2001

Mand, Elmar, Erwerbswirtschaftliche Betätigung öffentlich-rechtlicher Rundfunkanstalten außerhalb des Programms. Öffentlich-rechtliche Determinanten für die wirtschaftliche Nutzung von Rundfunkproduktionen und der damit zusammenhängenden Rechte, München 2002

Mangold, Hermann v., Klein, Friedrich, Starck, Christian, Kommentar zum Grundgesetz, Bearbeiter: Markus Heintzen, Stefan Oeter, Christian Starck, 5. Aufl., München 2005

Maunz, Theodor, Dürig, Günter, Grundgesetz: Kommentar zum Grundgesetz, Bearbeiter: Roman Herzog, Peter Lerche, Theodor Maunz, 49. Lieferung, München 2007

Maurer, Hartmut , Allgemeines Verwaltungsrecht, 16. Aufl., München 2006

Meier-Wahl, Marc, Wrobel, Ralph Michael, Wettbewerbsregulierung in einem dynamischen Markt – Der Fall Microsoft, WuW 1999, 28 ff.

Mestmäcker, Ernst-Joachim, Konzentration und Wettbewerb im Presseverlagswesen, AfP 1978, 3 ff.

ders., Medienkonzentration und Meinungsvielfalt: eine rechtsvergleichende wirtschaftsrechtliche Untersuchung im Auftrag des Bundesministeriums des Innern, Baden-Baden 1978

Mestmäcker, Ernst-Joachim, Engel, Christoph, Gabriel-Bräutigam, Karin, Hoffmann, Martin, Der Einfluß des europäischen Gemeinschaftsrechts auf die deutsche Rundfunkordnung, Baden-Baden 1990

Moritz, Hans-Werner, Schwächen der TK-Liberalisierung – Folgen der Übereignung des Festnetzes an die Deutsche Telekom AG, CR 1998, 13 ff.

Möschel, Wernhard, Fusionskontrolle im Pressebereich, JZ 1984, 493 ff.

ders., Fusionskontrolle im Rundfunk, in: Festschrift für Otto-Friedrich Freiherr v. Gamm, Köln 1990, 627 ff.

ders., Pressekonzentration und Wettbewerbsgesetz: Marktbeherrschung, unlauterer Wettbewerb und Sanierungsfusionen im Pressebereich, Tübingen 1978

ders., Recht der Wettbewerbsbeschränkungen, Köln 1983

Mückl, Stefan, Paradigmenwechsel im europäischen Medienrecht: Von der Fernseh-Richtlinie zur Richtlinie über audiovisuelle Mediendienste, DVBl 2006, 1201 ff.

Müller, Michael, Konzentrationskontrolle zur Sicherung der Informationsfreiheit: verfassungsrechtliche Gründe, Möglichkeiten und Grenzen der Konzentrationskontrolle privater Rundfunkunternehmen durch die Kommission zur Ermittlung der Medienkonzentration (KEK) gemäß § 26 RStV, München 2004

Münch, Ingo v., Kunig, Philip, Grundgesetzkommentar, Band 1: (Präambel bis Art. 19), Bearbeiter: Rudolf Wendt, 5. Aufl., München 2000, Band 3: (Art. 70 bis 146 und Gesamtregister), Bearbeiter: Siegfried Broß, Philip Kunig, 3. Aufl., München 1996

Münchener Kommentar zur Zivilprozessordnung, Bearbeiter: Hanns Prütting, 2. Aufl., München 2000

Musielak, Hans-Joachim, Kommentar zur Zivilprozessordnung: mit Gerichtsverfassungsgesetz, Bearbeiter: Michael Huber, 5. Aufl., München 2007

Neft, Hans, KEK und KDML – unorthodoxe Organkonfigurationen zur Sicherung der Meinungsvielfalt im Fernsehen, ZUM 1999, 97 ff.

ders., Meinungsdominanz im Fernsehen – Aufgreifkriterien des neuen § 26 Abs. 2 Rundfunkstaatsvertrag (RStV), ZUM 1998, 458 ff.

Nettesheim, Martin, Das Kulturverfassungsrecht der Europäischen Union, JZ 2002, 157 ff.

Niepalla, Peter, Die zukunftsweisende Modernisierung des deutschen Auslandsrundfunks: eine Übersicht über die Novellierung des Deutsche-Welle-Gesetzes, ZUM 2005, 532 ff.

Nierhaus, Michael, Beweismaß und Beweislast: Untersuchungsgrundsatz und Beteiligtenmitwirkung im Verwaltungsprozess, München 1989

Niewiarra, Manfred, Feststellungen zur Medienkonzentration, ZUM 1993, 2 ff.

Nipperdey, Hans Carl, Die Grundrechte und Grundpflichten der Reichsverfassung: Kommentar zum 2. Teil der Reichsverfassung, Band 2: Art. 118 – Art. 142, Bearbeiter: Carl Schmitt, Berlin 1930

Nowosadtko, Volker, Frequenzplanungsrecht: Nutzung terrestrischer Rundfunkfrequenzen durch öffentlich-rechtliche Rundfunkanstalten, Baden-Baden 1999

Oppermann, Thomas, Auf dem Wege zur gemischten Rundfunkverfassung in der Bundesrepublik Deutschland? – Schritte im rundfunkrechtlichen Entwicklungsprozess vor dem Hintergrund der drei „Fernsehentscheidungen" des Bundesverfassungsgerichts 1961–1981, JZ 1981, 721 ff.

Ory, Stephan, Rechtliche Überlegungen aus Anlass des Handy-TV nach dem DMB-Standard, ZUM 2007, 7 ff.

ders., Sind Broadcast-TV und IP-TV unterschiedliche Nutzungsarten?, K&R 2006, 303 ff.

ders., Zu den Anforderungen an eine verfassungskonforme Rundfunkordnung, AfP 1991, 402 ff.

Ossenbühl, Fritz, Der Grundsatz der Verhältnismäßigkeit (Übermaßverbot) in der Rechtsprechung der Verwaltungsgerichte, Jura 1997, 617 ff.

ders., Rundfunk zwischen nationalem Verfassungsrecht und europäischem Gemeinschaftsrecht: Rechtsgutachten erstattet der Regierung des Landes Nordrhein-Westfalen, Frankfurt am Main 1986

Ott, Stephan, Ich will hier rein! Suchmaschinen und das Kartellrecht, MMR 2006, 195 ff.

Palzer, Carmen, Hilger, Caroline, Medienaufsicht an der Schwelle des 21. Jahrhunderts: Gestaltung und Kompetenzen der Aufsichtsbehörden im Zeichen der Konvergenz, IRIS Plus 8/2001, 2 ff.

Parlasca, Susanne, Medienkonzentration und Medienverflechtung, WuW 1994, 210 ff.

Paschke, Marian, Medienrecht, 3. Aufl., Berlin 2007

Paschke, Marian, Plog, Philipp, Fortschritte bei der Konzentrationskontrolle im Rundfunk? – Zur Kritik am „Zuschauermarktanteilsmodell" des Novellierungsentwurfs zum Rundfunkstaatsvertrag, in: Medienrecht im Wandel: Festschrift für Manfred Engelschall, Hrsg.: Mathias Prinz, Butz Peters, Baden-Baden 1996, 99 ff.

Paschke, Marian, Goldbeck, Nino, Gesetzliche Vermutungen und Vermutungsleitbilder – Gelungene Gesetzgebungs- und Interpretationskunst im Kartell- und Regulierungsrecht?, ZWeR 2007, 49 ff.

Peifer, Karl-Nikolaus, Vielfaltssicherung im bundesweiten Fernsehen: Voraussetzungen und Grenzen einer Prüfung der medienrelevanten verwandten Märkte, Rechtsgutachten im Auftrag der Bayerischen Landeszentrale für neue Medien (BLM), München 2005

Pelny, Stefan , Konzentrationskontrolle für den privaten Rundfunk: Wirksame Sicherung der Meinungsvielfalt durch Konzentrationskontrolle?, AfP 1998, 35 ff.

Pestalozza, Christian, Der Schutz vor der Rundfunkfreiheit in der Bundesrepublik Deutschland, NJW 1981, 2158 ff.

Peters, Hans, Die Rechtslage des Rundfunks und Fernsehens nach dem Urteil des Bundesverfassungsgerichts vom 28. Februar 1961, Gütersloh 1960

Petersen, Jens, Fußball im Rundfunk- und Medienrecht, München 2001

ders., Medienrecht, 3. Aufl., München 2006

Pieper, Frauke, Der deutsche Auslandsrundfunk: historische Entwicklung, verfassungsrechtliche Stellung, Funktionsbereich, Organisation und Finanzierung, München 2000

Pieroth, Bodo, Schlink, Bernhard, Kniesel, Michael, Polizei- und Ordnungsrecht, 2. Aufl., München 2004

Pieroth, Bodo, Schlink, Bernhard, Staatsrecht II: Grundrechte, 23. Aufl., Heidelberg 2007

Piper, Henning, Ohly, Ansgar, Gesetz gegen den unlauteren Wettbewerb: mit Preisangabenverordnung, Kommentar, 4. Aufl., München 2006

Pitschas, Rainer, Wettbewerbsrechtliche Probleme und Verfassungsmäßigkeit der pressespezifischen Fusionskontrolle – Zum Elbe-Wochenblatt-Beschluss des BGH vom 18.12.1979, DB 1981, 729 ff.

Platho, Rolf, Cross-Promotion in TV-Senderfamilien, MMR 2001, 21 ff.

Potthast, Klaus-Peter, Medienrechtliche Einordnung neuer Angebote über neue Übertragungswege (z.B. IP-TV, Mobil-TV etc.), ZUM 2007, 443 ff.

Prütting, Hanns, Die Vermutungen im Kartellrecht, Festschrift für Vieregge, Berlin 1995, 733 ff.

Puttfarcken, Carsten, Beteiligungsansprüche politischer Parteien an redaktionell gestalteten Wahlsendungen, in: Festschrift für Manfred Engelschall, Hrsg.: Matthias Prinz, Butz Peters, Baden-Baden 1996, 121 ff.

Rahn, Monika, Programmauftrag und Kartellrecht: Zu den Grundlagen und Grenzen der Kartellaufsicht im Bereich des öffentlich-rechtlichen Rundfunks, Konstanz 1991

Rath, Michael, Das Recht der Internet-Suchmaschinen, Stuttgart 2005

Reinemann, Susanne, DVB-H, DMB und interaktive Fernbedienung – Ist der Rundfunk(begriff) den neuesten technischen Entwicklungen gewachsen?, ZUM 2006, 523 ff.

Renck-Laufke, Martha, Anmerkung zum Beschluß des Bundesverfassungsgerichts vom 18. Dezember 1996, BvR 748/93, 616/95 und 1228/95, ZUM 1997, 202 ff., ZUM 1997, 384 ff.

dies., Ist die KEK eine Zumutung?, ZUM 2004, 344 ff.

dies., Probleme der Konzentrationskontrolle im privaten Fernsehen, ZUM 2000, 105 ff.

dies., Was ist und was kann die KEK?, ZUM 2000, 369 ff.

dies., Das Spannungsverhältnis zwischen Landesmedienanstalten und KEK am Beispiel des Springerkonzerns, ZUM 2006, 907 ff.

Ress, Georg, Bröhmer, Jürgen, Europäische Gemeinschaft und Medienvielfalt: die Kompetenzen der Europäischen Gemeinschaft zur Sicherung des Pluralismus im Medienbereich = European Community and media pluralism, Frankfurt am Main 1998

Ricker, Reinhart, Anzeigenwesen und Pressefreiheit, München 1973

ders., Der Rundfunkstaatsvertrag – Grundlage einer dualen Rundfunkordnung in der Bundesrepublik Deutschland, NJW 1988, 453 ff.

ders., Die Kompetenzen der Rundfunkräte im Programmbereich, München 1987

Ricker, Reinhart, Schiwy, Peter, Rundfunkverfassungsrecht, München 1997

Riesenhuber, Karl, Medienfreiheit durch Medienvielfalt: Grundsätze des deutschen Pressekartellrechts und seine Auswirkungen in der Praxis, AfP 2003, 481 ff.

Ring, Wolf-Dieter, Konzentrationstendenzen im Bereich des Rundfunks und ihre Rechtsprobleme, ZUM 1993, 7 ff.

Ring, Wolf-Dieter, Gummer, Andreas , Medienrechtliche Einordnung neuer Angebote über neue Übertragungswege (z.b. IP-TV, Mobil-TV etc.), ZUM 2007, 433 ff.

Ritlewski, Kristoff M., Pluralismussicherung im 10. Rundfunkänderungsstaatsvertrag: Ein Beitrag zur Dogmatik der Pluralismussicherung, ZUM 2008, 403 ff.

Rittner, Fritz, Kulka, Michael, Wettbewerbs- und Kartellrecht: Eine systematische Darstellung des deutschen und europäischen Rechts für Studium und Praxis, 7. Aufl., Heidelberg 2006

Robert, Michael, Die besondere Missbrauchsaufsicht nach § 42 TKG – Eine Generalklausel mit Nebenwirkungen?, K&R 2005, 354 ff.

Rossen-Stadtfeld, Helge, Beurteilungsspielräume der Medienaufsicht, ZUM 2008, 457 ff.

Rüttgers, Jürgen, Telekommunikation und Datenvernetzung – eine Herausforderung für Gesellschaft und Recht, CR 1996, 51 ff.

Sachs, Michael, Grundgesetz: Kommentar Bearbeiter: Herbert Bethge, 4. Aufl., München 2007

ders., Verfassungsrecht II – Grundrechte, 2. Aufl., Berlin 2003

Säcker, Franz Jürgen, Berliner Kommentar zum Telekommunikationsgesetz, Hrsg.: Franz Jürgen Säcker, Bearbeiter: Volker Schmits, Christian Wegmann, Frankfurt am Main 2006

ders., Der Fall Tagesspiegel/Berliner Zeitung – A Never Ending Story, BB 2003, 2245 ff.

ders., Zur Ablehnung des Zusammenschlussvorhabens Axel Springer AG/ProSiebenSat.1 Media AG durch KEK und Bundeskartellamt, K&R 2006, 49 ff.

Satzky, Horst, Die Beurteilung vertikaler und konglomerater Zusammenschlüsse nach dem GWB, WuW 2006, 870 ff.

Schenk, Michael, Medienwirkungsforschung, 2. Aufl., Tübingen 2002

Scherer, Joachim, „Online" zwischen Telekommunikations- und Medienrecht – Regulierungsprobleme von Online-Systemen im Internet und außerhalb, AfP 1996, 213 ff.

ders., Das neue Telekommunikationsgesetz, NJW 1996, 2953 f.

ders., Frequenzverwaltung zwischen Bund und Ländern unter dem TKG, K&R 1999, Beilage 2/Heft 11, 1 ff.

ders., Frequenzverwaltung zwischen Bund und Ländern: Rechtsgutachten, Frankfurt am Main 1987

ders., Telekommunikationsrecht und Telekommunikationspolitik, Baden-Baden 1985

Schiwy, Peter, Schütz, Walter J., Medienrecht: Lexikon für Wissenschaft und Praxis, 3. Aufl., Neuwied 1994

Schletße, Volker , Die Einrichtung eines Fensterprogramms gem. §§ 26 Abs. 5, 31 Rundfunkstaatsvertrag als Mittel zur Vielfaltsicherung im privaten Fernsehen, ZUM 1999, 802 ff.

Schmidt, Ingo, Wettbewerbspolitik und Kartellrecht: eine Einführung mit 12 Tab., 6. Aufl., Stuttgart 1999

Schmidt-Husson, Franck, Rundfunkfreiheit für die Deutsche Welle?: ein Versuch, die Grenzen der Wirksamkeit eines Grundrechts zu bestimmen, zugleich ein Beitrag zur Dogmatik des Art. 19 Abs. 3 GG, Saarbrücken 2004

Schmitt Glaeser, Walter, Art 5 Abs. 1 S 2 GG als „Ewigkeitsgarantie" des öffentlich-rechtlichen Rundfunks, zum Beschluß des BVerfG vom 24.3.1987 1 BvR 147/86 („5. Fernseh-Entscheidung"), DÖV 1987, 837 ff.

Schmitz, Peter, Übersicht über die Neuregelung des TMG und des RStV, K&R 2007, 135 ff.

Schoch, Friedrich, Schmidt-Aßmann, Eberhard, Pietzner, Rainer, Verwaltungsgerichtsordnung, Bearbeiter: Michael Gerhardt, 13. Ergänzungslieferung 2006

Scholz, Rupert, Das dritte Fernsehurteil des Bundesverfassungsgerichts, JZ 1981, 561 ff.

ders., Zukunft von Rundfunk und Fernsehen – Freiheit der Nachfrage oder reglementiertes Angebot?, AfP 1995, 357 ff.

Schönbach, Klaus, Das unterschätzte Medium: politische Wirkungen von Presse und Fernsehen im Vergleich, München 1983

Schote, Matthias, Die Rundfunkkompetenz des Bundes als Beispiel bundesstaatlicher Kulturkompetenz in der Bundesrepublik Deutschland: eine Untersuchung unter besonderer Berücksichtigung natürlicher Kompetenzen und der neueren Entwicklung im Recht der Europäischen Union, Frankfurt am Main 1999

Schröder, Jürgen, Rechtliche Grenzen von Marketing, Öffentlichkeitsarbeit und Eigenwerbung bei öffentlich-rechtlichen Rundfunkanstalten, ZUM 2000, 6 ff.

Schüll, Ralf, Schutz der Meinungsvielfalt im Rundfunkbereich durch das europäische Recht unter besonderer Berücksichtigung des europäischen Wettbewerbsrechts, Bern 2006

Schuler-Harms, Margarete, Die Zusammenarbeit der Landesmedienanstalten am Beispiel der Kontrolle bundesweiter Veranstalterstrukturen, AfP 1993, 629 ff.

Schulte, Josef L., Handbuch der Fusionskontrolle, Bearbeiter: Michael Ewen, München 2005

Schulz, Anja, Call In Shows mit Mehrwertdiensten: Glücksspiel im deutschen Fernsehen?, CR 2006, 164 ff.

Schulz, Wolfgang, Held, Thorsten, Die Zukunft der Kontrolle der Meinungsmacht: Medien- und Technologiepolitik, Gutachten im Auftrag der Friedrich-Ebert-Stiftung, Berlin 2006

Schulze, Reiner, Zuleg, Manfred, Europarecht: Handbuch für die deutsche Rechtspraxis, Bearbeiter: Doris König, Markus Kotzur, Manfred Zuleg, Baden-Baden 2006

Schwan, Heribert, Der Rundfunk als Instrument der Politik im Saarland 1945–1955, Berlin 1974

Schwartmann, Rolf, Fusionen von Medienunternehmen im Spannungsfeld von Verfassungs-, Kartell- und Medienrecht, in: Wieviel Macht verträgt die Vielfalt? Möglichkeiten und Grenzen von Medienfusionen, Hrsg.: Ulf Böge, Jürgen Doetz, Dieter Dörr, Rolf Schwartmann, Frankfurt 2007, 9 ff.

Schwartz, Ivo E., Rundfunk und der EWG-Vertrag, in: Fernsehen ohne Grenzen: die Errichtung des Gemeinsamen Marktes für den Rundfunk, insbesondere über Satellit und Kabel, Beiträge zu einem medien-rechtlichen Kolloquium des Instituts für Integrationsforschung der Stiftung Europa-Kolleg Hamburg am 7./8. Dezember 1984, Hrsg.: Jürgen Schwarze, Baden-Baden 1985, 45 ff.

ders., Subsidiarität und EG-Kompetenzen – der neue Titel „Kultur" – Medienvielfalt und Binnenmarkt, AfP 1993, 409 ff.

ders., Zur Zuständigkeit der Europäischen Gemeinschaft im Bereich des Rundfunks, AfP 1987, 375 ff.

Schwarze, Jürgen, Grenzen der Harmonisierungskompetenz der EG im Presserecht – Zugleich eine Anmerkung zum zweiten Vorschlag der Kommission über eine Tabakwerbe-Richtlinie vom 30. Mai 2001, ZUM 2002, 89 ff.

ders., Rundfunk und Fernsehen in der Europäischen Gemeinschaft: europarechtliche, staatsrechtliche und völkerrechtliche Grundlagen, in: Fernsehen ohne Grenzen: die Errichtung des Gemeinsamen Marktes für den Rundfunk, insbesondere über Satellit und Kabel, Beiträge zu einem medien-rechtlichen Kolloquium des Instituts für Integrationsforschung der Stiftung Europa-Kolleg Hamburg am 7./8. Dezember 1984, Hrsg.: Jürgen Schwarze, Baden-Baden 1985, 121 ff.

Schweitzer, Heike, Die rechtliche Bedeutung von Angehörigenverhältnissen im Rahmen der Konzentrationskontrolle nach dem Rundfunkstaatsvertrag (RStV), ZUM 1998, 597 ff.

Schiedermair, Hartmut, Die Bindungen West-Berlins an die Bundesrepublik, NJW 1982, 2841 ff.

Schipanski, Tankred, Kommentar zu den Reformierungsbestrebungen der Zusammensetzung der KEK im Rahmen des 10. Rundfunkänderungsstaatsvertrags, in: Crossmediale Fusionen und Meinungsvielfalt – Juristische und Ökonomische Betrachtungen, Hrsg.: Frank Fechner, Ilmenau 2007, 28 ff.

Simitis, Spiros, Datenschutz und Europäische Gemeinschaft, RDV 1990, 3 ff.

Sjurts, Insa, Strategien in der Medienbranche: Grundlagen und Fallbeispiele, 3. Aufl., Wiesbaden 2005

Spieler, Ekkehard, Fusionskontrolle im Medienbereich, Berlin 1988

Spindler, Gerald, Das neue Telemediengesetz – Konvergenz in sachten Schritten, CR 2007, 245 ff.

Sporn, Stefan, Die Ländermedienanstalt: zur Zukunft der Aufsicht über den privaten Rundfunk in Deutschland und Europa, Frankfurt am Main 2001

Staebe, Erik, Privilegierung vielfaltserhaltender Pressefusionen, AfP 2004, 14 ff.

Stein, Friedrich, Jonas, Martin, Kommentar zur Zivilprozessordnung, Bearbeiter: Dieter Leipold, 22. Aufl., Tübingen 2005

Stelkens, Paul, Bonk, Heinz Joachim, Sachs, Michael, Verwaltungsverfahrensgesetz, Bearbeiter: Dieter Kallerhoff, Paul Stelkens, 6. Aufl., München 2001

Stender-Vorwachs, Jutta, Theißen, Natalia, Die Revision der Fernsehrichtlinie: Ist die Revision eine Reform?, ZUM 2006, 362 ff.

Stern, Klaus, Postreform zwischen Privatisierung und Infrastrukturgewährleistung, DVBl 1997, 309 ff.

Stern, Klaus, Bethge, Herbert, Die Rechtstellung des Intendanten der öffentlich-rechtlichen Rundfunkanstalten, München 1972

Stettner, Rupert, Der zumutbare Rechtsverstoß: Erwiderung zum Beitrag von Renck-Laufke, Die KEK eine Zumutung?, ZUM 2004, 344 ff., ZUM 2004, 742 ff.

ders., Ist die Kommission zur Ermittlung der Konzentration im Medienbereich (KEK) bei der Verlängerung von Sendegenehmigungen und ähnlichen Fällen einer Veränderung des Anbieterstatus bei gleich bleibender Vielfaltsrelevanz einzuschalten?, ZUM 2003, 891 ff.

ders., Anmerkung zur „Mitteilung" der KEK über die Behandlung von Anträgen bundesweiter Fernsehveranstalter auf Zulassungsverlängerung und auf Zulassung anderer Konzernunternehmen, ZUM 2003, 904 ff., ZUM 2003, 910 ff.

Stock, Martin, Das vierte Rundfunkurteil des Bundesverfassungsgerichts – Kontinuität oder Wende?, NJW 1987, 217 ff.

ders., Konzentrationskontrolle in Deutschland nach der Neufassung des Rundfunkstaatsvertrags (1996), in: Medienmarkt und Meinungsmacht, Hrsg.: Martin Stock, Horst Röper, Bernd Holznagel, Berlin 1997, 1 ff.

ders., Meinungsvielfalt und Meinungsmacht – Das duale Rundfunksystem nach der staatsvertraglichen Neuregelung (1996), JZ 1997, 583 ff.

ders., Nationaler Privatrundfunk im Bundesstaat, Regelungsbedarf, alte und neue Provisorien, ZUM 1986, 411 ff.

ders., Rundfunkrecht und Kartellrecht – Verfassungsrechtliche Aspekte, AfP 1989, 627 ff.

Strauß, Ingo, Kein Anspruch auf unentgeltliche Hörfunkberichterstattung über Bundesliga-Fußballspiele, ZUM 2006, 141 ff.

Stüer, Bernhard, 64. Deutscher Juristentag in Berlin, DVBl 2003, 1598 ff.

Summerer, Thomas, Wichert, Joachim, Kostenlose Radio-Sendungen über Fußball aus den Stadien? Anmerkung zum Urteil des BGH vom 8.11.2005, SpuRt 2006, 55 ff.

Tettenborn, Alexander, Europäische Union – Rechtsrahmen für die Informationsgesellschaft, MMR 1998, 18 ff.

Thomas, Heinz, Putzo, Hans, Zivilprozessordnung: ZPO mit Gerichtsverfassungsgesetz, den Einführungsgesetzen und europarechtlichen Vorschriften: Kommentar, Bearbeiter: Klaus Reichold, 28. Aufl., München 2007

Thomas, Stefan, Die verfahrensrechtliche Bedeutung der Marktbeherrschungsvermutungen des § 19 Abs. 3 GWB, WuW 2002, 470 ff.

Trafkowski, Armin, Medienkartellrecht: die Sicherung des Wettbewerbs auf den Märkten der elektronischen Medien, München 2002

Tsevas, Athanassios, Pluralismussicherung und Konzentrationskontrolle im Medienbereich nach griechischem Recht – Anmerkungen zur öffentlichen Diskussion zur Neuregelung des publizistischen Wettbewerbs, in: Pluralismussicherung und Konzentrationskontrolle im Medienbereich, Hrsg.: Athanassios Tsevas, Athen, 2007, 105 ff.

Wallenberg, Gabriela v., Der Wettbewerb hat gewonnen – Siebte GWB-Novelle ändert nicht die Presseregeln, K&R 2005, 481 ff.

dies., Kommentar: Eine „Heuschrecke" steigt bei ProSiebenSat.1 Media ein, WuW 2007, 115

Weiner, Christian, Schmelz, Christoph, Die elektronische Presse und andere neue Kommunikationsformen im neuen rechtlichen Regulierungsrahmen: Regierungsentwurf zum Telemediengesetz und 9. Rundfunkänderungsstaatsvertrag, K&R 2006, 453

Weizsäcker, Carl Christian v., Wettbewerb in den Netzen, WuW 1997, 572 ff.

Wemmer, Benedikt, Die neuen Kulturklauseln des EG-Vertrages: eine Analyse der Art. 128 EGV und Art. 92 Abs. 3 lit. d) EGV, Frankfurt am Main 1996

Wertenbruch, Johannes, Die zentrale Vermarktung von Fußball-Fernsehrechten als Kartell nach § 1 GWB und Art 85 EGV, ZIP 1996, 1417 ff.

Wieck, Reinhard, Das Wettbewerbsverhältnis von öffentlich-rechtlichen und privaten Rundfunkanbietern, in: Offene Rundfunkordnung: Prinzipien für den Wettbewerb im grenzüberschreitenden Rundfunk, Hrsg.: Ernst-Joachim Mestmäcker, Gütersloh 1988, 363 ff.

Wiedemann, Gerhard, Handbuch des Kartellrechts, Bearbeiter: Hans-Dieter Lübbert, Burkhard Richter, Gerhard Wiedemann, München 1999

Windthorst, Kay, Regulierungsansätze im deutschen und US-amerikanischen Telekommunikationsrecht (I), CR 1998, 281 ff.

Wittig-Terhardt, Margret, Rundfunk und Kartellrecht, AfP 1986, 298 ff.

Zagouras, Georgios, Der „Reding-Wallström-Plan" zum Schutz der Meinungsvielfalt in Europa, AfP 2007, 1 ff.

ders., Die Ministererlaubnis nach § 42 GWB und überragende Interessen der Allgemeinheit bei Zusammenschlüssen von Medienunternehmen, WRP 2007, 1429 ff.

ders., Digitale Dividende: zwischen Frequenzregulierung und Rundfunkbelangen, CR 2006, 819 ff.

ders., Freie und lizenzpflichtige Sportberichterstattung nach der Hörfunkrechte-Entscheidung des BGH, WuW 2006, 376 ff.

ders., Klingeltöne & Co. im Abonnement: Vertragsbeziehungen und Kündigung beim wiederkehrenden Vertrieb von Mehrwertdiensten, MMR 2006, 511 ff.

ders., Konvergenz und Kartellrecht: die Regulierung des Wettbewerbs im Bereich der Medien und Kommunikationsplattformen nach GWB, TKG und RStV sowie Optionen für eine Umstrukturierung, München 2002

ders., Zivilrechtliche Pflichten bei der Verwendung von Sprachmehrwertdiensten, MMR 2005, 80 ff.

ders., Zwischen Medien und Telekommunikation: zu aktuellen Fragen der Konvergenz, AfP 2002, 494 ff.

Zehner, Günter, Der Fernsehstreit vor dem Bundesverfassungsgericht: Eine Dokumentation des Prozessmaterials, Karlsruhe 1964

Zmeck, Gottfried, Konzentrationskontrolle des privaten Fernsehens nach § 21 Rundfunkstaatsvertrag, AfP 1995, 545 ff.

Zöller, Richard, Zivilprozessordnung: mit Gerichtsverfassungsgesetz und den Einführungsgesetzen, mit internationalem Zivilprozessrecht, EG-Verordnungen, Kostenanmerkungen, Kommentar, Bearbeiter: Reinhard Greger, 26. Aufl., Köln 2007

Dokumentenverzeichnis

Department for Culture, Media and Sport, United Kingdom, Audiovisuelle Konferenz, Liverpool „Zwischen Kultur und Handel", 20.-22. September 2005, Im Internet abrufbar unter: http://ec.europa.eu/avpolicy/docs/reg/modernisation/liverpool_2005/uk-conference-report-de.pdf (Letztmalig aufgerufen Juli 2008)

Europäische Kommission, Arbeitsdokument Medienpluralismus: *Commission Staff Working Document „Media Pluralism in the Member States of the European Union",* SEC (2007) 32 vom 16. Januar 2007, im Internet abrufbar unter: http://ec.europa.eu/information_society/media_taskforce/doc/pluralism/media_pluralism_swp_en.pdf (Letztmalig aufgerufen: Juli 2008)

Europäische Kommission, Grünbuch zur Konvergenz der Branchen Telekommunikation, Medien und Informationstechnologie und ihren ordnungspolitischen Auswirkungen – Ein Schritt in Richtung Informationsgesellschaft, KOM – (97) 623, vom 3. Dezember 1997

Europäische Kommission, „Fernsehen ohne Grenzen" das „Grünbuch über die Errichtung eines Gemeinsamen Marktes für den Rundfunk, insbesondere über Satellit und Kabel", KOM (84) 300 endg., vom 14. Juni 1984

Europäische Kommission, Grünbuch der Europäischen Kommission, Pluralismus und Medienkonzentration im Binnenmarkt, KOM (92) 480 endg., vom 23. Dezember 1992

Europäisches Parlament, Entschließung vom 12. März 1982 zum „Rundfunk und Fernsehen in der Europäischen Gemeinschaft", ABl. EG Nr. C 87/1, 110 ff.

KEK, Beschluss vom 10.1.2006: Beteiligungsveränderungen bei Tochtergesellschaften der ProSiebenSAT.1 Media AG Aktenzeichen: KEK 293–1 bis 5 – Axel Springer A, im Internet abrufbar unter: http://www.kek-online.de/cgi-bin/resi/v-ent/416.html (Letztmalig aufgerufen: Juli 2008)

KEK, Beschluss vom 26. 1. 1999: PREMIERE Medien GmbH & Co. KG: Zulassungsantrag von PREMIERE für digitale Pay-TV-Programme: Aktenzeichen: KEK-26 – Premiere. Im Internet abrufbar unter: http://www.kek-online.de/cgi-bin/resi/v-ent/12.html (Letztmalig aufgerufen: Juli 2008)

KEK, Crossmediale Verflechtungen als Herausforderung für die Konzentrationskontrolle: Bericht der Kommission zur Ermittlung der Konzentration im Medienbereich über die Entwicklung der Konzentration und über Maßnahmen zur Sicherung der Meinungsvielfalt im privaten Rundfunk, Konzentrationsbericht nach § 26 Abs. 6 RStV, Berlin 2007

KEK, Zehnter Jahresbericht der Kommission zur Ermittlung der Konzentration im Medienbereich, Potsdam 2007

Wissenschaftlicher Beirat beim Bundesministerium für Wirtschaft und Technologie, Offene Medienordnung, Gutachten 1999: Im Internet abrufbar unter: http://www.bmwi.de/BMWi/Redaktion/PDF/__Archiv/Medienordnung1,property=pdf,bereich=bmwi,sprache=de,rwb=true.pdf (Letztmalig aufgerufen: Juli 2008)

Kapitel 1. Verfassungsrechtliche Dimension der Medienkonzentration

§ 1. Medienkonzentration als verfassungsrechtliche Problemstellung

A. Sektorspezifische Maßstäbe

Medienkonzentrationsrecht ist im Kern Rundfunkkonzentrationsrecht. Regulierungsgegenstand ist die Sicherung der Meinungsvielfalt im bundesweit verbreiteten privaten Fernsehen. Dass der Meinungsvielfalt im Bereich des Rundfunks eine höhere **Bedeutung** beigemessen wird als bei den Printmedien, geht auf das **Fernsehurteil** des BVerfG und die medialen Gegebenheiten der Nachkriegszeit zurück.[1] Das Erfordernis des Vielfaltschutzes leitete das Gericht aus der **Monopolverfassung des öffentlichrechtlichen Rundfunks** ab.[2] Das **Verhaften des deutschen Antikonzentrationsrechts am Rundfunk** dürfte aber ebenso daraus resultieren, dass sich das BVerfG häufiger in grundlegenden Entscheidungen mit der Organisation der Anstalten zu beschäftigen hatte, als **mit den Konzentrationsprozessen im Pressewesen**.[3]

Im Bereich der **Presse** bestand zu keinem Zeitpunkt ein natürliches Monopol, welches ähnliche Instrumentarien wie die gesellschaftliche Kontrolle über die öffentlichen-rechtlichen Anstalten oder Zulassungserfordernisse für den privatrechtlich organisierten Rundfunk gerechtfertigt hätte. Stattdessen begnügte man sich in der Nachkriegszeit damit, auf die **Gründungsfreiheit** der Presse und das Spektrum **verschiedenartiger gesellschaftlicher und weltanschaulicher Richtungen der Publikationen** zu verweisen.[4] Heutzutage muss diese Unterscheidung indes hinterfragt werden. Zum einen haben die Konzentrationstendenzen in der Presse in den letzten Jahrzehnten zu einem massiven Rückgang der publizistischen Einheiten geführt.[5] Zum anderen nä-

---

[1] Zu erwähnen sind in diesem Zusammenhang insbesondere die Frequenzknappheit sowie die damals noch immensen Kosten der Rundfunkveranstaltung. Siehe zur Sondersituation des Rundfunks BVerfGE 12, 205 (261) – Deutschland Fernsehen GmbH.

[2] Im Unterschied zu heute war das Pressewesen damals freilich durch eine größere äußere Anbietervielfalt geprägt. So ging allein im Zeitraum von 1954 bis 1976 die Anzahl publizistisch unabhängiger Vollredaktionen um 46,3 % zurück. Siehe *Löffler*, AfP 1976, 155 sowie *Kunert*, Pressekonzentration und Verfassungsrecht, S. 17 ff.; *Groß*, ZUM 1996, 365 (366 ff.).

[3] Die Entwicklung im Bereich der Presse verlief insofern anders, als die Printmedien gerade keiner Sondersituation unterlagen, wie sie sich für den Rundfunk in der Nachkriegszeit aus der Frequenzknappheit und dem hohen Kapitalbedarf ergab.

[4] *Mestmäcker*, AfP 1978, 3.

[5] Siehe in Bezug auf die Tagespresse BGHZ 157, 55 (65) – 20 Minuten Köln.

hern sich die unterschiedlichen Mediensektoren immer stärker an, was zu crossmedialer Meinungsmacht führen kann und insofern ein hohes Gefährdungspotential für die Meinungsvielfalt in sich birgt.

B. Vielfaltsicherung als zentrales Anliegen der Rundfunkfreiheit

Die **Verhinderung von Meinungskonzentration** gehört zu den **wichtigsten Aufgaben** des **Rundfunk- und Medienrechts**. Im Zusammenhang mit Art. 5 Abs. 1 S. 2 GG erstarkt die Vielfaltsicherung zu einer Handlungsmaxime der positiven Rundfunkordnung.[6] Innerhalb des öffentlich-rechtlichen Rundfunks muss Meinungsvielfalt einerseits durch die gesellschaftliche Besetzung der Kontrollgremien, andererseits durch die inhaltliche Ausgewogenheit des Programms realisiert werden.[7] Im privaten Rundfunk soll sie hingegen durch das **Prinzip der Anbietervielfalt** verwirklicht werden. Jede Veranstaltung von **kommerziellem Rundfunk** setzt deshalb voraus, dass zugleich das **Entstehen** oder **Verstärken vorherrschender Meinungsmacht ausgeschlossen ist**.[8] Flankiert wird das Verbot „vorherrschender Meinungsmacht" vom Erfordernis der **Verhinderung von Informationsmonopolen**,[9] welches bislang zwar noch nicht näher durch das BVerfG präzisiert wurde, in Zukunft aber nicht zuletzt wegen der **Konvergenz der Wirtschaftssektoren**[10] immer größere Bedeutung erlangen dürfte.[11]

Verfassungsrechtliche Vorgaben sind aber auch für die Auslegung **des einfachen Rechts** von großer Bedeutung, gleichgültig ob es sich um staatsvertragliche Regelungen des **RStV** oder um Vorschriften der **Landesrundfunk-** bzw. **Landesmediengesetze** handelt. Grammatikalische Unklarheiten müssen durch eine **verfassungskonforme Auslegung** beseitigt werden,[12] weshalb etwa die historische Auslegung oft hinter der konstitutionellen zurücktreten muss. Besonders deutlich wird dies bei der Konkretisierung der zahlreichen unbestimmten Rechtsbegriffe des einfachen Rechts.

---

[6] Vgl. erst jüngst BVerfG, AfP 2007, 457 (460) Tz. 117 – Rundfunkgebühren II. Hierzu auch *Gounalakis/Wege*, NJW 2008, 800.

[7] Siehe unten, § 8 B.

[8] Auch und gerade im Bereich des privaten Rundfunks muss nach der Rechtsprechung des BVerfG sichergestellt sein, dass das Medium weder durch den Staat und seine Vertreter noch durch eine gesellschaftliche Gruppe vereinnahmt wird. Siehe BVerfGE 12, 205 (262) – Deutschland Fernsehen GmbH.

[9] BVerfGE 97, 228 (256) – Kurzberichterstattung.

[10] Hierzu *Gounalakis*, Konvergenz der Medien, S. 15 f.

[11] Ähnlich ist in dieser Frage auch die Einschätzung der Europäischen Kommission. Sie versteht die Sicherung der Meinungsvielfalt in einem umfassenderen Sinne als dies das BVerfG zumindest bislang getan hat. Sie plant den Pluralismus in den Medien nicht nur über das klassische Medienkonzentrationsrecht zu schützen, sondern ebenso durch Stärkung des Kurzberichterstattungsrechts im Bereich der audiovisuellen Medien sowie der Unabhängigkeit der Medienaufsicht in den Mitgliedstaaten. Siehe dazu auch unten und *Zagouras*, AfP 2007, 1 ff.

[12] Zur Bedeutung der verfassungskonformen Auslegung des einfachen Rundfunkkonzentrationsrechts unten, § 15.

§ 2. Verfassungsrechtlicher Rundfunkbegriff

Schon die Frage, was verfassungsrechtlich unter Rundfunk zu verstehen ist, lässt sich nur schwer beantworten,[13] da der **Rundfunk** und alles, was zu seinem **Dunstkreis** zählt, zu den **elektronischen Medien** gehört. Obwohl sich das Erscheinungsbild der Printmedien über die Jahrhunderte verändert hat, zeichnet sie das gemeinsame Kriterium der Körperlichkeit aus.[14] Elektronische Medien verändern sich demgegenüber in ihrer Erscheinung viel schneller, weshalb sich fast bei jeder neuen Technik die Frage stellt, ob es sich hierbei noch um Rundfunk im Sinne von Art. 5 Abs. 1 S. 2 GG handelt.[15] In Anbetracht der rasanten und tief greifenden technischen Entwicklungen der letzten Jahre erweist sich eine **Rundfunkdefinition** zwar als prinzipiell geeignetes, allerdings nicht immer besonders präzises **Abgrenzungskriterium**. Dies hat die Diskussion um die verfassungsrechtliche Klassifizierung der über das Internet erbrachten Dienste gezeigt.[16] Zuvor waren Abgrenzungsfragen bei **Video-**[17] und **Bildschirmtext** (BTX) aufgekommen.[18] Auch bei der Ermittlung der Grenzen von **Online-Aktivitäten** öffentlich-rechtlicher Rundfunkanstalten erlangt die Abgrenzungsfrage Relevanz.[19]

A. Terminologischer Ausgangspunkt: Rundfunk als Hörfunk und Fernsehen

Der Begriff „Rundfunk" sollte den Unterschied des Hörfunks zum konventionellen Funk zum Ausdruck bringen.[20] Zunächst erfasste der Terminus den **Hörfunk**. Später stellte sich angesichts der Nichterwähnung des **Fernsehens** in Art. 5 Abs. 1 S. 2 GG[21] die Frage, ob sich der Rundfunkbe-

---

[13] Ausführlich zum verfassungsrechtlichen Rundfunkbegriff *Bernard*, Rundfunk als Rechtsbegriff, S. 105 ff.

[14] Siehe auch *Gounalakis*, Konvergenz der Medien, S. 62 f.

[15] Jüngst trat diese Frage wieder im Zusammenhang mit der Verbreitung von Handy-TV mittels DVB-H- und DMB-Standards auf. Dazu *Reinemann*, ZUM 2006, 523 ff.

[16] Hierzu etwa *Scherer*, AfP 1996, 213 ff.; *Hoffmann-Riem*, AfP 1996, 9 ff.

[17] Vgl. *Janik*, AfP 2000, 7 (8).

[18] Dazu auch *Ricker/Schiwy*, Rundfunkverfassungsrecht, Kap. B Rdnr. 56 f.; *Schulz*, in: Beck'scher Kommentar zum Rundfunkrecht, § 2 Rdnr. 5.

[19] *Gounalakis*, Konvergenz der Medien, S. 47. Siehe zum Streit über die Reichweite der Online-Aktivitäten öffentlich-rechtlicher Rundfunkanstalten auch *Jarass*, Online-Dienste und Funktionsbereich des zweiten Deutschen Fernsehens, *passim*; *Eberle*, Programmauftrag Internet?, *passim* sowie die Gegenposition von *Degenhart*, MMR 1998, 137 ff.

[20] *Lerg*, Die Entstehung des Rundfunks in Deutschland, S. 20; *Janik*, AfP 2000, 7.

[21] Gleichwohl ging selbst der parlamentarische Rat davon aus, dass neben dem Hörfunk auch das Medium Fernsehen dem Rundfunkbegriff des Art. 5 Abs. 1 S. 2 GG unterfallen sollte. *Herrmann/Lausen*, Rundfunkrecht, § 5 Rdnr. 32 m. w. N. Anders *Herzog*, in: Maunz/Dürig, GG, Art. 5 Abs. I, II Rdnr. 197.

griff auch auf die Übertragung bewegter Bilder erstreckt.[22] Schon im ersten Rundfunkurteil bejahte das BVerfG dies.[23]

B. Rundfunk im Lichte der Verfassung

Als schwierig erweist sich die terminologische Erfassung des Rundfunks, da das BVerfG seine Charakteristika zu einem Zeitpunkt umschrieb, die man aus heutiger Sicht als die **Antike des deutschen Rundfunkrechts** bezeichnen könnte.[24] Das Schrifttum sieht den Rundfunk im verfassungsrechtlichen Sinne als jede Übermittlung von **Gedankeninhalten durch physikalische Wellen**[25] oder als die Veranstaltung und Verbreitung von Darbietungen aller Art für die Allgemeinheit mit Hilfe elektronischer Schwingung an.[26] Das BVerfG hat klargestellt, dass sich der Rundfunkbegriff **nicht abschließend umschreiben** lässt.[27] Rundfunk wird von der Verfassung nicht definiert, sondern vorausgesetzt.[28] Um der ständigen Weiterentwicklung elektronischer Medien Rechnung tragen zu können, hat das BVerfG den **funktionalen Rundfunkbegriff** entwickelt.[29] Er beruht auf einem **dynamischen Verständnis** des Mediums,[30] das als **zukunftsoffen** angesehen wird und der zur Signalübermittlung verwendeten **Technologie** weitestgehend **neutral** entgegentritt.[31] Charakteristisch ist jedoch die **Meinungsrelevanz**. Sie ist anhand der Faktoren **Suggestivkraft**, **Aktualität** und **Breitenwirkung** zu beurteilen.[32]

I. Allgemeinheit

Eine wesentliche Eigenschaft des Rundfunks stellt seine Zugehörigkeit zu den Massenmedien dar.[33] Er richtet sich an die **Allgemeinheit** und nicht an einen individuellen Empfänger,[34] weshalb er nicht zu den konventionellen Funkdiensten gezählt wird.[35] Maßgeblich ist eine **Punkt-zu-Mehrpunkt-**

---

[22] Dies wurde keinesfalls einheitlich beurteilt, was ein Vergleich der Terminologie in der Bundesrepublik und der DDR zeigt, wo man Rundfunk ausschließlich als Hörfunk verstand und den Bereich des Fernsehens terminologisch davon abgrenzte. *Herrmann/ Lausen*, Rundfunkrecht, § 4 Rdnr. 46.

[23] BVerfGE 12, 205 (226) – Deutschland Fernsehen GmbH.

[24] *Zagouras*, CR 2006, 819 (821).

[25] *Herzog*, in: Maunz/Dürig, GG, Art. 5 Abs. I, II Rdnr. 195.

[26] So *Jarass*, in: Jarass/Pieroth, GG, Art. 5 Rdnr. 36.

[27] BVerfGE 74, 297 (350) – Baden-Württemberg.

[28] *Dörr/Schwartmann*, Medienrecht, Rdnr. 136.

[29] Dazu unten, § 5 B IV.

[30] Vgl. *Jarass*, AfP 1998, 133 f.; *Gounalakis*, NJW-Beilage 23/2002, 20 (21).

[31] BVerfGE 73, 118 (154) – Niedersachsen.

[32] *Degenhart*, in: Bonner Kommentar, GG, Art. 5 Abs. 1 und 2 Rdnr. 669.

[33] *Schulz*, in: Beck'scher Kommentar zum Rundfunkrecht, § 2 Rdnr. 14.

[34] Vgl. *Herzog*, in: Maunz/Dürig, GG, Art. 5 Abs. I, II Rdnr. 195; *Janik*, AfP 2000, 7 (8).

[35] *Ricker/Schiwy*, Rundfunkverfassungsrecht, Kap. B Rdnr. 35.

Kommunikationsform, bei der die ausgehenden Daten für den gleichzeitigen **Empfang durch einen unbestimmten Personenkreis** bestimmt sind.[36] Eine besondere Mindestanzahl an Rezipienten ist nicht zu fordern,[37] solange die Grenze zur **individuellen Punkt-zu-Punkt-Kommunikation** nicht überschritten wird.[38] Grundsätzlich werden damit auch Dienste erfasst, die sich wie Web-Radio an einen minimalen, zahlenmäßig aber nicht im Vorhinein beschränkten Adressatenkreis richten. Ist der Rezipientenkreis jedoch zahlenmäßig bestimmbar begrenzt und damit geschlossen, wie im Falle des sog. Business TV, so stellt dies keine an die Allgemeinheit gerichtete Darbietung mehr dar.[39] Ob der Empfang kostenlos möglich ist oder von der Entrichtung eines Entgelts abhängt, ist unbeachtlich.[40]

II. Elektronische Signalverbreitung

Die Leseweise des Rundfunkbegriffs hat sich wegen seiner **Technologieoffenheit** und **Zukunftsgewandtheit** im Laufe der Zeit weiterentwickelt.[41] Im Unterschied zu anderen Medien bedient sich der Rundfunk als unkörperliches Medium zur Programmübermittlung **elektronischer Wellen.**[42] Diese **nachrichtentechnischen Elemente**[43] helfen, ihn von körperlichen Medien wie der Presse abzugrenzen.[44] Unbeachtlich ist, ob die **Signalübermittlung** drahtlos oder -gebunden erfolgt.[45] Auf eine Differenzierung kommt es weder im Hinblick auf Breitband- bzw. Kupferkabelnetze noch auf eine analoge oder digitale terrestrische bzw. satellitengestützte Über-

---

[36] Zu den technischen Hintergründen der Signalübermittlung *Gersdorf*, Internet über Rundfunkfrequenzen, S. 16 ff.

[37] Vgl. *Hoffmann-Riem*, AfP 1996, 9 (10); *Schulz*, in: Beck'scher Kommentar zum Rundfunkrecht, § 2 Rdnr. 14 f., der auf das Kriterium einer „*öffentlichen*" Kommunikation abstellt. Am Kriterium des allgemeinen Adressatenkreises kann es insbesondere bei geschlossenen Benutzergruppen fehlen. Dazu *Ricker/Schiwy*, Rundfunkverfassungsrecht, Kap. B Rdnr. 36.

[38] Eben dies unterscheidet auf einfachgesetzlicher Ebene Telekommunikation und Rundfunk. Aus diesem Grund sind auch Techniken wie BWA und UMTS nicht dem Rundfunk, sondern der Telekommunikation zuzurechnen. Im Kontext der digitalen Dividende auch *Zagouras*, CR 2006, 819 (824).

[39] *Degenhart*, in: Bonner Kommentar, GG, Art. 5 Abs. 1 und 2 Rdnr. 678.

[40] *Hoffmann-Riem*, AfP 1996, 9 (11). Siehe aber auch *Ricker/Schiwy*, Rundfunkverfassungsrecht, Kap. B Rdnr. 58 ff.

[41] Dazu BVerfGE 73, 118 (154) – Niedersachsen; 74, 297 (350 f.) – Baden-Württemberg.

[42] BVerfGE 12, 205 (226) – Deutschland Fernsehen GmbH; vgl. *Jarass*, AfP 1998, 133 (136), der insoweit den einfachgesetzlichen Rundfunkbegriff aufgreift.

[43] *Degenhart*, in: Bonner Kommentar, GG, Art. 5 Abs. 1 und 2 Rdnr. 673 f.

[44] *Ricker/Schiwy*, Rundfunkverfassungsrecht, Kap. B Rdnr. 45. Siehe in Bezug auf die elektronische Presse auch *Gounalakis*, Konvergenz der Medien, S. 62 f.

[45] *Herzog*, in: Maunz/Dürig, GG, Art. 5 Abs. I, II Rdnr. 195, der freilich qualitativ zwischen den beiden Übertragungsarten unterscheidet und damit zu Unrecht die terrestrische bzw. satellitenbasierte Signalübermittlung privilegieren will.

mittlung an.[46] Da das BVerfG dem Rundfunk das Recht auf Nutzung **neuer Übertragungsarten** zugesteht,[47] gilt Gleiches für die Nutzung neuer Kommunikationsplattformen, wie IP-[48] oder Handy-TV.[49]

III. Darbietungen

Das vereinzelt kritisierte[50] Erfordernis der **Darbietung** dient dazu, den Bezug des Rundfunks zur über Art. 5 Abs. 1 GG vermittelten **Meinungsbildungsfreiheit** herzustellen.[51] Verankert wird das Kriterium aber auch am Wortlaut des Art. 5 Abs. 1 S. 2 GG, wo von *„Berichterstattung"* die Rede ist.[52] Ausschließlich an einen einzelnen Empfänger gerichtete Sendungen fallen daher ebenso wenig in den Schutzbereich der Rundfunkfreiheit wie der reine Datentransfer.[53] Das Merkmal legt nahe, dass der Rundfunk in Abgrenzung zur Telekommunikation der **Übermittlung** wie auch immer gearteter **medialer Inhalte** dient.[54] Dies setzt eine nicht nur völlig untergeordnete **publizistische Relevanz** voraus.[55] Solange – wie auch immer formulierte – **Gedankeninhalte** als Ausdruck einer noch so simplen intellektuellen Leistung kommuniziert werden, ist das Merkmal der Darbietung aber noch gewahrt.[56]

---

[46] *Herrmann/Lausen*, Rundfunkrecht, § 5 Rdnr. 34.

[47] So ausdrücklich BVerfGE 74, 297 (350) – Baden-Württemberg: *„Soll die Rundfunkfreiheit in einer sich wandelnden Zukunft ihre normierende Wirkung bewahren, dann kann es nicht angehen, nur an eine ältere Technik anzuknüpfen, den Schutz des Grundrechts auf diejenigen Sachverhalte zu beschränken, auf welche diese Technik bezogen ist, und auf diese Weise die Gewährleistung in Bereichen obsolet zu machen, in denen sie ihre Funktion auch angesichts der neuen technischen Möglichkeiten durchaus erfüllen könnte."*

[48] Siehe zu dieser Übertragungsart *Ory*, K&R 2006, 303 ff.

[49] Dazu auch *Reinemann*, ZUM 2006, 523 ff.; *Ory*, ZUM 2007, 7 ff. sowie *Zagouras*, CR 2006, 819 (820).

[50] So sieht beispielsweise *Scherer*, AfP 1996, 213 (218) die Darbietung zumindest im Hinblick auf den verfassungsrechtlichen Rundfunkbegriff nicht als zwingendes Kriterium an.

[51] *Hoffmann-Riem*, AfP 1996, 9 (11).

[52] *Degenhart*, in: Bonner Kommentar, GG, Art. 5 Abs. 1 und 2 Rdnr. 676.

[53] So *Herzog*, in: Maunz/Dürig, GG, Art. 5 Abs. I, II Rdnr. 195; *Bullinger*, AfP 1996, 1 (4).

[54] *Herzog*, in: Maunz/Dürig, GG, Art. 5 Abs. I, II Rdnr. 195 spricht in diesem Zusammenhang von *„Gedankeninhalten"*. Ähnlich *Degenhart*, in: Bonner Kommentar, GG, Art. 5 Abs. 1 und 2 Rdnr. 676.

[55] *Herrmann/Lausen*, Rundfunkrecht, § 5 Rdnr. 33; ähnlich *Hoffmann-Riem*, AfP 1996, 9 (12), *Gersdorf*, Grundzüge des Rundfunkrechts, Rdnr. 92.

[56] Daran fehlt es aber beispielsweise, wenn Software-Updates für Sat-Receiver über Satellit versendet werden. Da das Erfordernis der Darbietung durchaus zu Abgrenzungsschwierigkeiten zu Telemedien führen kann, werden Bedeutung und Reichweite des Merkmals teils unterschiedlich interpretiert. Eine Übersicht findet sich bei *Schulz*, in: Beck'scher Kommentar zum Rundfunkrecht, § 2 Rdnr. 21 f.

IV. Funktionaler Rundfunkbegriff

Der Rundfunkbegriff entzieht sich einer statischen Festlegung.[57] Er ist **dynamisch** und in Anlehnung an seinen **normativen Funktionszweck** zu interpretieren,[58] da er nach der Judikatur des BVerfG **für technische Entwicklungen offen** und flexibel zu halten ist:[59] Das Rundfunkverständnis des Art. 5 Abs. 1 S. 2 GG muss mit jeder neuen technischen Entwicklungsstufe an die veränderten Rahmenbedingungen angepasst werden.[60] Das BVerfG fordert, dass **Inhalt und Tragweite** des Rundfunkbegriffs **am Normbereich der Rundfunkfreiheit gemessen** werden.[61]

V. Verfassungsrechtlicher Rundfunkbegriff und Telemedien

Ob und in welchem Umfang **Telemedien** dem verfassungsrechtlichen Rundfunkbegriff unterfallen, wird seit geraumer Zeit diskutiert.[62] **Telemedien** zeichnen sich als Verteil-, Zugriffs- und Abrufdienste dadurch aus, dass sie **Elemente der Individual- und Massenkommunikation** miteinander verzahnen.[63] Als solche vereinigen sie aber auch häufig die Merkmale des Rundfunkbegriffs in sich.[64] Dies darf freilich nicht überbewertet werden,[65] da sie **nicht dieselben Rechtsfolgen auslösen wie die Kategorisierung als Hörfunk und Fernsehen.**[66] Ganz im Gegenteil: Der Gesetzgeber kann abgestufte Regelungen schaffen und einen großen Teil der **Telemedien aus** dem Anwendungsbereich des RStV bzw. der **Landesrundfunkgesetze herausnehmen.**[67] Grund hierfür ist, dass zwischen der **Tatbestands- und Rechts-**

---

[57] Zum funktionalen Rundfunkbegriff auch *Gounalakis*, in: BLM, Symposion Medienrecht 2005, 33 (36).

[58] *Ricker/Schiwy*, Rundfunkverfassungsrecht, Kap. B Rdnr. 34 sowie *Gounalakis*, ZUM 2003, 180 (184 f.).

[59] BVerfGE 73, 118 (154) – Niedersachsen.

[60] *Gounalakis*, Konvergenz der Medien, S. 34 f.

[61] BVerfGE 74, 297 (350) – Baden-Württemberg unter Bezugnahme auf 73, 118 (154) – Niedersachsen.

[62] Zu dieser Diskussion schon *Bullinger*, AfP 1996, 1 ff.; *Scherer*, AfP 1996, 213 ff.; *Hoffmann-Riem*, AfP 1996, 9 ff.; *Degenhart*, in: Bonner Kommentar, GG, Art. 5 Abs. 1 und 2 Rdnr. 688 ff. Vgl. auch die Differenzierung bei *Bethge*, in: Sachs, GG, Art. 5 Rdnr. 90b.

[63] *Scherer*, AfP 1996, 213 (217); *Bullinger/Mestmäcker*, Multimediadienste, S. 15.

[64] In diesem Sinne auch BVerfGE 74, 297 (349 f.) – Baden-Württemberg, wo das Gericht die Frage der Zugehörigkeit von Zugriffs- und Abrufdiensten zur Rundfunkfreiheit schon entschied, obgleich solche Dienste damals technisch noch nicht umsetzbar waren. Einschränkend hingegen BVerfGE 83, 238 (302 f.) – Nordrhein-Westfalen. Siehe auch *Hochstein*, NJW 1997, 2977 (2978).

[65] Im Einzelnen ist die Zuordnung bestimmter Kommunikationsweisen unter den verfassungsrechtlichen Rundfunkbegriff auch durchaus umstritten. Dazu *Schulz*, in: Beck'scher Kommentar zum Rundfunkrecht, § 2 Rdnr. 17 ff. m. w. N.

[66] So schon *Scherer*, AfP 1996, 213 (218).

[67] Vgl. *Gounalakis*, Konvergenz der Medien, S. 46; ähnlich *Schulz*, in: Beck'scher Kommentar zum Rundfunkrecht, § 20 Rdnr. 20.

folgenseite des in Art. 5 Abs. 1 S. 2 GG verwendeten Terminus unterschieden werden muss:[68] Zum einen stellt § 1 Abs. 1 RStV klar, dass **Telemedien** den **staatsvertraglichen Regelungen nur eingeschränkt** unterstehen,[69] sondern dem **liberalen Regulierungsumfeld** des TMG zuzuordnen sind.[70] Zum anderen bestimmt die **Rückholklausel des § 20 Abs. 2 S. 1 RStV**, dass Telemedien, die wegen ihrer Meinungsrelevanz doch dem Rundfunk zuzuordnen sind, einer **Zulassung nach Landesrecht** bedürfen.

C. Einfachgesetzlicher Rundfunkbegriff

Der **einfachgesetzliche Rundfunkbegriff** korrespondiert zwar sehr eng mit dem verfassungsrechtlichen; dennoch ist er mit ihm **nicht identisch**.[71] Eine einfachgesetzliche **Definition** enthält § 2 Abs. 1 RStV, die ursprünglich für den **Rundfunkgebührenstaatsvertrag** von **1974** entwickelt wurde.[72] Danach ist **Rundfunk** „die für die Allgemeinheit bestimmte Veranstaltung und Verbreitung von Darbietungen aller Art in Wort, Ton und in Bild unter Benutzung elektromagnetischer Schwingungen ohne Verbindungsleitung oder längs oder mittels eines Leiters." § 2 Abs. 1 S. 2 RStV stellt klar, dass auch **verschlüsselte oder gegen besonderes Entgelt vertriebene Darbietungen** einzubeziehen sind.[73] Die derzeitige Unterscheidung zwischen klassischem Rundfunk und Telemedien wird durchaus in Frage gestellt.[74] Beanstandet wird die **unterschiedliche publizistische Regulierungstiefe**: Während Hörfunk und Fernsehen ganz erheblichen medienrechtlichen Anforderungen genügen müssen, handhaben Bund und Länder je nach Gesetzgebungskompetenzen die Regulierung der **Telemedien** weitestgehend **liberal**. Diese Diskrepanz kann in der Praxis zu **Rechtsunsicherheit** führen.

Zu guter Letzt sei darauf hingewiesen, dass neben den staatsvertraglichen Rundfunkbegriff noch ein **telekommunikationsrechtlicher** tritt. Obgleich das **TKG** selbst **keine Legaldefinition** beinhaltet, spielt der Terminus bei der **rundfunkrelevanten Frequenzregulierung** eine wichtige Rolle.[75] Der hier verwendete Begriff der **Rundfunk***dienste* ist weiter als der in § 2 Abs. 1 RStV[76] und **umfasst auch Telemedien** im Sinne des

---

[68] Dazu *Gersdorf*, Der verfassungsrechtliche Rundfunkbegriff, S. 141 f.

[69] *Gersdorf*, Grundzüge des Rundfunkrechts, Rdnr. 88; *Degenhart*, in: Bonner Kommentar, GG, Art. 5 Abs. 1 und 2 Rdnr. 700 ff.

[70] Hierzu *Spindler*, CR 2007, 239 ff.; *Schmitz*, K&R 2007, 135 ff.

[71] *Schulz*, in: Beck'scher Kommentar zum Rundfunkrecht, § 2 Rdnr. 10.

[72] *Ricker/Schiwy*, Rundfunkverfassungsrecht, Kap. B Rdnr. 34.

[73] Auf einfachgesetzlicher Ebene kommt es also nicht auf eine Differenzierung zwischen Free- und Pay-TV an. *Starck*, in: v. Mangold/Klein/Starck, GG, Art. 5 Abs. 1, 2 Rdnr. 108; *Jarass*, in: Jarass/Pieroth, GG, Art. 5 Rdnr. 36.

[74] Dazu auch *Gounalakis*, in: BLM, Symposion Medienrecht 2005, 33 (38 f.).

[75] Zu rechtlichen Aspekten der digitalen Dividende *Zagouras*, CR 2006, 819 (824).

[76] *Schmits*, in: Berliner Kommentar zum TKG, Vor § 48 Rdnr. 1; *Göddel*, in: Beck'scher TKG-Kommentar, § 57 Rdnr. 5.

TMG,[77] nicht aber Telekommunikationstechnologien wie UMTS oder BWA.[78] Obwohl sie zur Übertragung von Rundfunk eingesetzt und speziell im Bereich des Mobile-Entertainment als interaktive Rückkanäle verwendet werden können,[79] geht die **Fähigkeit zur individuellen Adressierung** über die für Rundfunkdienste charakteristische Verbreitung von Inhalten an die Allgemeinheit hinaus.[80]

§ 3. Rundfunkfreiheit als Anknüpfungspunkt der Vielfaltsicherung

A. Systematische Stellung der Rundfunkfreiheit in der Grundrechtsordnung

In seiner Gesamtheit kommt Art. 5 Abs. 1 GG die Aufgabe zu, den freien Meinungsbildungsprozess zu fördern.[81] Dieser umspannt gleichermaßen das **unabhängige Informieren** aus allgemein zugänglichen Quellen,[82] das **Schöpfen der eigenen Meinung** im Sinne eines subjektiven Dafürhaltens sowie zu guter Letzt die **Möglichkeit**, diese **Meinung** anderen **kundzutun**. Die Rundfunkfreiheit nimmt dabei eine ganz exponierte Rolle ein. Auf der einen Seite stellt sie eine spezielle **Ausformung der Meinungsäußerungsfreiheit** dar.[83] Andererseits beschränkt sie sich nicht nur auf den eigentlichen Vorgang der Meinungs*verbreitung*; sie wird vom BVerfG in den **Dienst des freien Meinungsbildungsprozesses** gestellt.[84]

---

[77] *Jenny*, in: Heun, Telekommunikationsrecht, Teil 2 Rdnr 59.

[78] *Zagouras*, CR 2006, 819 (824).

[79] Instruktiv zur Kategorisierung von Handy-TV und interaktiver Fernbedienung *Reinemann*, ZUM 2006, 523 (528 ff.).

[80] Vgl. *BNetzA*, *„Eckpunktepapier für die bedarfsgerechte Bereitstellung von Übertragungskapazitäten für Rundfunk und für multimediale Dienste auf Frequenzen, die dem Rundfunk zugewiesen sind"*, S. 3. Im Internet abrufbar unter: http://www.bundesnetzagentur.de/media/archive/4621.pdf. Einzelheiten zum telekommunikationsrechtlichen Rundfunkbegriff bei *Gersdorf*, Internet über Rundfunkfrequenzen, S. 35 ff.

[81] Vgl. *Rossen-Stadtfeld*, in: Beck'scher Kommentar zum Rundfunkrecht, § 25 Rdnr. 41 f.

[82] Von Bedeutung sind in diesem Zusammenhang insbesondere die Entscheidungen BVerfG, NJW 1970, 235 ff. – DDR-Zeitung I; NJW 1970, 238 ff. – DDR-Zeitung II.

[83] Dies zeigt schon die grammatikalische Interpretation des Art. 5 Abs. 1 S. 2 GG, der insofern von der *„Freiheit in der Berichterstattung in Rundfunk und Fernsehen"* spricht. *Herrmann/Lausen*, Rundfunkrecht, § 5 Rdnr. 19.

[84] Dazu BVerfGE 57, 295 (320) – FRAG. Hierzu auch *Dörr*, AfP Sonderheft 2007, 33 (34); *Degenhart*, AfP Sonderheft 2007, 24 (26 f.).

B. Rundfunkfreiheit als atypisches Grundrecht

Dogmatisch sticht die Rundfunkfreiheit des Art. 5 Abs. 1 S. 2 GG aus den übrigen Grundrechten des GG hervor.[85] Sie wird weniger als **klassisches Individual-** und damit als **Abwehrrecht** verstanden, welches den Grundrechtsträger **vor staatlichen Eingriffen** in einen bestimmten Schutzbereich **behüten** soll oder **Partizipationsrechte** gewährt.[86] Die Rundfunkfreiheit ist ein deutlich komplexeres Grundrecht als etwa die **Berufsfreiheit des Art. 12 GG**[87] oder die **Pressefreiheit** des Art. 5 Abs. 1 S. 2 GG.[88] Sie garantiert den einzelnen Rundfunkveranstaltern – gleich ob öffentlich-rechtlich oder privat verfasst – einerseits eine **privilegierte Ausübung** ihrer **Rundfunktätigkeit.**[89] Art. 5 Abs. 1 S. 2 GG wird aber sehr viel stärker im Sinne einer der gesamten **Gesellschaft zugute kommenden Freiheit** verstanden. Damit fungiert sie als **Freiheit vor Instrumentalisierung** aller dem Rundfunkbegriff unterfallenden medialen Betätigungen. Von welcher Richtung eine derartige Gefahr für das Rechtsgut Meinungsfreiheit ausgeht, ist dabei unbeachtlich.[90]

§ 4. Objektivrechtlicher Gehalt der Rundfunkfreiheit

A. Rundfunkfreiheit als dienende Freiheit

Das BVerfG bezeichnet Art. 5 Abs. 1 S. 2 GG unter objektivrechtlichen Gesichtspunkten als **institutionelle Freiheit.**[91] Von großer Bedeutung für die Exegese der Rundfunkfreiheit ist das vom BVerfG entwickelte Verständnis als **dienende Freiheit.**[92] In der Leseweise des Gerichts ermöglicht Art. 5 Abs. 1 S. 2 GG nicht eine Rundfunkveranstaltung zum Zwecke der freien Persönlichkeitsentfaltung; die Rundfunkfreiheit verschafft ihrem

---

[85] Vgl. *Müller*, Konzentrationskontrolle zur Sicherung der Informationsfreiheit, S. 64 ff.

[86] Vgl. *Ricker/Schiwy*, Rundfunkverfassungsrecht, Kap. B Rdnr. 91.

[87] Sie stellt dem Individuum ein abgestuftes System des Schutzes seiner wirtschaftlichen Betätigung an die Seite, das nach der Drei-Stufen-Lehre entsprechend der Intensität des Eingriffs unterschiedlich hohe Anforderungen an seine verfassungsrechtliche Rechtfertigung stellt. Siehe BVerfGE 7, 377 (381) – Apotheker; 25, 1 (11 f.) – Mühlengesetz. Siehe auch *Jarass*, in: Jarass/Pieroth, GG, Art. 5 Rdnr. 24 ff.

[88] Siehe zur Pressefreiheit als Institutionsgarantie BVerfGE 20, 162 (175) – Spiegel sowie unten, § 11 D I.

[89] Im Zuge der Konvergenz der Medien wird das Rundfunkprivileg gerade im Hinblick auf die telekommunikationsrechtliche Frequenzregulierung immer häufiger hinterfragt. Siehe etwa jüngst *Gersdorf*, ZUM 2007, 104 (107 f.).

[90] So spricht BVerfGE 12, 205 (262) – Deutschland Fernsehen GmbH auch ganz allgemein von *„gesellschaftlichen Gruppen"*.

[91] BVerfGE 12, 205 (261) – Deutschland Fernsehen GmbH.

[92] BVerfGE 57, 295 (320) – FRAG.

Träger nicht das Recht, vordergründig eigene Interessen zu verfolgen.[93] Mitunter wird aus Art. 5 Abs. 1 S. 2 GG geschlussfolgert, ein **subjektiver Anspruch auf Zugang** zum Rundfunk ergebe sich **nicht** unmittelbar **aus der Verfassung**, sondern allenfalls aus der hierauf basierenden positiven Rundfunkordnung und damit **aus einfachem Recht**.[94]

Wie alle anderen Freiheiten des Art. 5 Abs. 1 GG dient auch die Rundfunkfreiheit der **Gewährleistung der freien öffentlichen Meinungsbildung**. Sie erstreckt sich auf die Vermittlung von Informationen und Meinungen im weitesten Sinne. Rundfunkbetätigung unterstützt die Meinungsäußerungs-, Meinungsverbreitungs- und Informationsfreiheit.[95] Die Unterordnung des Rundfunks[96] resultiert aus seiner Einstufung als „Medium" und „Faktor" des für die Demokratie so bedeutsamen Meinungsbildungsprozesses.[97] Die Rundfunkfreiheit *dient* ihm als notwendige Ergänzung und Verstärkung; sie garantiert eine freie und umfassende **Meinungsbildung** im Massenmedium Rundfunk.[98]

Diese **Konzeption** wird mitunter **angezweifelt**,[99] da es heute keinen Anlass mehr gäbe, den Rundfunk anders zu bewerten als die Presse.[100] Begründet wird dies mit dem Wegfall zahlreicher technischer, gesellschaftlicher und ökonomischer Prämissen des Fernsehurteils des BVerfG.[101] **Systematisch** wird an der Verortung der Rundfunkfreiheit in Art. 5 Abs. 1 S. 2 GG und der hieraus resultierenden Nähe zur Pressefreiheit angeknüpft.[102] Obwohl sich die heutigen Auswahlmöglichkeiten der Rezipienten diametral von denjenigen der Nachkriegszeit unterscheiden, kann man sich allerdings nicht von der Doktrin einer dienenden Rundfunkfreiheit abwenden. Die Unterordnung des Rundfunks resultiert hauptsächlich aus der herausragenden **publizistischen Relevanz des Fern-**

---

[93] BVerfGE 87, 181 (197) – Hessen 3.

[94] Siehe *Müller*, Konzentrationskontrolle zur Sicherung der Informationsfreiheit, S. 71 m. w. N.

[95] BVerfGE 57, 295 (319) – FRAG; 74, 297 (323) – Baden-Württemberg.

[96] Nicht nur dem Rundfunk wird eine solche dienende Funktion zugewiesen. Aufgrund der Meinungsrelevanz von Hörfunk und insbesondere Fernsehen hat sich auch die Telekommunikation zumindest im Prinzip den Belangen des Rundfunks unterzuordnen. Vgl. BVerfGE 12, 205 (239 f.) – Deutschland Fernsehen GmbH. Ob an dieser Doktrin aus den Zeiten eines öffentlich-rechtlichen Rundfunkmonopols auch im Zeitalter der Konvergenz noch festgehalten werden kann, wird heutzutage zunehmend in Frage gestellt. Siehe *Ladeur*, MMR 1999, 266 (267 f.); *Hoffmann-Riem/Wieddekind*, in: Festschrift Hoppe, 745 (757 ff.). A. A. *Scherer*, K&R 1999, Beil. 2 zu Heft 11, S. 10; *Wegmann*, in: Berliner Kommentar zum TKG, § 52 Rdnr. 30. Differenzierend hingegen *Zagouras*, CR 2006, 819 (822 f.).

[97] Vgl. BVerfGE 12, 205 (260) – Deutschland Fernsehen GmbH; 74, 297 (323) – Baden-Württemberg.

[98] BVerfGE 57, 295 (320) – FRAG.

[99] Vgl. *Degenhart*, AfP Sonderheft 2007, 24 (26 f.).

[100] *Degenhart*, in: Bonner Kommentar, GG, Art. 5 Abs. 1 und 2 Rdnr. 643.

[101] Vgl. *Hain*, K&R 2006, 325 ff.

[102] Siehe *Degenhart*, in: Bonner Kommentar, GG, Art. 5 Abs. 1 und 2 Rdnr. 645.

sehens.[103] Sie beruht nicht auf der Frequenzknappheit, weshalb trotz veränderter technischer Gegebenheiten sie zumindest **im Kern erhalten bleibt.**[104]

I. Rundfunkfreiheit im Kontext des demokratischen Willensbildungsprozesses

Demokratie als Staats- und Gesellschaftsform setzt begriffsnotwendig voraus, dass sich **mündige Bürger** aus frei zugänglichen und unzensierten[105] **Quellen informieren** können. Die Freiheit der Meinungsbildung ist *conditio sine qua non* des demokratischen **Willensbildungsprozesses.** Anders als bei einer Gleichschaltung der Medien durch den Staat oder gesellschaftliche Gruppen in totalitären Gesellschaftssystemen, setzt die Demokratie voraus, dass das Staatsvolk, von welchem sich jedes hoheitliche Handeln letztlich legitimiert, nicht nur mit vorgefilterten, geschönten oder manipulierten Informationen „gefüttert" wird. Die Vielfalt unterschiedlicher Meinungen innerhalb des öffentlichen Kommunikationsprozesses gehört nach der Rechtsprechung des BVerfG zu den verbrieften Rechten der Bürger: „*Nur die freie öffentliche Diskussion über Gegenstände von allgemeiner Bedeutung sichert die freie Bildung der öffentlichen Meinung, die sich im freiheitlich demokratischen Staat notwendig „pluralistisch" im Widerstreit verschiedener und aus verschiedenen Motiven vertretener, aber jedenfalls in Freiheit vorgetragener Auffassungen, vor allem in Rede und Gegenrede vollzieht. Jedem Staatsbürger ist durch Art. 5 Abs. 1 Satz 1 GG das Recht gewährleistet, an dieser öffentlichen Diskussion teilzunehmen.*"[106]

1) Rundfunk als Angelegenheit der Allgemeinheit

Aufgrund dieser Korrelation zum demokratischen Meinungsbildungsprozess wird der Rundfunk von der Rechtsprechung als *„Sache der Allgemeinheit"*[107] und **als kulturelle Angelegenheit** verstanden.[108] Dies wirkt sich nicht nur auf die **Gesetzgebungskompetenzen** aus, sondern ebenso auf den Schutzbereich von Art. 5 Abs. 1 S. 2 GG. Wegen der damit verbundenen Gemeinwohlbelange muss der Rundfunk in völliger **Überparteilichkeit** betrieben und **von** jeglicher **Beeinflussung freigehalten** werden.[109] Dies gilt speziell für den öffentlich-rechtlichen Rundfunk. Die All-

---

103 Vgl. BVerfGE 57, 295 (319) – FRAG.

104 In diesem Sinne wohl auch BVerfG, AfP 2007, 457 (460) Tz. 116 – Rundfunkgebühren II. Siehe dazu auch *Gounalakis/Wege*, NJW 2008, 800 ff.

105 Art. 5 Abs. 3 S. 1 GG verbietet lediglich die Vor- oder Präventivzensur im Sinne einschränkender Maßnahmen *vor* der Herstellung oder Verbreitung eines Werkes, nicht aber die Nachzensur. BVerfGE 33, 52 (71 f.) – Filmkontrolle/GÜV.

106 BVerfGE 12, 113 (125) – Schmid-Spiegel.

107 BVerfGE 31, 314 (327) – Umsatzsteuer.

108 BVerfGE 12, 205 (229) – Deutschland Fernsehen GmbH.

109 BVerfGE 31, 314 (327) – Umsatzsteuer.

gemeinbezogenheit zeigt sich hier in den **einfachgesetzlichen Zielvorgaben** der Anstalten. Sie betreffen die **Würde des Menschen** oder die **Förderung des Friedens** und der **Völkerverständigung**, der **Zusammengehörigkeit der Deutschen**, der **Gleichbehandlung** von Mann und Frau, des Umweltschutzes oder der *„sittlichen und religiösen Überzeugung der Bevölkerung"*.[110] Die Indienststellung der Rundfunkfreiheit kann heute **nicht mehr** als eine **vollumfängliche Subordination** des Mediums unter gesellschaftliche Belange verstanden werden.[111] Dies stünde dem legitimen Interesse privater Rundfunkanbieter entgegen, ihre Inhalte massenattraktiv auszugestalten.[112] In der dualen Rundfunkordnung wird die dienende Funktion als **Verfassungsgebot** zum Schutz der Allgemeinheit verstanden, welches die **Garantie effektiver Vielfalt**[113] umfasst und einen Rundfunk verhindert, der **Meinungsmonopole** fördert und **Meinungsvielfalt verhindert**.[114]

2) Schutz des Rundfunks als Institution

a) Bestandsschutz

Wegen seiner fundamentalen Bedeutung für die öffentliche Meinungsbildung garantiert Art. 5 Abs. 1 S. 2 GG den Rundfunk als **Institution**.[115] Er wird **als Einrichtung** in seiner Gesamtheit geschützt[116] und darf nicht in seinem **Bestand** gefährdet werden.[117] Ähnlich wie die Presse genießt er die Garantie der allgemeinen **Funktionsfähigkeit des Mediums**.[118] So verbieten sich staatliche Maßnahmen, die unmittelbar darauf abzielen, den Rundfunk in seiner kommunikativen Bedeutung zu beeinträchtigen. Ein **generelles** einfachgesetzliches **Verbot** der **Rundfunkveranstaltung** wäre – ungeachtet der Tatsache, dass wohl niemand einen Gedanken an die Abschaffung des Mediums verschwenden dürfte – verfassungsrechtlich **unzulässig**.

Gleichwohl darf die Institutionsgarantie nicht zu weit verstanden werden. Sie soll den Rundfunk in seiner Gesamtheit schützen, nicht aber den

---

110 *Degenhart*, in: Bonner Kommentar, GG, Art. 5 Abs. 1 und 2 Rdnr. 821 m. w. N.

111 So wird dem Privatfunk seitens der Rechtsprechung ausdrücklich das Recht zugestanden, seine Programminhalte am Kriterium der Massenkompatibilität und damit der Vermarktbarkeit von Werbezeit auszulegen. Siehe BVerfGE 83, 238 (318) – Nordrhein-Westfalen.

112 Vgl. BVerfGE 73, 118 (156) – Niedersachsen.

113 *Lerche*, NJW 1982, 1676 (1678).

114 So *Pestalozza*, NJW 1981, 2158.

115 BVerfGE 12, 205 (228) – Deutschland Fernsehen GmbH.

116 Vgl. BVerfG, NJW 1960, 29 (33) – Berufsverbot für Journalisten.

117 Dies äußert sich in der Bestands- und Entwicklungsgarantie des öffentlich-rechtlichen Rundfunks. Dazu *Kübler*, NJW 1987, 2961 (2963). Diese erstreckt sich selbst auf eine Finanzierungsgarantie, welche den Anstalten die Erfüllung ihres Funktionsauftrages zu ermöglichen hat. BVerfGE 90, 60 (91) – Rundfunkgebühren I.

118 Zur Institutionsgarantie der Presse auch BVerfGE 36, 193 (204) – Journalistisches Zeugnisverweigerungsrecht.

individuellen **Rundfunkveranstalter.** Ein solcher Schutz der Sender wird über **subjektiv-rechtliche Elemente der Rundfunkfreiheit** vermittelt. So gewährt beispielsweise die Bestandsschutz- und Entwicklungsgarantie des öffentlich-rechtlichen Rundfunks seine Partizipation an neuen Übertragungsmöglichkeiten.[119] Ebenso schützt die Programmfreiheit[120] private Rundfunkveranstalter vor staatlichen Eingriffen.[121] Dahingegen stellt die Institutionsgarantie des Art. 5 Abs. 1 S. 2 GG sicher, dass die Veranstaltung und Verbreitung von Darbietungen aller Art für die Allgemeinheit mittels elektronischer Schwingung[122] überhaupt möglich ist, gleich von wem oder in welcher Weise Rundfunk veranstaltet wird.

b) Schutz vor mittelbaren Beeinträchtigungen

Die Institutionsgarantie des Rundfunks schützt ebenso vor **mittelbaren Eingriffen** in die Substanz der Rundfunkveranstaltung. Allerdings müssen diese eine **hohe Intensität** aufweisen, um den Rundfunk als Einrichtung zu tangieren. Bedenklich wären etwa überzogene Steuern für Empfangsgeräte, wenn diese den Rundfunkempfang erschweren sollen. Dem Rundfunk muss als Institution auch bei indirekten Maßnahmen die Möglichkeit verbleiben, ein spezifisches Gegengewicht zum Machtmissbrauch durch staatliche oder wirtschaftliche Interessengruppen herzustellen.[123] Relevanz entfaltet die Institutionsgarantie bei der **Nutzung neuer Übertragungswege** oder **zusätzlicher Übermittlungskapazitäten,**[124] etwa im Bereich des Handy-TV[125] oder IP-TV.[126] Problematisch wäre daher die Entziehung vom Rundfunk benötigter Frequenzspektren[127] im Zuge der sog. Optimierung der **digitalen Dividende,**[128] um sie ausschließlich für Telekommunikationsdienste wie UMTS oder WIMAX zu verwenden.[129]

II. Erfordernis einer positiven Rundfunkordnung

Die besondere Rolle des Rundfunks für den öffentlichen Kommunikationsprozess spiegelt sich im **Postulat** einer **positiven Rundfunkordnung**

---

[119] Vgl. BVerfGE 83, 238 (299) – Nordrhein-Westfalen.

[120] In diesem Sinne wird die Rundfunkfreiheit beispielsweise von BVerfGE 59, 231 (259) – Freie Mitarbeiter verstanden.

[121] Zur abwehrrechtlichen Dimension von Art. 5 Abs. 1 S. 2 GG unten, § 7 B.

[122] So *Jarass*, in: Jarass/Pieroth, GG, Art. 5 Rdnr. 36.

[123] BVerfG, NJW 1960, 29 (33) – Berufsverbot für Journalisten.

[124] Vgl. BVerfGE 83, 238 (299) – Nordrhein-Westfalen sowie im Hinblick auf die Entwicklungsoffenheit auch BVerfGE 74, 297 (354) – Baden-Württemberg.

[125] Siehe *Ory*, ZUM 2007, 7 (9) zu technischen Aspekten des mobilen digitalen Fernsehens.

[126] Zu den technischen Hintergründen des IP-TV *Flatau*, ZUM 2007, 1 (2 f.).

[127] Dass ein entsprechendes Vorhaben verfassungsrechtlich unzulässig wäre, ergibt sich bereits aus dem Grundsatz des bundesfreundlichen Verhaltens. BVerfGE 12, 205 (249 f.) – Deutschland Fernsehen GmbH.

[128] Hierzu auch *Zagouras*, CR 2006, 819 (821).

[129] Vgl. *Zagouras*, CR 2006, 819 (824).

wieder. Der Staat hat schon **im Vorfeld zu bestimmen**, unter welchen Voraussetzungen das Verbreiten von Hörfunk- und Fernsehsendungen gestattet sein soll. Die positive Rundfunkordnung hat sicherzustellen, dass der Rundfunk *„die Vielfalt der Themen und Meinungen aufnimmt und wiedergibt, die in der Gesellschaft eine Rolle spielen."*[130] Die **Pflicht der Landesgesetzgeber** zur Schaffung einer solchen positiven Rundfunkordnung basiert auf dem **Wesentlichkeitsprinzip**, welches dogmatisch auf dem **Vorbehalt des Gesetzes** und insofern auf dem **Rechtsstaatsprinzip** beruht.[131] Es **verbietet**, die eigentliche Entscheidung über die Voraussetzungen und das Ausmaß von Grundrechtseingriffen **an die Exekutive zu delegieren**.[132] Die Legislative hat alle **für die Grundrechtsausübung wesentlichen Entscheidungen** selbst zu treffen. Maßgeblich ist dabei zwar regelmäßig die Intensität der Grundrechtsbeeinträchtigung bzw. -relevanz.[133] Für den Rundfunk gilt die Besonderheit, dass erst das einfache Rundfunkrecht dem Medium ein konkretes Gesicht verleiht.[134] Daher wirkt sich der Vorbehalt des Gesetzes hier besonders intensiv aus: Die Landesgesetzgeber haben nicht nur sicherzustellen, dass privater wie auch öffentlich-rechtlicher **Rundfunk nur auf Grundlage einer gesetzlichen Regelung veranstaltet werden** darf. Zum Schutze des öffentlichen Kommunikationsprozesses müssen vielmehr **alle wesentlichen Fragen** der Rundfunkveranstaltung **vom Parlament** entschieden werden.[135] Dementsprechend dürfen Entscheidungen über die Belegung rundfunkrelevanter Übertragungskapazitäten,[136] nicht vollumfänglich an administrative Ebenen delegiert[137] oder gar Satzungen der Veranstalter bzw. vertraglichen Vereinbarungen überlassen werden.[138]

Trotz der Ausgestaltungsbedürftigkeit der Rundfunkfreiheit hat das BVerfG den **Beurteilungsspielraum** bei der konkreten Ausgestaltung der Rundfunkordnung in verschiedener Hinsicht eingeschränkt.[139] So müssen gesetzliche **Vorkehrungen** eine freie, umfassende und wahrheitsgemäße Meinungsbildung auch dann **sicherstellen**, wenn die Verfassung selbst

---

130 So BVerfGE 90, 60 (88) – Rundfunkgebühren I.
131 BVerfGE 57, 295 (320 f.) – FRAG.
132 Siehe diesbezüglich etwa *Pieroth/Schlink*, Grundrechte, Rdnr. 264.
133 Vgl. *Jarass*, in: Jarass/Pieroth, GG, Art. 20 Rdnr. 46.
134 Vgl. *Dörr/Schwartmann*, Medienrecht, Rdnr. 176.
135 BVerfGE 57, 295 (321) – FRAG.
136 Zu den verfassungsrechtlichen Fragen der Nutzung von Frequenzen für den Rundfunk im Zuge der sog. digitalen Dividende auch *Zagouras*, CR 2006, 819 (820 f.).
137 BVerfGE 57, 295 (328) – FRAG.
138 Dies war beispielsweise im Saarland vorgesehen. BVerfGE 57, 295 (321) – FRAG.
139 Vgl. beispielsweise in Bezug auf das gesetzgeberische Ermessen bei der Sicherstellung von Meinungsvielfalt durch binnenplurale bzw. außenplurale Regulierungsinstrumentarien BVerfGE 57, 295 (325) – FRAG; *Degenhart*, in: Bonner Kommentar, GG, Art. 5 Abs. 1 und 2 Rdnr. 840 ff.

keine bestimmte Organisationsform für das Rundfunkwesen vorschreibt.[140] Der Gesetzgeber muss **Vorkehrungen** gegen eine Auslieferung des Rundfunks an eine gesellschaftliche Gruppe schaffen.[141] Da die Sicherung der Meinungsvielfalt zu den zentralen Anliegen der Rundfunkfreiheit gehört, lässt sich auch das Rundfunkkonzentrationsrecht in seiner Gesamtheit auf die Forderung nach einer positiven Rundfunkordnung zurückführen.[142]

B. Abwehrrechtliche Dimension der Rundfunkfreiheit

I. Sachlicher Schutzbereich

Art. 5 Abs. 1 S. 2 GG erschöpft sich keinesfalls in seiner objektivrechtlichen Dimension. Die Rundfunkfreiheit enthält ebenso abwehrrechtliche Elemente.[143] Sie versuchen **die Freiheitssphäre eines Einzelnen gegen Eingriffe der staatlichen Gewalt** abzusichern und hierdurch die Voraussetzungen für eine freie Mitwirkung und Mitgestaltung im Gemeinwesen zu schaffen.[144] Abwehrrechtliche Elemente der Rundfunkfreiheit sind u. a. in der Europäischen Menschenrechtskonvention verankert.[145] Als Individualrecht tritt Art. 5 Abs. 1 S. 2 GG häufig im Zusammenhang mit der **Staatsfreiheit des Rundfunks** in Erscheinung.[146]

Gerade die jüngere Rechtsprechung[147] weist der Rundfunkfreiheit die Aufgabe zu, die **individuelle Meinungsbildung** ebenso zu schützen wie die freie Entfaltung der Persönlichkeit.[148] Obwohl sich eine einschlägige Kasuistik noch kaum herauskristallisieren konnte, bestehen viele inhaltliche Überschneidungen zum Schutzbereich der Pressefreiheit.[149] Entgegen dem Wortlaut des Art. 5 Abs. 1 S. 2 GG schützt die Rundfunkfreiheit nicht nur die „*Berichterstattung*" im Sinne einer reinen **Informationsvermittlung**,[150] also evident meinungsrelevante Darbietungen wie **Nachrichtensendungen, politische Kommentare** oder **Dokumentationen**. Er bezieht **Unterhaltungsformate** mit ein, deren Einflussnahme auf die Rezipienten **unterschwellig** erfolgen kann, beispielsweise in Hörspielen,

---

[140] BVerfGE 57, 295 (321 f.) – FRAG.

[141] So ausdrücklich BVerfGE 57, 295 (322) – FRAG.

[142] Vgl. *Dörr*, in: Festschrift Mailänder, 481 (486).

[143] Siehe BVerfGE 74, 297 (323) – Baden-Württemberg; *Herzog*, in: Maunz/Dürig, GG, Art. 5 Abs. I, II Rdnr. 194.

[144] So BVerfGE 7, 198 (204 f.) – Lüth.

[145] *Mailänder*, Konzentrationskontrolle zur Sicherung von Meinungsvielfalt im privaten Rundfunk, S. 120 m. w. N.

[146] Vgl. BVerfGE 57, 295 (320) – FRAG.

[147] Ein Überblick über die abwehrrechtliche Dimension der Rundfunkfreiheit in jüngeren Entscheidungen findet sich bei *Degenhart*, in: Bonner Kommentar, GG, Art. 5 Abs. 1 und 2 Rdnr. 637.

[148] BVerfGE 95, 163 (172) – DSF.

[149] *Dörr/Schwartmann*, Medienrecht, Rdnr. 183.

[150] BVerfGE 35, 202 (223) – Lebach I.

Musiksendungen oder Comedy-Formaten.[151] Gleiches gilt für **Filme** und **Serien**,[152] etwa Soap-Operas und Telenovelas, sowie Berichte über herausragende **Sportereignisse**.[153] Als Abwehrrecht umfasst die Rundfunkfreiheit **alle wesensmäßig mit der Veranstaltung von Rundfunk zusammenhängenden Tätigkeiten.**[154] Dies schließt den gesamten Prozess vom **Erlangen der Information** über die **Produktion** einzelner Sendungen bis hin zu ihrer **Ausstrahlung** auf verschiedenen Kommunikationsplattformen ein.[155] Die **Voraussetzungen und Hilfstätigkeiten** der Rundfunkveranstaltung werden gleichfalls geschützt.[156] Wie auch die Pressefreiheit[157] schützt die Rundfunkfreiheit die **Geheimhaltung von Informationsquellen** sowie das **Vertrauensverhältnis zu den Informanten.**[158] Wegen der Funktion der Massenmedien als „vierte Gewalt" wird in einem gewissen Umfang selbst das **Verbreiten illegal erlangter Informationen** geschützt. Dahingegen sind Äußerungen selbst nicht von der Rundfunkfreiheit gedeckt,[159] sondern von der **Meinungsfreiheit des Redakteurs** bzw. **Journalisten** nach Art. 5 Abs. 1 S. 1 GG oder der **Kunstfreiheit** nach Art. 5 Abs. 3 S. 1 GG bei gestalterischen Tätigkeiten.[160] Ein wesentlicher Aspekt der Rundfunkfreiheit des Art. 5 Abs. 1 S. 2 GG ist die **Programm-**[161] oder auch **Rundfunkveranstalterfreiheit.**[162] Sie gewährt gleichermaßen öffentlich-rechtlichen Rundfunkveranstaltern wie auch privaten Sendern **Unabhängigkeit** vor fremder, insbesondere staatlich vermittelter Einflussnahme auf die Programmgestaltung schon bei der **Auswahl der Inhalte** und der **Ausgestaltung der Programme.**[163] An ihre Grenzen stößt die Rundfunkfreiheit als Abwehrrecht im Hinblick auf die inhaltliche Ausgewogenheit sowie die **strategische Positionierung von Rundfunkunternehmen** am (Meinungs-)Markt.[164] In diesem

---

[151] BVerfGE 12, 205 (260) – Deutschland Fernsehen GmbH; 73, 118 (152) – Niedersachsen.

[152] Ähnlich auch BVerfGE 31, 314 (326) – Umsatzsteuer.

[153] BVerfGE 97, 228 (257) – Kurzberichterstattung.

[154] BVerfGE 77, 65 (74) – Beschlagnahme ZDF.

[155] BVerfGE 91, 125 (135) – Kameras im Gerichtssaal; *Jarass*, in: Jarass/Pieroth, GG, Art. 5 Rdnr. 39.

[156] BVerfGE 107, 299 (329 f.) – Frontal.

[157] Siehe BVerfGE 20, 162 (187 f.) – Spiegel; 100, 313 (365) – Telefonüberwachung sowie jüngst BVerfG, NJW 2007, 1117 (1118) – Cicero.

[158] *Jarass*, in: Jarass/Pieroth, GG, Art. 5 Rdnr. 39 unter Bezugnahme auf BVerfGE 100, 313 (365) – Fernmeldeüberwachung.

[159] So aber *Starck*, in: v. Mangold/Klein/Starck, GG, Art. 5 Abs. 1, 2 Rdnr. 128.

[160] Siehe zur Abgrenzung des Schutzbereichs der Rundfunkfreiheit von anderen Grundrechten etwa *Jarass*, in: Jarass/Pieroth, GG, Art. 5 Rdnr. 41.

[161] *Bethge*, NVwZ 1997, 1 (4).

[162] *Bethge*, in: Sachs, GG, Art. 5 Rdnr. 108; *Herzog*, in: Maunz/Dürig, GG, Art. 5 Abs. I, II Rdnr. 202.

[163] BVerfGE 59, 231 (260) – Freie Mitarbeiter.

[164] Siehe zu den Grenzen medienpolitischer Einflussnahme auf die Finanzierung der öffentlich-rechtlichen Rundfunkanstalten jüngst BVerfG, AfP 2007, 457

Punkt unterscheiden sich Rundfunk- und Pressefreiheit mitunter erheblich,[165] da die Grundrechtsträger **nicht beliebig** mit ihrem Entfaltungsrecht **umgehen** können: Hier wird die abwehrrechtliche Dimension des Art. 5 Abs. 1 S. 1 GG von seiner Indienststellung unter die Belange der Allgemeinheit überlagert.[166] Daher können sich **private Rundfunkanbieter** bei medienkonzentrationsrechtlichen Sachverhalten **nur eingeschränkt** auf ihre Unternehmerfreiheiten aus **Art. 12, 14 GG** berufen.[167] Art. 5 Abs. 1 S. 2 GG gewährt **keinen grundsätzlichen Schutz** der Rundfunkunternehmen **vor antikonzentrationsrechtlichen Maßnahmen**.[168] Dies gilt gleichermaßen für die **Versagung einer Unbedenklichkeitsbescheinigung** wie auch für entsprechende **Entflechtungsmaßnahmen**.[169]

II. Träger der Rundfunkfreiheit

1) Öffentlich-rechtliche Rundfunkanstalten

Wer sich als **Grundrechtsträger** auf die Rundfunkfreiheit des Art. 5 Abs. 1 S. 2 GG berufen kann, war lange ungeklärt und ist in Teilen noch immer umstritten. Mittlerweile hat das BVerfG anerkannt, dass sich **grundsätzlich natürliche und juristische Personen** sowie **Personenvereinigungen** auf Art. 5 Abs. 1 S. 2 GG berufen können, die **eigenverantwortlich Rundfunk veranstalten** oder **verbreiten**.[170] Schon zu Zeiten des öffentlich-rechtlichen Monopols wurden die **Rundfunkanstalten** als Träger des Grundrechts anerkannt.[171] Zwar können sich hoheitliche Stellen und Institutionen mangels entsprechender Grundrechtssubjektivität nicht zu ihren Gunsten auf die Verfassung berufen, da die Grundrechte in erster Linie die Bürger vor ungerechtfertigten Eingriffen des Staates schützen sollen.[172] Allerdings

---

(460) Tz. 116 ff. – Rundfunkgebühren II. Dazu auch *Gounalakis/Wege*, NJW 2008, 800 ff.

[165] So wurde Presseunternehmen schon früh das Recht zugesprochen, die Tendenz einer Zeitung festzulegen, beizubehalten, zu ändern und diese Tendenz zu verwirklichen. BVerfGE 52, 283 (296) – Tendenzbetrieb.

[166] BVerfGE 83, 238 (315) – Nordrhein-Westfalen; 87, 181 (197) – Hessen 3; *Ricker/Schiwy*, Rundfunkverfassungsrecht, Kap. B Rdnr. 96.

[167] Ähnlich *Ricker/Schiwy*, Rundfunkverfassungsrecht, Kap. B Rdnr. 98. Diese Wirtschaftsfreiheiten werden bei der Beurteilung konzentrationsrechtlicher Sachverhalte häufig überbewertet. Vgl. *Degenhart*, in: Bonner Kommentar, GG, Art. 5 Abs. 1 und 2 Rdnr. 845. Wie hier *Mailänder*, AfP 2007, 297 (298).

[168] Individualrechtlich wird der Schutzbereich des Art. 5 Abs. 1 S. 2 GG nur dann eröffnet, soweit der objektivrechtliche Aussagegehalt der Rundfunkfreiheit nicht betroffen ist. Ein Recht auf freie unternehmerische Entfaltung wird nur bis zur Grenze (potentieller) vorherrschender Meinungsmacht gewährt.

[169] Dazu jeweils unten, § 26.

[170] BVerfGE 97, 298 (310) – extra radio.

[171] Siehe BVerfGE 31, 314 (322) – Umsatzsteuer; 59, 231 (254) – Freie Mitarbeiter; 74, 297 (317 f.) – Baden-Württemberg.

[172] Dazu auch *Degenhart*, in: Bonner Kommentar, GG, Art. 5 Abs. 1 und 2 Rdnr. 728.

handelt es sich bei öffentlich-rechtlichen Rundfunkanstalten wie auch Universitäten und Fakultäten[173] um juristische Personen des öffentlichen Rechts, die selbst unmittelbar einem durch die Grundrechte geschützten Bereich zuzuordnen sind, weshalb ihnen vom BVerfG **die Grundrechtsfähigkeit zugesprochen** wird.[174] Würde man ihnen eine Grundrechtsträgerschaft nicht zuerkennen, könnten sie sich weder auf das Prinzip der Staatsfreiheit[175] noch auf ihr Selbstverwaltungsrecht berufen.[176]

2) Private Rundfunkveranstalter

Mit der dualen Rundfunkordnung[177] wurde auch die **Grundrechtsträgerschaft privater Rundfunkveranstalter anerkannt.** Berechtigt wird jeder, der entweder bereits **Fernseh- bzw. Hörfunkprogramme veranstaltet** oder dies **ernsthaft plant.**[178] Einschränkungen können sich unter partizipationsrechtlichen Gesichtspunkten ergeben.[179] Grundrechtsträger können ebenso ausländische natürliche Personen sein. Besonderheiten gelten angesichts Art. 19 Abs. 3 GG für ausländische juristische Personen und Personenvereinigungen: Sie können sich nur dann auf die Rundfunkfreiheit berufen, wenn es sich um Medienunternehmen aus einem Mitgliedstaat der Europäischen Gemeinschaft handelt.[180] Ob und inwiefern die **Landesmedienanstalten** als Grundrechtsträger anzusehen sind, ist strittig.[181]

C. Staatsfreiheit des Rundfunks

I. Freiheit vor staatlicher und politischer Einflussnahme

Das vom BVerfG entwickelte Prinzip der **Staatsfreiheit des Rundfunks**[182] steht in engem Zusammenhang mit der Vielfaltsicherung und wird als tragender Grundsatz der medienrechtlichen Verfassungsjudikatur ange-

---

[173] Vgl. BVerfGE 21, 362 (373) – Sozialversicherungsträger.
[174] Siehe BVerfGE 31, 314 (322 f.) – Umsatzsteuer. Bei der Veranstaltung von Rundfunk durch öffentlich-rechtliche Rundfunkanstalten handelt es sich nicht um konventionelles Verwaltungshandeln, da sie vom Staat unabhängig sind und von der Rundfunkfreiheit im Dienste der Allgemeinheit Gebrauch machen. Vgl. *Jarass*, in: Jarass/Pieroth, GG, Art. 5 Rdnr. 41.
[175] BVerfGE 12, 205 (261 f.) – Deutschland Fernsehen GmbH.
[176] BVerfGE 31, 314 (322) – Umsatzsteuer.
[177] Zur zeitlichen Dimension der Grundrechtsträgerschaft *Bethge*, NVwZ 1997, 1 (4).
[178] *Degenhart*, in: Bonner Kommentar, GG, Art. 5 Abs. 1 und 2 Rdnr. 709.
[179] Dazu *Bethge*, NVwZ 1997, 1 (5).
[180] Dies ergibt sich aus dem Diskriminierungsverbot des Art. 12 EGV. *Degenhart*, in: Bonner Kommentar, GG, Art. 5 Abs. 1 und 2 Rdnr. 712.
[181] Diese Frage wird offengelassen von BVerfGE 95, 163 (172) – DSF. Dafür: BayVerfGE 39, 96 (150); *Herrmann/Lausen*, Rundfunkrecht, § 17 Rdnr. 44; *Jarass*, in: Jarass/Pieroth, GG, Art. 5 Rdnr. 41. Dagegen: *Starck*, in: v. Mangold/Klein/Starck, GG, Art. 5 Rdnr. 172; *Degenhart*, in: Bonner Kommentar, GG, Art. 5 Abs. 1 und 2 Rdnr. 729.
[182] Siehe BVerfGE 12, 205 (261 f.) – Deutschland Fernsehen GmbH.

sehen.[183] Es besagt, dass Rundfunk, gleich ob durch eine Anstalt des öffentlichen Rechts oder in privater Trägerschaft veranstaltet,[184] **staatlichem Einfluss** prinzipiell **entzogen** sein muss.[185] Staatliche Stellen dürfen nicht im Sinne einer **Fremdkontrolle** unmittelbar auf inhaltliche Fragen der Programmgestaltung **einwirken.**[186] Art. 5 Abs. 1 S. 2 GG schließt es daher aus, dass der **Staat** unmittelbar oder mittelbar eine Anstalt oder Gesellschaft beherrscht, die Rundfunksendungen veranstaltet.[187] Nach *Herzog* soll das Prinzip der Staatsfreiheit insofern verhindern, dass der tragenden Parlamentsmehrheit durch Einführung eines **Staatsrundfunks** ein mehr oder weniger propagandistisches *„Mittel zur Perpetuierung ihres demokratischen Mandats"* an die Hand gegeben wird.[188]

Problematisch ist auch die Beteiligung **politischer Parteien** an Rundfunkveranstaltern,[189] da ihnen nach der demokratischen Grundordnung der Bundesrepublik eine staatstragende Bedeutung zukommt.[190] Allerdings hat das BVerfG in seiner jüngsten Entscheidung zum Hessischen Privatrundfunkgesetz klargestellt, dass ein absolutes Verbot der Beteiligung an privaten Rundfunkveranstaltungen, wie im Hess PRG vorgesehen, keine zulässige Ausgestaltung der Rundfunkfreiheit darstellt.[191] Obwohl am Prinzip der Staatsfreiheit des Rundfunks festgehalten wird, sieht das BVerfG kein Bedürfnis für ein absolutes Trennungsgebot zwischen Staat und Rundfunk, zumal Parteien im Rundfunkbereich nicht mit dem Staat gleichzusetzen sind.[192] Daher sind vereinzelte Kapitalbeteiligungen von Parteien an Rundfunkunternehmen verfassungsrechtlich unbedenklich, solange sie nicht auf die Programmgestaltung Einfluss nehmen.[193]

Beteiligungen von Unternehmen an Programmveranstaltern, die einem wesentlichen **staatlichen Einfluss** ausgesetzt sind, erweisen sich unter verfassungsrechtlichen Gesichtspunkten als kritisch.[194] Dies gilt selbst dann, wenn es sich hierbei nicht um ein klassisches Vollprogramm handelt.[195]

---

[183] *Herzog*, in: Maunz/Dürig, GG, Art. 5 Abs. I, II Rdnr. 213.
[184] Hierzu insbesondere BVerfGE 57, 295 (323) – FRAG.
[185] BVerfGE 12, 205 (261) – Deutschland Fernsehen GmbH.
[186] BVerfGE 57, 295 (333) – FRAG.
[187] Siehe BVerfGE 12, 205 (263) – Deutschland Fernsehen GmbH.
[188] Vgl. *Herzog*, in: Maunz/Dürig, GG, Art. 5 Abs. I, II Rdnr. 213.
[189] Zum Versuch der Vereinnahmung des privaten Rundfunks durch die im saarländischen Parlament vertretenen Parteien auch BVerfGE 57, 295 ff. – FRAG.
[190] A. A. *Starck*, in: v. Mangold/Klein/Starck, GG, Art. 5 Rdnr. 110.
[191] BVerfG, DVBl 2008, 507 – Hessisches Privatrundfunkgesetz.
[192] BVerfG, DVBl 2008, 507 (508 f.) – Hessisches Privatrundfunkgesetz.
[193] BVerfG, DVBl 2008, 507 (510) – Hessisches Privatrundfunkgesetz.
[194] Siehe dazu beispielsweise den Beschluss der KEK vom 11.4.2006, KEK-319/321, S. 11 f. Im Internet abrufbar unter http://www.kek-online.de/kek/verfahren/kek319u.321deluxe.pdf, wo es um Beteiligungen der ehemaligen Staatsmonopolistin *Deutsche Telekom AG* ging.
[195] Dies kann sich im Zusammenhang mit medialen Aktivitäten ehemaliger staatlicher Monopolbetriebe als problematisch erweisen. So kann eine beispielsweise gesellschaftsrechtlich vermittelte Einflussnahme angesichts der aktuellen Beteiligungsver-

Ausschlaggebend ist im Hinblick auf eine mittelbare Veranstaltung von Rundfunk durch staatlich (mit)kontrollierte Unternehmen, ob beispielsweise **ehemalige Staatsbetriebe**[196] nur formell oder auch materiell **privatisiert** wurden.[197] Nach der Rechtsprechung des BVerfG ist das Prinzip der Staatsfreiheit des Rundfunks schon dann tangiert, wenn ein entsprechender staatlicher Einfluss trotz entgegenstehender Satzungen allein über das Gesellschaftsrecht vermittelt werden kann.[198]

II. Zulässigkeit hoheitlicher Maßnahmen

Die Staatsfreiheit des Rundfunks bewirkt nicht, dass öffentlich-rechtliche Anstalten und private Veranstalter in ihren Entscheidungen völlig frei wären. Das BVerfG begrenzt hoheitliche Einflussnahme jedoch auf das Höchstmaß einer **beschränkten staatlichen Rechtsaufsicht**.[199] Ferner bestehen Bereiche, in denen ein gewisser hoheitlicher Einfluss hingenommen werden muss. So liegt beispielsweise die **Definitionshoheit** darüber, wer als **gesellschaftlich relevante Gruppe** anzusehen ist,[200] nach der Wesentlichkeitstheorie bei den Landesparlamenten.[201] Solange kein Einfluss auf die Programmgestaltung an sich ausgeübt wird, müssen solche **mittelbaren Berührungspunkte** hingenommen werden. Im Bereich des **Privatfunks** können **Entscheidungen** über eine **Erlaubnis zur Veranstaltung** von Rundfunk zwar grundsätzlich auch von staatlichen Stellen getroffen werden.[202] Dies setzt aber voraus, dass der zuständigen Behörde bzw. Institution überhaupt **keine Handlungs- oder Wertungsspielräume** verbleiben. Ebenso wenig darf **staatliche Aufsicht als Druckmittel** gegenüber den privaten Rundfunkveranstaltern eingesetzt werden.[203] Sie darf nicht dazu missbraucht werden, **unliebsame Veranstalter** vom öffentlichen Kommunikationsprozess auszuschließen. In Anbetracht der Rundfunkfreiheit des Art. 5 Abs. 1 S. 2 GG ist der Staat allenfalls darauf beschränkt, rechtswidriges Verhalten nachträglich zu **disziplinieren**.[204]

---

hältnisse an Unternehmen wie der *Deutschen Telekom AG* oder aber auch die Veranstaltung eigener Programme zu Zwecken der öffentlichen Selbstdarstellung unter dem Gesichtspunkt der Staatsfreiheit des Rundfunks begrenzt sein, wie sie beispielsweise von der *Deutschen Bahn* in Form des Senders *BahnTV* betrieben wird.

[196] So explizit BVerfG, DVBl 2008, 507 (508) – Hessisches Privatrundfunkgesetz.

[197] Zu dieser Unterscheidung auch *Stern*, DVBl 1997, 309 (310).

[198] BVerfGE 12, 205 (264) – Deutschland Fernsehen GmbH.

[199] BVerfGE 12, 205 (261 f.) – Deutschland Fernsehen GmbH.

[200] Zur Legitimation gesellschaftlich relevanter Gruppen auch *Mestmäcker*, Medienkonzentration und Meinungsvielfalt, S. 21 ff.

[201] Vgl. *Pestalozza*, NJW 1981, 2158 (2164).

[202] BVerfGE 73, 118 (183) – Niedersachsen.

[203] Insofern muss zumindest ausgeschlossen sein, dass bei programmbezogenen Entscheidungen in irgendeiner Form nachteiliges Ermessen ausgeübt werden kann. Vgl. BVerfGE 73, 118 (183) – Niedersachsen.

[204] BVerfGE 73, 118 (184) – Niedersachsen.

III. Auslandsrundfunk als Ausnahmetatbestand

Dass der Staat und die ihm zurechenbaren Institutionen nicht als Programmveranstalter auftreten dürfen,[205] gilt nicht uneingeschränkt. Ausnahmen bestehen im Bereich des **Auslandsrundfunks**. Hier kann sich der Bund auf seine Außenkompetenz aus Art. 73 Abs. 1 Nr. 1 GG berufen.[206] Zur Zeit des Kalten Krieges versuchte man durch Schaffung des Auslandssenders *Deutsche Welle* der Staatspropaganda der DDR zu begegnen.[207] Hier tritt das Prinzip der Staatsfreiheit hinter dem Bedürfnis der Bundesrepublik nach positiver und damit nicht unbedingt neutraler **Außendarstellung** zurück. Dementsprechend ist Staatsrundfunk auf die Darstellung der Bundesrepublik nach außen beschränkt;[208] ein vom Bundestag betriebenes **Parlamentsfernsehen**, wie man es aus vielen anderen Ländern kennt, ist hingegen wegen der Staatsfreiheit des Rundfunks problematisch.

§ 5. Sicherung der Meinungsvielfalt als verfassungsrechtliche Handlungsmaxime

A. Vielfaltsicherung als zentrales Anliegen der dualen Rundfunkordnung

Die Bedeutung der Vielfaltsicherung in der dualen Rundfunkordnung wurde vom BVerfG im Rahmen des fünften Rundfunkurteils konkretisiert.[209] Dem Nebeneinander von öffentlich-rechtlichem und privatem Rundfunk liegt der Gedanke der Förderung der Meinungsvielfalt zugrunde.[210] Die **Koexistenz der beiden Rundfunkebenen** wirkt sich *„anregend und belebend"* auf das inländische Gesamtangebot aus,[211] da sie nicht nur auf wirtschaftlicher Ebene in Konkurrenz um das Budget der Werbekunden treten, sondern ebenso auf publizistischer, wenn es um die Aufmerksamkeit der Zuschauer geht.[212]

---

[205] Vgl. *Dörr/Schwartmann*, Medienrecht, Rdnr. 174.

[206] Zur Kompetenzverteilung zwischen Bund und Ländern unten, § 12.

[207] Hierzu *Fechner*, Medienrecht, Rdnr. 870.

[208] *Ricker/Schiwy*, Rundfunkverfassungsrecht, Kap. B Rdnr. 217. Siehe zum Rechtsrahmen der Deutschen Welle auch *Niepalla*, ZUM 2005, 532 ff.; weiterführend *Pieper*, Der deutsche Auslandsrundfunk, S. 71 ff. sowie *Schmidt-Husson*, Rundfunkfreiheit für die Deutsche Welle?, S. 96 ff.

[209] BVerfGE 74, 297 ff. – Baden-Württemberg. Dazu *Kübler*, NJW 1987, 2961 ff.

[210] BVerfGE 74, 297 (332) – Baden-Württemberg; jüngst wieder bestätigt durch BVerfG, AfP 2007, 457 (460 f.) Tz. 116 ff. – Rundfunkgebühren II. Siehe hierzu auch *Gounalakis/Wege*, NJW 2008, 800 ff.

[211] So BVerfGE 74, 297 (332) – Baden-Württemberg.

[212] Siehe zur Interdependenz von publizistischem und ökonomischem Wettbewerb im Bereich der Medien BVerfG, AfP 2007, 457 (460 f.) Tz. 116 ff. – Rundfunkgebühren II. Dazu auch *Gounalakis/Wege*, NJW 2008, 800 ff.

I. Duale Rundfunkordnung als Koexistenz von öffentlich-rechtlichem und privatem Rundfunk

Nachdem der Rundfunkempfang über Satellit und Kabel die Voraussetzungen für die Einführung weiterer Rundfunkprogramme geschaffen hatte, entschied man sich in der Bundesrepublik wie auch in den meisten Mitgliedstaaten der Europäischen Union dazu, mit der **dualen Rundfunkordnung**[213] den organisatorischen Rahmen für **Miteinander von öffentlich-rechtlichen Rundfunkanstalten und privaten Veranstaltern** zu bilden.[214] Auf der einen Seite musste den kulturellen Belangen des Rundfunks Rechnung getragen werden, auf der anderen dem Bedürfnis der Privaten, kommerzielle und damit **massenattraktive Programme** zu veranstalten, um so die relevanten Zielgruppen erreichen zu können.[215] Konzeptionell umfasst die duale Rundfunkordnung einerseits die **öffentlich-rechtlichen Rundfunkanstalten**, die ihren bisherigen **Auftrag zur Grundversorgung der gesamten Bevölkerung** auch im Koexistenzmodell wahrnehmen. Sie sind in ihrer Organisation und Programmgestaltung durch binnenplurale Strukturen geprägt und werden überwiegend durch Gebühren finanziert.[216] Hinzu treten **private Veranstalter**, die auf das **Erwirtschaften von Gewinnen** angewiesen sind und damit in höherem Maße den Gesetzmäßigkeiten des Marktes unterliegen.[217]

II. Verhinderung vorherrschender Meinungsmacht als Aufgabe der dualen Rundfunkordnung

Ein Nebeneinander von öffentlich-rechtlichen und privaten Rundfunkveranstaltern ist verfassungsrechtlich unbedenklich. Das BVerfG hat das Verhältnis der beiden Rundfunkebenen und ihre Aufgaben bzw. Funktionen im öffentlichen Kommunikationsprozess immer weiter präzisiert.[218] Obwohl sich unterschiedliche Modelle für den öffentlich-rechtlichen und den privaten Rundfunk etabliert haben, steht in Bezug auf die Pluralismussicherung allerdings fest, dass **weder Fernsehen noch Hörfunk** *einer* **gesellschaftlichen Gruppe überlassen** werden dürfen.[219] Die **Verhinderung vorherrschender Meinungsmacht** bezieht sich als zentrale Aufgabe

---

[213] Dazu jüngst *Dörr*, AfP Sonderheft 2007, 33 (34); *Degenhart*, AfP Sonderheft 2007, 24 (26 f.).

[214] Siehe zum Verhältnis von privatem und öffentlich-rechtlichem Rundfunk in der dualen Rundfunkordnung auch *Kübler*, NJW 1987, 2961 (2962 ff.).

[215] BVerfGE 73, 118 (156) – Niedersachsen.

[216] Zum Verhältnis von Werbe- und Gebührenfinanzierung des öffentlich-rechtlichen Rundfunks insbesondere BVerfGE 90, 60 (90) – Rundfunkgebühren I.

[217] So BVerfGE 73, 118 (155) – Niedersachsen.

[218] Vgl. *Dörr*, AfP Sonderheft 2007, 33 (34).

[219] BVerfGE 12, 205 (262) – Deutschland Fernsehen GmbH.

der Rundfunkfreiheit des Art. 5 Abs. 1 S. 2 GG grundsätzlich auf beide Ebenen des dualen Rundfunksystems.[220]

Im **öffentlich-rechtlichen Rundfunk** versucht man materielle Meinungsvielfalt hauptsächlich nach **binnenpluralistischen Aspekten** sicherzustellen. Er untersteht einer begrenzten staatlichen Rechtsaufsicht und die Kontrolle über die Inhalte wird gesellschaftlichen Gruppen überlassen.[221] Flankiert werden diese Kontrollmechanismen von **allgemeinverbindlichen Programmgrundsätzen**, welche die Repräsentation der **gesellschaftlich relevanten Kräfte** sicherstellen und so inhaltliche Vielfalt bereits bei der Programmgestaltung verwirklichen sollen.[222] Derartige Organisationsstrukturen sind privaten Veranstaltern grundsätzlich nicht zumutbar.[223] Dennoch muss durch binnen- bzw. außenplurale Instrumentarien sichergestellt sein, dass auch im Privatfernsehen keine vorherrschende Meinungsmacht entsteht.[224]

III. Unterscheidung zwischen inhaltlicher Ausgewogenheit und Vielfaltsicherung

Obwohl die Programmausgewogenheit **Ausdruck der Meinungsvielfalt** im Fernsehen ist,[225] darf sie nicht mit der Sicherung des publizistischen Wettbewerbs verwechselt werden.[226] Die **Ausgewogenheit** bezieht sich auf die **konkrete Ausgestaltung der medialen Inhalte**.[227] Dagegen betrifft die Verhinderung vorherrschender Meinungsmacht bei Privaten hauptsächlich die **äußeren Zusammenhänge der Programmgestaltung und** insofern den **organisatorischen Rahmen der publizistischen Wettbe-

---

[220] Gleichwohl hat das Rechtsgut der Meinungsvielfalt mit der Öffnung des Rundfunks für kommerzielle Veranstalter neue strukturprägende Gehalte erlangt, wodurch sich nicht zuletzt seine Bedeutung insgesamt erweiterte. *Rossen-Stadtfeld*, in: Beck'scher Kommentar zum Rundfunkrecht, § 25 Rdnr. 9.

[221] Zur Binnenorganisation der öffentlich-rechtlichen Rundfunkanstalten *Ricker/Schiwy*, Rundfunkverfassungsrecht, Kap C Rdnr. 27.

[222] Hierzu auch unten, § 8 B.

[223] Zu Zugeständnissen ist das BVerfG gerade im Bereich der Ausgewogenheit des Programms bereit, da es privaten Rundfunkveranstaltern die Möglichkeit offenhalten möchte, ihre Inhalte unter wirtschaftlichen Gesichtspunkten am Massengeschmack auszurichten. BVerfGE 73, 118 (155) – Niedersachsen.

[224] Ob diese Vielfaltanforderungen durch binnenplurale oder außenplurale Regulierungsinstrumentarien zu realisieren sind, liegt grundsätzlich im Ermessen des Gesetzgebers. Vgl. BVerfGE 57, 295 (327) – FRAG; *Degenhart*, in: Bonner Kommentar, GG, Art. 5 Abs. 1 und 2 Rdnr. 840 ff.

[225] Beide Aspekte dienen in ihrer Gesamtheit dem Pluralismus in den Medien. Vgl. BVerfGE 83, 238 (296 f.) – Nordrhein-Westfalen.

[226] Siehe auch *Dörr*, in: Festschrift Mailänder, 481 (486); *ders./Schiedermair*, Ein kohärentes Konzentrationsrecht für die Medienlandschaft in Deutschland, S. 15.

[227] Die Ausgewogenheitspflicht bezieht sich auf das Gesamtprogramm, nicht aber auf jeden individuellen Beitrag. *Degenhart*, in: Bonner Kommentar, GG, Art. 5 Abs. 1 und 2 Rdnr. 733.

werbsordnung.[228] Mit anderen Worten bezieht sich die Programmausgewogenheit auf die Frage, *was* im Rundfunk gesagt oder verbreitet wird, während die Vielfaltsicherung bestimmt, *wer* den Rundfunk als Sprachrohr verwendet und in welchem Umfang dies geschieht. Verdeutlichen lässt sich dies anhand des RStV, wo die Ausgewogenheit der Berichterstattung in § 25 RStV geregelt wird,[229] während die Verhinderung vorherrschender Meinungsmacht Gegenstand der §§ 26 ff. RStV ist.[230]

B. Vielfaltsicherung im öffentlich-rechtlichen Rundfunk

I. Gebot inhaltlicher Ausgewogenheit

Das BVerfG weist den öffentlich-rechtlichen Anstalten in der dualen Rundfunkordnung die Aufgabe der **Grundversorgung** der Bevölkerung mit der Dienstleistung Rundfunk zu. Die Landesgesetzgeber haben selbst bei völligem Fortfall der Frequenzknappheit[231] sicherzustellen, dass die öffentlich-rechtlichen Rundfunkanstalten **für die Gesamtheit der Bevölkerung Programme anbieten**, die **umfassend** und in der vollen Breite des klassischen Rundfunkauftrags **informieren**.[232] Öffentlich-rechtliche Anstalten müssen schon bei der Gestaltung ihrer Programminhalte Ausgewogenheitserfordernissen genügen.[233] Ihr Programm muss durch **gleichgewichtige Vielfalt**[234] geprägt sein.[235] Dies ist nicht in einem numerischen Sinne zu verstehen. Es kommt also nicht darauf an, Parteien, Kirchen oder Verbänden einen bestimmten Anteil an Sendezeit zuzuweisen. Vielmehr darf der öffentlich-rechtliche Rundfunk weder einseitig sein noch Partei ergreifen; unbedeutende Ungleichgewichtigkeiten können toleriert werden.[236] Maßgeblich ist die in der **Gesamtheit des Programms** zum Ausdruck kommende **Vielfalt an Meinungen und Ansichten**.[237]

---

[228] Vgl. *Dörr*, in: Festschrift Mailänder, 481 (486).

[229] *Rossen-Stadtfeld*, in: Beck'scher Kommentar zum Rundfunkrecht, § 25 Rdnr. 33.

[230] Näheres unten, § 16.

[231] Vgl. zur Sondersituation des Rundfunks BVerfGE 12, 205 (261) – Deutschland Fernsehen GmbH.

[232] BVerfGE 83, 238 (298) – Nordrhein-Westfalen.

[233] BVerfGE 74, 297 (325 f.) – Baden-Württemberg.

[234] Das BVerfG spricht insofern auch von einem „*Grundstandard gleichgewichtiger Vielfalt*". BVerfGE 73, 118 (160) – Niedersachsen.

[235] BVerfGE 73, 118 (159) – Niedersachsen; dazu etwa *Beater*, Medienrecht, Rdnr. 483.

[236] BVerfGE 73, 118 (160) – Niedersachsen.

[237] Vgl. BVerfGE 73, 118 (159) – Niedersachsen.

II. Organisatorische Vielfaltsicherung durch binnenplurale Aufsichtsstrukturen

1) Intendant und Verwaltungsrat

Die **binnenpluralistische Struktur der öffentlich-rechtlichen Anstalten** ist Resultat des ersten Rundfunkurteils.[238] Charakteristisch ist ihre dreistufige Organisation. Das Management einer Anstalt verkörpert ihr **Intendant**.[239] Er wird für einen bestimmten Zeitraum gewählt, **leitet** die Rundfunkanstalt und trägt die **Verantwortung für die Programmgestaltung**, indem er über **publizistische, wirtschaftliche** und **personelle Fragen der Rundfunkanstalt** entscheidet.[240] Seine Überwachung obliegt **in wirtschaftlicher** bzw. **technischer Hinsicht** dem **Verwaltungsrat**. Obwohl seine Funktionen je nach Rundfunkanstalt variieren, gehört das Mitwirken an Anstaltsordnungen, beim Haushaltsplan und der Jahresrechnung sowie die Kontrolle der Geschäftsführung zu den typischen Aufgaben des Organs.[241]

2) Rundfunkrat

a) Zusammensetzung

In **publizistischer** Hinsicht wird die **Kontrolle** über die Anstalt und speziell über den Intendanten durch den **Rundfunkrat** ausgeübt.[242] Als Verkörperung des **binnenpluralen Strukturelements** der öffentlich-rechtli-

---

[238] *Herzog*, in: Maunz/Dürig, GG, Art. 5 Abs. I, II Rdnr. 219 f.

[239] So vergleicht sich beispielsweise der Intendant des *Zweiten Deutschen Fernsehens* mit einem CEO nach Vorbild des amerikanischen Gesellschaftsrechts. Vgl. http://www.unternehmen.zdf.de. Zur Selbstdarstellung öffentlich-rechtlicher Rundfunkanstalten sei generell angemerkt, dass sie häufig dazu tendieren, sich in der Öffentlichkeit als Unternehmen zu präsentieren, was ihrem Charakter als juristische Personen des öffentlichen Rechts nur bedingt entspricht. Eingehend zur Rechtstellung des Intendanten *Fischer*, in: Fischer/Barsig, Rundfunkintendanten, 1 (9 ff.); *Stern/Bethge*, Die Rechtstellung des Intendanten öffentlich-rechtlicher Rundfunkanstalten, S. 13 ff. Zum eigentlichen Inhalt der Intendantenverantwortlichkeit insbesondere *Grabert*, Öffentlichrechtliche Fragen der Programm-Verantwortlichkeit des Intendanten, S. 31 ff.

[240] Die Wahlperiode ist je nach öffentlich-rechtlicher Rundfunkanstalt unterschiedlich und beträgt in der Regel fünf bis sechs Jahre. Siehe *Gersdorf*, Grundzüge des Rundfunkrechts, Rdnr. 345.

[241] Er ist normalerweise berechtigt, bestimmte Unterlagen der Anstalt einzusehen. Ferner bedürfen besonders wichtige Rechtsgeschäfte seiner Zustimmung. Seine Zusammensetzung variiert je nach Rundfunkanstalt. Teilweise werden die Mitglieder nach freiem Ermessen durch die Landesregierungen bestimmt, zum Teil ergibt sich die Mitgliedschaft aus anderen, rundfunkfremden gleichwohl aber staatsragenden Ämtern wie dem eines Landtagspräsidenten oder des Präsidenten eines Verwaltungsgerichtshofs. Einzelheiten zum Verwaltungsrat bei *Herrmann/Lausen*, Rundfunkrecht, § 11 Rdnr. 47 ff.

[242] Zu den Überwachungskompetenzen der Rundfunkräte im Einzelnen *Ricker*, Die Kompetenzen der Rundfunkräte im Programmbereich, S. 25 ff.

chen Rundfunkanstalten[243] setzt er sich zusammen aus Vertretern des Staates im weitesten Sinne[244] sowie aus Repräsentanten wichtiger weltanschaulicher und gesellschaftlicher Gruppen.[245] Seine **Hauptaufgabe** ist es, die wesentlichen Strömungen in der **Gesellschaft widerzuspiegeln**.[246] Obwohl das BVerfG aus Art. 5 Abs. 1 S. 2 GG keine konkreten Anforderungen an die Zusammensetzung des Rundfunkrats stellt, muss gewährleistet sein, dass sie den Maßstäben für die gesellschaftlich vermittelte Kontrolle genügt.[247] Hierzu müssen die Vertreter der **politischen, weltanschaulichen** und **gesellschaftlichen Gruppen in** jeweils **angemessenem Verhältnis** zu deren Bedeutung im sozialen Leben stehen.[248] Daher bestehen diese Aufsichtsgremien hauptsächlich aus verbandlich organisierten Gruppen.[249] Eine wichtige Rolle nehmen typischerweise Parteien, Kirchen, Gewerkschaften oder Sportverbände ein, wobei Art. 5 Abs. 1 S. 2 GG keinen **einklagbaren Anspruch** auf Mitgliedschaft in einem Rundfunkrat gewährt.[250]

b) Aufgaben und Funktion

Die Rundfunkräte sind für die Sicherstellung der **inhaltlichen Ausgewogenheit** des **Programms** verantwortlich.[251] Wichtigstes Instrument ist die Wahl des Intendanten.[252] Dieses Wahlrecht macht die Rundfunkräte zu **Sachwaltern der Interessen der Allgemeinheit**,[253] weshalb die Vertreter der gesellschaftlich relevanten Gruppen in den Kontrollgremien keine eigenen Verbands- oder Gruppeninteressen wahrnehmen.[254] Sie sollen das Medium nicht für eigene Anliegen instrumentalisieren,[255] sondern die

---

[243] *Ricker/Schiwy*, Rundfunkverfassungsrecht, Kap. C Rdnr. 27.

[244] Insofern ergibt sich in den Rundfunk- bzw. Fernsehräten ein partielles Übergewicht der Parteien. *Degenhart*, in: Bonner Kommentar, GG, Art. 5 Abs. 1 und 2 Rdnr. 641a.

[245] *Gersdorf*, Grundzüge des Rundfunkrechts, Rdnr. 331.

[246] *Herrmann/Lausen*, Rundfunkrecht, § 11 Rdnr. 12.

[247] Diese Aufgabe wird vielmehr explizit den Landesgesetzgebern zugewiesen. BVerfGE 83, 238 (334) – Nordrhein-Westfalen. Der Gestaltungsspielraum der Gesetzgeber umfasst die Befugnis zur Konkretisierung des Kriteriums der gesellschaftlichen Relevanz; sie können bestimmen, wer als gesellschaftlich relevante Gruppe einzustufen ist. Art. 5 Abs. 1 S. 2 GG gibt insofern lediglich vor, dass die vom Gesetzgeber festgelegte Zusammensetzung der Gremien geeignet sein muss, die Rundfunkfreiheit zu wahren.

[248] BVerfGE 12, 205 (261 f.) – Deutschland Fernsehen GmbH.

[249] BVerfGE 83, 238 (333) – Nordrhein-Westfalen.

[250] Eine solche Pflicht zur Repräsentation in Rundfunkgremien wurde von der Rechtsprechung beispielsweise in Bezug auf die Nichtberücksichtigung von Frauen-, Zeitungsverleger- oder auch Vertriebenenverbänden verneint. Siehe BVerfGE 83, 238 (336) – Nordrhein-Westfalen. Ein Überblick über die einschlägige Kasuistik findet sich bei *Herrmann/Lausen*, Rundfunkrecht, § 11 Rdnr. 15.

[251] *Degenhart*, in: Bonner Kommentar, GG, Art. 5 Abs. 1 und 2 Rdnr. 775.

[252] Vgl. *Herrmann/Lausen*, Rundfunkrecht, § 11 Rdnr. 36.

[253] BVerfGE 83, 238 (333) – Nordrhein-Westfalen.

[254] *Herzog*, in: Maunz/Dürig, GG, Art. 5 Abs. I, II Rdnr. 238m f.

[255] Dazu auch BVerfGE 83, 238 (334) – Nordrhein-Westfalen.

Vielzahl unterschiedlicher Meinungsströmungen in die Organe der öffentlich-rechtlichen Rundfunkanstalten tragen. Sie sind nicht Medienmacher, sondern **Hüter der internen Meinungsvielfalt** und Ausgewogenheit der öffentlich-rechtlichen Rundfunkanstalten.

3) Kritik am binnenpluralistischen Aufsichtsmodell im öffentlich-rechtlichen Rundfunk

Die binnenplurale Kontrolle öffentlich-rechtlicher Rundfunkanstalten blieb nicht von **Kritik** verschont. *Herzog* bemängelt beispielsweise, dass die **pluralistische Zusammensetzung** der Rundfunk- bzw. Fernsehräte **allein noch kein Garant für ein ausgeglichenes und um Objektivität bemühtes Programm** sei, da derartige Gremien allein wegen ihrer Größe kaum in effizienter Weise Einfluss auf die eigentliche Programm*gestaltung* ausüben können und sie letztlich auf das **Vermitteln politischen Drucks auf den Intendanten beschränkt** sind.[256] Hieraus resultiere die Gefahr, dass sich die Programmveranstaltung aus **Opportunitätsgesichtspunkten** stärker an den Interessen der im Rundfunkrat vertretenen Gruppen orientiert als an den nicht repräsentierten.

C. Vielfaltsicherung im privaten Rundfunk

I. Unterschiede zum öffentlich-rechtlichen Rundfunk

1) Ausgewogenheitsanforderungen

Für den privaten Rundfunk gelten andere Maßstäbe in Bezug auf die Vielfaltsicherung. Dies betrifft zunächst die Pflicht zur Veranstaltung eines ausgewogenen Programms. Dem Privatfernsehen gestand das BVerfG schon früh das **Privileg einer auf Massenattraktivität ausgerichteten Programmgestaltung** zu,[257] das ihrer wirtschaftlichen Zielsetzung ausreichend Berücksichtigung schenken soll.[258] Meinungsvielfalt wird weniger durch die inhaltliche Ausrichtung des Programms, sondern eher durch die äußere Wettbewerbsstruktur gesichert. Das Minus inhaltlicher Ausgewogenheit wird durch ein Plus bei der externen Vielfaltsicherung wieder ausgeglichen.

Privater Rundfunk wird aus wirtschaftlichen Motiven veranstaltet. Ökonomisch betrachtet wird hier **Werbezeit für Waren und gewerbliche Leistungen** an Unternehmen vermarktet.[259] Als Gegenleistung verschaffen die Rundfunkveranstalter ihren Werbekunden Zugang zu Rezipienten, deren Anzahl wiederum von der Attraktivität der übermittelten

---

[256] *Herzog*, in: Maunz/Dürig, GG, Art. 5 Abs. I, II Rdnr. 220.

[257] Siehe zum Erfordernis massenattraktiver Inhalte im werbefinanzierten Fernsehen *Brinkmann*, in: Freundesgabe Kübler, 153 (159 f.).

[258] Vgl. BVerfGE 57, 295 (325 f.) – FRAG

[259] Zu den Wettbewerbsstrukturen auf dem Fernsehmarkt *Sjurts*, Strategien in der Medienbranche, S. 286 ff.

Inhalte, beispielsweise der Spielfilme, Serien oder Sportereignisse, abhängt.[260] Anders verhält es sich beim **öffentlich-rechtlichen Rundfunk**, dem erwerbswirtschaftliche Betätigung nicht uneingeschränkt gestattet ist.[261] Er steht stärker im Dienste der Kommunikationsfreiheiten des Art. 5 Abs. 1 GG als der Privatfunk[262] und nimmt dabei **kulturelle Aufgaben** war.[263] Anders als private Medienkonzerne können sich öffentlich-rechtliche Rundfunkanstalten nicht beliebig neue Geschäftsfelder erschließen. Ihr Aktionsradius wird vielmehr durch die Vorgaben des einfachen Landesrechts sowie des Verfassungsrechts determiniert,[264] die freilich **extensiv auszulegen** sind.[265]

2) System abgestufter Ausgewogenheitspflichten

Solange der öffentlich-rechtliche Rundfunk gleichgewichtige Vielfalt in der Programmgestaltung gewährleistet,[266] verzichtet das BVerfG auf ähnlich strikte Anforderungen für den Privatfunk.[267] Dies bedeutet nicht, dass das Privatfernsehen dem freien Spiel der Kräfte ausgesetzt werden dürfte. In einem solchen Fall ließen sich **erhebliche Verzerrungen des Meinungsmarktes** nicht mehr durch die öffentlich-rechtlichen Rundfunkanstalten ausgleichen.[268] Im privaten Rundfunk beschränken sich Eingriffe in die inhaltliche Ausgewogenheit des Programms aber auf **eindeutige, erhebliche** und damit klar **erkennbare und belegbare Mängel**. Verhindert werden muss nur einseitiger, in besonders hohem Maße **ungleichgewichtiger Einfluss einzelner Veranstalter** oder Programme auf die öffentliche Meinungsbildung.[269] Detaillierter oder gar lückenloser Regelungen bedarf es aber nicht.[270] Privaten Rundfunkveranstaltern verbleibt damit ein durchaus beachtlicher Spielraum, eigene Meinungen zu verbreiten und eindeutig Position zu beziehen.[271]

---

[260] Siehe zur Interdependenz von Rezipienten und Werbemärkten auch unten, § 33.

[261] Hierzu *Mand*, Erwerbswirtschaftliche Betätigung öffentlich-rechtlicher Rundfunkanstalten außerhalb des Programms, S. 17 ff.

[262] Vgl. BVerfGE 57, 295 (320) – FRAG.

[263] BVerfGE 73, 118 (158) – Niedersachsen.

[264] Dazu *Gounalakis*, Funktionsauftrag und wirtschaftliche Betätigung des Zweiten Deutschen Fernsehens, S. 43 ff.

[265] Die Rundfunkkompetenz des *ZDF* erstreckt sich dementsprechend auch auf die Schaffung eines Medienparks, der den Zuschauern einen Blick hinter die Kulissen der Rundfunkveranstaltung ermöglicht. Vgl. OLG Koblenz, ZUM 2001, 800 ff.

[266] Vgl. *Rossen-Stadtfeld*, in: Beck'scher Kommentar zum Rundfunkrecht, § 25 Rdnr. 16.

[267] BVerfGE 73, 118 (158) – Niedersachsen.

[268] Hierzu bereits BVerfGE 57, 295 (323 f.) – FRAG; 83, 238 (296 f.) – Nordrhein-Westfalen.

[269] BVerfGE 73, 118 (160) – Niedersachsen.

[270] BVerfGE 73, 118 (163) – Niedersachsen.

[271] Das BVerfG gesteht Rundfunkunternehmen zwar nicht im selben Umfang das Recht zu, die politisch weltanschauliche Grundhaltung des Mediums so frei zu bestimmen, wie dies etwa im Bereich der Tagespresse der Fall ist. Vgl. *Petersen*, Medienrecht,

3) Ausgewogenheit, Sachlichkeit und gegenseitige Achtung

Die für **private Rundfunkveranstalter** geltenden **Ausgewogenheits-maßstäbe** wurden vom BVerfG im sechsten Rundfunkurteil näher präzisiert.[272] Art. 5 Abs. 1 S. 2 GG gestattet es nicht, die Zulassung von Voraussetzungen abhängig zu machen, die eine Veranstaltung privater Rundfunkprogramme **unverhältnismäßig erschweren** oder sogar **faktisch verhindern** würden,[273] etwa wenn dieselben Ausgewogenheitskriterien für Private aufgestellt würden, wie sie für den öffentlich-rechtlichen Rundfunk gelten. Auch im privaten Rundfunk muss aber ein **Mindestmaß inhaltlicher Ausgewogenheit, Sachlichkeit** und **gegenseitiger Achtung**[274] sichergestellt sein. Private Rundfunkveranstalter sind zu **sachgemäßer, umfassender** und **wahrheitsgemäßer Information** verpflichtet und haben die Grundrechtsschranken des Art. 5 Abs. 2 GG, insbesondere den Jugendschutz, zu berücksichtigen.[275]

II. Wettbewerbsmodelle für den privaten Rundfunk

Das BVerfG hat die Vereinbarkeit der Veranstaltung von Rundfunk durch Private *per se* nie in Frage gestellt. Es hat selbst **Mischformen** von öffentlich-rechtlichem und privatem Rundfunk als zulässig erachtet.[276] Nichtsdestotrotz hat die Rechtsprechung verschiedene Parameter festgelegt, nach denen sich privater Rundfunk und speziell Privatfernsehen unter Vielfaltgesichtspunkten zu richten haben. Das Programmangebot **privater Veranstalter** darf **nicht der Eigengesetzlichkeit des Marktes überlassen** werden,[277] da die Gefahr besteht, dass nicht alle gesellschaftlich relevanten Gruppen auf dem *„Meinungsmarkt"* des Rundfunks zu Wort kommen.[278] Insbesondere wollte man sich nicht mit einer **begrenzten Meinungsvielfalt** zufrieden geben, wie sie im Bereich der überregionalen Tageszeitungen mittlerweile vorzufinden ist.[279]

In welcher Form das einfachgesetzliche Rundfunkrecht der Gefahr vorherrschender Meinungsmacht konkret zu begegnen hat, schreibt Art. 5

---

§ 2 Rdnr. 18. Nichtsdestotrotz gelten für den privaten Rundfunk die strengen Anforderungen im Hinblick auf die inhaltliche Vielfalt des Gesamtprogramms nicht im gleichen Maße wie für den öffentlich-rechtlichen Rundfunk, weshalb die Tendenzfreiheit im Privatfunk letztlich irgendwo zwischen den Maßstäben der Öffentlich-Rechtlichen und der Presse zu verorten ist. Siehe zur Tendenzfreiheit im Bereich der Presse auch BVerfGE 52, 283 (296) – Tendenzbetrieb.

[272] Hierzu insbesondere BVerfGE 83, 238 (296 ff.) – Nordrhein-Westfalen.

[273] BVerfGE 83, 238 (297) – Nordrhein-Westfalen.

[274] BVerfGE 12, 205 (263) – Deutschland Fernsehen GmbH; 73, 118 (198) – Niedersachsen.

[275] BVerfGE 57, 295 (325 f.) – FRAG.

[276] BVerfGE 83, 238 (307 f.) – Nordrhein-Westfalen.

[277] BVerfGE 57, 295 (322 f.) – FRAG.

[278] BVerfGE 57, 295 (323) – FRAG.

[279] Hierzu jüngst auch BGHZ 157, 55 (65) – 20 Minuten Köln.

Abs. 1 S. 2 GG dem Gesetzgeber nicht detailliert vor.[280] Das für die Vielfaltsicherung im Bereich des öffentlich-rechtlichen Rundfunks entwickelte Konzept des **Binnenpluralismus**[281] ließe sich zwar theoretisch auch auf **private Rundfunkveranstalter** übertragen.[282] Dies ist jedoch weder erforderlich[283] noch medienpolitisch opportun.[284] Gleiches gilt für die gesetzliche Verpflichtung zur Schaffung von Anbietergemeinschaften,[285] wie sie das **Beteiligungsgrenzenmodell**[286] bis zur Novellierung des RStV 1997 noch vorsah.[287] Die **Wettbewerbsordnung des Rundfunks** hat aber spezielle **Vorkehrungen** zu treffen, welche **das Risiko der Konzentration von Meinungsmacht und damit einer einseitigen Einflussnahme auf die öffentliche Meinung weitestgehend ausschließen**.[288] Es muss sich um möglichst effiziente Mechanismen handeln, da einmal eingetretene **Fehlentwicklungen** – wenn überhaupt – nur unter erheblichen Schwierigkeiten rückgängig gemacht werden können[289] und Medienkonzerne von ihrer Meinungsmacht gerade in medienpolitischen Fragen Gebrauch machen.[290]

III. Modelle der Vielfaltsicherung

1) Binnenpluralistisches Modell

In den Jugendjahren des Privatfernsehens versuchte man, Fernsehsender nach **binnenpluralen** Gesichtspunkten zu organisieren. Dem Entstehen vorherrschender Meinungsmacht sollte durch die Veranstaltung privater **Rundfunkprogramme als Kollektivaufgabe** begegnet werden; publizistischer Einfluss wurde durch die **Schaffung von Anbietergemeinschaften** auf verschiedene Gesellschafter verteilt.[291] Hierdurch wollte man ein gewisses **Mindestmaß an Meinungsvielfalt** erreichen;[292] andererseits ermöglichte es den Zugang möglichst vieler Unternehmen zum Wachstums-

---

[280] *Herzog*, in: Maunz/Dürig, GG, Art. 5 Abs. I, II Rdnr. 235.

[281] Dazu unten, § 8 B.

[282] BVerfGE 57, 295 (325) – FRAG.

[283] BVerfGE 73, 118 (171) – Niedersachsen.

[284] Binnenpluralistische Gremien kommen freilich als Mindermaßnahmen zur Versagung der Unbedenklichkeitserklärung durch die KEK in Betracht. Dazu unten, § 29.

[285] Hierzu etwa BVerfGE 74, 297 (330) – Baden-Württemberg; *Degenhart*, in: Bonner Kommentar, GG, Art. 5 Abs. 1 und 2 Rdnr. 832.

[286] Dazu *Bremer/Esser/Hoffmann*, Rundfunk in der Verfassungs- und Wirtschaftsordnung Deutschlands, S. 72; *Paschke/Plog*, in: Festschrift Engelschall, 99 (101 f.).

[287] Hierzu etwa BVerfGE 74, 297 (330) – Baden-Württemberg; *Degenhart*, in: Bonner Kommentar, GG, Art. 5 Abs. 1 und 2 Rdnr. 832.

[288] Vgl. dazu schon BVerwGE 39, 159 (167) – Privater Rundfunk in Berlin.

[289] BVerfGE 57, 295 (323) – FRAG.

[290] BVerfGE 95, 163 (173) – DSF.

[291] Vgl. *Herzog*, in: Maunz/Dürig, GG, Art. 5 Abs. I, II Rdnr. 233.

[292] Vgl. *Bremer/Esser/Hoffmann*, Rundfunk in der Verfassungs- und Wirtschaftsordnung Deutschlands, S. 72.

markt Fernsehen trotz des fortbestehenden **Frequenzmangels,**[293] der die Zulassung nur weniger privater Rundfunkveranstalter gestattete. In der Praxis führte das Beteiligungsgrenzenmodell allerdings statt zu der erhofften **Transparenz der Eigentumsstrukturen** zu einer zunehmenden **Verflechtung der Medienunternehmen.**[294] Auf der anderen Seite erschien die **zahlenmäßige Beschränkung** der Beteiligung an Programmveranstaltern angesichts neuer Übertragungsmöglichkeiten als **wenig zukunftsträchtig.**[295]

2) Außenplurales Modell

Mit dem RStV 1997 wurde das sog. **Zuschauermarktanteilsmodell** eingeführt, welches den privaten Rundfunk auf ein außenpluralistisches Fundament hievte. Kennzeichnend für diese **außenplurale Vielfaltsicherung** ist, dass vorherrschende Meinungsmacht durch eine externe **Vielzahl von Anbietern** verhindert werden soll.[296] Dabei kommt dem **Markt** eine besondere Bedeutung zu, da sich die Rezipienten verschiedener Informationsquellen bedienen können.[297] Das außenplurale Wettbewerbsmodell zeichnet sich dadurch aus, dass es die Veranstaltung einer **zahlenmäßig nicht beschränkten Anzahl von Rundfunkprogrammen** zulässt, ohne dabei nach Voll- bzw. Spartenprogrammen zu differenzieren. Da Art. 5 Abs. 1 S. 2 GG eine Betätigung als Rundfunkveranstalter nur dann gestattet, wenn hieraus keine Gefahr verfassungsrechtlich nicht mehr hinnehmbarer Meinungsdominanz resultiert,[298] unterliegt das Engagement im Rundfunkbereich jedoch bestimmten Grenzen.

Nach welchen Kriterien sich diese bestimmen, schreibt Art. 5 Abs. 1 S. 2 GG nicht zwingend vor. Zulässig wäre es grundsätzlich, die medienrechtliche Vielfaltsicherung an **kartellrechtlichen Maßstäben** auszu-

---

[293] Dementsprechend wurde das Beteiligungsgrenzenmodell infolge des Anstiegs der Programmplätze immer mehr hinterfragt. Vgl. *Hege*, AfP 1995, 537 (539); *Zmeck*, AfP 1995, 545 (546).

[294] Zur Problematik der Verflechtung unterschiedlicher Medienunternehmen insbesondere *Kübler*, Medienverflechtung, S. 17 ff. Begünstigt wurde die Medienverflechtung durch den Umstand, dass das Beteiligungsgrenzenmodell häufig durch Mehrfachbeteiligungen unterhalb der 25 %-Grenze unterlaufen wurde. Vgl. *Scholz*, AfP 1995, 357 (361); *Fäßler*, AfP 1995, 542 (543); *Hess*, AfP 1997, 680 f.

[295] Vgl. *Hege*, AfP 1995, 537 (539). Der Mangel an Zukunftsträchtigkeit wurde auch darin erblickt, dass das Beteiligungsgrenzenmodell keine Möglichkeit für die Schaffung von Programmbuquets beinhaltete. *Schlette*, ZUM 1999, 802 (804).

[296] Vgl. BVerfGE 73, 118 (178) – Niedersachsen; zur Anbietervielfalt auch BVerfGE 52, 283 (296) – Tendenzbetrieb.

[297] Dennoch handelt es sich bei der außenpluralen Vielfaltsicherung speziell im Fernsehen gerade nicht um eine Marktregulierung im eigentlichen Sinne. Diese kennzeichnet sich gerade durch einen Verzicht auf hoheitliche Regulierung. Stattdessen erfolgt die Wettbewerbskontrolle durch die Konkurrenten. *Hoffmann-Riem/Schulz/Held*, Konvergenz und Regulierung, S. 50; *Zagouras*, Konvergenz und Kartellrecht, S. 294.

[298] Siehe insbesondere BVerfGE 95, 163 (173) – DSF, wonach es nicht mehr auf die Unterscheidung zwischen konkreter und abstrakter Gefahr ankommt.

richten.[299] Dennoch wären in diesem Fall **besondere gesetzliche Vorkehrungen** erforderlich, die eine Vereinnahmung des Suggestivmediums Fernsehen durch eine gesellschaftliche Gruppe verhindern.[300] Da das Wettbewerbsrecht jedoch eine andere Zielsetzung verfolgt als das Rundfunkkonzentrationsrecht,[301] hat sich der Gesetzgeber dazu entschieden, den Zuschaueranteil als maßgebliches Kriterium für die Bewertung von Meinungsmacht zugrunde zu legen.[302] Diese Beschränkung erweist sich als **plausibles Modell**, das die Kontakte eines Medienunternehmens zu den Zuschauern zum zentralen Bewertungskriterium erklärt. Es basiert auf der Hypothese, dass die Wahrscheinlichkeit einer Einflussnahme auf die Meinungsbildung in Relation zur erreichten Zuschauermasse steht.[303]

IV. Landesmedienanstalten als binnenplural verfasste Medienaufsicht

Um der Gefahr einer politischen Einflussnahme bei der Zulassung der Programmveranstalter entgegenzuwirken,[304] wurde die **Rundfunkaufsicht nicht unmittelbar in staatliche Hände** gelegt.[305] Den Gremien der öffentlich-rechtlichen Rundfunkanstalten entsprechend hat man sich diesbezüglich für eine **gesellschaftlich vermittelte Kontrolle über die Landesmedienanstalten** entschieden. Sie tragen die Verantwortung dafür, dass der private Veranstalter den verfassungsrechtlich und einfachgesetzlich auferlegten Anforderungen genügt.[306] Ob sie dieser Aufgabe gerecht werden, kontrollieren wiederum ihre nach **gesellschaftlichen Kriterien besetzten Aufsichtsgremien**.[307] Als **Anstalten des öffentlichen Rechts**[308]

---

299 So ausdrücklich BVerfGE 73, 118 (174) – Niedersachsen. Siehe auch *Zagouras*, Konvergenz und Kartellrecht, S. 371.

300 Ausschlaggebend sind in diesem Zusammenhang präventive Vorkehrungen gegen das Entstehen vorherrschender Meinungsmacht. Siehe auch *Gounalakis*, AfP 2004, 394 (396).

301 Zur Zieldivergenz von Kartell- und Antikonzentrationsrecht unten, § 32.

302 Eine Marktanteilsbegrenzung muss verfassungsrechtlich betrachtet nicht zwingend am Zuschauermarktanteil verankert werden. So wurde beispielsweise auch ein Anknüpfen an den Werbeeinnahmen eines Medienkonzerns diskutiert, was letztlich dazu führen würde, die wirtschaftliche Macht eines Medienkonzerns stärker zu betonen als seine Rezipientenreichweite. Siehe zu möglichen Alternativmodellen auch *Trute*, in: Beck'scher Kommentar zum Rundfunkrecht, § 26 Rdnr. 16 ff.

303 Vgl. *Engels*, ZUM 1996, 44 (53); *Schlette*, ZUM 1999, 802 (805).

304 Dies wird von der Rechtsprechung in erster Linie aus der Wesentlichkeitslehre abgeleitet, vgl. BVerfGE 57, 295 (326 f.) – FRAG, kann aber letztlich auch als Ausfluss des Prinzips der Staatsfreiheit des Rundfunks angesehen werden. In diesem Sinne wohl BVerfGE 73, 118 (182 f.) – Niedersachsen.

305 Zur Funktion der Landesmedienanstalten auch *Hoffmann-Riem*, in: Alternativkommentar, GG, Art. 5 Abs. 1, 2 Rdnr. 201.

306 *Degenhart*, in: Bonner Kommentar, GG, Art. 5 Abs. 1 und 2 Rdnr. 834.

307 Instruktiv *Sporn*, Die Ländermedienanstalt, S. 7 ff.

308 Zur Organisation der Landesrundfunkanstalten *Sporn*, Die Ländermedienanstalt, S. 8 f.

sind sie mit einem Selbstverwaltungsrecht ausgestattet und insofern **dem staatlichen Verwaltungsaufbau organisatorisch ausgegliedert**.[309] Insgesamt existieren derzeit 14 Landesmedienanstalten. Zu ihren Aufgaben gehören in erster Linie die Zulassung und Aufsicht über privaten Hörfunk und Fernsehen.[310] In rundfunkkonzentrationsrechtlichen Fragen steht ihnen als Organ die KEK zur Seite.[311]

§ 6. Verhinderung vorherrschender Meinungsmacht im privaten Rundfunk

Art. 5 Abs. 1 S. 2 GG verbietet das Entstehen vorherrschender Meinungsmacht im Rundfunk. Hierüber besteht dem Grunde nach Einigkeit. Wie weit dieses Verbot im konkreten Fall tatsächlich reicht, gehört hingegen zu den am heftigsten umstrittenen Fragen des Medienrechts. Obwohl die Diskussion um die Reichweite des Verbots vorherrschender Meinungsmacht **primär auf die einfachgesetzliche Ausgestaltung des Rundfunkkonzentrationsrechts** in Form der §§ 25 ff. RStV zugeschnitten ist, spielen verfassungsrechtliche Implikationen insbesondere bei der Konkretisierung der zahlreichen unbestimmten Rechtsbegriffe des einfachen Rundfunkkonzentrationsrechts eine wichtige Rolle.

A. Vielfaltsicherung als Präventivaufgabe

Das BVerfG hatte der **Vielfaltsicherung** schon früh eine **besonders wichtige Rolle** innerhalb der Rundfunkfreiheit zugewiesen.[312] Hierzu gehört nicht nur eine von **Effizienz** geprägte **Verhinderung von Meinungsdominanz**,[313] sondern ebenso das Erfordernis einer **präventiven Konzentrationskontrolle**.[314] Schon vor einer Zulassung müssen mögliche Auswir-

---

[309] Zu Aufgaben und Funktionen der Aufsicht über den privaten Rundfunk in Deutschland durch die Landesmedienanstalt, S. 7 ff. m. w. N.

[310] Im Einzelnen sind dies die *Landesanstalt für Kommunikation Baden-Württemberg* (LFK), *Bayerische Landeszentrale für neue Medien* (BLM), *Medienanstalt Berlin-Brandenburg* (MABB), *Bremische Landesmedienanstalt (BREMA)*, *Medienanstalt Hamburg Schleswig-Holstein* (MAHSHS), *Hessische Landesanstalt für privaten Rundfunk* (LPR Hessen), *Landesrundfunkzentrale Mecklenburg-Vorpommern* (LRZ), *Niedersächsische Landesmedienanstalt* (NLM), *Landesanstalt für Medien Nordrhein-Westfalen* (LfM), *Landeszentrale für Medien und Kommunikation Rheinland-Pfalz* (LMK), *Landesmedienanstalt Saarland* (LMS), *Sächsische Anstalt für privaten Rundfunk und neue Medien* (SLM), *Medienanstalt Sachsen-Anhalt* (MSA) sowie die *Thüringer Landesmedienanstalt* (TLM).

[311] Zum lange umstrittenen Verhältnis von KEK und den Landesmedienanstalten sowie der KDLM *Zagouras*, Konvergenz und Kartellrecht, S. 280 f. m. w. N.

[312] *Zagouras*, Konvergenz und Kartellrecht, S. 369.

[313] Vgl. BVerfGE 57, 295 (330) – FRAG. Hierzu *Gounalakis/Zagouras*, AfP 2006, 93 (101 f.).

[314] Siehe beispielsweise BVerfGE 95, 163 (172) – DSF.

kungen auf die Meinungsvielfalt analysiert und umfassend bewertet werden, da eine konzentrationsrechtliche *Ex-Post*-Beurteilung wegen des Risikos für den öffentlichen Kommunikationsprozess **nicht** ausreicht.[315] Grund für die *Ex-Ante*-Prüfung ist, dass sich einmal eingetretene **Fehlentwicklungen im Nachhinein kaum noch korrigieren** lassen.[316] Dies gilt gleichermaßen für internes Unternehmenswachstum wie auch für externes. Schon auf Ebene des allgemeinen Kartellrechts lässt sich ein einmal vollzogener Unternehmenszusammenschluss faktisch kaum noch rückabwickeln,[317] was ein Blick auf Kartellrechtsordnungen zeigt, die im Gegensatz zum GWB echte **Entflechtungsvorschriften** kennen.[318] In einem medialen Kontext ließen sich Konzernentflechtungen noch viel schwieriger durchsetzen, da ein Unternehmen, welches über eine vorherrschende **Meinungsmacht** verfügt, diese auch naturgemäß **für seine eigenen Interessen einsetzen** würde.

B. Abstraktes Gefährdungspotential vorherrschender Meinungsmacht

Der Prozess der freien Meinungsbildung wird von der Rechtsprechung schon bei der **abstrakten Möglichkeit des Entstehens oder Verstärkens vorherrschender Meinungsmacht** als gefährdet angesehen.[319] Wollte man abwarten, bis sich eine **abstrakte Gefahr** für den Meinungspluralismus konkretisiert, so hätte sich das Risiko der Vereinnahmung des Rundfunks bereits zu einem Grad realisiert, der nicht mehr hinnehmbar wäre. Eine **konkrete Gefährdung** der Meinungsvielfalt würde die strukturellen **Voraussetzungen einer Instrumentalisierung** des Mediums **schaffen**, so dass ihr Einsatz **nur noch vom Willen des publizistischen Machthabers** abhinge. Die Rundfunkfreiheit verbietet es bereits die äußeren Vorausset-

---

[315] Vgl. etwa BVerfGE 83, 238 (296) – Nordrhein-Westfalen; siehe auch 95, 163 (172) – DSF.

[316] Vgl. BVerfGE 57, 295 (321 f.) – FRAG.

[317] Dementsprechend versucht das deutsche Kartellrecht Entflechtungssituationen schon im Vorfeld zu begegnen. Vgl. *Mestmäcker/Veelken*, in: Immenga/Mestmäcker, GWB, § 41 Rdnr. 32. Siehe zur Kontrolle von Zusammenschlüssen nach ihrem Vollzug insbesondere *Hahn*, WuW 2007, 1084 ff.

[318] Obwohl beispielsweise der *Sherman Act* von 1890 in den USA die Möglichkeit der Entflechtung besonders mächtiger Monopolisten vorsieht, wurde hiervon bislang nur in sehr geringem Umfang Gebrauch gemacht. Instruktiv hierzu *Lüttig*, Die Rolle der Marktzutrittschranken im Fusionskontrollrecht der Bundesrepublik Deutschland und den USA, S. 137 ff. Im Wesentlichen beschränkt sich die Anwendung von Sec. 2 Sherman Act auf insgesamt zwei Entflechtungen in den Verfahren *Standard Oil (Rockefeller)* und *American Telephone and Telegraph Company (AT&T)*. *Rittner/Kulka*, Wettbewerbs- und Kartellrecht, § 13 Rdnr. 11. Diskutiert wurde das Entflechtungs-Verfahren während der *Clinton*-Administration beispielsweise auch in Bezug auf den Softwareriesen *Microsoft*. Hierzu *Meier-Wahl/Wrobel*, WuW 1999, 28 ff. sowie *Fleischer*, WuW 1997, 203 ff.

[319] BVerfGE 95, 163 (173) – DSF.

zungen für die Vereinnahmung von Fernsehen und Hörfunk zu schaffen.[320] Von einer **grundrechtlich vermittelten Freiheit der Rundfunkveranstalter auf die Bildung marktmächtiger Positionen**[321] kann also **keine Rede sein.**

C. Vorherrschende Meinungsmacht als unbestimmter Rechtsbegriff verfassungsrechtlichen Ursprungs

Nach einer **Definition** der „vorherrschenden Meinungsmacht" wird man vergeblich suchen. In der Verfassungsjudikatur ist zwar immer wieder die Rede davon, dennoch vermeidet das BVerfG jegliche terminologische Eingrenzung.[322] „Vorherrschende Meinungsmacht" stellt einen **unbestimmten Rechtsbegriff** dar,[323] wie man ihn hauptsächlich aus dem Verwaltungsrecht kennt.[324] Sie werden eingesetzt, um der Verwaltung im Allgemeinen die nötige **Flexibilität** im Umgang mit Sachverhalten zu verschaffen, die sich nur schlecht im Vorhinein tatbestandlich umschreiben lassen.[325] Ebenso verhält es sich mit der vorherrschenden Meinungsmacht. Hier sind **vielerlei Phänotypen** nicht mehr hinnehmbarer **Meinungsdominanz denkbar** und angesichts der technischen und ökonomischen Entwicklungen der Informationsbranchen können weitere hinzutreten. Dementsprechend muss der unbestimmte Rechtsbegriff „vorherrschende Meinungsmacht" einzelfallorientiert konkretisiert werden.[326] Das BVerfG stellt bei der Beurteilung der Meinungsmacht **nicht allein auf formale Kriterien** ab.[327] Ausschlaggebend ist, ob ein Unternehmen einen bzw. mehrere Veranstalter **rechtlich oder wirtschaftlich beherrscht** oder in sonstiger Weise einen **erheblichen Einfluss auf die**

---

[320] Vgl. schon BVerfGE 12, 205 (262) – Deutschland Fernsehen GmbH, wo die Vereinnahmung des Rundfunks durch eine gesellschaftliche Gruppe kategorisch ausgeschlossen wird.

[321] So aber *Degenhart*, in: Bonner Kommentar, GG, Art. 5 Abs. 1 und 2 Rdnr. 845.

[322] So stellt das Gericht beispielsweise in BVerfGE 73, 118 (172) – Niedersachsen durch die Formulierung „*Dies kann der Fall sein*" klar, dass die darauf folgende Aufzählung keinesfalls als abschließend zu verstehen ist.

[323] *Rossen-Stadtfeld*, in: Beck'scher Kommentar zum Rundfunkrecht, § 25 Rdnr. 30.

[324] Charakteristisch für unbestimmte Rechtsbegriffe ist, dass der (gesetzliche) Tatbestand nur sehr abstrakt umschrieben wird, um den Gegebenheiten des jeweiligen Rechtsgebietes gerecht werden zu können und gegebenenfalls auch Grundrechtspositionen der Betroffenen bzw. Gerechtigkeitsgesichtspunkten durch Flexibilität im Einzelfall Rechnung zu tragen. Vgl. BVerfGE 48, 210 (222) – Ausländische Einkünfte. Zum Umgang mit unbestimmten Rechtsbegriffen im Verwaltungsrecht *Detterbeck*, Allgemeines Verwaltungsrecht, Rdnr. 349.

[325] Siehe im Einzelnen unten, § 27.

[326] Vorherrschende Meinungsmacht kann nicht im Wege der klassischen Subsumtion festgestellt werden. Erforderlich ist eine Gesamtschau aller für und gegen Meinungsdominanz sprechenden Umstände. Sie stellt das Antonym zur Meinungsvielfalt dar.

[327] BVerfGE 73, 118 (172) – Niedersachsen.

Programmgestaltung ausübt.[328] Als hilfreich erweist sich dabei ein Rückgriff auf die vom BVerfG entwickelten Fallgruppen.[329]

D. Rundfunkspezifische Fallgruppen

I. Meinungsmacht im Rundfunk

Die vom BVerfG entwickelten Fallgruppen lassen sich in zwei Kategorien einteilen: **unmittelbar meinungsrelevante Medien- und Kommunikationsbranchen** und solche, welche die öffentliche Meinungsbildung nur **mittelbar** betreffen.[330] Vorherrschende Meinungsmacht im Bereich des Rundfunks wurde vom BVerfG angenommen, wenn **von Beginn an nur wenige Anbieter** vorhanden sind oder – wie heute üblich – wenigen bzw. einem Veranstalter gleich **mehrere Programme zugerechnet werden können.**[331] Dies verdeutlicht, dass Meinungsdominanz auch **strukturbedingten Ursprungs** sein kann. Gleiches gilt, wenn die Zahl der Veranstalter etwa durch das Aufgeben kleinerer Rundfunkveranstalter nachträglich zusammenschrumpft.[332]

Vorherrschende Meinungsmacht kann aus externem Unternehmenswachstum folgen, etwa in Form von **Fusionen von Rundfunkveranstaltern** oder der **Expansion auf anderen Märkten.**[333] Das BVerfG sah beispielsweise die **fortgeschrittene Verflechtung von Rundfunkveranstaltern** speziell auf dem **Fernsehmarkt** als mögliche Ursache für vorherrschende Meinungsmacht.[334] Sie muss aber nicht notwendigerweise aus einem aktiven Wettbewerbsverhalten erwachsen, sondern ebenso aus **unternehmensexternen Faktoren** wie dem **Wegfall von Konkurrenten** in Folge von **Insolvenz** oder eines **freiwilligen Einstellens des Geschäftsbetriebs.** Das Entstehen oder Verstärken von Meinungsdominanz setzt damit nicht notwendigerweise **internes Unternehmenswachstum** voraus.[335]

---

[328] Zulässig ist es in diesem Zusammenhang beispielsweise, konzernrechtliche Grundsätze bei der Zurechnung von Programmen zugrunde zu legen. Siehe BVerfGE 73, 118 (172 f.) – Niedersachsen. Dies gilt zumindest solange dies nicht nur auf Vollprogramme beschränkt wird.

[329] Vgl. BVerfGE 73, 118 (172) – Niedersachsen. Diese sind freilich nicht in einem abschließenden Sinne zu verstehen.

[330] Vgl. *Gounalakis/Zagouras*, ZUM 2006, 716 (721).

[331] BVerfGE 73, 118 (172) – Niedersachsen.

[332] So BVerfGE 73, 118 (172) – Niedersachsen.

[333] BVerfGE 73, 118 (172) – Niedersachsen.

[334] So BVerfGE 95, 163 (173) – DSF.

[335] Zum Unterschied von internem und externem Unternehmenswachstum im wettbewerbsrechtlichen Kontext auch *Degenhart*, in: Bonner Kommentar, GG, Art. 5 Abs. 1 und 2 Rdnr. 840 ff.

II. Crossmediale Sachverhalte

Neben der Kategorie der rundfunkspezifischen Meinungsdominanz schließt die Rechtsprechung vorherrschende Meinungsmacht auch aus **crossmedialen Aktivitäten.**[336] Die Ausstrahlungswirkung von Meinungsmacht in anderen Medienmärkten ist nicht gleichzusetzen mit der Idee einer **plublizistischen Gewaltenteilung,** die das BVerfG nie als Verfassungssatz anerkennen wollte.[337] Vielmehr stellt sich das BVerfG zu Recht auf den Standpunkt, dass vorherrschende Meinungsmacht im Rundfunk gerade aus der **Verflechtung** von Unternehmen herrühren kann, die sich in unterschiedlichen medialen (Sub-)Sektoren engagieren.[338] Eine im Hinblick auf Art. 5 Abs. 1 S. 2 GG nicht mehr tolerierbare Meinungsdominanz kann insbesondere zu befürchten sein, wenn „*Meinungsmacht im Bereich des Rundfunks sich mit Meinungsmacht im Bereich der Presse verbindet.*"[339] In seiner jüngeren Rechtsprechung bezieht das BVerfG auch die **vertikale Verflechtung mit Inhalte- und Infrastrukturanbietern** mit ein.[340]

Allerdings darf dies nicht im Sinne eines umfassenden verfassungsrechtlichen Auftrags zur **plattformübergreifenden Verhinderung von Meinungsmacht** verstanden werden. Art. 5 Abs. 1 S. 2 GG sieht einen einheitlichen, alle Branchen umspannenden Rahmen für den publizistischen Wettbewerb zum gegenwärtigen Zeitpunkt nicht zwingend vor.[341] Für den Wettbewerb auf den **Pressemärkten** gelten **andere Ordnungsprinzipien** als für Hörfunk und Fernsehen. Crossmediale Effekte sind *de lege lata* bei der Auslegung des unbestimmten Rechtsbegriffs zu berücksichtigen, wenn sie sich auf den publizistischen Wettbewerb innerhalb des **Fernsehmarkts** auswirken.[342] Dass diese starre konzentrationsrechtliche Ausrichtung auf den Rundfunk angesichts der schwindenden Meinungs-

---

[336] BVerfGE 73, 118 (175) – Niedersachsen; jüngst bestätigt durch BVerfG, AfP 2007, 457 (460 f.) Tz. 116 ff. – Rundfunkgebühren II. Siehe hierzu auch *Gounalakis/Wege*, NJW 2008, 800 ff.

[337] BVerfGE 73, 118 (175) – Niedersachsen. Gleichwohl sind solche Trennungen der medialen Subsektoren in anderen Medienrechtsordnungen durchaus gängig. Siehe insbesondere die Nachweise bei *Iliopoulos-Strangas*, in: Stern/Prütting, Kultur- und Medienpolitik im Kontext des Entwurfs einer europäischen Verfassung, 29 (46).

[338] Zu den ökonomischen Motiven der Diversifikation von Medienunternehmen *Kübler*, MP 2004, 131 (132); *Gounalakis*, Konvergenz der Medien, S. 134.

[339] BVerfGE 73, 118 (175) – Niedersachsen.

[340] BVerfGE 95, 163 (173) – DSF.

[341] Hierzu auch *Gounalakis/Zagouras*, ZUM 2006, 716 (718 ff.).

[342] So spricht auch BVerfGE 73, 118 (176) – Niedersachsen ausdrücklich davon, dass vielfaltsichernde gesetzgeberische Maßnahmen im crossmedialen Kontext nur dann erforderlich sind, „*soweit die Entstehung multimedialer Meinungsmacht zu Gefahren für die Meinungsvielfalt im Rundfunk zu führen droht.*"

vielfalt auf den Pressemärkten[343] nicht unbednigt zukunftsträchtig ist, wird an späterer Stelle zu erörtern sein.[344]

III. Einbeziehung mittelbar meinungsrelevanter Märkte

Im *DSF*-Beschluss betonte das BVerfG, dass das Gebot der Vielfaltsicherung auch durch **neuere mediale Entwicklungen**, speziell das steigende Angebot privater Rundfunksender oder das Aufkommen der sog. „neuen Medien", nicht an Gewicht verloren hat.[345] Das Gericht arbeitete weitere Kriterien heraus, die im Zusammenhang mit der Sicherung der Meinungsvielfalt im Medium Fernsehen zu berücksichtigen sind. In seiner zweiten Entscheidung zum Gebührenaufkommen des öffentlich-rechtlichen Rundfunks hat es die Bedeutung der Meinungsvielfalt in der Informationsgesellschaft erneut hervorgehoben.[346]

1) Verflechtung mit den Anbietern von Inhalten

Die Meinungsvielfalt im Fernsehen kann durch publizistische bzw. ökonomische Macht bedroht werden, die nicht auf der eigentlichen Produktionsstufe der Fernsehveranstaltung angesiedelt sind. Derartige Meinungsmacht betrifft die Gruppe der sog. **Content-Anbieter**. Ausdrücklich benannt werden vom BVerfG **Produktionsfirmen, Anbieter von Filmrechten** aber auch **Vermarkter von Sportübertragungsrechten**.[347] Hierbei handelt es sich **nicht** um eine **abschließende Aufzählung**, sodass letztlich all jene Bereiche zugerechnet werden können, die der Programmveranstaltung **im kartellrechtlichen Sinne vorgelagert** sind und ihn mit Inhalten beliefern.[348] Meinungsmacht kann sich über die Rechtevermarktung hinaus auch aus Verflechtungen privater Rundfunkveranstalter mit **Nachrichten-, Bild- oder Wirtschaftsinformationsdiensten** ergeben, zumal diesen häufig eine Gatekeeper-Funktion in der medialen Wertschöpfungskette zukommt: Sie vertreiben beispielsweise Nachrichten nicht nur exklusiv an einen Abnehmer, sondern an mehrere.

---

[343] Dies sieht auch die Rechtsprechung so. Siehe jüngst BGHZ 157, 55 (65) – 20 Minuten Köln: *„Die Verhältnisse auf den lokalen und regionalen Pressemärkten haben sich in den letzten Jahrzehnten dramatisch verändert. Während die lokalen und regionalen Tageszeitungen in den fünfziger Jahren des vorigen Jahrhunderts einem nicht unerheblichen Wettbewerb ausgesetzt waren, sind die lokalen und regionalen Tageszeitungen heute in ihren Kernverbreitungsgebieten vielfach Monopolanbieter auf dem Lesermarkt. Lediglich dort, wo sich die Verbreitungsgebiete benachbarter Lokal- oder Regionalzeitungen überschneiden, herrscht noch Wettbewerb."*

[344] Siehe unten, Kap. 4.

[345] BVerfGE 95, 163 (173) – DSF.

[346] Vgl. BVerfG, AfP 2007, 457 (460 f.) Tz. 116 ff. – Rundfunkgebühren II.

[347] BVerfGE 95, 163 (173) – DSF.

[348] Auf qualitative Elemente kommt es in diesem Zusammenhang nicht an, da sich die Frage der Meinungsvielfalt, wie die Rundfunkfreiheit im Allgemeinen, auch auf reine Unterhaltungsformate erstreckt. BVerfGE 73, 118 (152) – Niedersachsen.

2) Verflechtung mit Rechtehändlern

Im Einzelnen sieht das BVerfG eine potentielle Gefahr für die Meinungsvielfalt im Fernsehen in der Verflechtung privater Rundfunkveranstalter mit den **Inhabern von Film- und Sportübertragungsrechten**.[349] Mit dieser Gruppe dürfte das Gericht ursprünglich den Eigentümer von *ProSiebenSat.1, Leo Kirch*,[350] ins Visier genommen haben, der sein Medienimperium durch den Handel mit Spielfilmrechten und **Übertragungsrechten für Sportereignisse** aufbaute.[351] Die aus dem Handel mit populären Inhalten resultierende Meinungsmacht beruht auf der Erkenntnis, dass Inhalte mit **unterhaltendem Schwerpunkt – ganz im Sinne des römischen Satirikers** *Juvenal*[352] – einen immensen Einfluss auf die öffentliche Meinungsbildung entfalten können. Von der Übertragung von Sportereignissen erhofft man sich eine hohe und konstante Anzahl an Rezipienten und damit hohe Werbeeinnahmen bzw. viele zahlende Zuschauer.[353] Da dabei aber aus wettbewerblicher Perspektive **Monopolleistungen vertrieben** werden, besteht die Gefahr einer **Koppelung** des Zugangs zu Informationen an **inhaltliche Vorgaben** bezüglich der **Berichterstattung**.[354] Derart auf die Programmgestaltung einwirkende Lizenzbestimmungen sind wegen unzulässiger Einflussnahme auf das Programm zivilrechtlich nichtig.[355]

3) Verflechtung mit Verlegern von Programmzeitschriften

Ferner hat das BVerfG im Rahmen des *DSF*-Beschlusses darauf hingewiesen, dass vorherrschende Meinungsmacht auch aus der **Verflechtung von**

---

[349] So BVerfGE 95, 163 (173) – DSF.

[350] Siehe zu den Umständen seiner Insolvenz auch BGHZ 166, 84 ff. – Interviewäußerungen.

[351] Zu Rechtsfragen der Lizenzierung von Übertragungsrechten *Körber*, Großereignisse und Übertragungsrechte, S. 11 ff.; *Petersen*, Fußball im Rundfunk- und Medienrecht, S. 10 ff.

[352] Siehe *Juvenal*, Satiren, 10, 81 ff.: „*Schon lange, seit wir unsere Stimmen niemandem mehr verkaufen, kümmert sich die Menge um nichts: das Volk, das Imperium, die Faszes, die Armee, kurz, alles verlieh, hält sich zurück jetzt: nach zwei Dingen lechzt es nur – nach Brot und Spielen.*"

[353] Die Bedeutung der Liveübertragung von Fußballspielen der Bundesliga hat sich gerade bei der Doppelvergabe der Lizenzen für die Saison 2006/2007 und den Bemühungen des Bezahlfernsehsenders Premiere gezeigt, die Rechte über Umwege doch noch zu erlangen. Dazu *Ory*, ZUM 2007, 7 ff. Siehe zu kartellrechtlichen Fragen der Vermarktung von Sportveranstaltungen insbesondere *Petersen*, Fußball im Rundfunk- und Medienrecht, S. 69 ff.

[354] BVerfGE 97, 228 (257 f.) – Kurzberichterstattung, sieht in diesem Zusammenhang zu Recht die Gefahr darin, dass den Rechteinhabern hierdurch die Möglichkeit eingeräumt werden könnte, Eigeninteressen den Vorrang gegenüber wahrheitsgemäßer Berichterstattung zu gewähren.

[355] BGHZ 165, 62 (74) – Hörfunkrechte; u. a. besprochen von *Strauß*, ZUM 2006, 141 ff.; *Summerer/Wichert*, SpuRt 2006, 55 ff.; *Zagouras*, WuW 2006, 376 ff. Siehe speziell zur Frage der Aussperrung von Hörfunkreportern *Brinkmann*, ZUM 2006, 802 ff.

Rundfunkunternehmen und **Verlagshäusern** resultieren kann, die sich speziell im Bereich der **Fernsehprogrammzeitschriften** betätigen.[356] Das Gericht misst der **Programmpresse** eine besondere Bedeutung bei, da sie erheblichen Einfluss auf das **Einschaltverhalten der Rezipienten** ausüben kann. Wegen eben dieser potentiellen Wirkungen werden sie beispielsweise innerhalb von rundfunkkonzentrationsrechtlichen Entscheidungen der KEK gewichtiger eingestuft als konventionelle Publikumszeitschriften.[357]

4) Verflechtung mit Betreibern von Übertragungswegen

Zu guter Letzt zählt das BVerfG die **Privatisierung der Übertragungswege** zu den Faktoren, die bei der Bestimmung vorherrschender Meinungsmacht zu berücksichtigen sind.[358] Hintergrund ist, dass sich der organisatorische wie technische Rahmen der Übermittlung von Rundfunksignalen seit dem ersten Rundfunkurteil grundlegend verändert hat. Was heute unter dem Begriff der Telekommunikation verstanden wird, lag als Fernmeldewesen noch im ausschließlichen Zuständigkeitsbereich der Deutschen Bundespost.[359] Infolge der Liberalisierung der Telekommunikationsmärkte steht es heute hingegen grundsätzlich jedem frei, Rundfunksignale über jede nur erdenkliche Kommunikationsplattform zu verbreiten. Voraussetzung ist lediglich, dass den Anforderungen entsprochen wird, welche das Telekommunikationsrecht, beispielsweise bei der Frequenznutzung, auferlegt.[360]

Eine besonders **starke Stellung auf rundfunkrelevanten Telekommunikationsmärkten** kann sich unter Vielfaltgesichtspunkten als problematisch erweisen, da eine gleichzeitige Beherrschung von **medialen Inhalten und Vertriebswegen** von Relevanz für den publizistischen Wettbewerb ist.[361] Die Signalübermittlung ist zwar ein an sich noch publizistisch neutraler Vorgang. Er entwickelt seine Relevanz in Bezug auf die Vielfaltsicherung aber dadurch, dass es betriebswirtschaftlich nahe liegt, eigene Konzernprodukte denjenigen der Konkurrenz vorzuziehen. Die mittelbare Meinungsrelevanz von Telekommunikationsmärkten ergibt sich damit aus der Gatekeeper-Funktion, deren netzökonomische Auswirkungen zwar durch Gewährung eines Zugangs zu den *„Essential Facili-*

---

[356] BVerfGE 95, 163 (173) – DSF.

[357] Vgl. insofern auch KEK-293, S. 92 – Axel Springer AG.

[358] BVerfGE 95, 163 (173) – DSF.

[359] Zur Zeit der *Deutschland Fernsehen GmbH* bestand noch ein staatliches Fernmeldemonopol im Zuständigkeitsbereich des Bundes. Zur Liberalisierung der Telekommunikationsmärkte *Badura*, in: Festschrift Lorenz, 3 (9); *Moritz*, CR 1998, 13 ff.

[360] Zur Gewichtung der Rundfunkbelange im Zusammenhang mit der telekommunikationsrechtlichen Frequenzregulierung *Gersdorf*, ZUM 2007, 104 (107); *Zagouras*, CR 2006, 819 (823 f.).

[361] Das Engagement von Telekommunikationsunternehmen als Betreiber von Plattformen für Rundfunkprogramme fördert den Prozess horizontaler und vertikaler Verflechtung auf den Medienmärkten fördert. BVerfG, AfP 2007, 457 (460) Tz. 118 – Rundfunkgebühren II.

ties"[362] nach den Regeln der **besonderen Missbrauchsaufsicht der §§ 33 ff. TKG**[363] oder des **§ 19 Abs. 4 Nr. 4 GWB**[364] kompensiert werden können.[365] Die publizistische Dimension einer Kontrolle über Netze und wesentliche Infrastrukturen[366] bleibt jedoch völlig unbeachtet.[367]

§ 7. Verhinderung von Informationsmonopolen

A. Verhinderung von Informationsmonopolen als Gemeinwohlerwägung oder Verfassungsauftrag?

Die jüngere Rundfunkjudikatur des BVerfG greift neben der Verhinderung vorherrschender Meinungsmacht das **Herausbilden von Informationsmonopolen** als Gefährdung des öffentlichen Kommunikationsprozesses auf.[368] Vieles spricht dafür, die Verhinderung von Informationsmonopolen als **objektiv-rechtliches Element der Rundfunkfreiheit** des Art. 5 Abs. 1 S. 2 GG anzuerkennen und den Auftrag zur Schaffung einer positiven Rundfunkordnung darauf zu erstrecken. Teleologisch lässt sich insofern ins Feld führen, dass der **Kommunikationsprozess das Bestehen medial vermittelter Meinungsvielfalt voraussetzt,**[369] weshalb das für die demokratische Willensbildung so bedeutsame Rechtsgut über die Vereinnahmung des Rundfunks durch eine gesell-

---

362 Siehe zu den Ursprüngen der Essential-Facilities-Doktrin insbesondere *Beckmerhagen*, Die essential facilities doctrine im US-amerikanischen und europäischen Kartellrecht, S. 29 ff.; *Bunte/Heintz*, WuW 2003, 598 ff.

363 Dazu *Holzhäuser*, Essential Facilities in der Telekommunikation, S. 213 ff.; *Kallmayer*, Netzzugang in der Telekommunikation S. 112 ff.; *Irion*, Die wettbewerbsschützende Drittzulassung zu Vorleistungsmärkten des elektronischen Kommunikationssektors in der europäischen Wettbewerbsordnung, S. 95 ff.; *Koenig/Loetz*, RIW 2000, 377 ff. Beispiele zum Anwendungsbereich der §§ 33 ff. TKG bei *Holznagel/Koenig*, Der Begriff der wesentlichen Leistungen in § 33 TKG, S. 87 ff. sowie jüngst *Ellinghaus*, CR 2007, 698 ff.

364 Hierzu *Möschel*, in: Immenga/Mestmäcker, GWB, § 19 Rdnr. 178 ff.; *Bechtold*, GWB, § 19 Rdnr. 85 ff.; *Götting*, in: Loewenheim/Meessen/Riesenkampff, GWB, § 19 Rdnr. 86 ff.

365 Einzelheiten bei *Gersdorf*, Grundzüge des Rundfunkrechts, Rdnr. 446 ff.

366 Diese setzt vereinfacht ausgedrückt auf die Öffnung von Netzen und Infrastruktureinrichtungen für Konkurrenten, um auf diese Weise die Schaffung wirtschaftlich unsinniger paralleler Infrastrukturen zu vermeiden. Vgl. auch *Dreher*, DB 1999, 833 (835). Siehe zu den ökonomischen Hintergründen natürlicher Monopole *v. Weizsäcker*, WuW 1997, 572 ff.

367 Anders schätzt man dies auf europäischer Ebene ein. So hat die Europäische Kommission vorgetragen, Belegungsentscheidungen künftig stärker von vielfaltsichernden Gesichtspunkten abhängig machen zu wollen. Siehe etwa Arbeitsdokument Medienpluralismus, S. 14.

368 BVerfGE 97, 228 (257 ff.) – Kurzberichterstattung. Hierzu auch *Brinkmann*, MP 1998, 98 ff.

369 BVerfGE 12, 113 (125) – Schmid-Spiegel; *Dörr*, AfP Sonderheft 2007, 33 (34).

schaftliche Gruppe hinaus auch vor Bedrohungen zu schützen ist, die aus Verflechtungen der medialen Wertschöpfungskette entspringen.[370] **Ursprünglich** entwickelt wurde das Verbot von Informationsmonopolen unter dem Gesichtspunkt einer **vernünftigen Erwägung des Allgemeinwohls**, auf die sich der Gesetzgeber berufen kann, sofern er die durch Art. 12 Abs. 1 und 2 GG geschützte Freiheit der Berufsausübung einschränkt.[371] *Lenz* bezieht mit guten Argumenten den Standpunkt, aus den vom BVerfG getroffenen Ausführungen lasse sich **kein originärer Verfassungsauftrag** ableiten.[372] Dennoch wird man angesichts veränderter technischer und medienökonomischer Gegebenheiten[373] **Informationsmonopole als Gefahr für den demokratischen Meinungsbildungsprozess** anerkennen müssen, der auf Ebene eines Verfassungsprinzips zu begegnen ist.[374] So führt das BVerfG in der Kurzberichterstattungs-Entscheidung aus: *„Zur Verhinderung vorherrschender Meinungsmacht bedarf es daher nicht nur wirksamer Vorkehrungen gegen eine Konzentration auf Veranstalterebene, sondern auch ausreichender Maßnahmen gegen Informationsmonopole.“*[375] In der Verhinderung von Informationsmonopolen lediglich ein viel leichter zu gewichtendes Interesse der Allgemeinheit zu erblicken wäre insofern nicht sachgerecht.[376]

B. Informationsmonopol als unbestimmter Rechtsbegriff

Das BVerfG verzichtet auf eine Definition des Begriffs Informationsmonopol. Die Verwendung eines **unbestimmten Rechtsbegriffs**[377] soll Vorgänge und Entwicklungen greifbar machen, die zu einer **Monopolisierung der Berichterstattung** über Gegenstände von allgemeiner Bedeutung oder allgemeinem Interesse führen könnten.[378] Der Terminus *„Informationsmonopol“* taucht auch in **europarechtlichen Zusammenhängen** auf

---

[370] Auf die veränderte Mediennutzung stellt – mit abweichender Konklusion – auch *Lehrke*, Pluralismus in den Medien, S. 78 f. ab.

[371] Siehe zur Drei-Stufen-Lehre des BVerfG im Zusammenhang mit der Berufsfreiheit des Art. 12 GG BVerfGE 7, 377 (381) – Apotheker; 25, 1 (11 f.) – Mühlengesetz. Siehe auch *Jarass*, in: Jarass/Pieroth, GG, Art. 5 Rdnr. 24 ff.

[372] *Lenz*, NJW 1999, 757 (759) unter Bezugnahme auf BVerfGE 97, 228 (259) – Kurzberichterstattung. Gestützt wird diese Einschätzung auf die Aussage des BVerfG, es bedürfe nicht der Prüfung, ob Maßnahmen mit stärkerer Grundrechtsbeeinträchtigung als das Kurzberichterstattungsrecht noch zumutbar seien.

[373] Eingehend hierzu *Gounalakis*, Konvergenz der Medien, S. 12 ff.

[374] Für einen entsprechenden Verfassungsauftrag spricht ebenso, dass das Gericht an anderer Stelle betont, die *„Freiheitsgarantie in Art. 5 Abs. 1 S. 2 GG“* sei *„auf plurale Informationsvermittlung gerichtet“*. BVerfGE 97, 228 (258) – Kurzberichterstattung. Hierzu auch *Brinkmann*, MP 1998, 98 ff.

[375] BVerfGE 97, 228 (258) – Kurzberichterstattung.

[376] Ähnlich wohl auch *Holznagel*, MMR 1998, 211 (212).

[377] Ausführlich hierzu unten, § 27.

[378] So BVerfGE 97, 228 (257) – Kurzberichterstattung.

und reicht auf Bestrebungen zur Schaffung einer grenzüberschreitenden Vielfaltsicherung zurück.[379]

Bei der Konkretisierung des unbestimmten Rechtsbegriffs muss beachtet werden, dass die **Freiheitsgarantie des Art. 5 Abs. 1 S. 2 GG** auf plurale Informationsvermittlung gerichtet ist.[380] Das Ordnungsziel der Meinungsvielfalt steht der Bildung von Monopolen im Informationssektor entgegen, weil die **Akkumulation von Meinungsmacht uniforme Berichterstattung und Unterhaltung begünstigt**.[381] Informationsmonopole stehen im Widerspruch zur freien Meinungsbildung, weil *„medial vermittelte Information nicht lediglich Abbild der Wirklichkeit, sondern stets das Ergebnis eines Auswahl-, Deutungs- und Aufbereitungsprozesses ist, das nur durch konkurrierende Auswahl-, Deutungs- und Aufbereitungsmuster relativiert werden kann.“*[382]

C. Mögliche Ursachen für Informationsmonopole

Von der eigentlichen Verhinderung vorherrschender Meinungsmacht unterscheidet sich das Verbot von Informationsmonopolen dadurch, dass die Problematik der **Pluralismussicherung nicht mehr auf** einen **medialen Kernbereich beschränkt** wird.[383] Auf die Meinungsvielfalt können sich auch beherrschende Stellungen auf anderen Branchen auswirken. Betroffen sind hiervon insbesondere der eigentlichen medialen Betätigung vor- bzw. **nachgelagerte** Märkte, wie sie einfachgesetzlich auch von der Regelung des § 26 Abs. 2 S. 2 RStV erfasst werden.[384]

I. Generierung von Inhalten

Inhaltlich können sich Informationsmonopole grundsätzlich auf das **gesamte Spektrum der medialen Wertschöpfungskette** erstrecken.[385] Diese setzt bereits beim **Erlangen von Informationen** an und umfasst insbesondere **Nachrichtenagenturen** als Quelle der Informationserlangung.[386] Infolge

---

[379] Dies kann mitunter eine Rolle spielen bei der Auslegung des unbestimmten Rechtsbegriffs des Informationsmonopols. Zur europäischen Dimension des Rundfunkkonzentrationsrechts unten, Kap. 4.

[380] BVerfGE 97, 228 (257) – Kurzberichterstattung.

[381] Zur Verhinderung von Informationsmonopolen im europäischen Kontext *Gounalakis/Zagouras*, ZUM 2006, 716 ff.

[382] BVerfGE 97, 228 (258) – Kurzberichterstattung.

[383] Ähnlich auch die Einschätzung der Europäischen Kommission innerhalb des Arbeitsdokuments *Commission Staff Working Document „Media Pluralism in the Member States of the European Union"*, SEC (2007) 32 vom 16. Januar 2007, S. 5. Im Folgenden auch als Arbeitsdokument Medienpluralismus bezeichnet. Es kann abgerufen werden unter http://ec.europa.eu/information_society/media_taskforce/pluralism/index_en.htm.

[384] Hierzu unten, § 21 B.

[385] Dazu *Gounalakis*, Konvergenz der Medien, S. 15 f.

[386] Vgl. auch den Standpunkt der Europäischen Kommission, Arbeitsdokument Medienpluralismus, S. 10.

der technischen Entwicklung ist der **Vertrieb von Informationen** heute **billig**. Kostenintensiv ist hingegen das Erlangen des **Content**. Nachrichten müssen generiert, Unterhaltung muss schöpferisch gestaltet werden. Dies wiederum erweist sich als **personalintensiv**, weswegen sich das **Erstellen von Inhalten** seit geraumer Zeit zu einem der eigentlichen medialen Betätigung **vorgelagerten Markt entwickelt** hat,[387] der die Medien **extern beliefert** und dabei hilft, die Informationserlangung auszulagern, um so die Kosten für ein internationales Korrespondentennetzwerk einzusparen.[388]

Nachrichtenagenturen und sonstige **Content-Anbieter** erstellen ihre Inhalte nicht nur individuell für einen Kunden. Vielmehr wird aus Rationalisierungsgesichtspunkten eine bestimmte Meldung an eine **Vielzahl unterschiedlicher Medien** vertrieben.[389] Selbst wenn man als Distributionsmedien eine verhältnismäßig hohe Anzahl publizistisch selbstständiger Einheiten zugrundelegt, erweist sich die **Anzahl der Inhaltezulieferer** als erstaunlich **gering**. Dies steigert die Meinungsrelevanz und -macht von **Nachrichtenagenturen**. Faktisch bestimmen sie, welche Meldung es überhaupt wert ist, als Nachricht an die eigentlichen Distributionsmedien weiter vertrieben zu werden. Weiter verstärkt wird dieser Einfluss auf die öffentliche Meinungsbildung bei einem gleichzeitigen Engagement auf nachgelagerten Märkten. Ähnlich verhält es sich beim Handel mit **Übertragungsrechten für sportliche und gesellschaftliche Großereignisse**.[390] Gerade der Lizenzierung massenattraktiver Inhalte, zu denen insbesondere Fußballübertragungsrechte zählen,[391] ist die Gefahr der Instrumentalisierung der Medien für eigene wirtschaftliche oder immaterielle Interessen immanent.

II. Aufbereitung und Vervielfältigung von Informationen

Das Verbot von Informationsmonopolen betrifft auch die Vervielfältigung medialer Inhalte, also die **Verbreitung** des einmal erstellten **Contents** über mediale Plattformen. So stellte das BVerfG klar, dass es im Hinblick auf die Meinungsvielfalt **nicht ausreicht**, ein und **dieselbe Information**

---

[387] Die Entwicklung setzte schon zu Zeiten des öffentlich-rechtlichen Rundfunkmonopols ein, innerhalb dessen das BVerfG das Recht der öffentlich-rechtlichen Rundfunkanstalten stärkte, Beiträge extern zuzukaufen. Vgl. hierzu BVerfGE 59, 231 (259 ff.) – Freie Mitarbeiter.

[388] Ähnlich auch die Einschätzung der Europäischen Kommission im Arbeitsdokument Medienpluralismus, S. 10 f.

[389] Dieser Entwicklung steht die Europäische Kommission zunehmend kritisch gegenüber. Vgl. insbesondere Arbeitsdokument Medienpluralismus, S. 10 f. Dazu auch *Zagouras*, AfP 2007, 1 (3).

[390] Grundlegend zu Übertragungsrechten *Petersen*, Fußball im Rundfunk- und Medienrecht, S. 10 ff.

[391] *Körber/Zagouras*, WuW 2004, 1144 f. Eingehend zur Frage der Übertragungsrechte in rechtsvergleichender Hinsicht *Körber*, Großereignisse und Übertragungsrechte, S. 11 ff.

über verschiedene Anbieter zu verbreiten.[392] Dementsprechend muss die
unterschiedliche Darstellung von Geschehnissen oder Standpunkten innerhalb der verschiedenen Medien strukturell sichergestellt sein.[393]

1) Suchmaschinen und Informationsmonopole

Angesichts der für die Informationsgesellschaft charakteristischen Flut
an Botschaften jeglicher Art und Intention, spielt das **Auffinden von Inhalten** durch **Suchmaschinen** eine immer bedeutendere Rolle. Sie haben
sich mittlerweile nicht nur als **eigenständige Dienstleistung** etablieren,
sondern gleich zu einem florierenden eigenständigen Wirtschaftszweig
entwickeln können, dessen Wirtschaftsmacht immer stärker innerhalb
der konventionellen Medien zu spüren ist.[394] Meinungsrelevanz entfalten
Suchmaschinen durch ihre **Flaschenhalsposition** bei der Zugänglichma-
chung von Informationen. Sie können entscheiden, **welche Informationen die Nutzer erreichen** und infolge eines schlechteren Rankings faktisch
nicht mehr wahrgenommen werden.[395]

Potentielle Risiken für die Meinungsvielfalt entspringen zwei Gesichtspunkten: Zum einen hat sich mit *Google* ein Suchmaschinenanbieter als
Monopolist etablieren können, der einen Marktanteil von ca. 47 % auf
sich vereinigen kann, was ihm einen gewaltigen Vorsprung gegenüber anderen Betreibern verschafft.[396] Neben dieser marktstrukturbezogenen
Meinungsrelevanz der wichtigsten Suchmaschinenbetreiber tritt mit dem
charakteristischen Nutzerverhalten ein weiterer meinungsrelevanter Faktor hinzu. Obwohl die von den Suchmaschinenbetreibern aufgelisteten
Ergebnisse oft sehr umfangreich sind und je nach Anfrage sogar Hundert-
tausende von Einträgen erreichen können,[397] begnügen sich die meisten
Rezipienten mit den wenigen bereits auf der ersten Seite angezeigten
Suchergebnissen.[398]

---

[392] Zur Gefahr uniformer Information BVerfGE 97, 228 (257 f.) – Kurzberichterstattung.

[393] Vgl. BVerfGE 97, 228 (259) – Kurzberichterstattung.

[394] So verbuchte der Suchmaschinenbetreiber *Google* allein im ersten Quartal 2007
einen Umsatz von 3,66 Milliarden US-Dollar. http://www.ftd.de/technik/medien_inter-
net/:Google%20Milliardengrenze/189130.html.

[395] Zum Anspruch auf Zugang zu Suchmaschinen unter kartellrechtlichen Gesichtspunkten *Ott*, MMR 2006, 195 ff.

[396] Im Dezember 2006 beispielsweise verfügte *Google* mit 6,7 Milliarden Suchanfragen über einen Anteil von 47,3 % auf dem US-amerikanischen Markt, während der
zweite Platz mit 28,5 % von Konkurrent *Yahoo*, ehemals selbst Marktführer, gefolgt
von *Microsoft* belegt wurde. Da sich im Referenzzeitraum 10,5 % der Suchanfragen an
den Softwareriesen gerichtet wurden, können die drei größten Suchmaschinenbetreiber 86,3 % des Marktes auf sich vereinigen. Zu den US-amerikanischen Marktstrukturen auch http://www.heise.de/newsticker/meldung/83782.

[397] Die populärsten Suchanfragen werden von den Suchmaschinenbetreibern regelmäßig veröffentlicht. Siehe etwa http://www.google.com/press/zeitgeist2006.html.

[398] Unter Marketinggesichtspunkten zeigen sich sogar lediglich die ersten drei Fund-
stellen als interessant, da nur sie von den Nutzern in wirtschaftlich nennenswertem

2) Elektronische Programmführer und Informationsmonopole

Eine ähnliche **Flaschenhalssituation** lässt sich im digitalen Rundfunk in Form der sog. **elektronischen Programmführer** (EPG) vorfinden.[399] Wie den Suchmaschinen im Internet obliegt es ihnen, den Rundfunkrezipienten das **Auffinden von Programmen** und einzelnen **Sendungen** auf digitalen Übertragungsplattformen zu erleichtern bzw. angesichts der täglich ansteigenden Anbieterzahlen aus dem In- und Ausland überhaupt aufzufinden. Auch hier wird die Meinungsrelevanz letztlich durch die **Bequemlichkeit der Rezipienten** beeinflusst, die schnell auffindbaren Programmen in der Regel den Vorzug gewähren.[400] Das Gros der Rezipienten richtet seine Auswahl nach den vorprogrammierten Einstellungen ihres EPG, sodass **schlecht positionierte Medien** eine deutlich **geringere Wahrnehmung** bei den Zuschauern verbuchen.[401] Dass sich das Rezipientenverhalten von Zuschauern und Zuhörern des Rundfunks mitunter erheblich von der Nutzung des Internets unterscheidet, beseitigt die aus diesen Belegungsmöglichkeiten resultierende Meinungsmacht ebenso wenig wie der Umstand, dass sich EPG-Systeme individualisieren und den Kundenwünschen entsprechend anpassen lassen.[402]

III. Vertrieb der Inhalte über Kommunikationsplattformen

Schließlich können **Informationsmonopole** auch aus der **Übertragung von Inhalten** erwachsen. Die Einbeziehung **nachgelagerter Märkte** ist unerlässlich, da Entscheidungen über Art und Umfang des Informations- bzw. Signaltransports eine deutliche mittelbare Meinungsrelevanz beinhalten.[403]

Umfang wahrgenommen und dementsprechend auch angeklickt werden. So die Studie des amerikanischen Unternehmens *Enquiro*, im Internet abrufbar unter http://www.enquiro.com/research/eyetrackingreport.asp.

[399] Siehe zur Bedeutung von Navigationssystemen für den Rundfunk *Gersdorf*, Grundzüge des Rundfunkrechts, Rdnr. 519 ff.

[400] Grund hierfür ist, dass die meisten Zuschauer im Wesentlichen Programme verfolgen, die mit der numerischen Tastatur auf der Fernbedienung angewählt werden können, während gerade im Bereich des Satellitenfernsehens Programme, die beispielsweise an vierstelliger Position gelistet werden, praktisch überhaupt nicht wahrgenommen werden.

[401] Ähnlich auch die Einschätzung der Europäischen Kommission, welche in elektronischen Programmführern ebenfalls eine Herausforderung für die Pluralismussicherung erblickt. Siehe Arbeitsdokument Medienvielfalt, S. 13.

[402] Unter dem Gesichtspunkt der Vielfaltsicherung büßt die Meinungsrelevanz von EPG durch die Individualisierbarkeit der Dienste insofern nicht ein, als jene nicht durch die individuelle Fertigkeit der Nutzer der Programmführer verringert wird. Es kommt also ebenso wenig wie bei Suchmaschinen darauf an, ob man selbst das gewünschte Ergebnis mithilfe des EPG erreichen kann, sondern auf das typische Nutzerverhalten, welches gerade durch die „Standardeinstellungen" maßgeblich beeinflusst wird.

[403] So wird aus Art. 5 Abs. 1 S. 2 GG beispielsweise die Unterordnung der Telekommunikation unter den Rundfunk geschlossen. Vgl. BVerfGE 12, 205 (249 f.) –

Wie das BVerfG betont, muss die Privatisierung und Liberalisierung der Übertragungswege für Rundfunksignale bei der Sicherung der Meinungsvielfalt im Rundfunk Berücksichtigung finden.[404] Ähnlich schätzt man die Beherrschung von Übertragungswegen auf europäischer Ebene ein.[405] Ins Visier genommen wurden insbesondere die **Einspeisung von Rundfunkprogrammen in Breitbandkabelnetze** oder die Belegung von **Satelliten** sowie jüngst die **digitale terrestrische Signalübermittlung** über DVB-T.

Als meinungsrelevant erweisen sich Belegungsentscheidungen wegen der Fähigkeit, Programme von einer bestimmten Kommunikationsplattform gänzlich auszuschließen. Eine ähnliche Meinungsrelevanz kann auch der Einsatz von **Grundverschlüsselungstechniken** mit sich bringen. Ebenso wie bei **neuen Vertriebsformen** wie Handy-TV über die Standards DMB und DVB-H[406] erhöht sich die Gefahr eines aus Perspektive des Art. 5 Abs. 1 S. 2 GG nicht mehr tolerierbaren Informationsmonopols, wenn der **Anbieter der Telekommunikationsdienstleistung** *„Übermittlung von Rundfunksignalen"* horizontal mit **Programmveranstaltern** verknüpft ist. Dementsprechend ist gerade bei neuen Vertriebswegen für die Dienstleistung Fernsehen **technologieneutrales Zugangsreglement** für Rundfunkveranstalter zu fordern.[407]

IV. Einzelfallabwägung

Das Verbot von Informationsmonopolen kann **nicht** pauschal als **Hindernis für die Diversifikationsstrategien von Medienunternehmen** angesehen werden.[408] Ihnen steht eine **betriebswirtschaftlich motivierte Optimierung der medialen Wertschöpfungskette** prinzipiell frei; einmal erstellte Inhalte dürfen auf beliebig vielen Ebenen vermarktet werden.[409] Die deutsche Verfassung kennt in diesem Zusammenhang weder einen **Grundsatz der publizistischen Gewaltenteilung** noch ein **generelles Verbot gleichzeitiger Betätigung auf verschiedenen medialen Wertschöpfungsebenen**.[410] Allerdings verbietet Art. 5 Abs. 1 S. 2 GG konglomerate Marktmacht,

Deutschland Fernsehen GmbH. Dementsprechend sind gerade bei Frequenzentscheidungen der BNetzA stets die Belange des Rundfunks zu berücksichtigen. Einzelheiten bei *Zagouras*, CR 2006, 819 (821 f.).

[404] BVerfGE 95, 163 (173) – DSF.

[405] Vgl. Europäische Kommission, Arbeitsdokument Medienpluralismus, S. 14. Zur Bedeutung von Flaschenhalssituationen für die Medienregulierung bereits *Gounalakis*, Konvergenz der Medien, S. 75.

[406] Hierzu *Reinemann*, ZUM 2006, 523 (528); *Ory*, ZUM 2007, 7 ff.; *Gersdorf*, Internet über Rundfunkfrequenzen, S. 16 f.; *Korehnke/Tewes*, in: Beck'scher TKG-Kommentar, Vor § 52 Rdnr. 45.

[407] So bereits *Zagouras*, CR 2006, 819 (825).

[408] Vgl. zu den konvergenzbedingten Diversifikationsstrategien *Bender*, Cross-Media-Ownership, S. 25 ff.

[409] Zur medialen Verwertungskette auch *Zagouras*, Konvergenz und Kartellrecht, S. 14.

[410] BVerfGE 73, 118 (175) – Niedersachsen.

welche sich negativ auf die Meinungsvielfalt auswirken kann.[411] Wie wahrscheinlich das Entstehen eines Informationsmonopols ist, hängt im Endeffekt von den Gegebenheiten des Einzelfalls ab.

§ 8. Meinungsvielfalt im Pressewesen

A. Strukturbedingte Divergenz der Vielfaltsicherung in Rundfunk und Presse

Der demokratische Meinungsbildungs- und Kommunikationsprozess, wie er in Art. 5 Abs. 1 GG in seiner Gesamtheit zum Ausdruck kommt, ist nicht nur vor rundfunkspezifischer Meinungsmacht zu schützen. Die Vielfalt unterschiedlicher Meinungen und Standpunkte ist als eines der gesellschaftlich und demokratietheoretisch schutzbedürftigsten Rechtsgüter unserer Verfassung anzusehen, welches es vor Gefahren jedweden Ursprungs zu bewahren gilt.[412] Der Gesetzgeber ist angehalten, die Vielfältigkeit der Kommunikationsordnung regelmäßig und sektorübergreifend zu überwachen und regulatorisch dann einzugreifen, wenn Rechtsgüter wie die kommunikative Chancengleichheit speziell in Bezug auf den Zugang zu Informationen gefährdet werden.[413]

I. Unterschiede zur Vielfaltsicherung im Rundfunk

Das deutsche Antikonzentrationsrecht knüpft de lege lata ausschließlich am Rundfunk an. Der Konzentration in anderen Medien, insbesondere gedruckten, tritt die Rechtsordnung bedeutend freizügiger entgegen.[414] Angesichts der seit jeher fundamentalen Bedeutung der Pressefreiheit für die Demokratie[415] scheint dies keinesfalls selbstverständlich. Das BVerfG attestiert dem Grundrecht des Art. 5 Abs. 1 S. 2 GG in ständiger Rechtsprechung eine konstituierende Bedeutung für die freiheitlich-demokratische Grundordnung[416] und sieht in einer unabhängigen, nicht von der öf-

---

[411] Ebenso wie in Bezug auf eine vorherrschende Meinungsmacht können einmal entstandene Informationsmonopole kaum wieder rückgängig gemacht werden. Vgl. auch BVerfGE 97, 228 (257 f.) – Kurzberichterstattung.

[412] Teleologisch betrachtet kann es keinen Unterschied machen, ob der freie Kommunikationsprozess in Teilen oder in seiner Gesamtheit von einer gesellschaftlichen Gruppe oder womöglich von einer Einzelperson bedroht wird.

[413] So *Hoffmann-Riem*, in: Alternativkommentar, GG, Art. 5 Abs. 1, 2 Rdnr. 175, der insofern zu Recht den Regulierungsbedarf im Sinne einer Gleichung von der Gefahrenintensität abhängig machen will. Als Regulierungsmittel werden dabei insbesondere Manipulationsverbote, Transparenzverpflichtungen aber auch Zugangsrechte in Betracht gezogen.

[414] Siehe auch *Gounalakis*, Konvergenz der Medien, S. 63.

[415] *Bethge*, in: Sachs, GG, Art. 5 Rdnr. 65; *Kunert*, Pressekonzentration und Verfassungsrecht, S. 50 f.

[416] BVerfGE 35, 202 (221 f.) – Lebach I.

fentlichen Gewalt gelenkten, keiner Zensur unterworfenen Presse ein **Wesenselement des freiheitlichen Staates**, das sich für die Demokratie schlichtweg als unentbehrlich erweist.[417] Die Presse wird als **Verbindungs- und Kontrollorgan** zwischen dem Wahlvolk und seinen Repräsentanten angesehen.[418] *Herzog* spricht von einer exponierten *„politischen und staatsethischen"* Bedeutung der Presse.[419] *Dagtoglou* fasst die Bedeutung des Grundrechts sogar in der Formel zusammen: *„Keine Demokratie ohne Pressefreiheit."*[420]

Die Weichen für die unterschiedliche konzentrationsrechtliche Behandlung von Rundfunk und Printmedien wurden im Fernsehurteil gestellt, welches das System unabhängiger regionaler Rundfunkanstalten des öffentlichen Rechts für die folgenden Jahrzehnte konsolidierte. Eben diese **Monopolverfassung** galt es unter allen Umständen **vor** einer **Instrumentalisierung zu bewahren**.[421] Im Unterschied hierzu zeichnete sich das **Pressewesen**[422] der Nachkriegszeit durch privat- und damit **marktwirtschaftliche Strukturen** aus.[423] Die Anzahl selbstständiger **publizistischer Einheiten** war deutlich höher als heute.[424] Die aus **Frequenzknappheit** und **Kapitalbedarf** geschlussfolgerte Sondersituation des medialen Subsektors Fernsehen war hier nicht vorzufinden.[425] Stattdessen prägte die Printmedien zum einen die **Gründungsfreiheit** und zum anderen **das innerhalb der Pressetitel repräsentierte Meinungsspektrum**.[426]

II. Gründungsfreiheit

Die Gründungsfreiheit ermöglichte es in Ermangelung einer allgemeinen Zulassungspflicht für Printmedien grundsätzlich jedem, die **eigene Meinung auf Papier** zu drucken und einer mehr oder weniger breiten Öffentlichkeit zugänglich zu machen. Auch waren die dabei anfallenden Kosten nicht mit der Rundfunkveranstaltung vergleichbar.[427] Ein weiterer Grund

---

[417] BVerfGE 20, 162 (174) – Spiegel.

[418] Vgl. *Petersen*, Medienrecht, § 2 Rdnr. 10.

[419] *Herzog*, in: Maunz/Dürig, GG, Art. 5 Abs. I, II Rdnr. 119.

[420] *Dagtoglou*, Wesen und Grenzen der Pressefreiheit, S. 7, der in der Pressefreiheit eine *conditio sine qua non* für die Demokratie sieht.

[421] BVerfGE 12, 205 (262) – Deutschland Fernsehen GmbH sowie *Degenhart*, in: Bonner Kommentar, GG, Art. 5 Abs. 1 und 2 Rdnr. 438.

[422] Zu Zeiten der Paulskirchenverfassung wurden beispielsweise Meinungs- und „Preßfreiheit" als Abwehrrechte unter dem Oberbegriff „Geistesfreiheit" zusammengefasst. *Kühne*, Die Reichsverfassung der Paulskirche, S. 388.

[423] *Mestmäcker*, AfP 1978, 3. Vgl. auch *Löffler*, AfP 1976, 155 f.

[424] Siehe zu den Konzentrationsentwicklungen in der Bundesrepublik auch *Groß*, ZUM 1996, 365 (366 ff.).

[425] Siehe BVerfGE 12, 205 (261) – Deutschland Fernsehen GmbH.

[426] Vgl. *Mestmäcker*, AfP 1978, 3; *ders.*, Medienkonzentration und Meinungsvielfalt, S. 24.

[427] Vertiefend zur privatrechtlichen Struktur der Presse *Degenhart*, in: Bonner Kommentar, GG, Art. 5 Abs. 1 und 2 Rdnr. 437.

für diese Strukturunterschiede in der Vielfaltsicherung dürfte darin zu erblicken sein, dass die **Pressefreiheit kein normgeprägtes**, also auf gesetzliche Ausgestaltung angewiesenes, **Grundrecht** darstellt.[428] Die Rechtsprechung hat zwar die Gelegenheit genutzt, zum Erfordernis der
Meinungsvielfalt in den Printmedien Stellung zu beziehen.[429] Inhaltlich
beschränken sich diese allerdings schwerpunktmäßig auf ein **Verbot der
Monopolisierung der Printmedien.**

B. Verfassungsrechtlicher Pressebegriff

Definiert wird Presse im Sinne von Art. 5 Abs. 1 S. 2 GG als die Gesamtheit der zur Verbreitung an einen bestimmten Personenkreis geeigneten
und gerichteten **Druckerzeugnisse.**[430] Der Pressebegriff ist **weit** und **for-
mal** zu verstehen und knüpft an den **Herstellungs- und Vervielfältigungs-
methoden** für Printprodukte an.[431] Die Distribution der medialen Inhalte
erfolgt anders als bei der rundfunkspezifischen Übertragung elektronischer Signale[432] mittels eines körperlichen Trägermediums.[433] Im Unterschied zum Rundfunk oder Film zeichnet sich die Presse neben der **körperlichen Weiterverbreitung** von Inhalten durch den *„Eindruck des
gedruckten Wortes"* aus.[434]

In den sachlichen Schutzbereich der Pressefreiheit fallen klassische
Printprodukte wie **Tages-** und **Wochenzeitungen** sowie **Zeitschriften.**[435]
Erfasst werden aber nicht nur **Periodika,**[436] sondern ebenso einmalig pub-
lizierte Druckwerke wie **Bücher, Plakate** sowie **Flug-** und **Handblätter.**[437]
Um einen möglichst lückenlosen Schutz des Art. 5 Abs. 1 S. 2 GG zu ge-
währleisten,[438] werden der Pressefreiheit vielfach nicht im konventionel-
len Sinne „gedruckte" Medien hinzugezählt wie Datenträger in Form von
CD-Rom oder **Disketten.**[439] Teilweise werden sogar Speichermedien mit

---

[428] Vgl. *Bethge,* in: Sachs, GG, Art. 5 Rdnr. 75a.
[429] BVerfGE 20, 162 (174 f.) – Spiegel.
[430] Vgl. BVerfGE 95, 28 (35) – Werkzeitungen.
[431] *Herzog,* in: Maunz/Dürig, GG, Art. 5 Abs. I, II Rdnr. 129.
[432] Dazu oben, § 5 B II.
[433] *Jarass,* in: Jarass/Pieroth, GG, Art. 5 Rdnr. 25.
[434] *Herzog,* in: Maunz/Dürig, GG, Art. 5 Abs. I, II Rdnr. 130; *Bethge,* in: Sachs, GG,
Art. 5 Rdnr. 68.
[435] BVerfGE 95, 28 (35) – Werkzeitungen.
[436] *Herzog,* in: Maunz/Dürig, GG, Art. 5 Abs. I, II Rdnr. 132.
[437] *Jarass,* in: Jarass/Pieroth, GG, Art. 5 Rdnr. 25; *Gounalakis,* Konvergenz der Medien, S. 59.
[438] *Bethge,* in: Sachs, GG, Art. 5 Rdnr. 68.
[439] *Starck,* in: v. Mangold/Klein/Starck, GG, Art. 5 Abs. 1, 2 Rdnr. 59; *Jarass,* in: Ja-
rass/Pieroth, GG, Art. 5 Rdnr. 25. Konsequenterweise müssten auch wiederbeschreib-
bare Flash-Speicher den Schutz der Pressefreiheit genießen, da auch sie der körperlichen Speicherung von Gedankeninhalten dienen. Gleiches müsste für Web-Server
gelten, da auch sie beispielsweise im Internet abrufbare Informationen speichern. Ob
eine derart extensive Auslegung der Pressefreiheit des Art. 5 Abs. 1 S. 2 GG jedoch

audiovisuell aufbereiteten Inhalten, wie etwa **Videokassetten, DVDs** oder **Audio-CDs**, dem sachlichen Anwendungsbereich des Art. 5 Abs. 1 S. 2 GG zugerechnet.[440] Zum Teil wird sogar die **elektronische Presse** unter den verfassungsrechtlichen Pressebegriff subsumiert, da es keinen Unterschied mache, ob eine Tageszeitung völlig identischen Inhalts in körperlicher oder elektronischer Form rezipiert wird.[441] Allerdings sind *E-Paper*, beispielsweise als im Abonnement vertriebene PDF-Dateien oder für mobile Endgeräte wie PDA oder Mobiltelefone produzierte Inhalte, aus Gründen der Rechtssicherheit und der Trennschärfe zwischen körperlichen und unkörperlichen Medien nicht mehr vom Pressebegriff des Grundgesetzes erfasst.[442]

Für den Begriff der Presse ist der **Inhalt des Druckerzeugnisses** unbeachtlich.[443] Das Grundrecht des Art. 5 Abs. 1 S. 2 GG ist **nicht auf die seriöse Presse beschränkt.**[444] Dementsprechend wird nicht qualitativ zwischen besonders meinungsrelevanten Presseprodukten und rein unterhaltenden Titeln unterschieden.[445] Auch **Entertainment- und Boulevardpresse** können sich auf Art. 5 Abs. 1 S. 2 GG berufen.[446] Auf das **Niveau** des Presseerzeugnisses kommt es nicht an,[447] da jede Unterscheidung dieser Art im Endeffekt auf eine Bewertung und Lenkung der Printmedien durch staatliche Stellen hinausliefe, die im Widerspruch zum Wesen dieses Grundrechts stünde.[448] Auch der Informationsgehalt eines Printmediums muss bei der Beurteilung des sachlichen Schutzbereichs der Pressefreiheit außen vor bleiben, sodass beispielsweise reine Werbemedien ebenso Grundrechtsschutz genießen.[449]

---

noch mit dem Sinn und Zweck des Grundrechts vereinbar ist, kann zumindest hinterfragt werden.

[440] So etwa *Bethge*, in: Sachs, GG, Art. 5 Rdnr. 68; a. A. *Wendt*, in: v. Münch/Kunig, GG, Art. 5 Rdnr. 30, der auf die unterschiedliche Visualisierung der Informationen auf Ton- und Bildträgern abstellt.

[441] Siehe zum Rechtsrahmen für die elektronische Presse nach TMG und RStV auch *Weiner/Schmelz*, K&R 2006, 453 ff.

[442] Hierzu *Gounalakis*, Konvergenz der Medien, S. 62 f. m. w. N.

[443] *Wendt*, in: v.Münch/Kunig, GG, Art. 5 Rdnr. 31.

[444] BVerfGE 34, 269 (283) – Soraya.

[445] Freilich können sich ganz erhebliche Unterschiede im Rahmen der verfassungsmäßigen Rechtfertigung von Eingriffen in die Pressefreiheit ergeben. BVerfGE 66, 116 (174) – Spiegel/Wallraff. So haben beispielsweise die Medienfreiheiten im Rahmen einer praktischen Konkordanz dann hinter dem allgemeinen Persönlichkeitsrecht zurückzustehen, wenn die Bild- bzw. Textberichterstattung lediglich der Befriedigung der Neugierde der Rezipienten dient. Siehe jüngst die Differenzierung bei BGH, NJW 2007, 1981 (1982) – Prinz Ernst August von Hannover.

[446] Hierzu *Petersen*, Medienrecht, § 2 Rdnr. 12 ff.

[447] BVerfGE 34, 269 (283) – Soraya; 50, 234 (240) – Kölner Volksblatt.

[448] BVerfGE 35, 202 (222) – Lebach I.

[449] Vgl. BGHZ 51, 236 (246 f.) – Stuttgarter Wochenblatt I.

C. Träger der Pressefreiheit

Der Kreis der Träger der Pressefreiheit ist entsprechend des sachlichen Schutzbereiches sehr weit. Grundsätzlich kommt jeder im Pressewesen produktiv Tätige als Grundrechtsträger in Betracht.[450] Das BVerfG zählt hierzu generell alle im Pressewesen agierenden Personen und Unternehmen,[451] also **Verleger, Herausgeber, Redakteure** und **Journalisten**[452] sowie **Buchautoren**.[453] Gleiches gilt für **Nachrichtenagenturen**, die zwar selbst keine Informationen an die Rezipienten vertreiben, der eigentlichen Pressetätigkeit aber vorgelagert sind.[454] Dahingegen können sich öffentlich-rechtliche Rundfunkanstalten nicht auf die Pressefreiheit berufen.[455]

Auch Personen und Unternehmen, die unmittelbar im Zusammenhang mit den Printmedien stehende Dienstleistungen erbringen, genießen den Schutz der Pressefreiheit.[456] **Hilfstätigkeiten** werden vom Schutzbereich des Art. 5 Abs. 1 S. 2 GG allerdings nur dann umfasst, wenn sie **typischerweise pressebezogen** sind,[457] wie im Falle der **Anzeigenakquisition**[458] oder des **Drucks** der Printprodukte.[459] Nichts anderes gilt für den Vertrieb durch **Presse-Grossisten**.[460] Im Einzelfall werden sogar Privatpersonen in den persönlichen Schutzbereich mit einbezogen, sofern das konkrete Verhalten nicht eher der Meinungsfreiheit zuzuordnen ist.[461]

D. Verfassungsrechtlicher Standort der Pressefreiheit

Wenn das erste Fernsehurteil als die *Magna Charta* des Rundfunkrechts bezeichnet wird,[462] erweist sich das **Spiegel-Urteil** des BVerfG als ähnlich

---

[450] *Herzog*, in: Maunz/Dürig, GG, Art. 5 Abs. I, II Rdnr. 161. Graduelle Einschränkungen können sich freilich im Innenverhältnis der Presseunternehmen ergeben, beispielsweise im Hinblick auf die sog. innere Pressefreiheit betreffende Fragen.

[451] BVerfGE 20, 162 (174 f.) – Spiegel.

[452] BVerfGE 64, 108 (114) – Chiffreanzeigen.

[453] *Herzog*, in: Maunz/Dürig, GG, Art. 5 Abs. I, II Rdnr. 162.

[454] Vgl. *Jarass*, in: Jarass/Pieroth, GG, Art. 5 Rdnr. 28.

[455] BVerfGE 83, 238 (312 f.) – Nordrhein-Westfalen. Öffentlich-rechtliche Rundfunkanstalten können sich insofern nur auf eine partielle Grundrechtsfähigkeit berufen. *Bethge*, in: Sachs, GG, Art. 5 Rdnr. 79. Dennoch kann beispielsweise das Herausgeben hauseigener Programmzeitschriften von der Rundfunkfreiheit als Annexkompetenz gedeckt sein. Dazu auch *Kübler*, Rundfunkauftrag und Programminformation, S. 21 ff.

[456] Zum Schutz von Hilfstätigkeiten insbesondere *Degenhart*, in: Bonner Kommentar, GG, Art. 5 Abs. 1 und 2 Rdnr. 425 ff.

[457] BVerfGE 77, 346 (354) – Presse-Grosso.

[458] *Wendt*, in: v.Münch/Kunig, GG, Art. 5 Rdnr. 32.

[459] *Jarass*, in: Jarass/Pieroth, GG, Art. 5 Rdnr. 28.

[460] BVerfGE 77, 346 (355) – Presse-Grosso.

[461] *Dörr/Schwartmann*, Medienrecht, Rdnr. 110.

[462] So *Hesse*, Rundfunkrecht, Kap. 1 Rdnr. 52; *Ricker/Schiwy*, Rundfunkverfassungsrecht, Kap. A Rdnr. 69; *Herrmann/Lausen*, Rundfunkrecht, § 4 Rdnr. 52.

wegweisend für die Interpretation der Pressefreiheit. Das Gericht nahm die Durchsuchung der Redaktionsräume des Nachrichtenmagazins *DER SPIEGEL* sowie Haftbefehle gegen dessen Herausgeber *Rudolf Augstein* und den stellvertretenden Chefredakteur *Conrad Ahlers* zum Anlass, seine Vorstellungen von der Sicherung der Meinungsvielfalt im Bereich der Printmedien kundzutun.[463] Betont wurde die **Bedeutung** einer freien, regelmäßig erscheinenden politischen Presse für eine **Demokratie**, die nur dann ein Wesenselement des **freiheitlichen Staates** darstelle,[464] wenn sie weder von der **öffentlichen Gewalt** gelenkt wird noch einer **Zensur** unterworfen ist.[465]

Die **Bedeutung**, welche der Presse für den **öffentlichen Kommunikationsprozess** beigemessen wird, entspricht qualitativ betrachtet weitestgehend der Einstufung des Rundfunks.[466] Der Printsektor wird von der Rechtsprechung als **Motor einer ständigen Diskussion** über gesellschaftliche Fragen verstanden, der Informationen beschafft, selbst dazu Stellung nimmt und insofern als orientierende Kraft in der öffentlichen Auseinandersetzung mitwirkt.[467] Diese Eigenschaft als **Forum der öffentlichen Meinung** wird flankiert durch die **Kontrollfunktion**, welche der Presse in einer demokratischen Gesellschaft als Verbindungsorgan zwischen dem Volk und seinen gewählten Vertretern im Parlament sowie in der Regierung zukommt.[468] Dementsprechend darf die öffentliche Gewalt prinzipiell nicht in dieses nach **privatwirtschaftlichen Grundsätzen** und in **privatrechtlicher Organisationsform** betriebene *„Verhältnis geistiger und wirtschaftlicher Konkurrenz"* eingreifen.[469]

I. Pressefreiheit als institutionelle Garantie

Durch diesen gesteigerten Demokratiebezug der freien Presse bestimmt sich die objektiv-rechtliche Dimension der Pressefreiheit des Art. 5 Abs. 1 S. 2 GG, welche die Printmedien über die abwehrrechtliche Dimension des Grundrechts hinaus schützt.[470] Wie der Rundfunk[471] wird durch Art. 5 Abs. 1 S. 2 GG auch die **freie Presse als Institution garantiert**.[472] Die

---

[463] BVerfGE 20, 162 ff. – Spiegel.

[464] Vgl. BVerfGE 52, 283 (296) – Tendenzbetrieb.

[465] BVerfGE 20, 162 (174) – Spiegel.

[466] Dazu bereits oben, § 8.

[467] So BVerfGE 20, 162 (174 f.) – Spiegel.

[468] *„Sie fasst die in der Gesellschaft und ihren Gruppen unaufhörlich sich neu bildenden Meinungen und Forderungen kritisch zusammen, stellt sie zur Erörterung und trägt sie an die politisch handelnden Staatsorgane heran, die auf diese Weise ihre Entscheidungen auch in Einzelfragen der Tagespolitik ständig am Maßstab der im Volk tatsächlich vertretenen Auffassungen messen können."* BVerfGE 20, 162 (175) – Spiegel.

[469] BVerfGE 20, 162 (175) – Spiegel; dazu auch *Mestmäcker*, AfP 1978, 3 (4).

[470] BVerfGE 20, 162 (175) – Spiegel.

[471] Dazu BVerfGE 12, 205 (228) – Deutschland Fernsehen GmbH.

[472] BVerfGE 20, 162 (175) – Spiegel; *Petersen*, Medienrecht, § 2 Rdnr. 8.

Institutsgarantie ist eine französische Erfindung, die ursprünglich darauf abzielte, die Institution der Presse nicht um der konkreten Institutionsteilhaber willen, sondern unabhängig von ihnen und damit im Hinblick auf die Aufgaben und Zwecke der Institution selbst zu schützen.[473] Diesem Leitbild entsprechend werden Institutsgarantien in der Weimarer Reichsverfassung als Gewährleistung *typischer und traditionell feststehender Normkomplexe und Rechtsbeziehungen"* verstanden.[474] Als institutionelle Freiheit verbürgt Art. 5 Abs. 1 S. 2 GG heute immer noch eine ganze Reihe **pressespezifischer Strukturprinzipien**.[475]

1) Schutz vor unmittelbaren hoheitlichen Eingriffen

Aus dem über Art. 5 Abs. 1 S. 2 GG vermittelten **institutionellen Schutz der Pressefreiheit** lässt sich keine Unterordnung unter den von Art. 5 Abs. 1 GG in seiner Gesamtheit geschützten Kommunikationsprozess ableiten, wie sie in Bezug auf die Rundfunkfreiheit angenommen wird.[476] Auch wenn aus der Pressefreiheit teilweise eine **öffentliche Funktion der Printmedien** abgeleitet wird,[477] sind hieraus Rückschlüsse auf die Pressefreiheit als *„dienende Freiheit"* nicht zulässig.[478] Vielmehr genießt die **verlegerische Entfaltungsfreiheit** als Ausdruck der **individualrechtlichen Dimension der Pressefreiheit grundsätzlich Vorrang**, solange sie sich nicht konkret und nachhaltig auf die Institutionsgarantie des Art. 5 Abs. 1 S. 2 GG auswirkt.[479]

Inhaltlich erfasst diese Institutionsgarantie nicht nur eine der Bedeutung der Presse Rechnung tragende Auslegung einfachgesetzlicher Vorschriften, sondern darüber hinaus die **freie Gründung von Presseorganen**, den freien **Zugang zu Presseberufen** sowie in gewissem Umfang auch Auskunftsansprüche gegenüber hoheitlichen Stellen.[480] Geschützt werden dabei nicht die Existenz und die Entwicklungsfähigkeit einzelner Medienunternehmen, sondern die **Pressebranchen in ihrer Gesamtheit**. Dies schließt die **wirtschaftlichen Grundlagen** der Printmedien mit ein, etwa die Möglich-

---

[473] *Dagtoglou*, Wesen und Grenzen der Pressefreiheit, S. 10 f. Erste Ansätze eines institutionellen Verständnisses der Pressefreiheit zeigten sich in Frankreich bereits 1822.

[474] *Schmitt*, in: Nipperdey, Grundrechte und Grundpflichten der Reichsverfassung, Bd. 2, S. 215.

[475] *Bethge*, in: Sachs, GG, Art. 5 Rdnr. 72.

[476] Zur dienenden Funktion des Rundfunks BVerfGE 57, 295 (319) – FRAG.

[477] Die Tragweite der öffentlichen Funktion der Presse wird gerade mit Hinblick auf mögliche Rechtsfolgen kontrovers diskutiert. Siehe etwa *Dagtoglou*, Wesen und Grenzen der Pressefreiheit, S. 16 f.; *Herzog*, in: Maunz/Dürig, GG, Art. 5 Abs. I, II Rdnr. 121.

[478] *Bethge*, in: Sachs, GG, Art. 5 Rdnr. 73. Anders als bei der Rundfunkfreiheit trifft den Gesetzgeber nicht die Last, alle wesentlichen grundrechtsrelevanten Fragen in einer positiven Ordnung zu regeln.

[479] Vgl. BGHZ 51, 236 (247) – Stuttgarter Wochenblatt I. Ähnlich *Mestmäcker*, Medienkonzentration und Meinungsvielfalt, S. 25.

[480] BVerfGE 20, 162 (175 f.) – Spiegel. Kritisch *Starck*, in: v. Mangold/Klein/Starck, GG, Art. 5 Abs. 1, 2 Rdnr. 77.

keit **Werbung** zu vermarkten oder **Abonnements** zu verkaufen.[481] Die Beispiele zeigen, dass der Schutzbereich der Pressefreiheit als Institution durchaus Überschneidungen zu individual- und damit abwehrrechtlichen Aspekten des Grundrechts beinhaltet.[482] Dies ist kein Wertungswiderspruch, sondern verdeutlicht die Tragweite der Institutionsgarantie: Bestimmte Eingriffe werden nicht nur gegenüber einzelnen Presseorganen ausgeschlossen, sondern gegenüber der **gesamten Branche**.[483]

2) Schutz vor marktbezogenen Eingriffen

Die Institutionsgarantie erstreckt sich nicht nur auf marktexterne Vorgänge wie hoheitliche Eingriffe. Sie umfasst ebenso Sachverhalte, die dem wettbewerblichen Verhalten der Marktteilnehmer entspringen. Konkret hat sich diese Frage beim kostenlosen Vertrieb sog. **Anzeigenblätter** gestellt,[484] die als eigenständiges Produkt neben Tages- und Wochenzeitungen treten und sich typischerweise durch den geringen Umfang redaktioneller Beiträge kennzeichnen.[485] Obgleich sich der BGH aus **lauterkeitsrechtlicher Perspektive** mit der Frage auseinanderzusetzen hatte, griff er bei der Auslegung des damals noch als Generalklausel ausgestalteten § 1 UWG a. F. speziell auf die verfassungsrechtliche Bedeutung der Presse zurück und bestimmte, dass die kostenlose Verteilung von Anzeigenblättern mit redaktionellem Teil wettbewerbswidrig ist, sofern sie sich eignet, den **Bestand** der übrigen **Tageszeitungen** durch Inseratenverlust **ernsthaft zu gefährden**.[486]

Obwohl sich Art. 5 Abs. 1 S. 2 GG auf individualrechtlicher Ebene auch auf den **Gratisvertrieb von Presseprodukten** erstreckt, verbietet die Institutionsgarantie des Grundrechts ein einseitiges, rein auf die freie verlegerische Entfaltung abstellendes Verständnis der Pressefreiheit.[487] Aus diesem Spannungsverhältnis wurde abgeleitet, dass der Gratisvertrieb von Anzeigenblättern lauterkeits- und verfassungsrechtlich zulässig ist, solange hieraus **keine ernsthafte Gefährdung der allgemeinen Pressefreiheit** resultiert.[488] Wirtschaftliche Konsequenz dieser Rechtsprechung war, dass

---

[481] Vgl. *Dagtoglou*, Wesen und Grenzen der Pressefreiheit, S. 13.

[482] Dies darf allerdings nicht im Sinne einer Parallelgeltung der individualrechtlichen Elemente der Pressefreiheit verstanden werden. *Kunert*, Pressekonzentration und Verfassungsrecht, S. 41.

[483] In diesem Sinne auch BGHZ 157, 55 (62 f.) – 20 Minuten Köln, wo betont wird, dass die Pressefreiheit als institutionelle Garantie nicht vor Konkurrenzprodukten schützt.

[484] Vgl. dazu *Möschel*, Pressekonzentration und Wettbewerbsgesetz, S. 22 ff.

[485] Hierzu auch *Kübler/Simitis*, JZ 1969, 445 ff.; zur lauterkeitsrechtlichen Beurteilung des Vertriebs kostenloser Zeitungen *Gounalakis/Rhode*, AfP 2000, 321 ff.

[486] BGHZ 19, 392 – Freiburger Wochenbericht.

[487] BGHZ 51, 236 (247) – Stuttgarter Wochenblatt I spricht in diesem Zusammenhang von einem *„individualistischen Missverständnis der Pressefreiheit"*.

[488] BGHZ 51, 236 (249) – Stuttgarter Wochenblatt I. Siehe auch BGH, NJW 1971, 2025 (2026) – Stuttgarter Wochenblatt II.

sich der Gratisvertrieb von Presseprodukten als **eigenständige Vertriebs-form** etablieren konnte und die großen Verlagshäuser als Reaktion auf die Konkurrenz im Anzeigenmarkt zunehmend selbst in diesem Geschäftsbereich aktiv wurden.[489]

Diese Grundsätze lassen sich ebenso auf den **Gratisvertrieb von Tageszeitungen** übertragen.[490] Auch hier gilt, dass ein kostenloser Vertrieb von Presseprodukten lauterkeitsrechtlich **zulässig** ist, sofern er nicht zum Beispiel im Sinne eines **Behinderungswettbewerbs** nach §§ 3, 4 Nr. 10 UWG als Mittel eingesetzt wird,[491] um den Bestand des Wettbewerbs auf den Pressemärkten und damit die **freie Presse als Institution** zu gefährden.[492] Mit anderen Worten setzt eine Marktstörung im lauterkeitsrechtlichen Kontext die Gefahr des Ausscheidens von Wettbewerbern aus dem Markt und damit verbundene negative Auswirkungen auf den Pressewettbewerb voraus.[493] Verboten wird von Art. 5 Abs. 1 S. 2 GG daher auch ein **Vernichtungswettbewerb** auf dem Anzeigenmarkt.[494]

II. Abwehrrechtliche Dimension der Pressefreiheit

1) Originärer Schutzbereich

Deutlich stärker als bei der Rundfunkfreiheit ist die **abwehrrechtliche Funktion** der Pressefreiheit ausgeprägt.[495] Sie umfasst das gesamte Spektrum von der **Beschaffung der Informationen** bis hin zur **Verbreitung der Nachrichten** und Meinungen.[496] Dies beinhaltet das Recht zur **Gründung und Gestaltung** von Presseerzeugnissen[497] oder das Generieren der Inhalte und damit die eigene **Recherchetätigkeit** der Presseunternehmen.[498] Im Einzelnen schützt Art. 5 Abs. 1 S. 2 GG neben dem **Redaktionsgeheim-**

---

[489] Vgl. KG, GRUR 2000, 624 (626) – 20 Minuten Köln; *Mestmäcker/Veelken*, in: Immenga/Mestmäcker, GWB, Vor § 35 Rdnr. 48.

[490] Dazu BGHZ 157, 55 (61 f.) – 20 Minuten Köln; zum Gratisvertrieb von Tageszeitungen bereits *Gounalakis/Rhode*, AfP 2000, 321 ff.; *Köhler*, WRP 1998, 455 ff.

[491] Lauterkeitsrechtlich betrachtet fällt der kostenlose Vertrieb von Presseprodukten mangels einer gezielten Behinderung individueller Mitbewerber als allgemeine Marktstörung nicht unter § 4 Nr. 10 UWG, sondern unter Aufrechterhaltung der bisherigen Rechtsprechung unter die Generalklausel des § 3 UWG. *Ohly*, in: Pieper/Ohly, UWG, § 4 Rdnr. 10/95.

[492] BGHZ 157, 55 (62) – 20 Minuten Köln. Siehe auch die Vorinstanz KG, GRUR 2000, 624 (625) – 20 Minuten Köln, wo auf eine überwiegende Wahrscheinlichkeit abgestellt wird, dass Anzeigenkunden dauerhaft zu unentgeltlichen Zeitungen abwandern.

[493] *Köhler*, WRP 1998, 455 (459).

[494] *Möschel*, Pressekonzentration und Wettbewerbsgesetz, S. 69.

[495] Siehe auch *Bethge*, in: Sachs, GG, Art. 5 Rdnr. 72, der einen Schwerpunkt bei der negatorischen Funktion des Grundrechts sieht. Zu den Unterschieden zwischen der grundrechtlichen und der institutionellen Dimension der Pressefreiheit *Dagtoglou*, Wesen und Grenzen der Pressefreiheit, S. 12 f.

[496] BVerfGE 20, 162 (176) – Spiegel.

[497] Vgl. *Mestmäcker*, AfP 1978, 3.

[498] *Dörr/Schwartmann*, Medienrecht, Rdnr. 112.

nis[499] das **Vertrauensverhältnis** zwischen Informant und dem Presseorgan,[500] die **Anonymität** von Autoren[501] sowie das **Berufsrecht** der Journalisten.[502] Gleiches gilt für den **Zugang zu Presseberufen.**[503] Die Pressefreiheit kann aber auch den Zugang zu Informationen, etwa in Form von Auskunftsansprüchen gegenüber Behörden oder Zutrittsrechten zu sportlichen Großveranstaltungen,[504] vermitteln.[505] Sie schützt aber nicht vor Konkurrenz[506] und gewährt keinen Bestandsschutz.[507]

Anders als beispielsweise dem öffentlich-rechtlichen Rundfunk[508] wurde Presseunternehmen schon früh das Recht zugesprochen, die **Tendenz** einer Zeitung festzulegen, beizubehalten, zu ändern und sie zu verwirklichen.[509] Sie können sich ebenso auf die sog. **negative Pressefreiheit** berufen, die ihnen das Recht einräumt, autonom darüber zu entscheiden, zu welchen Themen sie Beiträge publizieren.[510] Es besteht grundsätzlich kein Zwang, Informationen zu veröffentlichen.[511]

2) Hilfstätigkeiten

Neben dem eigentlichen Kernbereich der Pressetätigkeit entfaltet Art. 5 Abs. 1 S. 2 GG eine erhebliche Ausstrahlungswirkung auf **Hilfstätigkeiten,** die der eigentlichen medialen Betätigung vor- bzw. nachgelagert sind. Das BVerfG bezieht dabei jede selbstständig ausgeübte, nicht unmittelbar die Herstellung von Presseerzeugnissen betreffende Hilfstätigkeit in den Schutz des Grundrechts mit ein, wenn sie **typischerweise pressebezogen** ist, in enger organisatorischer Bindung an die Presse erfolgt, für das Funktionieren einer freien Presse notwendig ist und sich die staatliche Regulierung dieser Tätigkeit zugleich einschränkend auf die Meinungsverbreitung auswirkt.[512] So werden von der Pressefreiheit die **Herstellung, der**

---

[499] Siehe BVerfGE 20, 162 (176) – Spiegel.

[500] BVerfGE 20, 162 (176) – Spiegel; siehe auch jüngst BVerfG, NJW 2007, 1117 (1118) – Cicero.

[501] BVerfGE 95, 28 (36) – Werkszeitung.

[502] *Herzog,* in: Maunz/Dürig, GG, Art. 5 Abs. I, II Rdnr. 141.

[503] BVerfGE 20, 162 (175 f.) – Spiegel; *Jarass,* in: Jarass/Pieroth, GG, Art. 5 Rdnr. 28.

[504] Zur Aussperrung von Hörfunkreportern jüngst *Brinkmann,* ZUM 2006, 802 ff.

[505] *Dörr/Schwartmann,* Medienrecht, Rdnr. 112.

[506] Vgl. *Degenhart,* in: Bonner Kommentar, GG, Art. 5 Abs. 1 und 2 Rdnr. 445.

[507] Der Bestand der Presse in ihrer Gesamtheit wird dahingegen über die in Art. 5 Abs. 1 S. 2 GG enthaltene institutionelle Garantie der freien Presse geschützt.

[508] Siehe zur Ausgewogenheitspflicht der öffentlich-rechtlichen Rundfunkanstalten insbesondere oben, § 8 B I.

[509] BVerfGE 52, 283 (296) – Tendenzbetrieb. Die Grundlage des Tendenzschutzes wird von *Mestmäcker,* Medienkonzentration und Meinungsvielfalt, S. 25 in der Interdependenz der wirtschaftlichen und publizistischen Funktionen eines Verlages gesehen.

[510] So BVerfGE 101, 369 (389) – Caroline von Monaco II. Das Gericht spricht insoweit vom *„Zentrum der grundrechtlichen Gewährleistung der Pressefreiheit".*

[511] *Dörr/Schwartmann,* Medienrecht, Rdnr. 114.

[512] BVerfGE 77, 346 – Presse-Grosso.

Druck und der **Vertrieb** von **Printmedien** erfasst, die gleichermaßen die technische Produktion, **kaufmännische** Hilfstätigkeiten sowie die Beschaffung der erforderlichen **finanziellen** Mittel einschließen.[513] Ferner kann die Presse ihre Kommunikationsaufgaben nur dann bestimmungsgemäß erfüllen, wenn auch der **Anzeigenteil** den Schutz von Art. 5 Abs. 1 S. 2 GG genießt.[514]

E. Verhinderung von Meinungsmonopolen als Aufgabe der Pressefreiheit

I. Vielfaltschutz als Aspekt der Pressefreiheit

Anders als bei der Rundfunkfreiheit[515] zeigt sich das BVerfG bei der **konzentrationsrechtlichen Beurteilung der Presse deutlich bedeckter.** Aus der objektiv-rechtlichen Dimension der Pressefreiheit wird abgeleitet, dass sich aus der Institutionsgarantie gegebenenfalls auch eine Pflicht des Staates zur Abwehr von Gefahren deduzieren ließe, *„die einem freien Pressewesen aus der Bildung von Meinungsmonopolen erwachsen könnten."*[516] Dies bringt zwar die Bedeutung der Meinungsvielfalt innerhalb der Pressefreiheit als **besonders schützenswertes Rechtsgut** zum Ausdruck. Auch wird der Presse die Aufgabe zugewiesen, **umfassende Informationen** zu ermöglichen, die Vielfalt der bestehenden Ansichten wiederzugeben und selbst Meinungen zu bilden und zu vertreten.[517] Vergleichbar hohe Maßstäbe wie im Bereich der Rundfunkfreiheit werden zum Schutze vor Meinungsmonopolen im Bereich der Printmedien allerdings nicht vorgeschrieben.[518]

1) Verbot von Meinungsmonopolen als Aliud zur Verhinderung vorherrschender Meinungsmacht im Rundfunk

Obwohl seit der SPIEGEL-Entscheidung des BVerfG fast schon ein halbes Jahrhundert vergangen ist und die Pressekonzentration beständig voranschreitet,[519] herrscht immer noch keine Klarheit über die spezifischen Grenzen des Verbots von Meinungsmonopolen innerhalb der Printme-

---

[513] *Bullinger*, in: Löffler, Presserecht, § 1 LPG Rdnr. 86 ff.

[514] BVerfGE 64, 108 (114) – Chiffreanzeigen; *Ricker*, Anzeigenwesen und Pressefreiheit, S. 31.

[515] Sie erklärt die Verhinderung vorherrschender Meinungsmacht zum zentralen Anliegen der positiven Rundfunkordnung. Vgl. *Dörr*, in: Festschrift Mailänder, 481 (486).

[516] So BVerfGE 20, 162 (176) – Spiegel.

[517] BVerfGE 52, 283 (296) – Tendenzbetrieb.

[518] Zum präventiven Schutz vor vorherrschender Meinungsmacht bereits oben, § 9 A. Siehe auch *Beater*, Medienrecht, Rdnr. 485 ff.

[519] So auch die Einschätzung der Zivilgerichte. Vgl. BGHZ 157, 55 (65) – 20 Minuten Köln; siehe zu den Hintergründen der Verlagskonzentration auch *Mestmäcker/Veelken*, in: Immenga/Mestmäcker, GWB, Vor § 35 Rdnr. 45.

dien.[520] Zumindest ist es **nicht gleichzusetzen mit der Verhinderung vor-herrschender Meinungsmacht** im Rundfunk.[521] Man könnte es eher als eine Art **programmatische Zielvorgabe** ansehen.

2) Externe Anbietervielfalt als Ordnungsmodell

Die Anforderungen, welche Art. 5 Abs. 1 S. 2 GG an die Meinungsvielfalt im Bereich der Presse stellt, waren Gegenstand der Tendenzbetrieb-Ent-scheidung des BVerfG. Aus der Aufgabe der Presse, umfassende Informa-tion zu ermöglichen, die Vielfalt der bestehenden Ansichten wiederzuge-ben und selbst Positionen zu beziehen bzw. zu vertreten, wurde das Erfordernis einer **echten äußeren Anbietervielfalt** abgeleitet.[522] Die Wahr-nehmung einer gesellschaftspolitisch so bedeutsamen Rolle setzt jedoch *„die Existenz einer relativ großen Zahl selbständiger, vom Staat unab-hängiger und nach ihrer Tendenz, politischen Färbung oder weltanschau-lichen Grundhaltung miteinander konkurrierender Presseerzeugnisse voraus.“*[523] Freilich ist das BVerfG hier die Antwort auf die Frage schuldig geblieben, wann noch von einer relativ großen Anzahl selbstständiger publizistischer Einheiten ausgegangen werden kann und wann eben diese **Grenze überschritten** wird.[524]

3) Erstarkung zur legislatorischen Handlungspflicht

Die fehlende Präzisierung des Verbots von Meinungsmonopolen im Be-reich der Presse erweist sich durchaus als problematisch: Angesichts der Verwendung eines **unbestimmten Rechtsbegriffs**[525] ist nicht ersichtlich, **ab welchem Zeitpunkt** antikonzentrationsrechtliche **Maßnahmen** im Bereich der Presse **erforderlich** sind bzw. an welcher Stelle die Grenze zwi-schen noch hinnehmbarer Meinungsmacht und verfassungsrechtlich unzulässiger Meinungsdominanz verläuft. Der Gesetzgeber muss keines-wegs warten, bis sein Recht zur Ergreifung vielfaltsichernder Maßnah-men im Printsektor zu einer Pflicht erstarkt, weil der Konzentrationspro-zess ein kritisches Maß bereits erreicht hat.[526] Bis zu diesem Zeitpunkt *darf* er tätig werden, danach *muss* er es.

---

[520] Vgl. zu den Interpretationsschwierigkeiten auch *Starck*, in: v. Mangold/Klein/Starck, GG, Art. 5 Abs. 1, 2 Rdnr. 84.

[521] *Degenhart*, in: Bonner Kommentar, GG, Art. 5 Abs. 1 und 2 Rdnr. 447.

[522] BVerfGE 52, 283 (296) – Tendenzbetrieb.

[523] So BVerfGE 52, 283 (296) – Tendenzbetrieb unter ausdrücklicher Bezugnahme auf BVerfGE 12, 205 (206) – Deutschland Fernsehen GmbH sowie 20, 162 (175) – Spiegel.

[524] Erschwerend tritt bei der Feststellung eines möglichen Meinungsmonopols hin-zu, dass es außer der Presse noch eine Vielzahl weiterer Informationsträger gibt. *Starck*, in: v. Mangold/Klein/Starck, GG, Art. 5 Abs. 1, 2 Rdnr. 84.

[525] Siehe zum unbestimmten Rechtsbegriff der vorherrschenden Meinungsmacht oben, § 9 C.

[526] Vgl. *Starck*, in: v. Mangold/Klein/Starck, GG, Art. 5 Abs. 1, 2 Rdnr. 84.

Wann von einem Meinungsmonopol auszugehen ist, lässt sich anhand der Rechtsprechung zumindest ansatzweise ableiten. Der wohl wichtigste **Indikator** ist die Grundsatzentscheidung für ein **außenplurales, auf die privatwirtschaftliche Verfassung** von Presseunternehmen abstellendes **Ordnungsmodell.**[527] Kommt der publizistische Wettbewerb in den Printbranchen seiner Ordnungsfunktion nicht mehr nach, so liegt ein Meinungsmonopol nahe. Bei der Beurteilung dieser Frage lässt sich freilich nur in begrenztem Umfang auf kartellrechtliche Erkenntnisse zurückgreifen, da diese primär auf die Greifbarmachung wirtschaftlicher Macht ausgerichtet sind.[528] Darüber hinaus fällt es angesichts der starken Sektorierung der Medienmärkte schwer, die Marktstrukturen im gesamten Pressewesen zu erfassen.

4) Rundfunklastigkeit des Antikonzentrationsrechts

Das **Fehlen antikonzentrationsrechtlicher Vorschriften für die Presse** wird durch die hohen Maßstäbe bei der Sicherung von Meinungsvielfalt im privaten Rundfunk nicht hinreichend kompensiert. Es fehlt an regulatorischen Instrumenten zur effizienten Erfassung publizistischer Meinungsmacht außerhalb des Mediums Fernsehen, da sich die **Pressefusionskontrolle**[529] lediglich auf wirtschaftliche Aspekte der Medienkonzentration beschränkt.[530] Die Sicherung der Meinungsvielfalt wird aber gerade **nicht** zum **Kernanliegen kartellrechtlicher Maßnahmen** erkoren; sie darf bestenfalls als Annex in die Beurteilung eines möglichen ökonomischen Marktversagens einfließen.[531]

5) Erforderlichkeit eines branchenübergreifenden Medienkonzentrationsrechts

Dieser antikonzentrationsrechtliche Status Quo erweist sich aus zweierlei Gesichtspunkten als nicht mehr zeitgemäß: Zum einen besteht keine hinreichende Rechtsgrundlage, der Bildung von verfassungsrechtlich verbotenen **Informationsmonopolen** zu begegnen, die aus **wettbewerblichen Fehlentwicklungen** auf den unterschiedlichsten Ebenen der medialen Verwertungskette herrühren.[532] Das **Rundfunkkonzentrationsrecht der §§ 25 ff. RStV** kann den Risiken für die Meinungsvielfalt nur in eng um-

---

[527] Vgl. BVerfGE 12, 205 (261) – Deutschland Fernsehen GmbH; 52, 283 (296) – Tendenzbetrieb.

[528] Einzelheiten hierzu unten, § 32.

[529] Siehe zur Entstehung und Regelungsinhalt des Pressefusionsrechts insbesondere *Möschel*, Pressekonzentration und Wettbewerbsgesetz, S. 164 ff.

[530] Gegenstand können die Auswirkungen eines Unternehmenszusammenschlusses bei der Vermarktung von Werbung sein. Vgl. BKartA WuW DE-V 1163 ff. – Springer/ProSiebenSat.1.

[531] Zur Zieldivergenz von Antikonzentrationsrecht und Kartellrecht schon *Gounalakis*, Konvergenz der Medien, S. 100 ff.; *Dörr*, in: Festschrift Mailänder, 481 (483 ff.); *ders.*, AfP Sonderheft 2007, 33 (34 f.).

[532] Siehe zur Verhinderung von Informationsmonopolen oben, § 10.

rissenen Teilbereichen begegnen, welche aus der Konvergenz der medialen Wirtschaftssektoren[533] resultieren. Zum anderen aber äußert sich **Meinungsmacht in einer konvergierenden Welt** gerade in der Fähigkeit weniger Inhalteanbieter, die von ihnen präferierten Standpunkte auf unterschiedlichen Plattformen zu vertreiben und damit verschiedene Zielgruppen zu erreichen.[534] Daher darf die Sicherung der Meinungsvielfalt auf einfachgesetzlicher Ebene nicht länger nur auf Sachverhalte beschränkt bleiben, die einen Bezug zum **Medium Fernsehen** aufweisen. Medienpolitischen Differenzen der Bundesländer zum Trotz muss das Antikonzentrationsrecht angesichts der überragenden Bedeutung des Rechtsguts Meinungsvielfalt für den öffentlichen Kommunikationsprozess[535] den Schritt **vom Recht der Rundfunkkonzentration zum plattformübergreifenden Medienkonzentrationsrecht** wagen – idealerweise gleich auf europäischer Ebene.[536]

II. Pressekonzentration als Problem der Vielfaltsicherung

1) Begriff der Pressekonzentration

Aus Perspektive der Meinungsvielfalt erweist sich die zunehmende **Pressekonzentration** als problematisch.[537] *Kunert* versteht hierunter einen vorwiegend ökonomischen Begriff, der gleichermaßen einen Zustand wie auch eine Entwicklung bezeichnen kann und letztlich eine wirtschaftliche Ballung oder Verdichtung umschreibt, durch welche Eigentum und Verfügungsmacht einzelner Personen oder Unternehmen an Printmedien zunehmen.[538] Umgekehrt könnte man mit *Kübler* und *Simitis* aber auch von einer stetigen **Verringerung der Anzahl selbstständiger publizistischer Einheiten** im Bereich der Printmedien sprechen.[539] Von einer *„dramatisch veränderten"* Wettbewerbssituation innerhalb der Zeitungen geht auch der BGH aus.[540]

---

[533] Dazu *Gounalakis*, Konvergenz der Medien, S. 15 f.

[534] Hierzu *Gounalakis/Zagouras*, ZUM 2006, 716 (719).

[535] Vgl. BVerfGE 12, 113 (125) – Schmid-Spiegel; in Bezug auf die Informationsfreiheit BVerfGE 27, 71 (81) – Leipziger Volkszeitung.

[536] *Gounalakis/Zagouras*, ZUM 2006, 716 (725).

[537] Differenzierend zwischen ökonomischer und publizistischer Pressekonzentration bereits *Hochreiter*, WuW 1976, 296 (297).

[538] *Kunert*, Pressekonzentration und Verfassungsrecht, S. 15.

[539] Vgl. *Kübler/Simitis*, JZ 1969, 445 (446).

[540] BGHZ 157, 55 (65) – 20 Minuten Köln: *„Die Verhältnisse auf den lokalen und regionalen Pressemärkten haben sich in den letzten Jahrzehnten dramatisch verändert. Während die lokalen und regionalen Tageszeitungen in den fünfziger Jahren des vorigen Jahrhunderts einem nicht unerheblichen Wettbewerb ausgesetzt waren, sind die lokalen und regionalen Tageszeitungen heute in ihren Kernverbreitungsgebieten vielfach Monopolanbieter auf dem Lesermarkt. Lediglich dort, wo sich die Verbreitungsgebiete benachbarter Lokal- oder Regionalzeitungen überschneiden, herrscht noch Wettbewerb."* Degenhart, in: Bonner Kommentar, GG, Art. 5 Abs. 1 und 2 Rdnr. 448 will es als unzulässige Vereinfachung sehen, wenn in Alleinstellungen von Presseorganen auf

2) Ursachen der Pressekonzentration

Der nun schon seit Jahrzehnten **andauernde Trend zur Konzentration im Bereich der Printmedien** findet seine Ursachen weniger in publizistischen sondern in **betriebswirtschaftlichen Motiven.**[541] Die Vorteile von Pressefusionen liegen bei der **Anzeigenvermarktung**, während Lesermärkte weitestgehend außen vor bleiben. Die Verlage versuchen durch das Zusammenführen von Kapazitäten insgesamt eine größere Anzahl von Lesern zu erreichen,[542] wobei die Redaktionen der verschiedenen Zeitungen meist mehr oder weniger selbstständig weitergeführt werden.[543] Weitere Gründe für die Pressekonzentration liegen in der **Senkung der Produktionskosten** für Pressetitel.

Bei der Beurteilung von Meinungsmacht im Pressesektor kommt es nicht darauf an, aus welchen Motiven sich die fortschreitende Konzentration erklärt. Auch das Zusammenführen des Anzeigengeschäfts[544] entfaltet eine mittelbare Meinungsrelevanz, da sich die **Attraktivitätssteigerung gegenüber den Anzeigenkunden** beispielsweise durch **Koppelungstarife**[545] oftmals als **Schwächung der Wettbewerbsfähigkeit** von **Konkurrenzprodukten** erweist. Dies kann deren **wirtschaftliche Grundlagen** nachhaltig tangieren, was wiederum zur Einstellung bzw. zum Verkauf noch selbstständiger publizistischer Titel zur Folge haben kann. Eine publizistische Dominanz ist hier das Ergebnis des ökonomisch bedingten Konzentrationsprozesses.

lokaler und regionaler Ebene eine Gefahr für die Meinungsvielfalt und damit die freie Meinungsbildung vor Ort gesehen wird. Fakt ist jedoch, dass sich Lokal- und Regionalmonopole gerade als strukturelles Defizit und damit als Gefährdung der Meinungsvielfalt erweisen, da sich die Bürger bei der örtlich determinierten politischen Willensbildung auf eine einzige Quelle verlassen müssen.

[541] Zu den ökonomischen Hintergründen der Pressekonzentration auch *Zagouras*, Konvergenz und Kartellrecht, S. 133 f.

[542] Dazu auch *Groß*, ZUM 1996, 365 (373 f.).

[543] Exemplarisch sei hier die letztlich gescheiterte Übernahme des *Berliner Verlags* durch die *Holtzbrinck-Gruppe* erwähnt, bei der sich die Stuttgarter Verlagsgruppe bereiterklärt hatte, die Selbstständigkeit der beiden Zeitungen beizubehalten, was jedoch die wettbewerblichen Bedenken des BKartA in Bezug auf schädliche Auswirkungen auf den Anzeigenmarkt in Berlin nicht aus dem Weg räumen konnte. Vgl. BKartA WuW/ E DE-V 871 ff. – Tagesspiegel/Berliner Zeitung. Siehe hierzu auch die Kritik von *Säcker*, BB 2003, 2245 ff. sowie die Erwiderung von *Bechtold*, BB 2003, 2528 ff. Ähnlich wie bei der Untersagung der Fusion von *Axel Springer* und *ProSiebenSat.1*, BKartA WuW/E DE-V 1163 ff. – Springer/ProSiebenSat.1, dazu *Gounalakis/Zagouras*, NJW 2006, 1624 ff., wurde zunächst ein Ministererlaubnisverfahren nach § 42 GWB in Erwägung gezogen. Siehe auch *Engel*, ZWeR 2003, 448 ff. Der Fall hat aber auch aufgewiesen, wie eng die Interessen von Politik und Medien verknüpft sind, als unter der Federführung des damals zuständigen Bundesministers Clement das Pressefusionsrecht weitestgehend zurückgedrängt werden sollte. Kritisch zu der schließlich doch nicht verabschiedeten „*Lex Holtzbrinck*" *Bremer/Martini*, ZUM 2003, 942 ff.

[544] Vgl. *Mestmäcker*, Medienkonzentration und Meinungsvielfalt, S. 42.

[545] Zur wettbewerbsrechtlichen Dimension u. a. BGH, GRUR 1977, 668 (670) – WAZ Anzeiger; *Köhler*, in: Hefermehl/Köhler/Bornkamm, UWG, § 4 Rdnr. 12.27.

III. Grundrechtsimmanente Beschränkungen der Vielfaltsicherung im Bereich der Presse

Ob und in welchem Umfang sich Einschränkungen für vielfaltsichernde bzw. -fördernde Maßnahmen unmittelbar aus der Pressefreiheit ergeben, wird unterschiedlich beurteilt. Teilweise versucht man aus dem Grundrecht des Art. 5 Abs. 1 S. 2 GG abzuleiten, dass eine aktive Vielfaltsicherung im Bereich der Presse nur dann zulässig ist, wenn sie die **wirtschaftlichen Konsequenzen** auf die einzelnen Unternehmen hinreichend beachtet.[546] Mitunter wird sogar unmittelbar aus Art. 5 Abs. 1 S. 2 GG geschlussfolgert, die von Presseunternehmen ausgehende Marktmacht dürfe **nicht** von vornherein **ausschließlich negativ** betrachtet werden.[547] Andere versuchen staatliche **Eingriffe** in die Pressemärkte auch bei der Vielfaltsicherung auf ein **Minimum** zu beschränken[548] und sehen dabei die **Grenzen** des gerade noch Zulässigen vom **Pressefusionsrecht** des § 38 Abs. 3 GWB abgesteckt.[549]

Für ein derartiges **Zurücktreten der Vielfaltsicherung** hinter den betriebswirtschaftlichen Interessen einzelner Medienkonzerne lässt sich allerdings in Art. 5 Abs. 1 S. 2 GG **keine hinreichende Grundlage** finden. Ganz im Gegenteil: Eine solche Betrachtungsweise führt letztlich zu einer – angesichts der Bedeutung des medialen Pluralismus für die heutige Mediendemokratie – nicht mehr hinnehmbaren **Disproportionalität** zwischen dem Schutzgut der Vielfalt unterschiedlicher Meinungen als Ausdruck der objektiv-rechtlichen Dimension der Kommunikationsfreiheiten des Art. 5 Abs. 1 GG auf der einen Seite und individualrechtlicher und damit abwehrrechtlicher Gesichtspunkte der Pressefreiheit auf der anderen. Sicherlich entsprechen die Vielfaltstandards im Bereich der Presse nicht denjenigen des Rundfunkwesens. Ebenso hat das Antikonzentra-

---

[546] So beispielsweise *Starck*, in: v. Mangold/Klein/Starck, GG, Art. 5 Abs. 1, 2 Rdnr. 84.

[547] Siehe *Degenhart*, in: Bonner Kommentar, GG, Art. 5 Abs. 1 und 2 Rdnr. 451 f., der schon die Erforderlichkeit antikonzentrationsrechtlicher Maßnahmen in Frage stellt, da „*die tatsächlichen Wirkungen der Massenmedien auf die Meinungsbildung bei den Rezipienten kaum zuverlässig nachgewiesen*" seien. Auf einen derartigen Nachweis kommt es allerdings aus verfassungsrechtsdogmatischen Gesichtspunkten gar nicht an, da einerseits dem Gesetzgeber vom BVerfG in ständiger Rechtsprechung ein Einschätzungsspielraum bezüglich der Beurteilung der Erforderlichkeit einer Maßnahme eingeräumt wird, BVerfGE 104, 337 (347) – Schächten, während das BVerfG Meinungsmonopole andererseits auch im Bereich der Presse als typische Gefahr für die Meinungsvielfalt ansieht. Vgl. BVerfGE 20, 162 (176) – Spiegel.

[548] Als im Hinblick auf die Effizienz der Sicherung der Meinungsvielfalt bedenklich erweist sich auch der Ansatz von *Lehrke*, Pluralismus in den Medien, S. 110. Sie sieht es beispielsweise als systemwidrig an, die Meinungspluralität hoheitlich durchsetzen zu wollen, da sich dies als Beschränkung der Konsumentenfreiheit erweisen würde und sich Pluralismus nicht im Widerspruch zu den Gesetzen des Marktes realisieren lasse.

[549] Vgl. *Degenhart*, in: Bonner Kommentar, GG, Art. 5 Abs. 1 und 2 Rdnr. 453.

tionsrecht wie jedes andere hoheitliche Handeln dem Verhältnismäßigkeitsgrundsatz Rechnung zu tragen. Nichtsdestotrotz **widerspricht** ein **liberalistischer Ansatz** bei der Verhinderung von Meinungsmonopolen in der Presse ihrer fundamentalen Bedeutung für die **freie Meinungsbildung.** Die Meinungsvielfalt ist kommunikative Grundvoraussetzung der Demokratie,[550] weshalb individuelle Wachstumsinteressen der Medienunternehmen spätestens unter dem Gesichtspunkt der **praktischen Konkordanz hinter den Interessen der Allgemeinheit zurückzutreten** haben.[551] Dies gilt umso mehr, als die privatwirtschaftliche und privatrechtliche Struktur der Presse nicht im Gegensatz zur Erfüllung der ihr von der Verfassung zugewiesenen Aufgaben steht, sondern sich vielmehr als ihre Voraussetzung erweist.[552] Daher verbietet Art. 5 Abs. 1 S. 2 GG keinesfalls die Einführung echter antikonzentrationsrechtlicher Regelungen, sondern gebietet sie sogar angesichts der fortgeschrittenen Medienkonzentration.[553]

IV. Pressespezifische Vielfaltsicherung durch modifiziertes Kartellrecht

Die verfassungsrechtlichen Implikationen der Vielfaltsicherung im Bereich der Printmedien führen zu einem regulatorischen **Dilemma:** Auf der einen Seite wird dem Wirtschaftsrecht bescheinigt, es sei nicht in der Lage, publizistischer Konzentration entgegenzuwirken.[554] Andererseits wird die Entwicklung geeigneter *wirtschaftsrechtlicher* Instrumentarien zur Sicherung der Meinungsvielfalt durch den Gesetzgeber, beispielsweise in Form einer medienspezifischen Ausprägung der allgemeinen **Fusionskontrolle** des § 38 Abs. 3 GWB,[555] kompetenzrechtlich erheblich eingeschränkt.[556] Grund hierfür ist, dass medienkartellrechtliche Wettbewerbsbestimmungen des Bundesrechts keine Sonderkriterien für einen spezifisch publizistischen Wettbewerb,[557] sondern **lediglich Modifikationen** enthalten dürfen, die **bei völliger Identität der materiellen Eingriffskriterien** mit denen der allgemeinen Fusionskontrolle **nur spezifische An-**

---

[550] Vgl. etwa *Degenhart*, in: Bonner Kommentar, GG, Art. 5 Abs. 1 und 2 Rdnr. 447.

[551] Ähnlich *Mestmäcker/Veelken*, in: Immenga/Mestmäcker, GWB, Vor § 35 Rdnr. 58 f.

[552] *Mestmäcker/Veelken*, in: Immenga/Mestmäcker, GWB, Vor § 35 Rdnr. 58.

[553] Vgl. BVerfGE 20, 162 (176) – Spiegel.

[554] Unmittelbarer Regelungsgegenstand dieser pressespezifischen Vorschriften des GWB ist nicht die Sicherung der publizistischen Vielfalt, sondern die Wettbewerbszwecken dienende Ausgestaltung der Zusammenschlusskontrolle unter den besonderen Bedingungen der Pressemärkte zur Schaffung einer effizienten Fusionskontrolle auch in diesem Wirtschaftsbereich. *Mestmäcker/Veelken*, in: Immenga/Mestmäcker, GWB, Vor § 35 Rdnr. 56. Vgl. zu den ordnungspolitischen Zielen des allgemeinen Kartellrechts auch *Zagouras*, Konvergenz und Kartellrecht, S. 18.

[555] Hierzu im Einzelnen unten, § 35.

[556] *Mestmäcker*, Medienkonzentration und Meinungsvielfalt, S. 30.

[557] Siehe hierzu auch *Zagouras*, Konvergenz und Kartellrecht, S. 354 f.

passungen an die **Sonderstrukturen der medialen Märkte** vornehmen:[558] Nach § 36 Abs. 1 GWB ist ein Zusammenschluss, von dem zu erwarten ist, dass er eine marktbeherrschende Stellung begründet oder verstärkt, vom Bundeskartellamt zu untersagen, sofern die beteiligten Unternehmen nicht nachweisen, dass durch den Zusammenschluss auch Verbesserungen der Wettbewerbsbedingungen eintreten und dass diese Verbesserungen die Nachteile der Marktbeherrschung überwiegen. § 35 GWB setzt jedoch voraus, dass im letzten Geschäftsjahr vor dem Zusammenschluss die beteiligten Unternehmen insgesamt weltweit Umsatzerlöse von mehr als 500 Millionen Euro und mindestens ein beteiligtes Unternehmen im Inland Umsatzerlöse von mehr als 25 Millionen Euro erzielt haben. Die **pressespezifischen Modifikationen des** § 38 Abs. 3 **GWB** bewirken in diesem Zusammenhang lediglich, dass für den Verlag, die Herstellung und den Vertrieb von Zeitungen, Zeitschriften und deren Bestandteilen das **Zwanzigfache der Umsatzerlöse** in Ansatz zu bringen ist.

Allerdings ist das Kartellrecht keinesfalls die einzig denkbare Option zur Sicherung der Meinungsvielfalt im Bereich der Presse.[559] In der Literatur wurden bislang eine Vielzahl **unterschiedlicher regulatorischer Konzepte** erörtert. Es sei nicht verschwiegen, dass die meisten keine politische Mehrheit finden würden, sodass sich die Diskussion als vorwiegend akademischer Natur erweist. Gleichwohl lassen sich zwei Grundkategorien herausdestillieren: Prinzipiell können legislatorische Maßnahmen zur pressespezifischen Pluralismussicherung entweder **wirtschaftliche Aspekte** der Medien- und insbesondere Pressekonzentration zum Ausgangspunkt nehmen oder aber **publizistische.**[560]

In ökonomischer Hinsicht ließe sich – zumindest theoretisch[561] – an die finanzielle **Förderung** angeschlagener Medienunternehmen denken.[562] Ferner kommen zusätzliche pluralismusfördernde Regelungen wie die Erweiterung von **Publizitätsvorschriften**, die Einführung einer **Auflagenbegrenzung** bzw. **Marktanteilsbegrenzung** für Presseprodukte[563] oder

---

[558] BVerfG, AfP 1985, 107 (108) – Münchener Anzeigenblätter.

[559] Anders *Degenhart*, in: Bonner Kommentar, GG, Art. 5 Abs. 1 und 2 Rdnr. 455, der diesbezüglich auf die privatwirtschaftlich-wettbewerbliche Ordnung der Presse abstellt und letztlich jede Form der (wirtschaftlichen) Verhaltenskontrolle für die Printmedien ablehnt.

[560] *Kunert*, Pressekonzentration und Verfassungsrecht, S. 32 f.

[561] Zur Problematik der Pressesubventionen auch *Detterbeck*, ZUM 1990, 371 ff.; *Starck*, in: v. Mangold/Klein/Starck, GG, Art. 5 Abs. 1, 2 Rdnr. 85.

[562] Denkbar wären Subventionen beispielsweise in Form von steuerlichen Vorteilen, aktiver Vergabe öffentlicher Mittel etwa in Form von Zuschüssen oder sogar die Einrichtung von durch Großverlage getragenen Ausgleichsfonds. *Kunert*, Pressekonzentration und Verfassungsrecht, S. 51.

[563] Kritisch hierzu insbesondere *Starck*, in: v. Mangold/Klein/Starck, GG, Art. 5 Abs. 1. 2 Rdnr. 88; *Degenhart*, in: Bonner Kommentar, GG, Art. 5 Abs. 1 und 2 Rdnr. 456; *Lerche*, Verfassungsrechtliche Fragen zur Pressekonzentration, S. 71 ff.

sogar die **Entflechtung** besonders **marktstarker Pressekonzerne** in Betracht.[564] Nicht auszuschließen wäre es grundsätzlich aber auch, sich der Pressekonzentration unter publizistischen Gesichtspunkten zu nähern und insofern die Vielfalt unterschiedlicher Meinungen trotz ökonomischer Konzentration zu gewährleisten.[565] Neben einer **binnenpluralistischen Vielfaltsicherung**[566] durch Stärkung der **redaktionellen Selbstverantwortung**,[567] ließe sich gegebenenfalls auch eine Beteiligung der Öffentlichkeit, oder die Einführung bzw. Stärkung von **Selbstkontrollgremien** in Erwägung ziehen.[568]

Der (Bundes-)Gesetzgeber entschied sich für eine Kompromisslösung, indem er mit der dritten GWB-Novelle von 1976 die sog. **Pressefusionskontrolle** einführte, wie sie im heutigen § 38 Abs. 3 GWB ihren Niederschlag gefunden hat. Diese kartellrechtliche Lösung basiert auf einer Modifikation der konventionellen kartellrechtlichen Zusammenschlusskontrolle und sieht im Kern vor, die mit Produktion und Vertrieb von Presseprodukten erwirtschafteten **Umsatzerlöse** um ein Zwanzigfaches zu **erhöhen**, sodass mittlere und damit **regional** bzw. **lokal tätige Presseunternehmen** in die kartellrechtliche Fusionskontrolle einbezogen werden können, die andernfalls die erforderlichen Umsatzschwellen nicht erreichen würden.[569]

Im Hinblick auf die Pressefreiheit und die Kompetenz des Bundes geäußerte **Bedenken**[570] gegen dieses stark wirtschaftsrechtlich ausgerichtete Konzept zur Vielfaltsicherung wurden seitens des **BVerfG** ausgeräumt.[571] Das Gericht sah das **Pressefusionsrecht** des GWB als **verfassungskonform** an, da es sich der Mittel des allgemeinen Kartellrechts bediene und diese lediglich an die branchenbedingten Sonderstrukturen des Pressewesens

---

[564] *Kunert*, Pressekonzentration und Verfassungsrecht, S. 51.

[565] Diese Option zieht auch die Europäische Kommission im Rahmen des sog. *Reding-Wallström-Plans* zur Sicherung der Meinungsvielfalt speziell auf nationalen Märkten in Erwägung, die ökonomisch betrachtet nicht in der Lage wären, weitere publizistische Einheiten durch Anzeigenaufkommen zu refinanzieren. So das Arbeitsdokument *Commission Staff Working Document „Media Pluralism in the Member States of the European Union"*, SEC (2007) 32 vom 16. Januar 2007, S. 5. Im Folgenden auch als Arbeitsdokument Medienpluralismus bezeichnet. Es kann abgerufen werden unter http://ec.europa.eu/information_society/media_taskforce/pluralism/index_en.htm. Hierzu auch *Zagouras*, AfP 2007, 1 (3 f.).

[566] Kritisch hierzu *Degenhart*, in: Bonner Kommentar, GG, Art. 5 Abs. 1 und 2 Rdnr. 459 wegen des hieraus resultierenden Verstoßes gegen den Grundsatz der verlegerischen Entscheidungskompetenz.

[567] Europäische Kommission, Arbeitsdokument Medienpluralismus, S. 8.

[568] Siehe etwa *Kunert*, Pressekonzentration und Verfassungsrecht, S. 51, der selbst die Gründung von Verlagen in öffentlicher Hand oder gar die Verstaatlichung von Presseorganen in Erwägung zieht.

[569] *Möschel*, Pressekonzentration und Wettbewerbsrecht, S. 167 f.

[570] Vgl. *Bechtold*, AfP 1980, 88 (89); *Pitschas*, DB 1981, 729 (730 f.); *Kull*, AfP 1974, 634 (635).

[571] BVerfG, AfP 1985, 107 ff. – Münchener Anzeigenblätter.

anpasse.[572] Die hieraus resultierende **Dichotomie** zwischen wirtschaftlicher und publizistischer Wettbewerbsaufsicht wurde schließlich im Rahmen der sechsten GWB-Novelle durch die Rundfunkfusionskontrolle des § 38 Abs. 3 Var. 2 GWB weiter ausgebaut.[573]

Damit ist aber noch nicht die Frage beantwortet, ob der Status quo der Wettbewerbsregulierung dem Bedürfnis nach einer angemessenen Vielfaltsicherung auch in Zukunft noch gerecht werden kann. Langfristig erweist sich die **Rundfunkfixiertheit der Pluralismussicherung** als Strukturdefizit. Angesichts der publizistischen Herausforderungen und Konsequenzen der Konvergenz der Medien und Kommunikationsplattformen würde sich eine Ausgestaltung der antikonzentrationsrechtlichen Vorschriften des RStV von einem derzeitigen **Rundfunkkonzentrationsrecht** zu einem stärker auf die Erfassung **crossmedialer Effekte**[574] ausgerichteten **Medienkonzentrationsrecht** als die praktikabelste Lösung erweisen, dem verfassungsrechtlichen Erfordernis nach Sicherung der Meinungsvielfalt in den Medien **plattformübergreifend** nachzukommen.[575]

Würde man die Vermeidung von Meinungsmonopolen im Bereich der Printmedien und die Verhinderung vorherrschender Meinungsmacht im Rundfunk in einem plattformübergreifenden Rechtsrahmen zur Überwachung des **publizistischen Wettbewerbs** zusammenfassen, so ließen sich publizistische und ökonomische Wettbewerbsregulierung klarer trennen. Auf einen letztlich **mit kartellrechtlichen Mitteln nur beschränkt umsetzbaren** Schutz vor Meinungskonzentration im allgemeinen Kartellrecht könnte man dann verzichten.

§ 9. Kompetenzrechtliche Fragen

Kompetenzrechtlich ist die Sicherung von Meinungsvielfalt in den Medien **Angelegenheit der Bundesländer**. Dies ergibt sich aus den Aussagen des Fernsehurteils zur Zuständigkeitsverteilung zwischen Bund und Ländern in Sachen elektronische Medien bzw. Telekommunikation. Das Gericht hat bereits 1961 festgestellt, dass die in Art. 73 Abs. 1 Nr. 7 GG enthaltene ausschließliche **Bundeskompetenz für** das Postwesen und die **Telekommunikation**[576] nur die **sendetechnischen Aspekte** der Rundfunk-

---

[572] BVerfG, AfP 1985, 107 (108) – Münchener Anzeigenblätter.

[573] Zur verfassungsrechtlichen Zulässigkeit der Rundfunkfusionskontrolle innerhalb des GWB, *Zagouras*, Konvergenz und Kartellrecht, S. 138 ff.

[574] Hierzu bereits *Mestmäcker/Veelken*, in: Immenga/Mestmäcker, GWB, Vor § 35 Rdnr. 52.

[575] Siehe bereits *Gounalakis/Zagouras*, ZUM 2006, 716 (725).

[576] Zu jenem Zeitpunkt war freilich noch die Rede vom „*Fernmeldewesen*", was jedoch inhaltlich mit dem erst im Zuge der Marktliberalisierung ins Grundgesetz eingeführten Begriff der Telekommunikation übereinstimmt. *Zagouras*, Konvergenz und Kartellrecht, S. 348 Fußn. 232.

veranstaltung umfasst, während den **Ländern** nach Art. 30, 70 GG mangels spezieller Kompetenzzuweisung an den Bund die **ausschließliche Befugnis und Pflicht**[577] zur Regelung inhaltlicher und programmbezogener Fragen des Rundfunks zukommt.[578]

A. Telekommunikationskompetenzen des Bundes aus Art. 73 Abs. 1 Nr. 7 GG

Art. 73 Abs. 1 Nr. 7 GG verleiht dem Bund die ausschließliche Gesetzgebungskompetenz für die Telekommunikation. Hierbei handelt es sich um einen **technischen, am Vorgang der Übermittlung von Signalen orientierten Begriff**.[579] Er erfasst die Übertragung und den Empfang nichtkörperlicher Signale über größere Entfernung.[580] Im Verhältnis zur Rundfunkkompetenz der Länder betrifft der Zuständigkeitstitel des Art. 73 Abs. 1 Nr. 7 GG *„nur den sendetechnischen Bereich des Rundfunks unter Ausschluss der so genannten Studiotechnik, nicht aber den Rundfunk als Ganzes"*.[581] Der Bund darf also nur diejenigen **technischen Vorgänge** regeln, die mit der **Übermittlung von Signalen** zusammenhängen.[582] Daher beginnt die Bundeskompetenz für das Telekommunikationswesen erst mit der Übermittlung **bereits sendefähiger Rundfunksignale**.[583] Auch bei der Signalübertragung müssen die Belange des Rundfunks bei der Wahrnehmung von Gesetzgebungskompetenzen berücksichtigt werden.[584] Wegen der Technikbezogenheit des Art. 73 Abs. 1 Nr. 7 GG auf der einen Seite und der Unterordnung der Telekommunikation unter den Rundfunk[585] auf der anderen lassen sich keinerlei Kompetenzen des Bundes im Hinblick auf die Sicherung der Meinungsvielfalt ableiten.

---

[577] Zum Erfordernis einer positiven Rundfunkordnung insbesondere oben, § 7 A II.

[578] BVerfGE 12, 205 (225) – Deutschland Fernsehen GmbH.

[579] Vgl. BVerfGE 12, 205 (226) – Deutschland Fernsehen GmbH.

[580] So *Badura*, in: Bonner Kommentar, GG, Art. 73 Nr. 7 Rdnr. 15.

[581] BVerfGE 12, 205 (225) – Deutschland Fernsehen GmbH.

[582] BVerfGE 12, 205 (226) – Deutschland Fernsehen GmbH.

[583] Vgl. *Scherer*, Frequenzverwaltung zwischen Bund und Ländern, S. 30.

[584] Dazu *Zagouras*, CR 2006, 819 (820 f.).

[585] Vgl. BVerfGE 12, 205 (239 f.) – Deutschland Fernsehen GmbH. Strittig ist freilich die Frage, ob sich die Doktrin der dienenden Funktion der Telekommunikation gegenüber dem Rundfunk auch im Zeitalter der Konvergenz der Medien und Kommunikationsplattformen noch aufrechterhalten lässt. Hiervon geht beispielsweise *Scherer*, K&R 1999, Beil. 2/Heft 11, S. 10 aus. Für eine Abkehr von der Doktrin dagegen *Ladeur*, MMR 1999, 266 (267 f.); *Hoffmann-Riem/Wieddekind*, in: Festschrift Hoppe, 745 (757 ff.).

B. Bundeskompetenz für das Recht der Wirtschaft aus Art. 74 Abs. 1 Nr. 11 GG

Obwohl die konkurrierende Gesetzgebungskompetenz für das Recht der Wirtschaft im Allgemeinen extensiv zu verstehen ist[586] und **grundsätzlich sämtliche, das wirtschaftliche Leben und die wirtschaftliche Betätigung regelnden Normen** erfasst, die sich in irgendeiner Form auf die **Erzeugung, Herstellung und Verteilung von Gütern des wirtschaftlichen Bedarfs** beziehen,[587] lässt sich eine Bundeskompetenz für die Sicherung der Vielfalt in den Medien aus Art. 74 Abs. 1 Nr. 11 GG nicht ableiten. Grund hierfür ist nicht nur, dass die **allgemeine Wirtschaftskompetenz** des Bundes unter Spezialitätsgesichtspunkten hinter besonderen Befugniszuweisungen zurückzutreten hat,[588] sondern ebenso, dass die Vielfaltsicherung und damit die Verhinderung vorherrschender Meinungsmacht im Kompetenzgefüge des Grundgesetzes zu den Kernaufgaben der Medien- und Rundfunkregulierung zu rechnen ist.[589]

C. Bundeskompetenz zur Verhütung des Missbrauchs wirtschaftlicher Machtstellung nach Art. 74 Abs. 1 Nr. 16 GG

Eine Bundeskompetenz zur Sicherung der Meinungsvielfalt kann auch nicht auf die in Art. 74 Abs. 1 Nr. 16 GG verankerte Zuständigkeit zur Wettbewerbsregulierung gestützt werden. Sie zielt auf die Schaffung eines allgemeinen Kartellrechts ab, wie es in Form des GWB verwirklicht wurde.[590] Es geht damit um die **Verhinderung bzw. Lenkung ökonomischer** *Markt*macht.[591] Art. 74 Abs. 1 Nr. 16 GG beschränkt sich dementsprechend auf wirtschaftliche Aspekte des Marktverhaltens.[592] **Politische, moralische oder kulturelle Gesichtspunkte bleiben weitestgehend außen vor,**[593] weshalb der Schutz des publizistischen Wettbewerbs nicht mehr vom Kompetenztitel des Art. 74 Abs. 1 Nr. 16 GG umfasst ist.[594]

Diese wirtschaftliche Ausrichtung der Wettbewerbskompetenz des Bundes erweist sich im Hinblick auf die medienkartellrechtlichen Beson-

---

586 Vgl. BVerfGE 5, 25 (28 f.) – Apothekenerrichtung; 28, 119 (146) – Spielbanken.
587 So BVerfGE 8, 143 (148) – Beschlussgesetz.
588 *Pieroth*, in: Jarass/Pieroth, GG, Art. 74 Rdnr. 24; *Rengelin*, in: Bonner Kommentar, GG, Art. 74 Nr. 11 Rdnr. 25.
589 *Zagouras*, Konvergenz und Kartellrecht, S. 369.
590 Vgl. *Pieroth*, in: Jarass/Pieroth, GG, Art. 74 Rdnr. 35.
591 Zur Zieldivergenz von ökonomischer Marktregulierung und Antikonzentrationsrecht und damit dem Verhältnis zwischen publizistischer und kartellrechtlicher Regulierung des Medienwettbewerbs *Gounalakis*, Konvergenz der Medien, S. 100 ff. sowie jüngst *Dörr*, in: Festschrift Mailänder, 481 (483 ff.); *ders.*, AfP Sonderheft 2007, 33 (34 f.).
592 *Oeter*, in: v. Mangold/Klein/Starck, GG, Art. 74 Rdnr. 143.
593 *Kunig*, in: v.Münch/Kunig, GG, Art. 74 Rdnr. 75.
594 *Maunz*, in: Maunz/Dürig, GG, Art. 74 Rdnr. 193.

derheiten des § 38 Abs. 3 GWB als problematisch. Nach der **Schwerpunkttheorie** des BVerfG sind solche medienspezifischen Regelungen innerhalb des allgemeinen **Wettbewerbsrechts** nur dann von Art. 74 Abs. 1 Nr. 16 GG gedeckt, wenn sie sich lediglich als **Annex** zur branchenübergreifenden Wettbewerbsregulierung des GWB offenbaren, **unternehmens- und nicht branchenbedingte Modifikationen** beinhalten und somit nicht primär medien- oder kulturpolitische Ziele verfolgen.[595] Daher dürfen durch medienkartellrechtliche Wettbewerbsbestimmungen auf Bundesebene keine Sonderkriterien für einen spezifisch publizistischen Wettbewerb eingeführt werden; zulässig sind nur solche Modifikationen, die **bei völliger Identität der materiellen Eingriffskriterien** mit denjenigen der allgemeinen Fusionskontrolle **nur spezifische Anpassungen an die Sonderstrukturen der medialen Märkte** vornehmen.[596]

D. Medienkompetenzen der Länder

Nach Art. 30, 70 GG verbleibt die Zuständigkeit zur Verhinderung vorherrschender Meinungsmacht und Informationsmonopolen in Ermangelung einer Bundeskompetenz bei den Ländern.[597] Sie folgt deren **ausschließlicher Medienkompetenz**, wonach insbesondere „*organisatorische Regelungen für die Veranstalter und für die Veranstaltung von Rundfunksendungen Sache des Landesgesetzgebers*" sind.[598] Die **Rundfunkkompetenz** erstreckt sich gleichermaßen auf die institutionell-organisatorische sowie die kulturelle Seite des Rundfunks,[599] was neben Entscheidungen im Bereich der Frequenznutzung auch die Schaffung gesetzlicher Vorkehrungen zur **Verhinderung vorherrschender Meinungsmacht** umfasst.[600]

Den Ländern steht auch die **Kompetenz zur Schaffung eines plattformübergreifenden, crossmedial ausgerichteten Medienkonzentrationsrechts** zu.[601] Eine ausdrückliche Pflicht zur Schaffung geeigneter gesetzlicher Vorgaben zur Verhinderung vorherrschender Meinungsmacht besteht zwar bislang nur in Bezug auf die Rundfunkveranstaltung.[602] Den Landesgesetzgebern ist es aber nicht verwehrt, andere Mediensektoren wie

---

[595] *Oeter*, in: v. Mangold/Klein/Starck, GG, Art. 74 Rdnr. 145; vgl. *Knothe/Lebens*, AfP 2000, 125 (130).

[596] BVerfG, AfP 1985, 107 (108) – Münchener Anzeigenblätter.

[597] Die Sicherung der Meinungsvielfalt betrachtet die Rechtsprechung als ausschließliche Aufgabe der Länder. Siehe BVerfGE 57, 295 (321) – FRAG. Zu den kompetenzrechtlichen Hintergründen der Vielfaltsicherung *Zagouras*, Konvergenz und Kartellrecht, S. 347 ff.

[598] So BVerfGE 12, 205 (238) – Deutschland Fernsehen GmbH.

[599] *Ossenbühl*, Rundfunk zwischen nationalem Verfassungsrecht und europäischem Gemeinschaftsrecht, S. 24.

[600] BVerfGE 57, 295 (321) – FRAG.

[601] Hierzu bereits *Gounalakis/Zagouras*, ZUM 2006, 716 (725).

[602] So schon BVerfGE 12, 205 (262) – Deutschland Fernsehen GmbH.

die **Presse oder internetbasierte Telemedien in die Vielfaltsicherung explizit mit aufzunehmen.** Ob und in welchem Umfang dies zu geschehen hat, ist freilich eine primär medienpolitische Frage. Sie steht zwar im Ermessen des Gesetzgebers; langfristig kann das Problem plattformübergreifender Meinungsmacht aber wegen seiner massiven Auswirkungen für den öffentlichen Kommunikationsprozess in der demokratischen Informationsgesellschaft nicht ignoriert werden.

Kapitel 2. Einfachgesetzliches Rundfunkkonzentrationsrecht

§ 10. Vorrang verfassungskonformer Auslegung des einfachen Rechts

Das Antikonzentrationsrecht der §§ 26 ff. RStV zielt auf die Umsetzung der Vorgaben ab, welche das BVerfG im Rahmen seiner Rundfunkjudikatur für die Vielfaltsicherung im privaten Rundfunk entwickelt hat.[1] Es dient der **Konkretisierung von Verfassungsrecht**. Dieses Anliegen muss gerade wegen sprachlicher Unklarheiten[2] bei der Auslegung der §§ 26 ff. RStV Berücksichtigung finden.[3] Die Interpretation der Vorschriften bereitet im Einzelfall Schwierigkeiten, da sich eine aussagekräftige Kasuistik noch nicht herausbilden konnte und dementsprechend auf die klassischen Auslegungsmethoden zurückgegriffen werden muss. Die Schwächen der grammatikalischen Norminterpretation zeigen sich am ambivalenten Wortlaut des § 26 Abs. 1 und 2 RStV. Um die Systematik der Vorschriften ist es auch nicht viel besser bestellt.

Daher konzentriert sich das Schrifttum primär auf die teleologische und historische Exegese der Vorschriften. Letztere stützt sich hauptsächlich auf die Begründung des RStV und der seit 1987 ergangenen **Rundfunkänderungsstaatsverträge**, von denen sich insbesondere der dritte, sechste sowie der zehnte auf die konzentrationsrechtlichen Vorschriften der §§ 26 ff. RStV bezogen.[4] Obwohl gerne auf sie verwiesen wird, um der eigenen Interpretation des § 26 RStV Nachdruck zu verleihen,[5] eignet sich die historische Interpretation nur bedingt als Auslegungshilfe:[6] Das Rundfunkkonzentrationsrecht und speziell der Wortlaut des § 26 RStV entspringen einem **Kompromiss,**[7] der medien- und **standortpolitischen Interessen** ebenso gerecht werden sollte wie der **Grundsatzentscheidung für die außenplurale Vielfaltsicherung** im Bereich des privaten Fernse-

---

[1] Siehe auch KEK, ZUM-RD 1999, 251 (259) – PREMIERE.

[2] Die Regelungen der §§ 26 ff. RStV werden im Allgemeinen als sprachlich missglückt angesehen. Vgl. *Renck-Laufke*, ZUM 2000, 105 (113); *Hepach*, ZUM 1999, 603 (608); *Engel*, ZUM 2005, 776; *Holznagel/Krone*, MMR 2005, 666 (667).

[3] Ähnlich *Dörr/Schiedermair*, Ein kohärentes Konzentrationsrecht für die Medienlandschaft in Deutschland, S. 21; *Mailänder*, AfP 2007, 297 (298); *Paschke/Tacke*, in: Hamburger Kommentar, Kap. 2, 7. Abschn. Rdnr. 145.

[4] Die amtliche Begründung ist abgedruckt bei *Hartstein/Ring/Kreile/Dörr/Stettner*, RStV, § 26 S. 2 ff.

[5] Vgl. etwa *Holznagel/Krone*, MMR 2005, 666 (670).

[6] Siehe *Gounalakis/Zagouras*, AfP 2006, 93 (101).

[7] Einzelheiten zum langwierigen Kompromissfindungsprozess finden sich bei *Hartstein/Ring/Kreile/Dörr/Stettner*, RStV, B 1 Rdnr. 40 ff.

hens. Daher gibt die Gesetzesbegründung zu kritischen **Detailfragen** kaum Aufschluss und kann **in unterschiedliche Richtungen interpretiert** werden.[8]

Hierdurch steigt die Bedeutung der **verfassungskonformen Auslegung** der Vorschriften.[9] Sie übernimmt gerade bei **unbestimmten Rechtsbegriffen** wie der vorherrschenden Meinungsmacht[10] eine **Lückenfüllerfunktion**.[11] Wegen der Normhierarchie der Verfassung darf die Anwendung einfachen Rechts nicht im Widerspruch zu höherrangigem Recht stehen,[12] sodass eine bestimmte **Regelung im Einzelfall sogar entgegen** ihrem **Wortlaut angewandt** werden muss.[13]

§ 11. Gesetzessystematik des RStV

A. §§ 25 ff. RStV als Fernsehkonzentrationsrecht mit cross-medialen Bezügen

Auf einfachgesetzlicher Ebene soll die Meinungsvielfalt im Rundfunk über die Vorschriften der §§ 25 ff. RStV gewährleistet werden. Streng genommen handelt es sich hierbei nur um einen **Teilausschnitt der einfachgesetzlichen Vielfaltsicherung,** da sich die Vorschriften inhaltlich nur auf bundesweit empfangbare Fernsehprogramme erstrecken.[14] Hinzu treten die **Vielfaltsicherung** im Bereich der **öffentlich-rechtlichen Rundfunkanstalten**[15] sowie die Bestimmungen über den Meinungspluralismus im **privaten Hörfunk**[16] einschließlich lediglich regional empfangbarer Fernseh-

---

[8] Dies zeigt sich insbesondere bei der Frage nach der Eigenschaft des § 26 Abs. 1 RStV als rundfunkkonzentrationsrechtlicher Grundtatbestand. Dazu unten, § 18 B II.

[9] Vgl. etwa KEK, ZUM-RD 2000, 41 (50) – RTL Television; *Jochimsen*, K&R 1999, 433 (434).

[10] Siehe zu dessen verfassungsrechtlicher Reichweite oben, § 6 C.

[11] In diesem Sinne auch *Renck-Laufke*, ZUM 2006, 907 (911).

[12] Dies resultiert letztlich aus der Grundrechtsbindung der öffentlichen Gewalt und ist Ausdruck des Vorrangs bzw. des Vorbehalts des Gesetzes. Vgl. hierzu *Rüfner*, in: Isensee/Kirchhof, Handbuch des Staatsrechts, Bd. V, § 117 Rdnr. 20. Zum Vorrang der Verfassung im Kollisionsfall *Sachs*, Verfassungsrecht II, Kap. A5 Rdnr. 5.

[13] Siehe oben, § 10.

[14] Zur Forderung nach einem plattformübergreifenden Medienkartellrecht *Gounalakis/Zagouras*, ZUM 2006, 716 ff.

[15] Siehe zur Organisation der öffentlich-rechtlichen Rundfunkanstalten im Einzelnen *Herrmann/Lausen*, Rundfunkrecht, § 11 Rdnr. 1 ff.; *Gersdorf*, Grundzüge des Rundfunkrechts, Rdnr. 327 ff.

[16] Mangels expliziter Regelungen für den Hörfunk gelten die landesrechtlichen Vorschriften nach der Kollisionsregel des § 1 Abs. 2 RStV weiter, wenn und soweit der RStV keine spezielleren Regelungen enthält. *Hartstein/Ring/Kreile/Dörr/Stettner*, RStV, § 1 Rdnr. 12. Da sich die Vielfaltsicherung des § 26 Abs. 1 RStV allerdings nur auf deutschsprachige Fernsehprogramme bezieht, bleibt das Landesrecht, etwa in Form der §§ 23 ff. LMG BW, bezüglich der Vielfaltsicherung im Hörfunk anwendbar. *Trute*, in: Beck'scher Kommentar zum Rundfunkrecht, § 26 Rdnr. 25.

programme. Diese sind Gegenstand **landesrechtlicher Bestimmungen**.[17]
Im Bereich der **Presse** fehlt es an originär medienkonzentrationsrechtlichen Bestimmungen zur Sicherung der Meinungsvielfalt.[18]
Der RStV beinhaltet **kein echtes, auf die Erfassung crossmedialer Meinungsmacht** ausgerichtetes **Medienkonzentrationsrecht**.[19] Bei den Vorschriften der §§ 25 ff. RStV handelt es sich vielmehr um **Fernsehkonzentrationsrecht**. Zwar findet über die Regelungen des § 26 Abs. 1 und 2 RStV auch Meinungsmacht Berücksichtigung, welche von anderen medialen Subsektoren ausgeht.[20] Eine solche muss sich aber, um überhaupt von § 26 RStV erfasst zu werden, auf das Medium Fernsehen auswirken. Ist dies nicht der Fall, so bemisst sich der betreffende Sachverhalt auch nicht nach der publizistischen Wettbewerbsaufsicht der §§ 26 ff. RStV.

B. Regelungsstruktur der §§ 25 ff. RStV

Systematisch gehört die Vielfaltsicherung zum **dritten Abschnitt des RStV** und damit zu den **Vorschriften über den privaten Rundfunk**. Die eigenständige Bedeutung der Regelungsmaterie zeigt sich dadurch, dass ihr neben der Zulassung privater Rundfunkveranstalter, der Organisation der Medienaufsicht, der Programmgrundsätze und Sendezeit für Dritte sowie der Programmfinanzierung ein eigener Unterabschnitt gewidmet ist. Innerhalb dieses **zweiten Unterabschnitts** lassen sich zwei Regelungsbereiche lokalisieren. Auf der einen Seite enthält § 25 RStV Vorgaben für die Ausgewogenheit und inhaltliche Gestaltung des Gesamtprogramms privater Fernsehveranstalter.[21] Auf der anderen beinhalten die **§§ 26 ff. RStV** den materiellrechtlichen **Kern des Rundfunkkonzentrationsrechts**.
Von zentraler Bedeutung ist die Vorschrift des § 26 RStV,[22] der die **außenpluralistische Vielfaltsicherung** zum Gegenstand hat und dessen Auslegung in der Praxis mitunter erhebliche Probleme bereitet.[23] Hinzu

---

17 Ein Überblick über die Vielfaltsicherung in den Landesmediengesetzen findet sich bei *Hesse*, Rundfunkrecht, Kap. 5 Rdnr. 81 ff.
18 Pluralismussicherung erfolgt hier nur durch eine pressespezifische Modifikation der allgemeinen kartellrechtlichen Zusammenschlusskontrolle nach §§ 35 ff. GWB. Hierzu im Einzelnen unten, § 28.
19 *Gounalakis/Zagouras*, ZUM 2006, 716 (719).
20 Dazu unten, § 6 D.
21 Diese unterscheiden sich in qualitativer Hinsicht deutlich von den Vorgaben für den öffentlich-rechtlichen Rundfunk, da das BVerfG den privaten Rundfunkveranstaltern die Möglichkeit einräumen wollte, ihr Programm nach massenattraktiven Gesichtspunkten auszugestalten. BVerfGE 73, 118 (156) – Niedersachsen.
22 *Zagouras*, Konvergenz und Kartellrecht, S. 253.
23 Dies hat in jüngerer Zeit die Diskussion um die Übernahme von *ProSiebenSat.1* durch *Axel Springer* gezeigt. Zu den Gegnern der Untersagung gehören hauptsächlich *Bornemann*, ZUM 2006, 200 ff.; *ders.*, MMR 2006, 275 ff.; *Säcker*, K&R 2006, 49 ff.; zu den Befürwortern sind u. a. zu zählen: *Renck-Laufke*, ZUM 2006, 907 ff.; *Hain*, K&R 2006, 150 ff.; *Bohne*, WRP 2006, 540 (547 f.); *Dörr*, in: Festschrift Mailänder, 481 ff.;

gesellen sich mit § 27 RStV Vorschriften zur Bestimmung der Zuschaueranteile sowie mit § 28 RStV zur Zurechnung von Fernsehprogrammen.
§ 29 RStV regelt die Veränderung von Beteiligungsverhältnissen an
Rundfunkveranstaltern, während § 30 RStV vielfaltsichernde Maßnahmen definiert und § 31 RStV den Rechtsrahmen für die Sendezeit unabhängiger Dritter setzt. Programmbeiräte sind schließlich Gegenstand der
§§ 32, 33 RStV.

Flankiert werden die materiellrechtlichen Bestimmungen des RStV
durch die Regelungen des **dritten Unterabschnitts** über die **Organisation
der Medienaufsicht**. Das formelle Medienkonzentrationsrecht wurde im
Zuge des zehnten Rundfunkänderungsstaatsvertrages wesentlich geän-
dert.[24] § 36 RStV legt den **organisatorischen Rahmen zur Verhinderung
vorherrschender Meinungsmacht** im Rundfunkbereich fest und verteilt
die Zuständigkeiten zwischen den Landesmedienanstalten und der KEK.
Letztere hat in der Vergangenheit immer wieder für Schlagzeilen gesorgt,[25] da unterschiedliche Ansichten über Art und Umfang der einfachgesetzlichen Pluralismussicherung bestehen. Als weitere Aspekte des formellen Rundfunkkonzentrationsrechts sind die in § 37 RStV enthaltenen
verfahrensrechtlichen Regeln über die Zulassung und Aufsicht von Programmveranstaltern, sowie die in § 40 RStV enthaltenen Vorschriften
über die Finanzierung besonderer Aufgaben zu nennen.

§ 12. Vielfaltsicherung auf Programmebene
nach § 25 RStV

A. Inhaltliche Vorgaben an die Programmgestaltung

Inhaltliche Aspekte der Meinungsvielfalt sind Gegenstand von § 25
RStV. Die Vorschrift zielt auf die **inhaltliche Ausgewogenheit der Berichterstattung** ab und lässt das Medieneigentum weitestgehend außen vor.[26]
Damit setzt § 25 RStV die vom BVerfG postulierten Ausgewogenheitspflichten **im privaten Rundfunk** um,[27] was sich angesichts des ambivalen-

---

Dittmann, in: Festschrift Mailänder, 469 ff.; *Gounalakis/Zagouras*, AfP 2006, 93 ff.;
dies., NJW 2006, 1624 ff.

[24] Hierzu unten, § 25 B I.

[25] Kritisch zum medienpolitischen Verständnis der KDLM *Dörr*, in: Festschrift Mailänder, 481 (482).

[26] Vgl. *Rossen-Stadtfeld*, in: Beck'scher Kommentar zum Rundfunkrecht, § 25
Rdnr. 33.

[27] Während der öffentlich-rechtliche Rundfunk dem breiten Spektrum unterschiedlicher Weltanschauungen und Positionen bereits im Rahmen der Programmgestaltung
Rechnung zu tragen hat, reicht dem BVerfG bei privaten Veranstaltern eine gleichgewichtige Vielfalt des Gesamtprogramms. BVerfGE 73, 118 (159) – Niedersachsen. Siehe auch oben, § 5 C.

ten Wortlauts der Vorschrift nicht unbedingt als gelungen erweist.[28] § 25 Abs. 1 S. 1 RStV bestimmt, dass im privaten Rundfunk die **Vielfalt der unterschiedlichen Meinungen im Wesentlichen** inhaltlich zum Ausdruck zu bringen ist.[29] In enger Anlehnung an die Wortwahl des BVerfG stellt S. 2 der Vorschrift fest, dass die bedeutsamen politischen, weltanschaulichen und gesellschaftlichen **Kräfte und Gruppen** in Vollprogrammen **angemessen zu Wort kommen** müssen, wobei auch die Auffassungen von **Minderheiten** zu berücksichtigen sind. Wegen der fehlenden Präzisierung der Ausgewogenheitspflichten kommt der Regelung eine eher **programmatische Bedeutung** zu: Sie soll eine eindeutig parteiische Berichterstattung und einen manipulativen Einsatz des Mediums zu eigennützigen Zwecken verhindern.[30]

Wie weit die Ausgewogenheitsverpflichtung des Vollprogramms reicht, lässt sich nur schwer abstrakt umschreiben. Durch die relativierende Formulierung *„im Wesentlichen"* wird zum Ausdruck gebracht, dass **inhaltliche Vielfalt nicht numerisch** begriffen werden darf.[31] Maßgeblich ist daher der negative Aussagegehalt des Ausgewogenheitsgebots: **Verhindert werden soll** in erster Linie eine **Instrumentalisierung des Suggestivmediums Fernsehen** durch eine gesellschaftliche Gruppe.[32] Daher dürfen beispielsweise Vollprogramme nicht bewusst dazu eingesetzt werden, die Ansichten von Minderheiten, etwa einer bestimmten Oppositionspartei, systematisch vom Kommunikationsprozess auszuschließen.

Die Rechtsprechung hatte sich bislang noch kaum mit § 25 RStV auseinanderzusetzen. Der BayVGH nahm an, in **Insolvenz** geratene Veranstalter böten nicht die Gewähr für ein Programmangebot, das den Anforderungen der Ausgewogenheit und der Meinungsvielfalt (Art. 4 BayMG) entspräche.[33] Partizipationsrechte am Rundfunkprogramm können aus § 25 Abs. 1 RStV nicht abgeleitet werden. So hat das BVerfG in der Pflicht zur Schaffung eines ausgewogenen Gesamtangebots[34] **keine** hinreichende **Grundlage für die Erhebung eines Teilnehmerentgelts** in Form eines sog. *„Kabelgroschens"* für die Veranstaltung privater Rundfunkan-

---

[28] Speziell die Regelungen des § 25 Abs. 1–3 RStV sind an Konturlosigkeit kaum zu übertreffen und tragen kaum zur Konkretisierung der Ausgewogenheitspflichten für das Gesamtprogramm bei. Aus Sicht der Medien bedarf es hier eindeutiger Vorgaben.

[29] *Bamberger*, ZUM 2000, 551 (553) spricht in diesem Zusammenhang von einem *„gewissen Grundstandard von Vielfaltsbindungen"*.

[30] Ein solcher kann beispielsweise in einer Instrumentalisierung eines Senders durch den Alleingesellschafter für eigene, persönliche Zwecke unter dem Deckmantel der Sachlichkeit verstanden werden. Siehe VGH Mannheim, ZUM-RD 2005, 156 (159 f.) – BTV4U.

[31] Vgl. *Rossen-Stadtfeld*, in: Beck'scher Kommentar zum Rundfunkrecht, § 25 Rdnr. 59.

[32] BVerfGE 12, 205 (262) – Deutschland Fernsehen GmbH.

[33] *BayVGH*, AfP 2004, 168.

[34] Hierzu im Einzelnen oben, § 5 C.

gebote gesehen.[35] Ebenso wenig wird ein Zugangsrecht zur Übermittlung bestimmter Inhalte gewährt, sodass beispielsweise Musiker **keinen** aus der Ausgewogenheitspflicht der Veranstalter resultierenden **Anspruch auf Sendung** ihrer Stücke in Hörfunk und Fernsehen geltend machen können.[36] Ähnliches gilt für die Teilnahme von Parteien an **Wahlsendungen**.[37] In ähnlicher Weise ist auch die Vorschrift des § 25 Abs. 2 RStV zu verstehen, wonach ein einzelnes Programm die Bildung der **öffentlichen Meinung nicht** in hohem Maße **ungleichgewichtig beeinflussen** darf. *De facto* dürfte es sich um eine regulatorische **Zielvorgabe** handeln, da weder die ungleichgewichtige Beeinflussung präzisiert wird noch eine Rechtsfolge für den Fall der Zuwiderhandlung bereitgestellt wird.[38] Ähnlich verhält es sich mit § 25 Abs. 3 RStV. Hiernach hat die zuständige Landesmedienanstalt bereits im Rahmen des Zulassungsverfahrens darauf hinzuwirken, dass an einem Veranstalter auch Interessenten mit kulturellen Programmbeiträgen beteiligt werden, freilich ohne dass hierauf **ein prozessual durchsetzbarer Anspruch** bestünde.[39]

B. Die Sicherung regionaler Meinungsvielfalt nach § 25 Abs. 3 RStV

Die Meinungsvielfalt auf regionaler bzw. lokaler Ebene hat § 25 Abs. 3 RStV zum Gegenstand,[40] der eine **Verpflichtung zur Aufnahme von Regionalfensterprogrammen** für die beiden zuschauerstärksten Sender (derzeit *RTL* und *Sat.1*) vorsieht.[41] Ursprünglich hing die Veranstaltung solcher Fenster mit der terrestrischen Verbreitung einzelner Hauptprogramme zusammen.[42] Durch den heutigen § 25 Abs. 4 RStV werden die Veranstalter der beiden populärsten Vollprogramme zur **aktuellen** und

---

[35] Vgl. BVerfGE 114, 371 (392) – Kabelgroschen.

[36] Vgl. OVG Münster, NJW 2004, 625 (626).

[37] Hierzu im öffentlich-rechtlichen Kontext, OVG Münster, NJW 2002, 3417 ff. – TV-Duell. Siehe auch *Puttfarcken*, in: Festschrift Engelschall, 121 ff. Zur Ausstrahlung nationalistischer Wahlwerbespots *Gounalakis*, NJW 1990, 2532 ff.

[38] Damit reduziert sich der eigenständige Anwendungsbereich der Vorschrift praktisch auf Null. § 25 Abs. 2 RStV erweist sich als eine Art Aneinanderreihung unbestimmter Rechtsbegriffe, ohne die Rechtsfolgenseite zu bestimmen. Insofern hätte man auf die Vorschrift auch verzichten können.

[39] § 25 Abs. 3 RStV erweist sich schon deshalb als missglückt, da noch nicht einmal ersichtlich ist, was unter dem Begriff des Veranstalters zu verstehen sein soll. Siehe *Hartstein/Ring/Kreile/Dörr/Stettner*, RStV, § 1 Rdnr. 14.

[40] Grundlegend hierzu *Ebsen*, Fensterprogramme im Privatfunk als Mittel zur Sicherung von Meinungsvielfalt, S. 141 ff.

[41] Das Gesetz spricht in § 25 Abs. 4 S. 1 RStV von „*den beiden bundesweit verbreiteten reichweitenstärksten Fernsehvollprogrammen*". *Kümmel/Meyer-Burckhardt*, MMR 2005, 288 (289) sprechen in diesem Zusammenhang von einer „*Lex RTL und Sat.1*".

[42] Zur Entstehung und Entwicklung der Regionalfenster *Kümmel/Meyer-Burckhardt*, MMR 2005, 288.

authentischen Darstellung der Ereignisse des politischen, wirtschaftlichen, sozialen und kulturellen Lebens im jeweiligen Bundesland verpflichtet.[43] Zu Zwecken der inhaltlichen Ausgewogenheit dieser Regionalfenster muss nach § 25 Abs. 4 S. 2 RStV die **redaktionelle Unabhängigkeit** dieser Fensterveranstalter gewährleistet sein.[44]

Nicht zu verwechseln sind die im Vorabendprogramm ausgestrahlten Regionalformate mit den Sendezeiten für unabhängige Dritte in § 31 Abs. 1 RStV,[45] die nach § 26 Abs. 3 S. 4, Abs. 5 RStV konzentrationsrechtlich zu beachten sind.[46] Der RStV versucht die Meinungsmacht besonders populärer Sender durch unabhängig produzierte Programmbestandteile zumindest zu relativieren. Gleichzeitig will man durch die **inhaltliche Ausrichtung der Programmfenster auf regionale Belange** das **Informationsspektrum** des privaten Fernsehens **erweitern**.[47]

§ 13. Materielles Rundfunkkonzentrationsrecht der §§ 26 ff. RStV

A. Sicherung der Meinungsvielfalt im Fernsehen nach § 26 RStV

I. Aufgaben und Struktur des Rundfunkkonzentrationsrechts

Die Vorschriften der §§ 26 ff. RStV spiegeln eine ganze Reihe **medienpolitischer Grundsatzentscheidungen** wider, von denen ein großer Teil **durch** das **Verfassungsrecht** determiniert ist.[48] Von zentraler Bedeutung sind die Abs. 1 und 2 des § 26 RStV, die mehr oder weniger präzise Gefahren für das **Entstehen vorherrschender Meinungsmacht** umschreiben. Flankiert werden sie von zahlreichen Modifikationen für die in § 26 Abs. 2 RStV vorgesehenen **Schwellenwerte**. Ferner sehen § 26 Abs. 3 und

---

[43] Der Umfang dieser Verpflichtung richtet sich nach dem Stand der Programmaktivitäten zum 1. Juli 2002, was von verschiedener Seite für Kritik gesorgt hat. Siehe dazu *Hartstein/Ring/Kreile/Dörr/Stettner*, RStV, § 1 Rdnr. 17.; *Kümmel/Meyer-Burckhardt*, MMR 2005, 288 (289) sowie *Dörr/Schiedermair*, Ein kohärentes Konzentrationsrecht für die Medienlandschaft in Deutschland, S. 54.

[44] Diese Unabhängigkeit soll nach § 25 Abs. 4 S. 4 RStV dadurch vermittelt werden, dass es sich beim Fernsehprogrammveranstalter nicht um ein mit dem Hauptprogrammveranstalter i. S. v. § 28 RStV verbundenes Unternehmen handelt. Zu verbundenen Unternehmen nach § 28 RStV auch *Zagouras*, Konvergenz und Kartellrecht, S. 258 ff.

[45] Siehe *Hartstein/Ring/Kreile/Dörr/Stettner*, RStV, § 1 Rdnr. 20.

[46] *Ebsen*, Fensterprogramme im Privatfunk als Mittel zur Sicherung von Meinungsvielfalt, S. 144 f. m. w. N.

[47] Positiver Nebeneffekt der regionalen Vielfaltsicherung ist, dass sich die Regionalfenster großer Beliebtheit erfreuen. *Hartstein/Ring/Kreile/Dörr/Stettner*, RStV, § 1 Rdnr. 17.

[48] Zu den verfassungsrechtlichen Hintergründen der Verhinderung vorherrschender Meinungsmacht insbesondere oben, § 6.

4 RStV verschiedene **Rechtsfolgen** für den Fall vor, dass ein Medienkonzern mit den ihm zurechenbaren Programmen vorherrschende Meinungsmacht erreicht. Die Bestimmung und Zurechnung der **Zuschaueranteile** richtet sich nach §§ 27 und 28 RStV. Schließlich enthalten die §§ 30 ff. RStV **vielfaltsichernde Maßnahmen**, zu denen neben der Einräumung von Sendezeiten für unabhängige Dritte auch die Einrichtung eines vorwiegend beratenden Programmbeirats zählen.

II. § 26 Abs. 1 RStV als Grundsatzentscheidung für das Modell außenpluralistischer Vielfaltsicherung

1) Systemwechsel vom Beteiligungsgrenzen- zum Marktanteilsmodell

Mit Schaffung der §§ 26 ff. RStV hat der Gesetzgeber den **Wechsel von der binnen- zur außenpluralen Vielfaltsicherung** vollzogen.[49] Ursprünglich sah § 21 RStV 1991 noch eine Beschränkung der Beteiligung an privaten Rundfunkveranstaltern vor.[50] Den vom BVerfG für den privaten Rundfunk geforderten effizienten Schutz vor vorherrschender Meinungsmacht[51] versuchte man durch **Anbietergemeinschaften** zu verwirklichen.[52] Unternehmen und Privatpersonen durften mit maximal 50 % der Kapital- oder Stimmrechte an einem Fernsehprogramm beteiligt sein. Weitere Einschränkungen galten für Beteiligungen zwischen 25 % und 50 %. Solche waren nur noch an zwei weiteren Veranstaltern zulässig, sofern sie sich wiederum unterhalb der 25 %-Grenze bewegten.

Durch die Beteiligungsbeschränkungen sollte verhindert werden, dass sich eine gesellschaftliche Gruppe des Suggestivmediums bemächtigt.[53] Nachdem die Schwellenwerte von 25 % der Gesellschaftsanteile von einigen Medienkonzernen **umgangen** wurden und sich statt der erhofften Transparenz und gegenseitiger Kontrolle faktisch eine **bedenkliche Verflechtung der verschiedenen Medienunternehmen** eingestellt hatte, erwies sich das Beteiligungsgrenzenmodell endgültig als gescheitert.[54] Zusätzlich zeichnete sich ein Ende der Sondersituation des Rundfunks ab,[55] als die Nutzung von Breitbandkabelnetzen und Satelliten weitere Übertragungskapazitäten freisetzte. Spätestens mit der **Digitalisierung der Signale**[56]

---

[49] Zur Unterscheidung der beiden Regulierungsmodelle zur Sicherung des publizistischen Wettbewerbs im Rundfunkbereich bereits oben, § 5 C III.

[50] Siehe zur Urfassung des § 21 RStV von 1987 auch *Jochimsen*, AfP 1999, 7 (9).

[51] Hierzu *Gounalakis/Zagouras*, AfP 2006, 93 (101 f.).

[52] *Degenhart*, in: Bonner Kommentar, GG, Art. 5 Abs. 1 und 2 Rdnr. 832.

[53] Vgl. *Bremer/Esser/Hoffmann*, Rundfunk in der Verfassungs- und Wirtschaftsordnung Deutschlands, S. 72.

[54] Vgl. *Zagouras*, Konvergenz und Kartellrecht, S. 249.

[55] Diese zeichnete sich durch Frequenzknappheit und Finanzbedarf aus. BVerfGE 12, 205 (261) – Deutschland Fernsehen GmbH.

[56] Durch Bündelung der digitalen Signale wurde eine Vervielfachung der Übertragungsmöglichkeiten prognostiziert. Vgl. *Bender*, ZUM 1998, 38. Tatsächlich wurden durch die Einführung des digitalen terrestrischen Fernsehens Frequenzspektren frei, die

und der **Konvergenz der Medien**[57] war die Zeit der anzahlmäßigen Beschränkung von Rundfunkprogrammen abgelaufen.[58]

2) Prinzip der externen Anbietervielfalt

Das Modell der außenpluralen Vielfaltsicherung basiert auf dem **Kerngedanken der Anbietervielfalt**.[59] Ähnlich wie bei der Presse,[60] soll Meinungsvielfalt durch eine möglichst große Anzahl unterschiedlicher Programmveranstalter hergestellt werden, sodass sich die Rezipienten aus unterschiedlichen und publizistisch selbstständigen Quellen unterrichten können.[61] Die Vielfaltsicherung beruht auf einem **funktionierenden Meinungsmarkt** und damit auf dem **publizistischen und wirtschaftlichen Wettbewerb selbstständiger Einheiten**.[62] Die KEK versteht unter publizistischem Wettbewerb die geistig-publizistische Konkurrenz von Meinungen.[63] Da das Suggestivmedium Fernsehen jedoch weder sich selbst noch dem freien Spiel der Kräfte überlassen werden darf,[64] muss auch in einem verhältnismäßig liberalen,[65] den konvergenzbedingten Diversifikationsbestrebungen der Medienkonzerne[66] durchaus entgegenkommenden Außenwettbewerb der Fernsehveranstalter sichergestellt sein, dass keine **vorherrschende Meinungsmacht** entsteht.[67] Auf einfachgesetzlicher Ebene haben die Bundesländer versucht, diese Grenze durch § 26 RStV zu präzisieren.

– ganz im Sinne der Konvergenz der Kommunikationsplattformen – gleichermaßen von Rundfunk(diensten) wie auch reinen Mobilfunkdiensten genutzt werden können. Zu den rechtlichen Rahmenbedingungen dieses Verteilungskampfes um die digitale Dividende auch *Zagouras*, CR 2006, 819 ff.

[57] Eingehend *Gounalakis*, Konvergenz der Medien, S. 12 ff.; siehe jüngst auch *Hain*, K&R 2006, 325 ff.

[58] Vgl. *Zagouras*, Konvergenz und Kartellrecht, S. 250.

[59] Siehe BVerfGE 73, 118 (178) – Niedersachsen; sowie im Zusammenhang mit der Presse auch BVerfGE 52, 283 (296) – Tendenzbetrieb.

[60] Vgl. zum außenpluralen und auf privatwirtschaftliche Verfassung ausgerichteten Ordnungsmodell der Presse BVerfGE 12, 205 (261) – Deutschland Fernsehen GmbH; 52, 283 (296) – Tendenzbetrieb.

[61] Eingehend hierzu oben, § 5.

[62] Dazu jüngst auch BVerfG, DVBl 2008, 507 (508) – Hessisches Privatrundfunkgesetz.

[63] Siehe KEK, 3. Konzentrationsbericht, S. 35.

[64] BVerfGE 12, 205 (259) – Deutschland Fernsehen GmbH.

[65] Vgl. *Schlette*, ZUM 1999, 802 (806).

[66] Dazu *Kübler*, MP 2004, 131 (132).

[67] Vgl. BVerfGE 57, 295 (323) – FRAG.

B. Verhinderung vorherrschender Meinungsmacht nach § 26 Abs. 1 RStV

I. Einfachgesetzliches Verbot vorherrschender Meinungsmacht

§ 26 Abs. 1 RStV gehört zu den wichtigsten Regelungen des Rundfunk-konzentrationsrechts und bestimmt, dass ein Medienunternehmen, gleich ob es sich hierbei um **natürliche oder juristische Personen** oder gar **Personenvereinigungen** handelt, entweder selbst oder durch zurechenbare Unternehmen grundsätzlich eine **unbegrenzte Anzahl von Programmen** mit bundesweiter Verbreitung veranstalten darf.[68] Sachlich wird vom Verbot vorherrschender Meinungsmacht in § 26 Abs. 1 RStV nur die Vielfaltsicherung im Fernsehen erfasst. **Crossmedial vermittelte Meinungsmacht** bleibt zwar nicht unbeachtet.[69] Dennoch handelt es sich bei den Vorschriften der §§ 26 ff. RStV um originäres Fernsehkonzentrationsrecht, das mittelfristig *de lege ferenda* in ein echtes und damit **plattformübergreifendes Medienkonzentrationsrecht zu überführen** ist.[70]

II. § 26 Abs. 1 RStV als Grundtatbestand der einfachgesetzlichen Vielfaltsicherung

Welche Funktion § 26 Abs. 1 RStV im System des einfachgesetzlichen Antikonzentrationsrechts konkret einnimmt, stellt eine der wichtigsten Fragen des deutschen Rundfunkrechts dar. Besonders kontrovers diskutiert wird, ob sich § 26 Abs. 1 RStV als **Grundtatbestand der einfachgesetzlichen Vielfaltsicherung** im bundesweit empfangbaren Fernsehen erweist und insoweit neben die Vermutungsregelungen des § 26 Abs. 2 RStV tritt oder diese abschließend formulierte Kriterien beinhalten. Die Ausschließlichkeitswirkung des § 26 Abs. 2 RStV war gerade in jüngerer Vergangenheit von großer Bedeutung,[71] als die KEK die Versagung einer Unbedenklichkeitserklärung[72] auf **§ 26 Abs. 1 RStV** stützte,[73] obwohl

---

[68] *Trute*, in: Beck'scher Kommentar zum Rundfunkrecht, § 26 Rdnr. 24.

[69] Zur crossmedial vermittelten Meinungsmacht *Mailänder*, AfP 2007, 297 ff.

[70] Zum Erfordernis eines branchenübergreifenden Medienkonzentrationsrechts *Gounalakis/Zagouras*, ZUM 2006, 716 (725).

[71] KEK-293 – Axel Springer AG. Vgl. zum kartellrechtlichen Parallelverfahren auch BKartA WuW DE-V 1163 ff. – Springer/ProSiebenSat.1, wo eine Gefährdung der Werbemärkte und eine Stärkung des Oligopols zwischen den Senderfamilien befürchtet wurde. Dazu auch *Bohne*, WRP 2006, 540 ff.; *Kuchinke/Schubert*, WuW 2006, 477 ff. sowie *Gounalakis/Zagouras*, NJW 2006, 1624 ff.

[72] Die KEK verhinderte dabei die Fusion, obwohl die Sendergruppe *ProSiebenSat.1* nach Maßgabe des § 27 RStV lediglich einen Zuschaueranteil von ca. 22 % auf sich vereinigen konnte. KEK-293, S. 84 – Axel Springer AG.

[73] Das Verfahren hat gleichermaßen für harsche Kritik seitens der Interessenvertreter der Medien *Säcker*, K&R 2006, 49 ff. und der Landesmedienanstalten gesorgt. *Bornemann*, ZUM 2006, 200 ff.; *ders.*, MMR 2006, 275 ff. Siehe aber auch die Zustimmung

sich der Zuschaueranteil im konkreten Fall auch nach dem Zusammenschluss unterhalb des in § 26 Abs. 2 RStV vorgesehenen Schwellenwerts von 25 % der durchschnittlich erreichten Zuschauer bewegen würde.[74] Stein des Anstoßes ist der missglückte Wortlaut des § 26 Abs. 1 RStV: „*es sei denn es [das Unternehmen] erlangt dadurch vorherrschende Meinungsmacht **nach Maßgabe der nachfolgenden Bestimmungen**".* Inwieweit diese Formulierung die Bestimmung vorherrschender Meinungsmacht inhaltlich determiniert und sich damit in § 26 Abs. 2 S. 1 und 2 RStV eine **abschließende Umschreibung** manifestiert, ist umstritten.[75] Im Endeffekt geht es um die Frage, ob man der Formulierung „*nach Maßgabe*" eine Ausschlusswirkung i. S. v. „*nur*"[76] beimisst oder sie als Konkretisierung i. S. v. „*insbesondere*" versteht. Dahinter verbirgt sich freilich die – manchmal fast emotional diskutierte[77] – Machtverteilung zwischen der KEK und den Landesmedienanstalten bei der **Wahrnehmung der publizistischen Wettbewerbsaufsicht.**[78]

Das Meinungsspektrum reicht von einem abschließenden Verständnis (sog. quantitativer Ansatz) bis hin zum extensiven Rückgriff auf außerhalb des § 26 Abs. 2 RStV liegende konzentrationsbegründende Umstände (qualitativer Ansatz).[79] Dogmatisch betrachtet haben sich die Positionen in den letzten Jahren durchaus angenähert.[80] Mittlerweile kann man wegen der zunehmenden Versachlichung der Diskussion eher von einem **quantitativ-qualitativen Ansatz** sprechen, der immerhin in extremen Situationen § 26 Abs. 1 RStV aus verfassungsrechtlichen Gründen unmittelbar anwenden will,[81] sowie einem **qualitativ-quantitativen,** der in den Vermutungsre-

---

bei *Hain,* K&R 2006, 150 ff.; *Bohne,* WRP 2006, 540 (547 f.); *Dörr,* in: Festschrift Mailänder, 481 ff.; *Dittmann,* in: Festschrift Mailänder, 469 ff.; *Gounalakis/Zagouras,* AfP 2006, 93 ff.

[74] Gerade dieses Vorgehen wurde scharf kritisiert. *Säcker,* K&R 2006, 49 (50) beispielsweise unterstellt der KEK „*neosozialistische Tendenzen*" sowie ein Handeln nach Maßgabe einer „*von den Interessen des privaten Eigentümers losgelösten Expropriationsphilosophie*".

[75] Hierzu bereits *Kübler,* MP 1999, 379 ff.

[76] So etwa die KDLM, ZUM 1998, 1054 (1056 f.) – Discovery Channel; *Engel,* ZUM 2005, 776 (779); *Hepach,* ZUM 2007, 40 (45).

[77] Siehe hierzu die jüngste Auseinandersetzung im rundfunkkonzentrationsrechtlichen Dauerlauf von *Renck-Laufke* und *Hepach.* Vgl. *Renck-Laufke,* ZUM 2006, 907 ff.; *Hepach,* ZUM 2007, 40 ff.

[78] Zur politischen Dimension der Verhinderung vorherrschender Meinungsmacht auch *Dörr,* in: Festschrift Mailänder, 481 (482), der insbesondere die Voreingenommenheit der Direktoren der Landesmedienanstalten im Verfahren um die Unbedenklichkeit des Zusammenschlusses von *Axel Springer* und *ProSiebenSat.1* kritisiert. Zum Spannungsverhältnis zwischen KEK und den Landesmedienanstalten zuvor schon *Knothe/Lebens,* AfP 2000, 125.

[79] Zum gegenwärtigen Stand der Diskussion auch *Holznagel/Krone,* MMR 2005, 666 (667).

[80] Vgl. zur früheren Auseinandersetzung etwa *Renck-Laufke,* ZUM 2000, 105 (108 f.) oder auch *Hepach,* ZUM 1999, 603 (609); *ders.* ZUM 2003 112 (114).

[81] *Holznagel/Krone,* MMR 2005, 666 (673).

gelungen des § 26 Abs. 2 RStV durchaus eine Grundsatzentscheidung des Gesetzgebers erblickt, sie jedoch nicht abschließend versteht.[82]

1) Ursprünglich qualitativer Standpunkt der KEK

Gemeinsam mit der herrschenden Meinung im Schrifttum und der Rechtsprechung betrachtet die KEK § 26 Abs. 1 RStV als eine Grundnorm,[83] die aus verfassungsrechtlichen Gesichtspunkten eine qualitative Gesamtbetrachtung nahelegt.[84] Dem in § 26 Abs. 1 RStV enthaltenen Begriff der *„vorherrschenden Meinungsmacht"* liege ein **unbestimmter Rechtsbegriff verfassungsrechtlichen Ursprungs** zugrunde, der **letztverbindlich nur durch das BVerfG bestimmt** werden könne.[85] Dagegen können sich die Landesgesetzgeber trotz der Normgebundenheit der Rundfunkfreiheit bei der Konkretisierung der vorherrschenden Meinungsmacht nicht im selben Umfang auf ihre Einschätzungsprärogative berufen, wie bei konventionellen grundrechtsneutraleren Regelungsmaterien.[86]

Auch den §§ 26 ff. RStV wird eine normative **Konkretisierung originär grundgesetzlicher Anforderungen** abverlangt,[87] da sie entsprechend verwaltungsrechtlicher Gepflogenheiten lediglich versuchen, einen unbestimmten Rechtsbegriff durch nicht enumerative Beispiele in Form von **Vermutungstatbeständen** greifbar zu machen. Konsequenterweise wurden die Vermutungstatbestände des § 26 Abs. 2 RStV als **konventionelle Vermutungsregelungen** i. S. d. Beibringungsmaxime verstanden, aus denen sich keinerlei Beschränkungen für die Reichweite des § 26 Abs. 1 RStV ableiten lassen.[88] In ihren jüngeren Entscheidungen misst die KEK dem **Kriterium des Zuschauermarktes** zwar eine **zentrale, nicht aber** eine **exklusive Bedeutung** bei.[89] § 26 Abs. 2 RStV wird eine Leitbildfunktion[90] zugesprochen.[91]

---

[82] Vgl. VG München, ZUM 2008, 343 (347) – Springer/ProSiebenSat.1; *Gounalakis/Zagouras*, AfP 2006, 93 (102). Dies verkennt beispielsweise *Hepach*, ZUM 2007, 40 (47).

[83] *Peifer*, Vielfaltssicherung im bundesweiten Fernsehen, S. 55 sowie *Engel*, ZUM 2005, 776 (778) benutzen in diesem Zusammenhang den Begriff des *„abstrakten Gefährdungstatbestands"*.

[84] KEK, ZUM-RD 1999, 251 (258 f.) – PREMIERE. Vgl. auch den fünften Jahresbericht der KEK, S. 223; im Internet abrufbar unter http://www.kek-online.de/Inhalte/jahresbericht_01–02.pdf. Siehe auch VG München, ZUM 2008, 343 (347) – Springer/ProSiebenSat.1, hierzu auch *Hain*, K&R 2007, 160 (164); *Mestmäcker*, Immenga/Mestmäcker, GWB, Vor § 35 Rdnr. 104; *Hain*, MMR 2000, 537 (539); *Janik*, AfP 2002, 104 (111).

[85] In diesem Sinne bereits KEK, ZUM-RD 2000, 96 (98) – Discovery Channel.

[86] Vgl. *Renck-Laufke*, ZUM 2000, 369 (372).

[87] So *Renck-Laufke*, ZUM 2000, 105 (106).

[88] KEK, ZUM-RD 1999, 251 (258) – PREMIERE; sowie KEK, 5. Jahresbericht, S. 214.

[89] KEK-293, S. 79 – Axel Springer AG.

[90] Zur Funktion von gesetzlichen Vermutungen als Leitbilder *Paschke/Goldbeck*, ZWeR 2007, 49 (71 ff.); *Paschke/Tacke*, in: Hamburger Kommentar, Kap. 2, 7. Abschn. Rdnr. 143.

[91] KEK-293, S. 79 – Axel Springer AG.

2) Quantitatives Normverständnis der KDLM

Nach ausschließlich **quantitativen Kriterien** nähern sich die Landesmedienanstalten § 26 Abs. 1 RStV.[92] Sie interpretieren die Vermutungstatbestände des § 26 Abs. 2 RStV mit Teilen des Schrifttums[93] als eine **abschließende Festlegung materiellrechtlicher Kriterien für die Bestimmung vorherrschender Meinungsmacht**.[94] Neben den darin enthaltenen Kriterien verbleibe kein Spielraum mehr für eine einzelfallorientierte Ausfüllung vorherrschender Meinungsmacht.[95] Dabei beruft man sich gleichermaßen auf **systematische wie auch historische Erwägungen**: So wird aus der Formulierung „*nach Maßgabe der nachfolgenden Bestimmungen*" in § 26 Abs. 1 RStV geschlussfolgert, die Feststellung vorherrschender Meinungsmacht habe nach dem Willen des historischen Gesetzgebers auf keinen anderen als den in § 26 Abs. 2 RStV enthaltenen Kriterien zu beruhen.[96]

Zur Begründung verweist man auf die amtliche Begründung zu § 26 RStV.[97] Ihr versucht man zu entnehmen, dass die KEK Meinungsdominanz unterhalb des Schwellenwerts von 30 % der durchschnittlichen Zuschauer nur unter engen Voraussetzungen annehmen dürfe.[98] Im Umkehrschluss seien „*Interdependenzen, Wechselwirkungen* o. ä." zu bestimmten Aktivitäten, Positionen und Interessenlagen des zu überprüfenden Unternehmens im Markt, mithin zusätzliche qualitative Merkmale" für die Festlegung der Geringfügigkeitsschwelle grundsätzlich unbeachtlich.[99] Ähnlich wie in der Diskussion um die Pressekonzentration[100] bezieht man den Standpunkt, **crossmediale Meinungsmacht ließe sich**

---

[92] Vgl. KDLM, ZUM 1998, 1054 (1056 ff.) – Discovery Channel.

[93] So jüngst *Peifer*, Vielfaltssicherung im bundesweiten Fernsehen, S. 78. Siehe zuvor auch schon *Hepach*, ZUM 2003, 112 (116).

[94] Vgl. KDLM, ZUM 1998, 1054 (1056) – Discovery Channel.

[95] KDLM, ZUM 1998, 1054 (1057) – Discovery Channel.

[96] KDLM, ZUM 1998, 1054 (1057) – Discovery Channel; ähnlich auch *Hepach*, ZUM 2003, 112 (114) sowie *ders.*, ZUM 1999, 603 (608); *ders.*, ZUM 2007, 40 (45).

[97] *Peifer*, Vielfaltssicherung im bundesweiten Fernsehen, S. 63 ff.

[98] Die KDLM beruft sich hierbei auf folgende Formulierung der amtlichen Begründung, abgedruckt bei *Hartstein/Ring/Kreile/Dörr/Stettner*, RStV, § 26, S. 3: „*Die Ausgestaltung der 30-vom-Hundert-Grenze als Vermutungsgrenze schließt umgekehrt nicht aus, dass die KEK vorherrschende Meinungsmacht im Fernsehen auch unterhalb dieser Grenze feststellt. Allerdings wird dies an die KEK besondere Anforderungen an den Nachweis stellen.* " Hieraus wird wiederum abgeleitet, dass lediglich in kleinem Umfang mengenmäßige Unterschreitungen der Höchstgrenze des Zuschauermarktanteils im Rahmen von § 26 RStV denkbar seien. Vgl. KDLM, ZUM 1998, 1054 (1057) – Discovery Channel.

[99] KDLM, ZUM 1998, 1054 (1057) – Discovery Channel.

[100] Vgl. hierzu *Degenhart*, in: Bonner Kommentar, GG, Art. 5 Abs. 1 und 2 Rdnr. 451 f., der schon die Erforderlichkeit antikonzentrationsrechtlicher Maßnahmen im Bereich der Presse in Frage stellt, da „*die tatsächlichen Wirkungen der Massenmedien auf die Meinungsbildung bei den Rezipienten kaum zuverlässig nachgewiesen*" seien.

kommunikationswissenschaftlich nicht erfassen.[101] Dies mag die Versäumnisse der Kommunikationswissenschaft bei der Lokalisierung von Meinungsmacht verdeutlichen. *Dass* Art. 5 Abs. 1 S. 2 GG auch crossmedial vermittelte Meinungsmacht verbietet, beruht auf einer **juristischen Hypothese des BVerfG.**[102]

3) Quantitativ-qualitativer Ansatz

In jüngerer Zeit zeichnete sich eine **Annäherung der Positionen** ab.[103] Namentlich *Holznagel* und *Krone*[104] sowie *Engel*[105] bezogen einen vermittelnden, dennoch stark am quantitativen Ansatz ausgerichteten Standpunkt, nach welchem vorherrschende Meinungsmacht zumindest **dem Grunde nach anhand quantitativer Gesichtspunkte** zu beurteilen ist, um dem Außenpluralismus als Wettbewerbsmodell gerecht zu werden.[106] Ein Zuschaueranteil unterhalb der Schwellenwerte des § 26 Abs. 2 RStV sei antikonzentrationsrechtlich prinzipiell unbeachtlich. Anders als der rein quantitative Ansatz der Landesmedienanstalten, zeigt sich die quantitativ-qualitative Theorie[107] aus **verfassungsrechtlichen Gesichtspunkten in Extremsituationen** zu einem **korrigierenden Rückgriff auf die Generalklausel** des § 26 Abs. 1 RStV bereit,[108] wenn sich *„die vom Gesetzgeber vorgesehene Eingriffsschwelle im Lichte verfassungsrechtlicher Erwägungen offensichtlich als unangemessen"* erweist.[109]

Der **Korridor**, innerhalb dessen § 26 Abs. 1 RStV unmittelbar zur Anwendung gelangt, ist jedoch **denkbar eng** und betrifft im Wesentlichen Einzelfälle, welche sich mit den kodifizierten Regelbeispielen nicht erfassen ließen. So seien etwa Fernsehaktivitäten **führender politischer Wochenmagazine** als rundfunkkonzentrationsrechtlich relevant einzustufen.[110] Dahingegen sei eine marktbeherrschende Stellung auf einem medienrelevanten verwandten Markt unterhalb eines Zuschaueranteils von 25 % *per se* ebenso wenig zu berücksichtigen wie *Cross-Media-Owner-*

---

[101] *Peifer*, Vielfaltssicherung im bundesweiten Fernsehen, S. 80.

[102] Vgl. BVerfGE 95, 163 (173) – DSF.

[103] Ähnlich *Paschke/Goldbeck*, ZWeR 2007, 49 (56).

[104] Vgl. *Holznagel*, Rechtsgutachten zur Auslegung des § 26 Abs. 2 Satz 2 RStV, S. 26 f.; *Holznagel/Krone*, MMR 2005, 666 (673).

[105] *Engel*, ZUM 2005, 776 (780).

[106] So geht etwa *Engel*, ZUM 2005, 776 (780) davon aus, § 26 Abs. 2 RStV sei weder Beweiserleichterung noch Regelbeispiel, sondern nur ein gesetzlich bindender Typus.

[107] Zur Terminologie auch *Gounalakis/Zagouras*, AfP 2006, 93 (99 f.).

[108] Vgl. *Holznagel*, Rechtsgutachten zur Auslegung des § 26 Abs. 2 Satz 2 RStV, S. 5 f.

[109] *Holznagel/Krone*, MMR 2005, 666 (673).

[110] Als Beispiel wird der Fall eines Verlagshauses für führende politische Wochenmagazine aufgeführt, welches zusätzlich alle wesentlichen Spartenkanäle in den Bereichen Information und Dokumentation zu erwerben trachtet, selbst wenn diese nur einen Zuschaueranteil von weniger als 25 % erreichen. So *Holznagel*, Rechtsgutachten zur Auslegung des § 26 Abs. 2 Satz 2 RStV, S. 5.

ship-Verflechtungen.[111] Aufgabe der KEK sei es, den Willen des Gesetzgebers zu erforschen, nicht aber eine maßstablose Kontrolle zu praktizieren.[112]

4) Qualitativ-quantitativer Ansatz

Als Pendant zum quantitativ-qualitativen hat sich der sog. **qualitativ-quantitative Ansatz** herausgebildet. Er erkennt den **Zuschaueranteil als maßgebliches Kriterium** für die Bestimmung vorherrschender Meinungsmacht an.[113] Dies gilt allerdings unter der Einschränkung, dass das einfachgesetzliche Verbot vorherrschender Meinungsmacht inhaltlich zumindest **dasselbe Spektrum denkbarer Bedrohungen** für den Pluralismus in den Medien erfassen können muss wie der **verfassungsrechtliche**.[114] Als unbestimmter Rechtsbegriff muss er auch atypische Fallkonstellationen aufgreifen können, die in den Regelbeispielen des § 26 Abs. 2 RStV nicht umschrieben wurden.[115]

Da einige der vom BVerfG benannten Ursachen von § 26 Abs. 2 RStV nicht umfasst sind und auch die Festlegung der Schwellenwerte bei 25 % des Zuschaueranteils einem medienpolitischen Kompromiss entspringt,[116] können die Vermutungstatbestände keine Sperrwirkungen gegenüber anderen, nicht explizit erwähnten Erwägungen entfalten.[117] Vorherrschende Meinungsmacht kann folglich selbst dann angenommen werden, wenn der Zuschaueranteil einer Senderfamilie den Schwellenwert von 25 % nicht erreicht.[118] Dies sieht auch die Rechtsprechung so.[119] Dennoch ist nach der qualitativ-quantitativen Theorie bei der Konkretisierung des unbestimmten Rechtsbegriffs der historische Wille des Gesetzgebers – namentlich die Grundentscheidung für das **Modell der außenpluralistischen Vielfaltsicherung** sowie das **Anknüpfen am Zuschaueranteil** – zu respektieren.[120] Dies schließt aber eine Einzelfallabwägung nicht aus, die im Endeffekt auf folgender Gleichung beruht: Je stärker die

---

[111] *Holznagel*, Rechtsgutachten zur Auslegung des § 26 Abs. 2 Satz 2 RStV, S. 6; sowie *Holznagel/Krone*, MMR 2005, 666 (673).

[112] Vgl. *Engel*, ZUM 2005, 776 (778).

[113] Hieran dürfte heutzutage wohl niemand mehr zweifeln. Auch die KEK betont dies explizit. Vgl. KEK-293, S. 79 – Axel Springer AG.

[114] Dazu im Einzelnen oben, § 6.

[115] Sie allein werden dem deutlich breiteren verfassungsrechtlichen Anwendungsbereich ohne Rückgriff auf eine einfachgesetzliche Generalklausel nicht gerecht. Vgl. VG München, ZUM 2008, 343 (347 f.) – Springer/ProSiebenSat.1.

[116] Kritisch dazu schon *Stock*, JZ 1997, 583 (592).

[117] In diesem Sinne KEK, ZUM-RD 2000, 96 (98) – Discovery Channel. Siehe auch VG München, ZUM 2008, 343 (347 f.) – Springer/ProSiebenSat.1, dazu auch *Hain*, K&R 2007, 160 ff.

[118] Siehe auch *Gounalakis/Zagouras*, AfP 2006, 93 (103).

[119] VG München, ZUM 2008, 343 (347) – Springer/ProSiebenSat.1.

[120] So bereits KEK, ZUM-RD 2000, 41 (51) – RTL Television; siehe auch KEK-293, S. 79 ff. – Axel Springer AG.

Markt- und Meinungsmacht des betreffenden Unternehmens auf einem dieser Märkte ist, desto stärker kann auf Grundlage von § 26 Abs. 1 RStV vom 25 %-Schwellenwert abgewichen werden.[121]

5) Diskussion

Wegen seines verfassungsrechtlichen Ursprungs muss der Terminus vorherrschende Meinungsmacht offen verstanden werden. Letztlich verhaftet nur noch die KDLM am Wortlaut des § 26 Abs. 2 RStV.[122] Bedenken gegen eine solche Funktion der Vermutungsregelungen bestehen insbesondere unter verfassungsrechtlichen Gesichtspunkten, da eine solche Anwendung des einfachgesetzlichen Antikonzentrationsrechts nicht mit dem Charakter der vorherrschenden Meinungsmacht als verfassungsrechtlich vorgegebener unbestimmter Rechtsbegriff in Einklang stünde.[123]

a) Historischer Normkontext

Die Gesetzeshistorie lässt den Schluss nicht zu, dass *kein* einziger Faktor neben den in § 26 Abs. 2 RStV festgelegten Kriterien Beachtung finden soll.[124] Ein derart im **Widerspruch zum verfassungsrechtlichen Kontext** des § 26 RStV stehender Wille hätte **explizit zum Ausdruck** kommen müssen. Insbesondere hätte § 26 Abs. 2 RStV **nicht als Vermutungstatbestand** formuliert werden dürfen.[125] Aus der Begründung zu § 26 Abs. 1 RStV lässt sich nicht ableiten, dass die Vorschrift den Vermutungstatbeständen des Abs. 2 lediglich als eine Art Normüberschrift ohne eigenen Regelungsgehalt dienen sollte.[126] Zwar wollten die Landesgesetzgeber durch die 25 %-Schwelle und die Privilegierungstatbestände des § 26 Abs. 2 S. 3 RStV im Rahmen des sechsten Rundfunkänderungsstaatsvertrags die **Praktikabilität des Antikonzentrationsreglements** erhöhen.[127] Der Einführung eines zweiten Schwellenwertes unterhalb der 30 %-Grenze in § 26 Abs. 2 RStV kann jedoch nur eine indizielle Bedeutung

---

[121] Vgl. KEK, 3. Konzentrationsbericht, S. 377.

[122] Diese wird insbesondere unterstützt von *Peifer*, Vielfaltssicherung im bundesweiten Fernsehen, S. 80, der letztlich aber die Erklärung schuldig bleibt, warum der unklare Wortlaut des RStV ausgerechnet verfassungsrechtlichen Vorgaben vorgehen soll.

[123] Vgl. *Gounalakis/Zagouras*, AfP 2006, 93 (100).

[124] Anders freilich *Holznagel/Krone*, MMR 2005, 666 (670).

[125] So wurde gerade nicht auf das Regelungsinstrument einer abschließenden Definition vorherrschender Meinungsmacht zurückgegriffen. Siehe *Gounalakis/Zagouras*, AfP 2006, 93 (102).

[126] Ähnlich KEK, ZUM-RD 2000, 41 (50 f.) – RTL Television. Auch das Argument, der Gesetzgeber habe durch die Einführung des Zuschaueranteilmodells eine *„einheitliche Währung"* für die Bemessung von vorherrschender Meinungsmacht einführen wollen, *Holznagel/Krone*, MMR 2005, 666 (672), vermag nicht zu überzeugen.

[127] Unklarheiten resultierten insbesondere aus der ursprünglichen Formulierung *„geringfügige Unterschreitung"*. Siehe *Neft*, ZUM 1998, 458 (462); *Renck-Laufke*, ZUM 2000, 105 (110).

beigemessen werden,[128] da die Möglichkeit einer wertenden Gesamtschau gerade nicht beseitigt wurde.[129]

Hinweise auf einen entsprechenden Willen des Gesetzgebers, einen weiteren subsidiären, aber dennoch *absoluten* Schwellenwert einführen zu wollen, lassen sich der amtlichen Begründung aber gerade nicht entnehmen.[130] Sie spricht zwar von einer „*Untergrenze*" von 25 %.[131] Da sich diese jedoch **ausschließlich auf den Vermutungstatbestand** des § 26 Abs. 2 S. 2 RStV bezieht, sind Rückschlüsse auf die Auslegung des unbestimmten Rechtsbegriffs vorherrschende Meinungsmacht in § 26 Abs. 1 RStV nicht zulässig. Eben dies wird seitens des quantitativ-qualitativen Ansatzes verkannt, wenn man sich darauf beruft, der Gesetzgeber habe sich nicht zur Frage einer unmittelbaren Anwendung von § 26 Abs. 1 RStV geäußert.[132] Dass der Gesetzgeber überhaupt nicht Stellung bezogen hat, lässt sich zumindest nicht als Argument dafür anführen, er habe die tatbestandliche Wirkung des § 26 Abs. 1 RStV im sechsten Rundfunkänderungsstaatsvertrag beseitigen wollen.[133] Die Unergiebigkeit der historischen Normexegese spricht jedenfalls gegen eine abschließende Wirkung der Vermutungstatbestände. Dementsprechend geht auch die Rechtsprechung davon aus, dass ein gegenteiliger Wille des Gesetzgebers eindeutig zum Ausdruck hätte kommen müssen.[134]

---

[128] Diesbezüglich führt die amtliche Begründung lediglich aus: „*Durch die Streichung des Wortes „geringfügig" in Abs. 2 Satz 2 wird die Möglichkeit eröffnet, die Stellung des Unternehmens auf medienrelevanten verwandten Märkten ab einer Untergrenze von 25 vom Hundert des Zuschaueranteils einzubeziehen, bei der gleichzeitigen Gewährung eines Bonus bei Aufnahme von Regionalfenstern von zwei vom Hundert und eines weiteren Bonus von drei vom Hundert, wenn darüber hinaus Sendezeit für Dritte im zuschauerstärksten Programm gewährt wird, denn in beiden Fällen wird ein Beitrag zur Meinungsvielfalt geleistet. § 26 Abs. 2 Satz 1 bleibt durch die Änderung in § 26 Abs. 2 unberührt. Die in dieser Vorschrift verankerte 30-%-Grenze darf auch weiterhin nicht überschritten werden.*"

[129] Vgl. KEK, ZUM-RD 1999, 251 (258) – PREMIERE; *Gounalakis/Zagouras*, AfP 2006, 93 (101).

[130] Insofern kann insbesondere *Holznagel/Krone*, MMR 2005, 666 (671) nicht gefolgt werden, welche dies dahingehend interpretieren, dass die Länder den prozentualen Zuschaueranteil als Auslegungsleitlinie für die Bestimmung und Berechnung vorherrschender Meinungsmacht verstanden wissen wollten.

[131] Siehe auch KEK-293, S. 77 f. – Axel Springer AG.

[132] *Holznagel*, Rechtsgutachten zur Auslegung des § 26 Abs. 2 Satz 2 RStV, S. 24.

[133] So aber *Peifer*, Vielfaltssicherung im bundesweiten Fernsehen, S. 63 f., der das Gegenteil aus dem Umstand ableiten will, dass sich die KEK in einer Stellungnahme um eine entsprechende Klarstellung bemühte. Dass dies vom Gesetzgeber nicht ausdrücklich umgesetzt wurde, sagt aber gerade *nichts* darüber aus, ob die Vermutungstatbestände einen exklusiven Kanon enthalten sollen. Ein solcher wäre verfassungsrechtlich nicht haltbar.

[134] Vgl. VG München, ZUM 2008, 343 (347) – Springer/ProSiebenSat.1.

b) Normsystematik

Sofern versucht wird, die abschließende Wirkung der Vermutungsregelungen aus dem **Parlamentsvorbehalt und dem Rechtsstaatsprinzip** zu schlussfolgern,[135] stehen dem zwei Aspekte entgegen: Zum einen hat sich der Gesetzgeber in formell nicht zu beanstandender Weise für die Schaffung eines Verbots vorherrschender Meinungsmacht in § 26 Abs. 1 RStV entschieden, welches durch **Vermutungen, nicht aber einen konventionellen Aufgreiftatbestand** konkretisiert wird. Normlogisch bedarf es einer solchen Vermutung aber nur dann, wenn der **Nachweis vorherrschender Meinungsmacht auch außerhalb einer Vermutung** und damit „freihändig" erbracht werden kann. Sie muss auf einer Grundnorm aufbauen.

c) Verfassungsrechtliche Gesichtspunkte

Ein wichtiger Faktor bei Ermittlung des Aussagegehalts von § 26 Abs. 1 RStV ist die vom BVerfG geforderte **Effizienz der Vielfaltsicherung.** Die publizistische Wettbewerbsaufsicht muss gerade Risiken erfassen können, welche multimedialer Meinungsmacht und crossmedialer Verflechtung entspringen[136] und sich für die Gesellschaftsform der Demokratie im Informationszeitalter als unkalkulierbar erweisen.[137] Die konkrete Anwendung der §§ 26 ff. RStV muss dem **Wechselspiel verfassungsrechtlicher und einfachgesetzlicher Vorgaben** gerecht werden können. Dass die Feststellung vorherrschender Meinungsmacht über den Wortlaut des § 26 Abs. 2 RStV auch verfassungsrechtlichen Anforderungen genügen muss, ist außerhalb der Landesmedienanstalten weitestgehend anerkannt.[138]

Unterschiedlich wird allerdings die Frage beurteilt, wann die Generalklausel des § 26 Abs. 1 RStV herangezogen werden kann. Hier zeigt sich der quantitativ-qualitative Ansatz *de facto* als ein quantitativer: Ein Rückgriff auf § 26 Abs. 1 RStV wird nur dann als erforderlich angesehen, wenn die **freie Informationsvermittlung in ihren Grundfesten erschüttert** wird. Im Ergebnis soll der Schwellenwert von 25 % der Zuschauer nur dann unterschritten werden dürfen, wenn beispielsweise politische Nachrichtenmagazine wie *DER SPIEGEL* oder *FOCUS* versuchen, sämtliche Nachrichtensender in der Bundesrepublik zu übernehmen.[139] Einer der-

---

[135] So jüngst wieder *Hepach*, ZUM 2007, 40 (46).

[136] Vgl. insbesondere BVerfGE 95, 163 (173) – DSF, wonach es nicht mehr auf die Unterscheidung zwischen konkreter und abstrakter Gefahr ankommt.

[137] In diesem Sinne bereits *Gounalakis/Zagouras*, AfP 2006, 93 (103).

[138] Konkret geht die herrschende Meinung von einem prinzipiellen Vorrang der einfachgesetzlichen Wertungen und damit des Zuschauermarktanteils als Kernkriterium aus. KEK-293, S. 79 – Axel Springer AG; *Holznagel/Krone*, MMR 2005, 666 (673); *Engel*, ZUM 2005, 776 (777).

[139] Vgl. *Holznagel/Krone*, MMR 2005, 666 (673), die eine Unterschreitung der 25-%-Schwelle nur dann zulassen wollen, „*wenn der Einzelfall Besonderheiten aufweist,*

artigen teleologische Reduktion des § 26 Abs. 1 RStV auf das **absolute Minimum an Vielfaltsicherung für elitäre Informationsmedien** steht freilich entgegen, dass weder der Schutzbereich der Rundfunkfreiheit noch der Pressefreiheit[140] von der Qualität der Berichterstattung abhängt.[141]

Dieser, auf die **Neutralisierung der Meinungsmacht der Regenbogenpresse** ausgerichtete Ansatz verkennt das enorme **Meinungspotential trivialer Unterhaltung.** Insofern vermögen schon seine tatsächlichen Prämissen nicht zu überzeugen. In einer **Mediendemokratie** geht es weniger um den Widerstreit konkreter politischer Konzepte, sondern um ein bestimmtes massenkompatibles Image einer Partei oder eines Politikers. Eine Analyse des politischen Erfolgs *Silvio Berlusconis* zeigt,[142] dass seine Omnipräsenz in den vielen Infotainment- und Unterhaltungsformaten im italienischen Fernsehen, die hauptsächlich von politisch weniger interessierten und unentschlossenen Wählergruppen rezipiert werden, eine ausschlaggebende Rolle für seine Wahlerfolge beinhaltete.[143] Triviale **Information birgt das Risiko emotional vermittelter Meinungsdominanz** in sich, die gerade wegen der Gefahr von Unsachlichkeit **konzentrationsrechtlich nicht unbeachtet** bleiben darf.[144]

Dass § 26 Abs. 1 RStV einen offenen Grundtatbestand für die Bestimmung vorherrschender Meinungsmacht darstellt, wird auch von der Rechtsprechung anerkannt[145] und ergibt sich aus Art. 5 Abs. 1 S. 2 GG.[146] Er verbietet im Suggestivmedium Fernsehen kategorisch jegliche Form von Meinungsdominanz. Wo diese ihren Ursprung findet, ist unbeachtlich. Das BVerfG hat eine ganze Reihe von Faktoren herausgearbeitet, die zu vorherrschender Meinungsmacht beitragen können und vom Wortlaut

die sich i. R. d. kodifizierten Regelbeispiele nicht angemessen erfassen lassen. Vorstellbar wäre etwa der Fall, dass ein Verlagshaus die führenden politischen Wochenmagazine herausgibt und zusätzlich alle wesentlichen Spartenkanäle in den Bereichen Information und Dokumentation zu erwerben trachtet, ohne dabei die Zuschauerschwelle von 25 % zu überschreiten."

[140] Hierzu *Jarass*, in: Jarass/Pieroth, GG, Art. 5, Rdnr. 26.

[141] Vgl. BVerfGE 57, 295 (319) – FRAG; sowie 60, 53 (64) – Rundfunkbeirat.

[142] Aufschlussreich ist diesbezüglich ein Blick nach Italien, wo sich Medienunternehmer und Politiker *Silvio Berlusconi* faktisch ohne politisches Programm, dafür aber mit jeder Menge Trivialunterhaltung und *„Personality-Placement"* mehrmals an die Spitze der italienischen Politik brachte, zuletzt im April 2008. Zeitweise kontrollierte er fast den gesamten italienischen Fernsehmarkt (einschließlich der staatlichen Sendergruppe RAI) sowie die wichtigsten Pressetitel. Siehe zur Situation in Italien *Mazzoleni*, MP 2003, 517 ff.; *Reinemann*, ZUM 2004, 904 ff.

[143] Ähnlich auch die Einschätzung des Wissenschaftlichen Beirats beim Bundesministerium für Wirtschaft und Technologie in seinem Gutachten *„Offene Medienordnung"*, S. 16 f. Das Gutachten ist im Internet abrufbar unter http://www.bmwi.de/BMWi/Redaktion/PDF/__Archiv/Medienordnung1,property=pdf,bereich=bmwi,sprache=de,rwb=true.pdf.

[144] Vgl. bereits *Gounalakis/Zagouras*, AfP 2006, 93 (99 ff.).

[145] Siehe VG München, ZUM 2008, 343 (347) – Springer/ProSiebenSat.1. Dazu *Hain*, K&R 2007, 160 (162)

[146] Ähnlich KEK, ZUM-RD 2000, 41 (50 f.) – RTL Television.

der Vermutungsregelungen nicht erfasst werden. Eine verfassungskonforme Interpretation des § 26 RStV in seiner Gesamtheit setzt insofern voraus, dass diese auch auf einfachgesetzlicher Ebene Berücksichtigung finden.[147]

Da sich einmal etablierte Meinungsmacht faktisch nicht mehr beseitigen lässt,[148] ist der **Rückgriff auf den Grundtatbestand** des § 26 Abs. 1 RStV nicht nur zulässig, sondern **geradezu geboten**, wenn sich ökonomische Marktmacht auf den Rundfunk auswirken kann.[149] Dies gilt auch für den quantitativ-qualitativen Ansatz, der sich nicht nur auf den Wortlaut des § 26 Abs. 2 RStV stützt, sondern ebenso auf die verfassungsrechtlichen Prinzipien der **Rechtssicherheit, Normklarheit und Justiziabilität**.[150] Verkannt wird in diesem Zusammenhang, dass unbestimmte Rechtsbegriffe gerade dazu eingesetzt werden, die Planungssicherheit der Normadressaten zu Gunsten eines **Plus an Flexibilität bei der Normanwendung** zurücktreten zu lassen.[151] Art. 5 Abs. 1 S. 2 GG gebietet insofern ein Zurücktreten der Rechtssicherheit von Medienkonzernen hinter dem überragenden Interesse der Demokratie und damit des Allgemeinwohls an der Verhinderung von Meinungsdominanz.

d) Schlussbetrachtung

Festzuhalten bleibt, dass nur die qualitativ-quantitative Theorie zu einem angemessenen Ausgleich zwischen verfassungsrechtlichen Erfordernissen und der gesetzgeberischen Grundsatzentscheidung für das Zuschauermarktanteilsmodell schafft. Damit kann die KEK im Einklang mit der Verwaltungsrechtsprechung auf den Grundtatbestand des § 26 Abs. 1 RStV zurückgreifen.[152] Bei der Bestimmung von Meinungsmacht außerhalb der Vermutungstatbestände des § 26 Abs. 2 RStV sind die darin aufgestellten Kriterien, insbesondere der Zuschaueranteil hinreichend zu berücksichtigen.

---

[147] So bereits *Gounalakis/Zagouras*, AfP 2006, 93 (100); ähnlich *Dörr/Schiedermair*, Ein kohärentes Konzentrationsrecht für die Medienlandschaft in Deutschland, S. 21.

[148] Vgl. BVerfGE 57, 295 (323) – FRAG; 73, 118 (160) – Niedersachsen.

[149] Ähnlich *Dörr/Schiedermair*, Ein kohärentes Konzentrationsrecht für die Medienlandschaft in Deutschland, S. 21.

[150] *Holznagel/Krone*, MMR 2005, 666 (672); *Engel*, ZUM 2005, 776 (779).

[151] Siehe zum Umgang mit unbestimmten Rechtsbegriffen im Verwaltungsrecht unten, § 22 A I.

[152] Vgl. VG München, ZUM 2008, 343 (347) – Springer/ProSiebenSat.1.

§ 14. Struktur und Inhalt der Vermutungsregelungen des § 26 Abs. 2 RStV

In materiellrechtlicher Hinsicht enthalten die Vermutungsregelungen des § 26 Abs. 2 S. 1 und 2 RStV die **Kernaussagen des deutschen Rundfunkkonzentrationsrechts**. Zum einen beinhalten sie neben den **Schwellenwerten** von 30 % bzw. 25 % der Zuschaueranteile zahlreiche für die **Bestimmung vorherrschender Meinungsmacht maßgebliche Kriterien**. Zum anderen flankieren sie die Generalklausel des § 26 Abs. 1 RStV. Letzterer dienen sie ebenso bei der **Konkretisierung** des unbestimmten **Verfassungsbegriffs** der vorherrschenden Meinungsmacht.[153] Sie weisen dem Zuschaueranteil eines Unternehmens eine zentrale Bedeutung für die Bewertung von Meinungsmacht zu[154] und erteilen anderen Konzepten wie dem Werbemarktanteilsmodell eine Abfuhr.[155]

Systematisch lassen sich die Vermutungen des § 26 Abs. 2 RStV in zwei Gruppen einteilen: Während § 26 Abs. 2 S. 1 RStV einen fixen Schwellenwert von 30 % des Zuschaueranteils enthält, finden sich in § 26 Abs. 1 S. 2 RStV einige **wertende Tatbestandsmerkmale**, wie die **Beherrschung eines medienrelevanten verwandten Marktes** oder die in § 26 Abs. 1 S. 2 Var. 2 RStV vorgesehene **Gesamtbeurteilung der Aktivitäten eines Kommunikationsunternehmens**. Derartige Wertungsmöglichkeiten sind erforderlich, weil vorherrschende Meinungsmacht als unbestimmter Rechtsbegriff verfassungsrechtlichen Ursprungs nicht zur freien Disposition der Landesgesetzgeber steht. Damit einhergehende Unsicherheiten bei der Rechtsanwendung müssen in gewissem Umfang hingenommen werden, weil sich nicht alle Phänotypen vorherrschender Meinungsmacht bereits im Gesetzgebungsverfahren prognostizieren lassen.[156]

---

[153] Vgl. VG München, ZUM 2008, 343 (347 f.) – Springer/ProSiebenSat.1.; *Renck-Laufke*, ZUM 2000, 105 (108).

[154] So auch KEK-293, S. 79 – Axel Springer AG.

[155] Zu Alternativkonzeptionen *Trute*, in: Beck'scher Kommentar zum Rundfunkrecht, § 26 Rdnr. 15 ff.

[156] Früher versuchte man die Vermutung vorherrschender Meinungsmacht an eine „geringfügige Unterschreitung" der 30 %-Grenze zu knüpfen. Strittig war die Bestimmung der Grenze für eine geringfügige Unterschreitung des Schwellenwerts von 30 %. Zu dieser Problematik u. a. *Neft*, ZUM 1999, 97 (101); *Hepach*, ZUM 1999, 603 (609) sowie *Bork*, K&R 1998, 183 (187); *Kuch*, ZUM 1997, 12 (15); *Trute*, in: Beck'scher Kommentar zum Rundfunkrecht, § 26 Rdnr. 46.

§ 15. Vermutungsregelung des § 26 Abs. 2 S. 1 RStV: Beschränkung des Zuschaueranteils auf 30 %

A. Obergrenze für horizontale Konzentration im Fernsehen

Eine **Obergrenze** für Meinungsdominanz im bundesweiten Fernsehen enthält § 26 Abs. 2 S. 1 RStV. Hiernach wird vorherrschende Meinungsmacht vermutet, wenn die einem Unternehmen zurechenbaren Programme im **Durchschnitt** eines Jahres **einen Zuschaueranteil von 30 %** erreichen.[157] Der Unternehmensbegriff des RStV erstreckt sich nach § 26 Abs. 1 RStV gleichermaßen auf natürliche und juristische Personen sowie Personenvereinigungen.[158] Die Vermutungsregelung hat **horizontale Konzentration**[159] zum Gegenstand[160] und lässt diese bis zur Grenze von 30 % der Zuschauer zu. Bis zu dieser Schwelle wird ein ausreichendes Maß an Meinungsvielfalt im Fernsehen widerlegbar vermutet, sofern keine weiteren konzentrationsfördernde Umstände hinzutreten. § 26 Abs. 2 S. 1 RStV enthält eine **absolute Beschränkung** unternehmerischer Aktivitäten im Bereich des bundesweiten Privatfernsehens.[161] Da der **Schwellenwert von 30 % sehr hoch bemessen** ist, kommt der Vorschrift nur eine geringe praktische Bedeutung zu. Sie konzentriert sich auf die **Vorfeldwirkung**, einen Zusammenschluss der beiden Duopolisten ebenso wie einen erheblichen internen Zuwachs von Zuschaueranteilen zu verbieten.[162] Da es sich bei der Beurteilung vorherrschender Meinungsmacht um eine Prognoseentscheidung handelt, sind bei der Bestimmung der Zuschaueranteile – wie auch bei den übrigen Schwellenwerten des § 26 Abs. 2 RStV – absehbare künftige Entwicklungen in die Betrachtung mit einzubeziehen.[163]

---

[157] Hierzu auch *Dörr*, in: Tsevas, Pluralismussicherung und Konzentrationskontrolle im Medienbereich, 9 (14).

[158] Zum Unternehmensbegriff des § 26 Abs. 1 RStV auch *Hartstein/Ring/Kreile/Dörr/Stettner*, RStV, § 26 Rdnr. 5.

[159] Horizontale Konzentration bezeichnet Konzentration von Unternehmen, die auf demselben Markt tätig sind. Siehe *Knothe/Lebens*, AfP 2000, 125 (127).

[160] Vgl. *Mestmäcker/Veelken*, in: Immenga/Mestmäcker, GWB, Vor § 35 Rdnr. 96.

[161] Betroffenen Medienunternehmen steht es frei, den Gegenbeweis zu erbringen, dass dennoch keine vorherrschende Meinungsmacht besteht. Zu Rechtsnatur und Wirkung der Vermutungsregelungen des § 26 Abs. 2 RStV unten, § 17.

[162] *Trute*, in: Beck'scher Kommentar zum Rundfunkrecht, § 26 Rdnr. 41.

[163] Siehe KEK, ZUM-RD 1999, 251 (259) – PREMIERE; ZUM-RD 1999, 241 (247) – ProSieben; ZUM-RD 2000, 96 (99) – Discovery Channel.

B. 30 %-Grenze als medienpolitischer Kompromiss

Dass die Obergrenze bei 30 % der Zuschauer einschließlich der Anteile der öffentlich-rechtlichen Rundfunkanstalten veranschlagt wurde, erwies sich als gegenseitiges Entgegenkommen, das den **damaligen Besitzstand der Fernsehveranstalter** sichern sollte[164] und viele Detailfragen der Praxis überließ.[165] Zwar konnten sich die Länder im Rahmen des sechsten Rundfunkänderungsstaatsvertrages recht schnell auf eine Abkehr vom Beteiligungsgrenzenmodell einigen, da es einer **Diversifizierung der Fernsehprogramme** entgegenstand. Auch erwiesen sich weder das *One-Man/One-Show-* noch das **Werbemarktmodell** als geeignete Alternativen zum Zuschaueranteil.[166] **Streit** brach allerdings um die konkrete Bemessung der **Marktanteilsbegrenzung** aus.[167] Die Schwellenwertvorschläge reichten von 25 % bis 33 % der im Jahresdurchschnitt erreichten Zuschauer, während als Bagatellgrenze für die Beteiligung an Fernsehunternehmen 5 % bis 50 % diskutiert wurden.[168] Der **Spagat** zwischen einer effizienten Vielfaltsicherung und den **ökonomischen Bedürfnissen der Medienkonzerne**[169] stand auch in anderen Ländern auf der medienpolitischen Agenda. So zog man beispielsweise in Großbritannien ursprünglich sogar eine Marktanteilsbeschränkung von 10 % für das Privatfernsehen in Erwägung.[170] Die Festlegung des Grenzwerts bei 30 % der Fernsehzuschauer war Ergebnis eines Kompromisses, der eine Aufteilung des Fernsehmarktes zwischen den beiden Senderfamilien *ProSiebenSat.1* und der *RTL-Gruppe* sowie den öffentlich-rechtlichen Rundfunkanstalten ermöglichte[171] und fak-

---

[164] Aus standortpolitischen Erwägungen machten sich insbesondere die Regierungen von Bayern und Nordrhein-Westfalen dafür stark, dass den beiden größten, in den jeweiligen Bundesländern beheimateten Senderfamilien ein entsprechender Wachstums- und Entwicklungsspielraum verbleiben konnte. Vgl. *Hartstein/Ring/Kreile/Dörr/Stettner*, RStV, Entstehungsgeschichte Rdnr. 116.

[165] Vgl. *Mestmäcker/Veelken*, in: Immenga/Mestmäcker, GWB, Vor § 35 Rdnr. 101.

[166] Dazu auch *Trute*, in: Beck'scher Kommentar zum Rundfunkrecht, § 26 Rdnr. 16.

[167] Vgl. *Mestmäcker/Veelken*, in: Immenga/Mestmäcker, GWB, Vor § 35 Rdnr. 101, die aus den gegensätzlichen politischen Erwartungen, die mit dem Kompromiss verbunden wurden, den Schluss ziehen, sie seien nicht geeignet zur Auslegung des Staatsvertrages beizutragen, weshalb sich sein Zweck auch nicht in *„Befriedung und Zementierung der Marktverhältnisse"* erschöpfe.

[168] *Hartstein/Ring/Kreile/Dörr/Stettner*, RStV, Entstehungsgeschichte Rdnr. 112.

[169] Dies erklärt letztlich auch die geringe rechtstatsächliche Fundierung der Vermutungsregelungen des § 26 Abs. 2 S. 1, 2 RStV. Siehe hierzu insbesondere *Paschke/Goldbeck*, ZWeR 2007, 49 (66).

[170] Vgl. *Rüttgers*, CR 1996, 51 (53).

[171] Angesichts der konsolidierten Marktstrukturen im Bereich des Fernsehens kann bezweifelt werden, dass der Schwellenwert von 30 % überhaupt jemals erreicht wird. Vgl. *Stock*, JZ 1997, 583 (592); *Clausen-Muradian*, ZUM 1996, 934 (943); *Dörr*, NJW 1997, 1341 (1345); *ders./Schiedermair*, Ein kohärentes Konzentrationsrecht für die Medienlandschaft in Deutschland, S. 18 f.

tisch zu einer Konsolidierung des im privaten Rundfunks seit geraumer Zeit etablierten Oligopols[172] führte.[173]

§ 16. Vermutungsregelungen des § 26 Abs. 2 S. 2 RStV

A. Der Schwellenwert von 25 % der Zuschaueranteile nach § 26 Abs. 2 S. 2 RStV

Während § 26 Abs. 2 S. 1 RStV eine **Vermutung** vorherrschender Meinungsmacht enthält, die am Zuschaueranteil von 30 % fixiert ist, sollen die Vermutungsregelungen des § 26 Abs. 2 S. 2 RStV eine **normative Bestimmung von Meinungsdominanz** ermöglichen.[174] Die beiden Tatbestände sehen zum einen die wertende **Einbeziehung von Märkten** vor, die in einer meinungsrelevanten Beziehung zum Medium Fernsehen stehen, zum anderen eine **Gesamtbetrachtung der Aktivitäten** des betreffenden Unternehmens **auf den Medien- und Kommunikationsmärkten.**

Auf die Vermutungsregelungen des § 26 Abs. 2 S. 2 RStV direkt kann allerdings nur dann zurückgegriffen werden, wenn das betroffene Unternehmen einen Anteil von 25 % der Fernsehzuschauer über seine nach § 28 RStV zurechenbaren Programme auf sich vereinigt. Wird dieser **Schwellenwert unterschritten**, bedeutet dies jedoch **nicht**, dass ein bestimmter **Sachverhalt** automatisch **konzentrationsrechtlich unbedenklich wäre.**[175] Eine Unterschreitung des Schwellenwerts hat lediglich zur Folge, dass sich die KEK bei einer normativen Bestimmung von Meinungsmacht nicht auf die Vermutungswirkung des § 26 Abs. 2 S. 2 RStV und die ihm innewohnende Beweislastumkehr berufen darf. Sie kann jedoch immer noch eine Einzelfallbewertung auf Basis des Grundtatbestands des § 26 Abs. 1 RStV stützen.[176]

Angesichts der Bonusregelungen des § 26 Abs. 2 S. 3 RStV zeigt sich der tatsächliche **Anwendungsbereich** der Vorschriften allerdings als **eng bemessen.** Die Privilegierungen bewirken durch das **Herabsetzen der maßgeblichen Zuschaueranteile um fünf Prozentpunkte,** dass die Vermutungsregelungen faktisch leer laufen. Programmveranstalter werden schon deshalb rundfunkkonzentrationsrechtlich besser gestellt, weil sie ohnehin für besonders publikumsattraktive Programme bestehende gesetzliche Verpflichtungen einhalten. Die Beweislastumkehr für vorherrschende Meinungsmacht greift daher erst **bei einem Zuschaueranteil von**

---

[172] Siehe die wettbewerbliche Beurteilung des Fernsehmarktes BKartA WuW DE-V 1163 ff. – Springer/ProSiebenSat.1.

[173] *Mailänder*, AfP 2007, 297 (299).

[174] Vgl. *Zagouras*, Konvergenz und Kartellrecht, S. 267.

[175] Zu einem solchen Schluss tendieren aber offenbar *Säcker*, K&R 2006, 49 ff.; *Bornemann*, ZUM 2006, 200 ff.; *ders.*, MMR 2006, 275 ff.

[176] Siehe KEK-293, S. 70 ff. – Axel Springer AG.

30 %, der angesichts der Marktstrukturen und des wohl bis auf weiteres konsolidierten Oligopols[177] der beiden Senderfamilien *RTL-Gruppe* und *ProSiebenSat.1* ohnehin nicht erreicht werden dürfte.[178]

Ursprünglich räumten die normativen Vermutungsregelungen des § 26 Abs. 2 S. 2 RStV den Normadressaten einen **breiteren Beurteilungsspielraum** ein.[179] Bis zum sechsten Rundfunkänderungsstaatsvertrag knüpften beide Varianten an eine „*geringfügige Unterschreitung*" des Schwellenwertes von 30 % der Zuschauer an.[180] Um einer extensiven Norminterpretation durch die KEK vorzubeugen, wurde teilweise sogar versucht, die Geringfügigkeit der Schwellenwertunterschreitung in Prozentpunkten auszudrücken,[181] was jedoch dem Naturell unbestimmter Rechtsbegriffe widersprach.[182] Mit Einführung des Schwellenwertes von 25 % des Zuschaueranteils hat sich diese Frage erledigt.[183]

B. Vorherrschende Meinungsmacht im Fernsehen durch Beherrschung medienrelevanter verwandter Märkte nach § 26 Abs. 2 S. 2 Var. 1 RStV

Die erste Variante des § 26 Abs. 2 S. 2 RStV vermutet vorherrschende Meinungsmacht bei Erreichen eines Zuschaueranteils von 25 %, wenn das betreffende Unternehmen auf einem **medienrelevanten verwandten Markt** **eine marktbeherrschende Stellung** innehat. § 26 Abs. 2 S. 2 Var. 2 RStV setzt bei der vertikalen Integration[184] von Rundfunkveranstaltern an:[185]

---

[177] Eine umfassende Strukturanalyse insbesondere des Fernsehwerbemarkts findet sich bei BKartA WuW DE-V 1163 (1166 ff.) – Springer/ProSiebenSat.1.

[178] Ob und inwiefern die Voraussetzungen des § 26 Abs. 2 S. 3 RStV tatsächlich gegeben sind, ist eine antikonzentrationsrechtliche Frage, auf deren Beantwortung sich die Kompetenzen der KEK erstrecken. Es ist ihre Aufgabe zu untersuchen, ob von den Hauptprogrammveranstaltern aufgenommene Fensterprogramme überhaupt den Anforderungen des § 25 Abs. 4 RStV genügen. Instruktiv zu dieser Problematik *Groh*, Die Bonusregelungen des § 26 Abs. 2 S. 3 des Rundfunkstaatsvertrages, S. 148 ff.

[179] Hierzu auch *Zagouras*, Konvergenz und Kartellrecht, S. 267 ff.

[180] Dazu insb. KEK, ZUM-RD 2000, 41 (48 f.) – RTL Television. Die Vermutungsregelungen sollten gerade für eine solche Flexibilität bei der Erfassung crossmedial vermittelter Meinungsmacht sorgen. Vgl. *Zagouras*, Konvergenz und Kartellrecht, S. 268.

[181] So beispielsweise *Bork*, K&R 1998, 183 (184), welcher aufgrund der Systematik des § 26 RStV a. F. die Geringfügigkeit der Unterschreitung des Schwellenwerts von 30 % der Zuschaueranteile bei ca. 3 % veranschlagte oder auch *Kuch*, ZUM 1997, 12 (15), der eine solche Grenze bereits bei ca. 1,5 % sah.

[182] Siehe auch *Renck-Laufke*, ZUM 2006, 907 (913); *Mailänder*, AfP 2007, 297 (299). Zur Methode der Auslegung und Konkretisierung unbestimmter Rechtsbegriffe im Einzelnen unten, § 22.

[183] *Hartstein/Ring/Kreile/Dörr/Stettner*, RStV, § 26 Rdnr. 10.

[184] Unter vertikaler Konzentration versteht man im Kartellrecht Unternehmen unterschiedlicher Produktionsstufen, die in einem Hersteller-Abnehmer-Verhältnis zueinander stehen. *Knothe/Lebens*, AfP 2000, 125 (127).

[185] Zur Unterscheidung von horizontaler, vertikaler und konglomerater Unternehmenskonzentration im Kartellrecht *Ruppelt*, in: Langen/Bunte, Kartellrecht, § 36 Rdnr. 26, 31; *Möschel*, Recht der Wettbewerbsbeschränkungen, Rdnr. 711.

Durch das Einbeziehen mit der Fernsehveranstaltung **unmittelbar oder mittelbar in publizistischer Beziehung stehender Märkte** kommt der Gesetzgeber dem Postulat des BVerfG nach, **crossmedial vermittelte Meinungsdominanz** im Fernsehen zu verhindern.[186] Das Gericht hatte betont, dass das aus Art. 5 Abs. 1 S. 2 GG resultierende **Gebot der Sicherung des medialen Pluralismus** auch in Zeiten zunehmender **vertikaler Verflechtung von Rundfunkveranstaltern mit Produktionsfirmen,** Inhabern von **Film- und Sportübertragungsrechten** und Eigentümern von (**Programm-**) **Zeitschriften** nicht an Gewicht verliert.[187]

I. Medienrelevante verwandte Märkte

Welche Märkte im Rahmen des § 26 Abs. 2 S. 2 Var. 1 RStV als medienrelevant und der Veranstaltung von Fernsehprogrammen verwandt anzusehen sind, präzisiert die Vorschrift nicht. Deshalb muss der **unbestimmte Rechtsbegriff**[188] im Lichte der Rundfunkjudikatur des BVerfG ausgelegt werden. § 26 Abs. 2 S. 2 Var. 1 RStV spricht nicht von medialen Märkten, sondern von medien*relevanten.* Diese lassen sich in zwei Gruppen einteilen: *unmittelbar meinungsrelevante Wirtschaftszweige* und *mittelbar relevante.*[189] Erfasst werden daher zum einen **andere mediale Subsektoren,**[190] zum anderen der Rundfunkveranstaltung im kartellrechtlichen Sinne **vor- und nachgelagerte Märkte.**[191] Bei unternehmerischen Aktivitäten, die überhaupt keinen Bezug zum Rundfunk aufweisen, fehlt es an der erforderlichen Medienrelevanz.[192]

1) Medienrelevanz und Verwandtschaft zum Fernsehmarkt

a) Gesetzgebungsgeschichte

Ob Aktivitäten eines Unternehmens außerhalb des Fernsehens überhaupt Gegenstand der publizistischen Wettbewerbsaufsicht des RStV sind, hängt davon ab, wie weit der Kreis der medienrelevanten verwandten Märkte gezogen wird.[193] Obwohl der **Wortlaut** des § 26 Abs. 2 S. 2 Var. 1

---

[186] Dazu bereits *Hess,* AfP 1997, 680 (683); *Gounalakis/Zagouras,* ZUM 2006, 716 (720 ff.).

[187] Es ist nach Ansicht des BVerfG ebenso vor Risiken zu schützen, welche beispielsweise von der Privatisierung der Übertragungswege für den öffentlichen Kommunikationsprozess ausgehen. BVerfGE 95, 163 (173) – DSF.

[188] VG München, ZUM 2008, 343 (347) – Springer/ProSiebenSat.1; *Renck-Laufke,* ZUM 2000, 369 (373).

[189] *Gounalakis/Zagouras,* ZUM 2006, 716 (721).

[190] Vgl. *Hess,* AfP 1997, 680 (683).

[191] Dies gilt speziell im Hinblick auf die Erfassung zur Signalübermittlung erforderlicher Kommunikationsmittel. Vgl. *Mestmäcker/Veelken,* in: Immenga/Mestmäcker, GWB, Vor § 35 Rdnr. 96.

[192] Die KEK, ZUM-RD 2000, 101 – Kabel 1 hat bislang Aktivitäten im Bereich des Einzelhandels als irrelevant betrachtet.

[193] *Zagouras,* Konvergenz und Kartellrecht, S. 270.

RStV **wenig Aufschluss über die Zurechnung** einer bestimmten Branche gibt, lässt sich dem **historischen Willen des Gesetzgebers** entnehmen, dass zumindest „*Werbung, Hörfunk, Presse, Rechte, Produktion und andere medienrelevante verwandte Märkte einzubeziehen*" sind.[194]

b) Sinn und Zweck des § 26 Abs. 2 S. 2 Var. 1 RStV

Teleologisch betrachtet zielt § 26 Abs. 2 S. 2 Var. 1 RStV darauf ab, die Interdependenz zwischen ökonomischer Macht auf benachbarten Märkten und der Meinungsmacht im Fernsehen zu erfassen. Dennoch entfaltet nicht die Beherrschung eines jeden beliebigen Marktes rundfunkkonzentrationsrechtliche Relevanz; die Marktmacht muss vielmehr publizistisch in den Fernsehmarkt hineinstrahlen.[195] Die KEK beurteilt eine solche Medienrelevanz danach, ob der betreffende Markt für den **Prozess** der **öffentlichen Meinungsbildung** von Bedeutung ist oder er sich eignet, Meinungsmacht im Fernsehen auf der Ebene vor- oder nachgelagerter Märkte zu verstärken.[196] Maßstab hierfür können **Suggestivkraft, Breitenwirkung, Aktualität** sowie gegebenenfalls die **Nutzungsdauer** der Medien sein.[197]

c) Konventionelle Massenmedien

Dass **konventionelle Massenmedien** zu den medienrelevanten verwandten Märkten i. S. d. § 26 Abs. 2 S. 2 Var. 1 RStV gehören, braucht nicht weiter vertieft zu werden. Ausdrücklich erwähnt werden in der amtlichen Begründung **Hörfunk und Presse** als zumindest partielle **Parallelmärkte des Fernsehens**.[198] Wegen der kartellrechtlichen Bezüge des § 26 Abs. 2 S. 2 Var. 1 RStV ist allerdings die starke Sektorierung medialer Märkte im Wettbewerbsrecht zu berücksichtigen, wo man **keinen einheitlichen Markt für Printmedien und Rundfunk** bildet.[199] Entsprechend der im Medienkartellrecht geläufigen Einteilung in **Werbe-** und gegebenenfalls **Rezipientenmärkte**[200] können hiervon weitere medienrelevante verwandte Märkte abgeleitet werden. Schließlich können auch **Telemedien**, etwa Internetportale, zu dieser Fallgruppe gerechnet werden.[201]

---

[194] So die amtliche Begründung, abgedruckt bei *Hartstein/Ring/Kreile/Dörr/Stettner*, RStV, § 26, S. 3.

[195] In diesem Sinne auch *Trute*, in: Beck'scher Kommentar zum Rundfunkrecht, § 26 Rdnr. 49.

[196] KEK-293, S. 80 f. – Axel Springer AG. Ähnlich *Mailänder*, AfP 2007, 297 (301).

[197] KEK, 3. Konzentrationsbericht, S. 379.

[198] Amtliche Begründung, abgedruckt bei *Hartstein/Ring/Kreile/Dörr/Stettner*, RStV, § 26 S. 3; siehe hierzu auch *Janik*, AfP 2002, 104 (110 f.).

[199] Vgl. *Möschel*, in: Immenga/Mestmäcker, GWB, § 19 Rdnr. 30; *Gounalakis*, AfP 2004, 394 (396).

[200] Dazu ausführlich *Möschel*, Pressekonzentration und Wettbewerbsgesetz, S. 83 ff.

[201] Hiervon geht auch die KEK aus. Vgl. KEK-293, S. 80 – Axel Springer AG; einschränkend *Hartstein/Ring/Kreile/Dörr/Stettner*, RStV, § 26 Rdnr. 22, wonach es beispielsweise interaktiven Programmen mangels einer „*Konfrontation mit einer gefestigten Meinung*" fehle, was wiederum ihre Meinungsrelevanz beseitige.

d) Vorgelagerte Märkte

Der Programmveranstaltung unmittelbar **vorgelagerte Märkte** sind als medienrelevant und als dem Fernsehen verwandt einzustufen, da sie das Medium mit Inhalten versorgen.[202] Es kann sich hierbei um **Informationsbeschaffungsmärkte** jeglicher Art handeln, wie **Nachrichtenagenturen** bzw. **Wirtschafts- oder Bilddienste**.[203] Auch Unterhaltungsformate werden erfasst, sodass beispielsweise die **Produktion** inländischer und die **Beschaffung** ausländischer Spielfilme, Serien etc. auf dem Weltmarkt und der Einkauf international vertriebener Formate wie *Casting-* oder *Gameshows* grundsätzlich der Vermutungsregelung des § 26 Abs. 2 S. 2 Var. 1 RStV unterfallen.[204] Selbst der Lizenzvergabe für Übertragungsrechte für sportliche Großereignisse ist nach der Rechtsprechung des BVerfG eine beachtliche Meinungsrelevanz beizumessen.[205]

e) Elektronische Programmführer und Navigationsdienste

Ferner sind den medienrelevanten verwandten Märkten die **elektronischen Programmführer** und **Navigationsdienste** zuzurechnen,[206] deren Bedeutung für die Meinungsvielfalt mit zusätzlichen Übertragungskapazitäten weiter wächst.[207] Ähnlich verhält es sich bei der **wirtschaftlichen Zweitverwertung** der ausgestrahlten **Inhalte** und beim **Merchandising**. Ungeachtet deren gegenwärtig geringen ökonomischen Bedeutung kann daher bei hinreichender Meinungsrelevanz etwa der Vertrieb einzelner Programmbestandteile und Sendungen auf körperlichen Medien wie DVDs unter den Begriff des medienrelevanten verwandten Marktes fallen.[208] Gleiches gilt für das Bereitstellen von Sendungen zum Download im Internet. Selbst der Markt für **sendungsbegleitende Mehrwertdienste** in Form von Televoting-Diensten oder Hotlines[209] kann wegen der hohen Einnahmen der Sender und der daraus resultierenden Auswirkungen auf die inhaltliche Programmgestaltung nicht *a priori* als irrelevant eingestuft werden.

---

[202] Dies gilt insbesondere für den Bereich der Film- und Sportrechte sowie für die Produktion von Programminhalten. Vgl. *Gounalakis/Zagouras*, AfP 2006, 93 (97).

[203] *Hartstein/Ring/Kreile/Dörr/Stettner*, RStV, § 26 Rdnr. 23.

[204] Siehe KEK, ZUM-RD 2000, 41 – RTL Television.

[205] BVerfGE 95, 163 (173) – DSF.

[206] Hierzu *Gounalakis*, Konvergenz der Medien, S. 75. Siehe auch *Gersdorf*, Grundzüge des Rundfunkrechts, Rdnr. 500 ff.

[207] Vgl. auch BVerfG, AfP 2007, 457 (460) Tz. 118 – Rundfunkgebühren II. Dazu auch *Gounalakis/Wege*, NJW 2008, 800 ff. Zur Bedeutung elektronischer Programmführer im Zusammenhang mit der Verhinderung von Informationsmonopolen auch oben, § 7 C II 2.

[208] Dazu auch *Gounalakis/Zagouras*, AfP 2006, 93 (97).

[209] Gerade Quizshows machen sich in lauterkeitsrechtlich häufig bedenklicher Form diese neuen Einnahmequellen durch die Anwahl spezieller Nummern aus der 0137-Rufnummerngasse zu Eigen. Vgl. zu den hieraus resultierenden Rechtsfragen auch *Bahr*, K&R 2006, 145 ff.; *Hecker/Ruttig*, GRUR 2005, 393 ff.; *Schulz*, CR 2006, 164 ff.; *Gabriel/Barth*, VuR 2006, 301 ff.

f) Telekommunikationsmärkte

Unterschiedlich beurteilt wird die **Einbeziehung von Märkten für die Übermittlung von Fernsehsignalen.** Vereinzelt wird die Ausklammerung von Märkten ohne unmittelbaren publizistischen Bezug gefordert.[210] Bei dieser restriktiven Auslegung des § 26 Abs. 2 S. 2 Var. 1 RStV geht es allerdings weniger um die Berücksichtigungsfähigkeit von Marktmacht, die aus der Beherrschung weiter entfernter Märkte resultiert,[211] oder gar kompetenzrechtliche Fragen.[212] Bezweckt wird eine **antikonzentrationsrechtliche Neutralisierung der mittelbaren Meinungsmacht von Telekommunikationsunternehmen,** etwa von Satelliten- bzw. Kabelnetzbetreibern oder Anbietern zukunftsträchtiger Übertragungsarten, die dem Eigentum an der Signalübermittlungsinfrastruktur entspringt.[213]

Kompetenzrechtliche Bedenken können angesichts der unterschiedlichen Zielsetzung von publizistischer, ökonomischer und gegebenenfalls sogar telekommunikationsrechtlicher Wettbewerbsregulierung nicht geteilt werden: Eine **Einbeziehung von Telekommunikationsmärkten** in die Vermutungsregelung des § 26 Abs. 2 S. 2 Var. 1 RStV kommt gerade **nicht** einer **sektorspezifischen Wettbewerbsregulierung** der Betreiber von Übertragungswegen durch die KEK gleich.[214] Es geht vielmehr darum, telekommunikative **Flaschenhalspositionen** wegen ihren potentiellen Auswirkungen auf den Pluralismus in den Medien rundfunkkonzentrationsrechtlich greifbar zu machen.[215] Zwar werden **Wirtschaftsbranchen ohne jeglichen Bezug zum Fernsehen** vom Anwendungsbereich der Norm nicht erfasst.[216] Wortlaut und verfassungskonforme Auslegung des § 26 Abs. 2 S. 2 RStV[217] sprechen aber für die Einbeziehung von Telekom-

---

[210] *Hepach*, ZUM 1999, 603 (607 f.); *Hartstein/Ring/Kreile/Dörr/Stettner*, RStV, § 26 Rdnr. 21; *Kreile/Stumpf*, MMR 1998, 192 (194).

[211] *Hartstein/Ring/Kreile/Dörr/Stettner*, RStV, § 26 Rdnr. 21.

[212] Vgl. *Peifer*, Vielfaltssicherung im bundesweiten Fernsehen, S. 57 f.

[213] *Hartstein/Ring/Kreile/Dörr/Stettner*, RStV, § 26 Rdnr. 21. Konsequenterweise schließt dies auch moderne Dienste wie das sog. Handy-TV sowie das IPTV mit ein. Siehe zu deren medienrechtlicher Klassifizierung auch *Ring/Gummer*, ZUM 2007, 433 ff.; *Eberle*, ZUM 2007, 439 ff.; *Potthast*, ZUM 2007, 443 ff.; *Langhoff*, ZUM 2007, 447 ff. Zu technischen Fragen des IPTV insbesondere *Flatau*, ZUM 2007, 1 ff.

[214] Siehe zur Zielsetzung der sektorspezifischen Wettbewerbsregulierung im Telekommunikationsrecht auch *Zagouras*, Konvergenz und Kartellrecht, S. 151 ff.

[215] In diesem Sinne auch *Trute*, in: Beck'scher Kommentar zum Rundfunkrecht, § 26 Rdnr. 49.

[216] Vgl. hierzu auch *Hepach*, ZUM 1999, 603 (607).

[217] Die Rede ist ausdrücklich von *„medienrelevanten verwandten Märkten"*, was von einer Erheblichkeit für den Fernsehzuschauermarkt zeugt. Der darin zum Ausdruck kommende kommunikative Charakter des betreffenden Marktes ist aber auch bei Telekommunikationsmärkten gewahrt, da diese auf verschiedenen Plattformen *conditio sine qua non* für die Signalübermittlung und damit für den Vertrieb der Rundfunkinhalte sind. Siehe auch *Zagouras*, Konvergenz und Kartellrecht, S. 271 f.

munikationsmärkten: Das **BVerfG** fordert, dass die **Liberalisierung und Privatisierung der Telekommunikationsmärkte** bei der Beurteilung vorherrschender Meinungsmacht Berücksichtigung findet.[218] Die Signalübermittlung per Kabel und Satellit wird von § 26 Abs. 2 S. 2 RStV also ebenso erfasst wie die Terrestrik.[219]

2) Eingrenzung des relevanten Marktes

Die **Abgrenzung medienrelevanter verwandter Märkte** hat nach kartellrechtlichen Kriterien zu erfolgen.[220] Nach dem **Bedarfsmarktkonzept**[221] ist zu fragen, ob bestimmte Waren oder gewerbliche Leistungen sachlich, räumlich und ggf. zeitlich aus Sicht der Marktgegenseite **austauschbar** sind.[222] Für Printmedien wird kein **Gesamtmarkt** gebildet, sondern unterschiedliche Teilmärkte für Tages- und Wochenzeitungen, Straßenverkaufs- und Abonnementzeitungen, lokale, regionale und überregionale **Tageszeitungen**, aber auch für **Publikums- und Fachzeitschriften**.[223] Hier stehen sich meist ein Rezipienten- und ein entsprechender Werbemarkt gegenüber,[224] die sich unter wettbewerblichen Gesichtspunkten unterschiedlich beurteilen.[225] Da es bei **kostenlos** an die Rezipienten vertriebenen Medien wie dem **Free-TV** oder bei **Anzeigenblättern**[226] am erforderlichen unmittelbaren Leistungsaustausch zwischen Anbietern und Rezipienten fehlen kann,[227] kommt es hier auf eine doppelte Marktbestimmung nicht an.[228] Gerade bei regional ausgerichteten Medien kann eine räumliche Marktabgrenzung erforderlich sein.[229]

---

[218] BVerfGE 95, 163 (173) – DSF.

[219] *Renck-Laufke*, ZUM 2000, 105 (112); *Ladeur*, RuF 1998, 5 (7); *Gounalakis/Zagouras*, AfP 2006, 93 (97). Siehe auch *Kuch*, ZUM 1997, 12 (15), der die Grenzen des medienrelevanten verwandten Marktes sehr viel weiter ziehen will als im Kartellrecht üblich.

[220] Vgl. *Janik*, AfP 2002, 104 (110 f.).

[221] Hierzu insbesondere *Möschel*, in: Immenga/Mestmäcker, GWB, § 19 Rdnr. 24 ff.

[222] *Bechtold*, GWB, § 19 Rdnr. 6.

[223] Vgl. zur Kasuistik auch *Bechtold*, GWB, § 19 Rdnr. 12.

[224] So die ständige Rechtsprechung; vgl. BGHZ 76, 55 (70) – Elbe Wochenblatt; siehe insbesondere *Möschel*, in: Immenga/Mestmäcker, GWB, § 19 Rdnr. 30.

[225] Siehe zur Differenzierung bei der sachlichen Marktabgrenzung auch *Möschel*, Festschrift v. Gamm, 627 (632 ff.).

[226] *Bechtold*, GWB, § 19 Rdnr. 13.

[227] So der Standpunkt des BKartA. Siehe dazu Monopolkommission, Hauptgutachten XI, Rdnr. 584; *Gounalakis*, Konvergenz der Medien, S. 106; a. A. *Möschel*, in: Immenga/Mestmäcker, GWB, § 19 Rdnr. 30; *Knothe/Lebens*, AfP 2000, 125 (128), die ein Austauschverhältnis im ausschließlich werbefinanzierten Fernsehen darin sehen, dass der Zuschauer mit der Rezeption von Werbung und damit mit einem entsprechenden Werbeaufschlag für die beworbenen Markenprodukte zahlt; siehe ferner *Trafkowski*, Medienkartellrecht, S. 34 f. m. w. N.

[228] So zumindest die bisherige Praxis. Vgl. Monopolkommission, Hauptgutachten XI, Rdnr. 584 ff.; *Mestmäcker/Veelken*, in: Immenga/Mestmäcker, GWB, Vor. § 35 Rdnr. 79; *Parlasca*, WuW 1994, 210 (214).

[229] Vgl. *Gounalakis/Zagouras*, AfP 2006, 93 (96 f.).

Von den kartellrechtlichen Vorfragen des § 26 Abs. 2 S. 2 Var. 1 RStV zu unterscheiden ist allerdings die eigentliche Bestimmung von Meinungsmacht. Bei dieser legt die KEK keine wettbewerbsrechtlich indizierten Beurteilungsmaßstäbe an.[230] Zumindest bei der Auslegung des Grundtatbestands des § 26 Abs. 1 RStV knüpft sie stattdessen an **Mediengattungen** wie *„bundesweit empfangbares Fernsehen"* an, was dogmatisch an der Grundsatzentscheidung des Gesetzgebers zugunsten des Zuschauermarktanteilsmodells festgemacht wird. In rundfunkkonzentrationsrechtlicher Hinsicht geht es um das **Erfassen publizistischer Effekte**, nicht aber um die Beurteilung ökonomischer Wettbewerbsmechanismen.[231] Auf eine Differenzierung nach Leser- und Anzeigenmärkten kommt es aus Sicht der KEK nicht an.[232]

II. Marktbeherrschende Stellung

Die Vermutung vorherrschender Meinungsmacht nach § 26 Abs. 2 S. 2 Var. 1 RStV setzt schließlich die Beherrschung des medienrelevanten verwandten Marktes voraus.[233] Maßstab ist das **Kartellrecht** und damit hauptsächlich **§ 19 Abs. 2 GWB**.[234] Es geht um die Frage, ob das Unternehmen auf dem medienrelevanten verwandten Markt einem (**wesentlichen**) **Wettbewerb** ausgesetzt ist oder ob ihm eine **überragende Marktstellung** i. S. v. § 19 Abs. 2 Nr. 2 GWB zukommt. Ebenso ist von Bedeutung, ob der Wettbewerb auf dem betreffenden Markt in der Lage ist, seinen spezifischen **Verhaltens- und Kontrollfunktionen** nachzukommen.[235] Zu berücksichtigen sind der Marktanteil des Unternehmens, seine Finanzkraft, sein Zugang zu den Beschaffungs- oder Absatzmärkten, seine Verflechtung mit anderen Unternehmen, rechtliche oder tatsächliche Schranken für den Marktzutritt anderer Unternehmen, aber auch der Umfang

---

[230] So KEK-293, S. 82 – Axel Springer AG; vgl. auch *Bornemann*, MMR 2006, 275 (278) sowie differenzierend *Mailänder*, AfP 2007, 297 (301).

[231] Vgl. KEK-293, S. 83 – Axel Springer AG; begrenzt zustimmend *Bornemann*, MMR 2006, 275 (278); a. A. *Gounalakis/Zagouras*, AfP 2006, 93 (97).

[232] BKartA WuW DE-V 1163 (1166 ff.) – Springer/ProSiebenSat.1 hatte im kartellrechtlichen Parallelverfahren zur Fusion von *Axel Springer* und *ProSiebenSat.1* unterschiedliche, nach medialen Subsektoren differenzierende Märkte abgegrenzt, wobei es beispielsweise von einem Fernsehwerbemarkt wie auch von zwei getrennten bundesweiten Märkten für die Leser und Werbekunden von Zeitungen ausging. Hierzu auch *Kuchinke/Schubert*, WuW 2006, 477 ff.; *Bohne*, WRP 2006, 240 ff.; *Gounalakis/Zagouras*, NJW 2006, 1624 ff.

[233] Vgl. hierzu auch KEK, ZUM-RD 2000, 41 (49) – RTL Television; ZUM-RD 2000, 241 (244) – ProSieben

[234] *Mestmäcker/Veelken*, in: Immenga/Mestmäcker, GWB, Vor § 35 Rdnr. 112; *Trute*, in: Beck'scher Kommentar zum Rundfunkrecht, § 26 Rdnr. 47; a. A. *Kuch*, ZUM 1997, 12 (15), der die hauptsächlich auf Erfassung der Anzeigenmärkte ausgerichteten Medienmärkte nicht für die Beurteilung des publizistischen Wettbewerbs heranziehen will.

[235] Vgl. *Bechtold*, GWB, § 19 Rdnr. 18.

des tatsächlichen oder potenziellen Wettbewerbs auf dem betreffenden Markt.[236] Gerade im Zusammenhang mit § 26 Abs. 2 S. 2 Var. 1 RStV können von kartellrechtlichen Entscheidungen der Wettbewerbsbehörden Tatbestandswirkungen ausgehen.[237]

Von großer Bedeutung für die Annahme einer marktbeherrschenden Stellung sind die **Marktanteile eines Unternehmens** auf dem jeweils sachlich und räumlich **relevanten Markt**.[238] Zur Erleichterung des Nachweises einer marktbeherrschenden Stellung hat der Gesetzgeber die **Vermutungstatbestände** des § 19 Abs. 3 GWB eingeführt.[239] Sie wird vermutet,[240] wenn ein Unternehmen einen **Marktanteil von einem Drittel** des jeweils sachlich und räumlich relevanten Marktes auf sich vereinigen kann.[241] Neben dieser Monopolvermutung des § 19 Abs. 3 S. 1 GWB sieht das allgemeine Kartellrecht zwei **Oligopolvermutungen** vor, wenn maximal drei Unternehmen einen **Marktanteil von 50 %** oder maximal fünf Unternehmen **2/3 des betreffenden Marktes** auf sich vereinigen können.[242] Nach § 19 Abs. 3 GWB können die betreffenden Unternehmen jedoch den Nachweis erbringen, dass die Wettbewerbsbedingungen zwischen ihnen einen wesentlichen Wettbewerb erwarten lassen oder der Gesamtheit der Unternehmen im Verhältnis zu den übrigen Wettbewerbern keine überragende Marktstellung zukommt.[243]

C. Feststellung vorherrschender Meinungsmacht im Wege der Gesamtbeurteilung nach § 26 Abs. 2 S. 2 Var. 2 RStV

Eine weitere Vermutungsregelung für das Bestehen vorherrschender Meinungsmacht enthält das Rundfunkkonzentrationsrecht in § 26 Abs. 2 S. 2 Var. 2 RStV, wenn eine **Gesamtbeurteilung der Aktivitäten** des betreffenden Unternehmens im Fernsehen und auf medienrelevanten verwandten Märkten ergibt, dass der dadurch erzielte Meinungseinfluss demjenigen eines Unternehmens mit einem Zuschaueranteil von 30 % im Fernsehen

---

[236] Siehe hierzu *Bechtold*, GWB, § 19 Rdnr. 28 ff.

[237] Dazu KEK, ZUM-RD 1999, 251 (252) – PREMIERE.

[238] *Bechtold*, GWB, § 19 Rdnr. 19.

[239] *Kling/Thomas*, Kartellrecht, § 18 Rdnr. 63.

[240] Die Bedeutung der Vermutungstatbestände ist relativ gering. Siehe *Paschke/Goldbeck*, ZWeR 2007, 49 (52). Allerdings darf die Vorfeldwirkung nicht unterschätzt werden, deren Wirkung sich gerade vor dem Eintritt in ein formelles Verfahren äußert. Instruktiv zur verfahrensrechtlichen Bedeutung der Marktbeherrschungsvermutungen des § 19 Abs. 3 GWB *Thomas*, WuW 2002, 470 ff.

[241] Dazu *Emmerich*, Kartellrecht, § 27 Rdnr. 54 f.; *v. Dietze/Janssen*, Kartellrecht in der anwaltlichen Praxis, Rdnr. 425.

[242] Siehe zu den Rechtsfolgen kartellrechtlicher Vermutungsregelungen *Prütting*, in: Festschrift Vieregge, 733 ff. Zur Rechtsnatur der Vermutungsregelungen *Möschel*, Recht der Wettbewerbsbeschränkungen, Rdnr. 534 ff.

[243] In der Praxis gelingt ein solcher Nachweis des Fortbestehens eines funktionsfähigen Wettbewerbs recht häufig. Vgl. *Wiedemann*, in: Wiedemann, Kartellrecht, § 23 Rdnr. 28 m. w. N.

entspricht. Auch hier handelt es sich um eine **normative Bestimmung vorherrschender Meinungsmacht**, die vereinzelt zu Unrecht sehr restriktiv verstanden wird.[244] § 26 Abs. 2 S. 2 Var. 2 RStV räumt der **KEK** einen sehr **weiten Beurteilungsspielraum** ein.[245]

Aufgrund ihrer **tatbestandlichen Weite** wird die Vermutungsregelung dem Charakter der vorherrschenden Meinungsmacht als **unbestimmter Rechtsbegriff** am besten gerecht.[246] Inhaltlich richtet sie sich im Wesentlichen nach denselben Kriterien, die auch bei einer unmittelbaren Anwendung der Generalklausel des § 26 Abs. 1 RStV zur Geltung kommen. Im Unterschied zu ihr soll § 26 Abs. 2 S. 2 Var. 2 RStV die Anforderungen an den Nachweis vorherrschender Meinungsmacht herabsetzen, wenn das betreffende Unternehmen einen Anteil von 25 % der Zuschauer erreicht.[247] Betroffen sind hauptsächlich hoch diversifizierte Unternehmen, die auf verschiedenen Ebenen der Kommunikationsbranchen tätig sind, ohne dabei einen bestimmten Markt in besonders exponierter Form zu beherrschen.[248]

Eine Beurteilung von Meinungsmacht im Rahmen des § 26 Abs. 2 S. 2 RStV erfordert eine **Gesamtbewertung der Aktivitäten im Fernsehwesen und auf den medienrelevanten verwandten Märkten**. Diese muss den Schluss zulassen, dass der Meinungseinfluss des betreffenden Unternehmens insgesamt einem Fernsehzuschauermarktanteil von 30 % entspricht. Obwohl das öffentliche Recht grundsätzlich weniger strenge Anforderungen an die Konkretisierung eines unbestimmten Rechtbegriffs stellt,[249] dürfte insbesondere **crossmedial vermittelte Meinungsmacht**[250] nach denselben Gewichtungsfaktoren in Relation zum Zuschauermarktanteil zu setzen sein, wie bei der Generalklausel des § 26 Abs. 1 RStV.[251] Schwieriger gestaltet sich die Umrechnung wirtschaftlicher Macht auf nicht-publizistischen Randmärkten wie der **Telekommunikation**.

---

[244] Etwa von *Hartstein/Ring/Kreile/Dörr/Stettner*, RStV, § 26 Rdnr. 26, wonach ein Beleg dafür zu verlangen sei, *„dass die anderweitigen Aktivitäten des Fernsehunternehmens unmittelbare Meinungsrelevanz besitzen, welche der Meinungsrelevanz eines Fernsehprogramms in etwa gleichwertig sind.“*

[245] Siehe hierzu auch *Hain*, K&R 2007, 160 (164 f.).

[246] Dazu oben, § 6 C.

[247] Zum Streit um die konkrete Wirkungsweise der Vermutungsregelungen des § 26 Abs. 2 RStV unten, § 17.

[248] Vgl. *Zagouras*, Konvergenz und Kartellrecht, S. 274.

[249] Siehe oben, § 22 A I.

[250] Letztlich handelt es sich hierbei um Meinungsmacht, die der diagonalen Unternehmenskonzentration entspringt, also aus gesellschaftsrechtlichen Verflechtungen zwischen Unternehmen, die weder demselben Markt angehören noch in einem unmittelbaren Hersteller-Abnehmer-Verhältnis zueinander stehen. Siehe zur kartellrechtlichen Begrifflichkeit *Knothe/Lebens*, AfP 2000, 125 (127).

[251] Die Kommission stellt dabei im Wesentlichen auf die drei Gewichtungsfaktoren Suggestivkraft, Breitenwirkung und Aktualität des betreffenden Mediums ab. KEK-293, S. S. 80 f. – Axel Springer AG. Nach diesen Maßgaben werden die unterschiedli-

Anders als bei § 26 Abs. 2 S. 2 Var. 1 RStV kommt es bei der zweiten Vermutungsregelung der Vorschrift nicht auf eine Marktbeherrschung an.[252] **Wirtschaftliche Marktmacht kann ein wichtiger Anknüpfungspunkt für die Bestimmung vorherrschender Meinungsmacht sein,** sie muss es aber nicht. Stattdessen kann die KEK „*freihändig*"[253] weitere Faktoren außerhalb der Marktanteile[254] berücksichtigen, beispielsweise ein politisches Engagement einzelner Unternehmer. Gleiches gilt für die **Staatsfreiheit des Rundfunks,**[255] welche einer **Instrumentalisierung des Suggestivmediums** Fernsehen durch den Staat und damit auch durch die Politik entgegenwirken soll.[256]

D. Bonusregelungen des § 26 Abs. 2 S. 3 RStV

Die ohnehin geringe praktische Bedeutung der Vermutungsregelungen des § 26 Abs. 2 S. 2 RStV wird durch die Bonusregelungen des § 26 Abs. 3 RStV weiter verringert,[257] da der für § 26 Abs. 2 S. 2 RStV **ausschlaggebende Schwellenwert von 25 %** der im Jahresdurchschnitt erreichten Zuschauer *de facto* **auf 30 % angehoben** wird.[258] Angesichts der tatsächlichen Marktstrukturen und der gesetzlichen Verpflichtung zur Veranstaltung von Regionalfensterprogrammen sowie zur Aufnahme von Sendezeit für unabhängige Dritte verbleibt den Vermutungsregelungen damit **kaum mehr ein eigener Anwendungsbereich.**[259] Grund hierfür sind die im sechsten Rundfunkänderungsstaatsvertrag eingeführten **Bonusregelungen** des § 26 Abs. 2 S. 3 RStV.[260]

---

chen Mediengattungen in Relation zum durch Zuschaueranteile vermittelten Meinungseinfluss gesetzt, gewichtet und schließlich addiert.

[252] Vgl. *Zagouras*, Konvergenz und Kartellrecht, S. 274.

[253] Kritisch zu dieser Methode insbesondere *Bornemann*, MMR 2006, 275 (276).

[254] Zur Medienrelevanz im Einzelnen oben, § 16 B I.

[255] Dazu bereits BVerfGE 12, 205 (261 f.) – Deutschland Fernsehen GmbH.

[256] Vgl. zum Gebot der Staatsfreiheit insbesondere BVerfGE 57, 295 (320) – FRAG.

[257] Der Norm wird teilweise eine Funktionslosigkeit attestiert. *Trute*, in: Beck'scher Kommentar zum Rundfunkrecht, § 26 Rdnr. 50. Selbst wenn man den Regelungen des § 26 Abs. 2 S. 2 RStV in erster Linie einen normkonkretisierenden Charakter zuweisen möchte, wie *Engel*, ZUM 2005, 776 (781 f.), wird man doch die Bedeutung der Gesamtschau aller Faktoren würdigen müssen, die sich potentiell negativ auf das Medium Fernsehen auswirken können.

[258] Siehe auch *Hartstein/Ring/Kreile/Dörr/Stettner*, RStV, § 26 Rdnr. 16, wo § 26 Abs. 2 S. 2 RStV als Absage an die Feststellung vorherrschender Meinungsmacht auf Grundlage intermediärer Verflechtung verstanden wird. Eine solche Betrachtungsweise steht jedoch in Widerspruch zu verfassungsrechtlichen Vorgaben. Vgl. zur Verhinderung crossmedial vermittelter Meinungsmacht auch BVerfGE 95, 163 (173) – DSF.

[259] Dies beraubt sie aber nicht ihrer Existenzberechtigung, da die in den Vermutungstatbeständen des § 26 Abs. 2 S. 2 RStV enthaltenen Kriterien ihren normkonkretisierenden Charakter behalten. Vgl. *Engel*, ZUM 2005, 776 (781 f.).

[260] *Hartstein/Ring/Kreile/Dörr/Stettner*, RStV, § 26 Rdnr. 11. Modifiziert wurden die Bonusregelungen im Rahmen des siebten Rundfunkänderungsstaatsvertrags. Dazu *Groh*, Die Bonusregelungen des § 26 Abs. 2 S. 3 des Rundfunkstaatsvertrags, S. 121.

I. Aufnahme von Fensterprogrammen nach § 25 Abs. 4 RStV

Die Bonusregelung des § 26 Abs. 2 S. 3 HS. 1 RStV hat die in § 25 Abs. 4 RStV für die beiden meistgesehenen Programme enthaltene **Verpflichtung zur Aufnahme von Fensterprogrammen** zur Berichterstattung und aktuellen und authentischen Darstellung der Ereignisse des politischen, wirtschaftlichen, sozialen und kulturellen Lebens im jeweiligen Bundesland zum Gegenstand. Inwiefern eine Verpflichtung zur Ausstrahlung von Regionalfensterprogrammen besteht, bestimmt sich nach der zum **1. Juli 2002 geltenden Rechtslage.**[261] Diese Stichtagsregelung wird als wenig transparent kritisiert,[262] da die von § 25 Abs. 4 RStV bezweckte **Förderung der inhaltlichen Programmvielfalt** dort nicht greift, wo Fensterprogramme zum maßgeblichen Zeitpunkt noch nicht vorgesehen waren,[263] namentlich in den neuen Bundesländern.[264]

Strahlt der betroffene Programmveranstalter entsprechend seiner gesetzlichen Verpflichtung Fensterprogramme aus, so wird er mit einem Abzug bei den einschlägigen Zuschaueranteilen in Höhe von **zwei Prozentpunkten** belohnt. Die Absenkung der Schwellenwerte durch die Hintertür wurde oft kritisiert,[265] da sich die Privilegierung besonders meinungsstarker Programme[266] **kaum legitimieren lässt**, wenn die Betroffenen schlicht dafür belohnt werden, ihren gesetzlichen Verpflichtungen nachzukommen. Letztlich verfolgt sie das Ziel, die in den Vermutungstatbeständen des § 26 Abs. 2 S. 2 RStV enthaltenen Aufgreifschwellen gewissermaßen auf 30 % des Zuschaueranteils anzuheben und damit jeglicher Praktikabilität zu berauben.[267]

---

[261] In der Fassung des sechsten Rundfunkstaatsvertrags sah § 25 Abs. 4 RStV noch unbestimmte Rechtsbegriffe vor, die die Streitfrage aufwarfen, ob sich die Prüfungskompetenz der KEK auch auf die Frage erstreckte, inwiefern die betreffenden Hauptveranstalter auch in *„angemessenem Umfang"* Fensterprogramme anboten. Dazu insbesondere *Ebsen*, Fensterprogramme im Privatfunk als Mittel zur Sicherung von Meinungsvielfalt, S. 152 ff.; *Groh*, Die Bonusregelungen des § 26 Abs. 2 S. 3 des Rundfunkstaatsvertrages, S. 125 f.

[262] Siehe zu den Problemen bei der Auslegung der vorherigen Fassung der Bonusregelung insbesondere *Groh*, Die Bonusregelungen des § 26 Abs. 2 S. 3 des Rundfunkstaatsvertrages, S. 124 ff.

[263] Eine Übersicht über die landesweiten und regionalen Programmfenster findet sich bei *Hartstein/Ring/Kreile/Dörr/Stettner*, RStV, § 31 Rdnr. 14.

[264] Aufgrund der Stichtagregelung dürfte auch auf absehbare Zeit keine entsprechende Verpflichtung der Hauptprogrammveranstalter zur Veranstaltung von Regionalfenstern in den neuen Bundesländern geschaffen werden. Zu dieser Problematik *Groh*, Die Bonusregelungen des § 26 Abs. 2 S. 3 des Rundfunkstaatsvertrages, S. 127; siehe auch KEK, 3. Konzentrationsbericht, S. 43.

[265] Siehe beispielsweise KEK, 6. Jahresbericht, S. 200.

[266] Faktisch betrifft die Pflicht zur Aufnahme von Fensterprogrammen die beiden Programme *RTL* und *Sat.1*. Siehe *Hartstein/Ring/Kreile/Dörr/Stettner*, RStV, § 25 Rdnr. 17.

[267] In ihren medienökonomischen Konsequenzen verkommen die Vermutungsregelungen des § 26 Abs. 2 RStV damit letztlich zu einem Zusammenschlussverbot für die

Im Schrifttum wird angesichts der Bedeutung der Meinungsvielfalt für den demokratischen Willensbildungsprozess die **Verfassungsmäßigkeit** einer solchen Regelung mit durchaus gewichtigen Argumenten **in Frage gestellt**.[268] Zweifelhaft erscheint sie deshalb, da sie die Perpetuierung des *Status Quo Ante* mittels fraglicher medienkonzentrationsrechtlicher Privilegien fördert.[269] In der Praxis können die verfassungsrechtlichen Defizite des § 26 Abs. 2 S. 3 RStV beseitegeschoben werden, da sich die Vorschrift lediglich auf die Vermutungsregelungen des § 26 Abs. 2 S. 1 und 2 RStV bezieht und sich damit nicht auf die Konkretisierung des Begriffs der vorherrschenden Meinungsmacht nach verfassungsrechtlichen Maßstäben innerhalb des § 26 Abs. 1 RStV auswirkt.

II. Aufnahme von Sendezeit für unabhängige Dritte nach § 26 Abs. 5 RStV

Einen Abzug von weiteren **drei Prozentpunkten** des Zuschaueranteils sieht § 26 Abs. 2 S. 3 HS 2 RStV für den Fall vor, dass das Vollprogramm mit dem höchsten Zuschaueranteil **Sendezeit für unabhängige Dritte nach § 26 Abs. 5 RStV** aufnimmt.[270] Dies gilt nur, sofern es sowohl Fensterprogramme auf regionaler Ebene i. S. d. § 25 Abs. 4 RStV als auch Drittsendezeiten vorsieht. Da die Bonusregelung ebenfalls die Einhaltung gesetzlicher Vorgaben privilegiert, gelten die gegenüber der Berücksichtigung von Fensterprogrammen geäußerten Bedenken entsprechend. Als bedenklich erweist sich die **Verwässerung der verfassungsrechtlich vorgeschriebenen Effizienz der Vielfaltsicherung**[271] im Fernsehen.

---

beiden größten Senderfamilien *RTL-Group* sowie *ProSiebenSat.1*, da ohne einen Rückgriff auf den Grundtatbestand des § 26 Abs. 1 RStV weder crossmedial vermittelte Meinungsmacht greifbar gemacht werden kann noch diejenige, die über mittelbar meinungsrelevante Märkte in den Bereich des Fernsehens hineinwirkt.

[268] Hierzu *Ebsen*, Fensterprogramme im privaten Rundfunk als Mittel zur Sicherung von Meinungsvielfalt, S. 166 ff., der die Frage nach der Verfassungsmäßigkeit von Fensterprogrammregelungen anhand der subjektivrechtlichen Dimension der Rundfunkfreiheit des Art. 5 Abs. 1 S. 2 GG überprüft und die Bonusregelung des § 26 Abs. 2 S. 3 RStV unter dem Gesichtspunkt einer rechtmäßigen Einschränkung der Rundfunkveranstaltungsfreiheit i. S. v. Art. 5 Abs. 2 GG versteht. Dagegen hätte man sich der Fragestellung auch aus objektivrechtlicher Perspektive nähern können. Zur Abgrenzung gesetzgeberischer Maßnahmen als einfachgesetzliche Ausgestaltung der Rundfunkfreiheit und Schrankengesetzen insbesondere auch *Groh*, Die Bonusregelungen des § 26 Abs. 2 S. 3 des Rundfunkstaatsvertrages, S. 158 ff. Aus objektivrechtlicher Sicht stellt sich die Frage, ob eine Anhebung der Aufgreifschwellen des § 26 Abs. 2 S. 1, 2 RStV von 25 % auf 30 % noch im Einklang mit dem verfassungsrechtlichen Gebot der Effizienz vielfaltsichernder Maßnahmen steht. Zum Effizienzgebot auch BVerfGE 57, 295 (330) – FRAG.

[269] Vgl. *Groh*, Die Bonusregelungen des § 26 Abs. 2 S. 3 des Rundfunkstaatsvertrages, S. 132.

[270] Zum Streit um die Berücksichtigungsfähigkeit von Fensterprogrammen nach alter Rechtslage KEK, ZUM-RD 1999, 251 (258) – PREMIERE. Zur Frage nach der Eigenständigkeit der Bestimmungen des § 26 Abs. 5 RStV *Hain*, AfP 2000, 329 (330 ff.).

[271] *Neft*, ZUM 1998, 458 (461).

Der **Öffnung des Programms für Dritte** liegt der Gedanke zugrunde, innerhalb besonders populärer Programme eine Art binnenpluralistische Insel zu schaffen. Unabhängigen Dritten soll die Möglichkeit eingeräumt werden, ein Voll- bzw. Spartenprogramm mit Schwerpunkt Information als **Plattform für selbst erstellte Inhalte** zu nutzen und damit zur **Ausgewogenheit des Gesamtprogramms** beizutragen. Programmveranstalter stehen solchen Maßnahmen wegen möglicher Auswirkungen auf die Zuschauerbindung meist kritisch gegenüber,[272] da sie einen Teil ihrer Programmautonomie einbüßen und nicht mehr vollumfänglich über den Gesamtauftritt und das spezifische Image eines Programms bestimmen können.[273]

Materiellrechtlich verweist § 26 Abs. 2 S. 3 HS 2 RStV im Wesentlichen auf Abs. 5 der Vorschrift. Hiernach hat ein Veranstalter, der mit einem Vollprogramm oder einem Spartenprogramm mit Schwerpunkt Information einen jährlichen Zuschaueranteil von durchschnittlich 10 % erreicht, innerhalb von sechs Monaten **Sendezeit für unabhängige Dritte nach § 31 RStV** einzuräumen. § 26 Abs. 5 S. 2 RStV bestimmt, dass ein Unternehmen, welches mit den ihm zurechenbaren Programmen im Jahresdurchschnitt einen Zuschaueranteil von 20 % erreicht, ohne aber mit einem Voll- oder Spartenprogramm mit Schwerpunkt Information die in S. 1 der Vorschrift vorgesehene Schwelle von 10 % des Zuschaueranteils zu überschreiten, dieselbe Pflicht im Hinblick auf die **Öffnung des Programms** mit dem höchsten Zuschaueranteil trifft.[274] Betroffen von den Regelungen sind derzeit die Programme *RTL* und *Sat.1*.[275]

In welchem Umfang besonders publikumsattraktive Veranstalter ihre Sendezeit für unabhängige Dritte zu öffnen haben, regelt § 31 RStV. Abs. 1 S. 1 der Vorschrift stellt klar, dass betreffende **Fensterprogramme** einen **zusätzlichen Beitrag zur Vielfalt im Programm** des Hauptveranstalters unter Wahrung seiner Programmautonomie zu leisten haben.[276] Vielfalt und Programmausgewogenheit sollen durch eine kulturelle, bildungsbezogene und informative Ausgestaltung der Programmfenster gefördert werden. Freilich ist die Einhaltung derartiger programmatischer Zielbestimmungen **nur schwer gerichtlich überprüfbar.** Die Unab-

---

[272] *Groh*, Die Bonusregelungen des § 26 Abs. 2 S. 3 des Rundfunkstaatsvertrages, S. 136.

[273] *Schlette*, ZUM 1999, 802 (807) befürchtet, dass ein Fensterprogramm von vielen Zuschauern dem Hauptprogramm unreflektiert zugerechnet werden und damit seine Selbstdarstellung und sein Markenname verwässert werden.

[274] Zwischen KEK und den Landesmedienanstalten ist die Frage umstritten, wer verbindlich über die Einhaltung der Voraussetzungen der Bonusregelungen des § 26 Abs. 2 S. 3 RStV entscheiden darf. Dazu *Hartstein/Ring/Kreile/Dörr/Stettner*, RStV, § 26 Rdnr. 14.

[275] *Schlette*, ZUM 1999, 802 (806). Siehe zur geringen praktischen Relevanz der Vorschrift auch *Groh*, Die Bonusregelungen des § 26 Abs. 2 S. 3 des Rundfunkstaatsvertrages, S. 135.

[276] Vgl. *Zagouras*, Konvergenz und Kartellrecht, S. 276.

hängigkeit vom Hauptprogrammveranstalter soll nach § 31 Abs. 3 RStV dadurch gewährleistet werden, dass der Fensterprogrammanbieter **nicht in einem rechtlichen Abhängigkeitsverhältnis** zu ihm stehen darf.[277] Maßgeblich ist eine Zurechenbarkeit des Fensterprogramms nach § 28 RStV.[278]

Der zeitliche Umfang der Fensterprogramme bestimmt sich nach § 31 Abs. 2 RStV. Danach hat die Dauer des Fensterprogramms wöchentlich mindestens 260 Minuten zu betragen, wovon mindestens 75 Minuten im Zeitfenster von 19:00 Uhr bis 23:30 Uhr ausgestrahlt werden müssen.[279] In gewissen Grenzen kommt eine **Anrechnung der Sendezeit von Regionalfensterprogrammen** in Betracht, wenn diese tatsächlich in redaktioneller Unabhängigkeit veranstaltet werden und bundesweit mindestens die Hälfte aller Haushalte erreichen.[280] Das stark an den Interessen des Hauptprogrammveranstalters orientierte Verfahren zur Auswahl der Fensteranbieter richtet sich nach § 31 Abs. 4 RStV.[281] Flankiert werden die Verfahrensregelungen durch eine Art allgemeine Geschäftsbedingungen für Fensterprogrammveranstalter in § 31 Abs. 5 und 6 RStV.[282]

§ 17. Rechtsfolgen der Vermutungstatbestände

Heftig umstritten ist die konkrete Wirkungsweise der Vermutungsregelungen des § 26 Abs. 2 RStV.[283] Es stehen sich zwei Standpunkte gegenüber, die jeweils auf die **verwaltungs- bzw. zivil-/kartellrechtliche Natur der Vermutungen** abstellen. Angesichts der unterschiedlichen Rechtsfolgen handelt es sich nicht nur um eine akademische Auseinandersetzung, da speziell die verwaltungsrechtliche Betrachtungsweise darauf abzielt, die Vermutungsregelungen des § 26 Abs. 2 RStV ihrer Funktion und Reichweite zu berauben. Man versucht einerseits einen **Rückgriff auf den Grundtatbestand des § 26 Abs. 1 RStV** auszuschließen,[284] andererseits aber die als **quantitative Beschränkung** der vorherrschenden Meinungs-

---

[277] Beispiele für Fensterprogramme finden sich bei *Schlette*, ZUM 1999, 802 (806).

[278] Siehe zur Frage der mittelbaren rechtlichen Abhängigkeit des Fensterprogrammanbieters vom Hauptprogrammveranstalter auch VG Hannover, Urteil vom 17.7.2003, Az.: 6 B 2458/03.

[279] Zu Inhalt, Zeitrahmen und äußerer Gestaltung des Fensterprogramms *Schlette*, ZUM 1999, 802 (808 ff.).

[280] Siehe *Hartstein/Ring/Kreile/Dörr/Stettner*, RStV, § 31 Rdnr. 7 ff.

[281] Für den Fall, dass es nicht zu einer harmonischen Auswahl des Veranstalters kommt, wählt die zuständige Landesmedienanstalt aus einem Dreiervorschlag des Hauptprogrammveranstalters nach § 31 Abs. 4 RStV den unter Vielfaltgesichtspunkten geeignetsten Kandidaten aus.

[282] Dazu *Hartstein/Ring/Kreile/Dörr/Stettner*, RStV, § 31 Rdnr. 14 ff.

[283] Hierzu auch *Paschke/Goldbeck*, ZWeR 2007, 49 (55 ff.); *Gounalakis/Zagouras*, AfP 2006, 93 (94 ff.).

[284] Dazu oben, § 13 B 2.

macht verstandenen Vermutungsregelungen des § 26 Abs. 2 RStV als typisierende **Non-Liquet-Regelungen** zu interpretieren.[285]

A. Verwaltungsrechtliche Betrachtungsweise

Begründet wird dieser Ansatz mit **verwaltungsprozessualen Überlegungen**, genauer gesagt mit der Rolle, welche Vermutungsregelungen innerhalb der im Verwaltungsprozess geltenden **Untersuchungsmaxime** beigemessen wird: Sie haben sicherzustellen, dass dem Zwang nach einer
verbindlichen Entscheidung trotz ergebnisloser Überzeugungsbildung
nachgekommen werden kann.[286] Da hier eine weitreichende Untersu-
chungs*pflicht* der Verwaltung bzw. der Gerichte besteht, kann auf eine
gesetzliche Vermutung nur dann zurückgegriffen werden, wenn der **Verpflichtung zur Aufklärung des Sachverhalts vollumfänglich nachgekommen** wurde und der Rechtsanwender sich **keine positive oder negative
Überzeugung** bilden konnte.[287] Die Vermutungstatbestände entfalten nur
im Fall der **Überzeugungslosigkeit des Entscheidungsträgers** Relevanz.[288]

Infolgedessen könnte die KEK beispielsweise bei der Feststellung vorherrschender Meinungsmacht erst dann auf die Vermutung des § 26
Abs. 2 S. 1 RStV und damit auf die Obergrenze von 30 % des Zuschaueranteils zurückgreifen, wenn sie nach vollständiger Ermittlung des Sachverhaltes und dessen rechtlicher Beurteilung zu dem Schluss käme, dass
vorherrschende Meinungsmacht weder ausgeschlossen noch angenommen werden könne.[289] Einer solchen **restriktiven Interpretation** der rundfunkkonzentrationsrechtlichen Vermutungsregelungen steht bereits das
durch Art. 5 Abs. 1 S. 2 GG vermittelte verfassungsrechtliche **Gebot einer
effizienten Vielfaltsicherung** entgegen.[290]

---

[285] *Engel*, ZUM 2005, 776 (777); siehe auch *Holznagel/Krone*, MMR 2005,
666 (668).

[286] So für § 26 Abs. 2 RStV auch *Holznagel/Krone*, MMR 2005, 666 (668); *Engel*,
ZUM 2005, 776 (781), der trotz der Kategorisierung der Vorschrift als gesetzlicher Typus eine Aussage zur objektiven Beweislast erkennen will, die sich allerdings auf mini-
male Abweichungen von der 30-%-Schwelle beschränke.

[287] Mit anderen Worten muss prozessrechtlich eine *Non-Liquet*-Situation vorliegen.
Ittner, Die Vermutungen des GWB, S. 74.

[288] Vgl. *Berg*, Die verwaltungsrechtliche Entscheidung bei ungewissem Sachverhalt,
S. 84; *Nierhaus*, Beweismaß und Beweislast, S. 365.

[289] Allerdings geht beispielsweise *Engel*, ZUM 2005, 776 (781) davon aus, dass
Durchbrechungen der gesetzlichen Typisierung des § 26 Abs. 2 RStV in engem Umfang
möglich sind.

[290] Instruktiv hierzu *Huber*, in: Tsevas, Pluralismussicherung und Konzentrationskontrolle im Medienbereich, 41 (44 ff.). Zur Effizienz der Vielfaltsicherung im Rundfunk BVerfGE 57, 295 (330) – FRAG.

B. Zivilprozessuale Betrachtungsweise

Die **KEK** folgt diesem Ansatz mit Billigung durch die Verwaltungsgerichtsbarkeit nicht.[291] Sie versteht die Vermutungsregelungen zu Recht[292] als Beweislastverteilung, wie man sie aus dem Zivilprozess kennt.[293] Hier bewirken die Vermutungen dank der **Beibringungs-** bzw. **Verhandlungsmaxime**[294] die **Umkehr der Beweislast.**[295] Bestrittene Tatsachen sind vom Begünstigten einer Vorschrift nachzuweisen. Dementsprechend kann sich der Betroffene im Zweifelsfall mit dem Beweis derjenigen Tatsachen begnügen, die der jeweilige Vermutungstatbestand anführt; die dazugehörige Bezugsnorm bleibt hingegen außen vor.[296] Der **Prozessgegner** hat alsdann die Möglichkeit, die **Tatbestandsmäßigkeit der Bezugsnorm zu widerlegen.**[297]

Die KEK hat bei der Anwendung der Vermutungstatbestände nicht nachzuweisen, dass der Beklagte über vorherrschende Meinungsmacht verfügt; es reicht vielmehr der Beweis, dass ein bestimmtes Unternehmen im Durchschnitt 30 % der Zuschauer erreicht.[298] Liegen die Voraussetzungen eines Vermutungstatbestandes des § 26 Abs. 2 RStV aus Sicht der KEK vor, so verbleibt dem betroffenen Unternehmen nur noch der **Gegenbeweis:**[299] Es hat nun Tatsachen vorzutragen, die wiederum das Fehlen vorherrschender Meinungsmacht untermauern.[300] Insbesondere steht es ihm frei, Bedenken durch überobligatorische vielfaltsichernde Maßnahmen aus dem Weg zu räumen.

---

[291] Nach VG München, ZUM 2008, 343 (348) – Springer/ProSiebenSat.1. kann vorherrschende Meinungsmacht *„behördlicherseits aber auch dann festgestellt werden, wenn der Zuschaueranteil des betroffenen Unternehmens noch (weit) unterhalb der Vermutungsgrenze liegt, wenn das Unternehmen auf dem Meinungsmarkt insgesamt eine beherrschende Position inne hat. Dann spricht eine Art umgekehrte Vermutung für die Freiheit weiteren Wachstums, die Behörde diese dann aber widerlegen und Meinungsdominanz (auch bei Quoten erheblich unter dem Limit) dartun."*

[292] Siehe bereits *Gounalakis/Zagouras*, AfP 2006, 93 (102 f.).

[293] KEK, ZUM-RD 1999, 251 (258) – PREMIERE; so auch *Hess*, AfP 1997, 680 (682); *Trute*, in: Beck'scher Kommentar zum Rundfunkrecht, § 26 Rdnr. 37; *Zagouras*, Konvergenz und Kartellrecht, S. 256.

[294] *Ittner*, Die Vermutungen des GWB, S. 68 f.

[295] Der Beklagte kann hier nur noch den Hauptbeweis erbringen, weshalb das Vortragen von Zweifeln nicht genügt. *Huber*, in: Musielak, ZPO, § 292 Rdnr. 5; *Greger*, in: Zöller, ZPO, § 292 Rdnr. 2.

[296] *Leipold*, in: Stein/Jonas, ZPO, § 292 Rdnr. 12 sowie *Reichold*, in: Thomas/Putzo, ZPO, § 292 Rdnr. 2.

[297] Zur Beweislastumkehr *Prütting*, in: Münchener Kommentar, ZPO, § 292 Rdnr. 22.

[298] *Gounalakis/Zagouras*, AfP 2006, 93 (94).

[299] Vgl. *Prütting*, in: Münchener Kommentar, ZPO, § 292 Rdnr. 23.

[300] Ähnlich *Renck-Laufke*, ZUM 2006, 907 (911).

C. Stellungnahme

Ausschlaggebend für die prozessualen Wirkungen der Vermutungsregelungen sind zum einen **verfassungsrechtliche**, zum anderen aber **systematische Erwägungen**.[301] Für eine Beweislastumkehr, wie man sie aus dem Zivilprozess kennt, spricht zunächst, dass es sich bei der Rundfunkkonzentrationskontrolle keineswegs um konventionelles Verwaltungsrecht handelt, sondern um eine **Konkretisierung** der **Pflicht zum Vielfaltschutz**. Da sich einmal eingetretene Fehlentwicklungen kaum mehr beseitigen lassen,[302] stellt das BVerfG einerseits die Bedeutung einer **präventiven Konzentrationskontrolle**,[303] andererseits aber auch die nötige **Effizienz einer publizistischen Wettbewerbsaufsicht** in den Vordergrund.[304] Diesen Anforderungen käme eine Reduktion der Vermutungsregelungen auf eine typisierende Non-Liquet-Regelung nicht mehr nach.[305]

Systematisch muss die Reichweite der Vermutungsregelungen des § 26 Abs. 2 RStV anhand seiner **Verwandtschaft zur wirtschaftlichen Wettbewerbsregulierung** und damit im Vergleich zu den Vermutungsregelungen des **GWB** bestimmt werden.[306] Hierfür spricht zunächst, dass das Kartellrecht mit ähnlichen Wertungsproblemen konfrontiert ist[307] und der Rundfunkkonzentrationskontrolle des RStV zumindest teilweise als Vorbild diente.[308] Zwar ist die Wirkung der **kartellrechtlichen Vermutungsregelungen**[309] in Detailfragen ebenfalls umstritten.[310] Allerdings nehmen sie

---

[301] Siehe bereits *Gounalakis/Zagouras*, AfP 2006, 93 (95 f.).

[302] BVerfGE 57, 295 (323) – FRAG.

[303] Vgl. BVerfGE 73, 118 (159) – Niedersachsen.

[304] Siehe zum Effizienzerfordernis auch *Gounalakis/Zagouras*, AfP 2006, 93 (101 f.).

[305] Dieselben Stimmen, die eine Non-Liquet-Lösung propagieren, wollen gleichzeitig einen Rückgriff auf den rundfunkkonzentrationsrechtlichen Grundtatbestand des § 26 Abs. 1 RStV ausschließen. So etwa *Engel*, ZUM 2005, 776 (778); *Holznagel/Krone*, MMR 2005, 666 (673). Eine effiziente Vielfaltsicherung scheint gerade im Zusammenspiel der beiden Ebenen allerdings nicht mehr gewährleistet zu sein.

[306] So bereits *Gounalakis/Zagouras*, AfP 2006, 93 (95 f.); ähnlich *Huber*, in: Tsevas, Pluralismussicherung und Konzentrationskontrolle im Medienbereich, 41 (47 f.).

[307] Vgl. *Engel*, ZUM 2005, 776 (777), der ein Versagen der kartellrechtlichen Vermutungsregeln zu erkennen glaubt. Dabei werden aber die spezifischen Eigenarten des Kartellrechts und die mittelbare Wirkung der Vermutungen verkannt. Siehe hierzu auch *Prütting*, in: Münchener Kommentar, ZPO, § 292 Rdnr. 15; *ders.*, in: Festschrift Vieregge, 733 (739 f.).

[308] *Gounalakis*, Konvergenz der Medien, S. 105; *Peifer*, Vielfaltssicherung im bundesweiten Fernsehen, S. 77. Zu den unterschiedlichen Zielsetzungen von allgemeinem Kartellrecht und Rundfunkkonzentrationskontrolle auch *Janik*, AfP 2002, 104 (107); *Zagouras*, Konvergenz und Kartellrecht, S. 284 ff. Vgl. auch KEK-293, S. 74 – Axel Springer AG.

[309] Zu deren Bedeutung insbesondere *Thomas*, WuW 2002, 470 ff.

[310] Ähnlich wie bei § 26 Abs. 2 RStV wird auch im Kartellrecht diskutiert, ob es sich hierbei lediglich um Aufgreiftatbestände handelt, bzw. ob ihnen eine echte, materielle

in prozessualer Hinsicht eine **Zwitterstellung** ein, da die Rechtsfolgen des § 19 Abs. 3 GWB weder eindeutig dem Zivil- noch dem Verwaltungsverfahren zuzuordnen sind.[311] Ein und dieselbe Vermutungsregelung kann sowohl bei kartellrechtlichen Streitigkeiten zwischen Privaten als auch hoheitlich, im Rahmen der Missbrauchsaufsicht bzw. Fusionskontrolle, herangezogen werden.[312]

Im verwaltungsrechtlichen Kartellverfahren entfalten die Vermutungen des § 19 Abs. 3 GWB ihre Wirkungen erst, wenn die Kartellbehörden eine marktbeherrschende Stellung des betreffenden Unternehmens nach der freien Würdigung des gesamten Verfahrensergebnisses weder ausschließen noch bejahen können.[313] Gleichzeitig wird § 19 Abs. 3 GWB im zivilprozessualen Verfahren aber **gerade nicht als reine Non-Liquet-Regelung** verstanden.[314] Der BGH weist § 19 Abs. 3 GWB zumindest eine mittelbare Beweislastwirkung zu. Ein in Anspruch genommenes Unternehmen kann sich folglich nicht auf unsubstantiiertes Bestreiten zurückziehen; vielmehr hat es **substantiiert** darzulegen, weshalb es ungeachtet der Verwirklichung eines Vermutungstatbestandes gerade nicht als marktbeherrschend anzusehen ist.[315]

Diese **Durchbrechung der Non-Liquet-Wirkung** diente auch rundfunkkonzentrationsrechtlichen Tatbeständen zum Vorbild. Hierfür spricht auch der **historische Wille des Gesetzgebers**.[316] Dieser legt ein **Regel-Ausnahmeverhältnis** zugrunde, wonach es dem betroffenen Unternehmen möglich sein muss, eine auf den Vermutungstatbeständen beruhende konzentrationsrechtliche Einschätzung der KEK zu widerlegen.[317] Bei Schaffung der Vermutungstatbestände ging man also von einem zivilistisch geprägten und damit an der **Beibringungsmaxime** orientierten Ver-

---

Wirkung beizumessen ist. Hierzu *Prütting*, in: Festschrift Vieregge, 733 (740); *Möschel*, in: Immenga/Mestmäcker, GWB, § 19 Rdnr. 92.

[311] Vgl. *Bechtold*, GWB, § 19 Rdnr. 49.

[312] *Prütting*, in: Münchener Kommentar, ZPO, § 292 Rdnr. 15; *ders.*, in: Festschrift Vieregge, 733 (739 f.).

[313] BGHZ 79, 62 (65) – Hydraulischer Schreitausbau; WuW/E BGH 1749 (1754) – Klöckner-Becorit; sowie WuW/E BGH 3037 (3039) – Raiffeisen. Speziell im Zusammenhang mit der Fusionskontrolle auch *Ewen*, in: Schulte, Fusionskontrolle, Rdnr. 423; *Richter*, in: Wiedemann, Kartellrecht, § 20 Rdnr. 98.

[314] Vgl. *Ruppelt*, in: Langen/Bunte, Kartellrecht, § 19 Rdnr. 66.

[315] BGH, WRP 1988, 594 (597 f.) – Sonderungsverfahren.

[316] Ähnlich *Renck-Laufke*, ZUM 2006, 907 (912 f.).

[317] So auch *Huber*, in: Tsevas, Pluralismussicherung und Konzentrationskontrolle im Medienbereich, 41 (50 f.). Die amtliche Begründung zu § 26 RStV führt in diesem Zusammenhang aus: „Es bleibt dem Unternehmen unbenommen nachzuweisen, dass trotz des Erreichens der 30-vom-Hundert-Grenze vorherrschende Meinungsmacht nicht gegeben ist. [...] Vielmehr wird das Unternehmen nachzuweisen und die KEK zu prüfen und festzustellen haben, in welcher Weise mit Blick auf die Gesamtheit der Programmangebote trotz des Erreichens der 30-vom-Hundert-Grenze bzw. trotz der vorherrschenden Position auf Medienmärkten ein Mehr an qualitativer Meinungsvielfalt vorliegt." Abgedruckt bei *Hartstein/Ring/Kreile/Dörr/Stettner*, RStV, § 26, S. 3.

ständnis aus.[318] Allein aus den Ermittlungsbefugnissen der KEK lässt sich jedenfalls nicht ableiten, dass die Vermutungstatbestände des § 26 Abs. 2 RStV lediglich verwaltungsrechtliche Vermutungsfolgen hervorrufen sollen[319] oder dass es sich dabei lediglich um gesetzliche Typisierungen handle.[320]

§ 18. Bestimmung der Zuschaueranteile nach § 27 RStV

A. Keine gesetzlich vorgegebene Methode

Die Methode zur **Bestimmung** der **Zuschaueranteile** ist Gegenstand von § 27 RStV.[321] Sie ist von großer Bedeutung für das Rundfunkkonzentrationsrecht, da die §§ 26 ff. RStV verschiedene Rechtsfolgen an das Erreichen unterschiedlicher Schwellenwerte knüpfen. Daher ist es wichtig, die **tatsächlichen Gegebenheiten des Fernsehmarktes** möglichst sachlich erfassen zu können.[322] Die **Ermittlung der Zuschaueranteile** ist nach § 27 Abs. 1 S. 1 RStV **Aufgabe der KEK**.[323] Sie hat aufgrund repräsentativer Erhebungen zu erfolgen, die geeignet sind, Zuschauer ab Vollendung des dritten Lebensjahrs nach wissenschaftlich anerkannten Methoden zu erfassen.[324] Die KEK bestimmt nach § 27 Abs. 2 S. 1 RStV auch, welches Unternehmen von den **Landesmedienanstalten** mit der Ermittlung der ausschlaggebenden Zuschaueranteile **beauftragt** wird[325] und welche Maßstäbe dieses anzulegen hat.[326] Eine besondere **Bestimmungsmethode** wird vom Gesetzgeber **nicht favorisiert**,[327] zumal es sich regelmäßig um objektiv nicht bis ins letzte Detail belegbare empirische Herangehenswei-

---

[318] Siehe bereits *Gounalakis/Zagouras*, AfP 2006, 93 (95 f.).

[319] Vgl. *Holznagel*, Rechtsgutachten zur Auslegung des § 26 Abs. 2 S. 2 RStV, S. 19; *ders./Krone*, MMR 2005, 666 (669 f.).

[320] So *Engel*, ZUM 2005, 776 (781).

[321] Dazu insb. KEK, 3. Konzentrationsbericht, S. 29 f.

[322] Vgl. *Hartstein/Ring/Kreile/Dörr/Stettner*, RStV, § 27 Rdnr. 2.

[323] Zur Verfahrensherrschaft der KEK *Trute/Vinke*, in: Beck'scher Kommentar zum Rundfunkrecht, § 27 Rdnr. 20 ff.

[324] Kritisch zur Methode bei der Ermittlung der Zuschaueranteile *Hess*, AfP 1997, 680 (682 f.). Siehe auch *Trute/Vinke*, in: Beck'scher Kommentar zum Rundfunkrecht, § 27 Rdnr. 32 ff.

[325] Zur ausstehenden Ausschreibung *Dörr/Schiedermair*, Ein kohärentes Konzentrationsrecht für die Medienlandschaft in Deutschland, S. 52. § 27 Abs. 2 S. 1 RStV sieht in diesem Zusammenhang vor, dass eine solche Auftragsvergabe nach den Grundsätzen von Wirtschaftlichkeit und Sparsamkeit erfolgt.

[326] Siehe hierzu insbesondere die Dokumentation zu einem zu dieser Frage abgehaltenen Symposion KEK, Zuschaueranteile als Maßstab vorherrschender Meinungsmacht – Die Ermittlung der Zuschaueranteile durch die KEK nach § 27 des Rundfunkstaatsvertrages, *passim*.

[327] *Zagouras*, Konvergenz und Kartellrecht, S. 257.

sen handelt.[328] Gewisse **Messungenauigkeiten**[329] sind **systemimmanent.**[330]

B. Beschränkung auf deutschsprachige Programme

Bei der Bestimmung von Zuschaueranteilen sind nach § 27 Abs. 1 S. 1 RStV alle **deutschsprachigen Programme** einzubeziehen,[331] unabhängig von dem Sitz der betreffenden Unternehmen.[332] Dabei kommt es auf eine Unterscheidung in Voll- und Spartenprogramme[333] ebenso wenig an wie auf eine Differenzierung nach kostenlos empfangbarem Free-TV und Pay-TV.[334] Unberücksichtigt bleiben Zuschaueranteile fremdsprachiger Programme, die in Deutschland empfangbar sind.[335] Die Differenzierung nach dem jeweiligen **Sprachkreis** soll bewirken, dass nur solche Programme der Vielfaltsicherung unterliegen, die ihre **publizistische Relevanz** typischerweise im **Inland** entfalten.[336] Auf österreichische oder schweizerische Programme wie *ORF-1* oder *SF1* entfallende Zuschaueranteile fließen daher in die Bewertung von Meinungsmacht ein, während etwa englisch- oder türkischsprachige Sender wie *CNN*, *BBC-World* oder *TRT-Int.* außen vor bleiben.[337]

---

[328] *Hartstein/Ring/Kreile/Dörr/Stettner*, RStV, § 26 Rdnr. 21 sowie *Kreile/Stumpf*, MMR 1998, 192.

[329] Diese betreffen beispielsweise die fehlende Berücksichtigung des Fernsehkonsums von Nicht-EU-Ausländern sowie die Außerhausnutzung in Hotels oder bei Public-Viewing-Events. Siehe KEK, 3. Konzentrationsbericht, S. 389.

[330] Diese Problematik wird jedoch vom RStV in Kauf genommen, weil sich bislang noch kein Ermittlungssystem durchsetzen konnte, welches derartige Abweichungen umgehen könnte. *Kreile/Stumpf*, MMR 1998, 192 (193).

[331] Kritisch zu dieser am deutschen Sprachkreis verhafteten Regelung *Gounalakis/Zagouras*, ZUM 2006, 716 (721).

[332] Der Unternehmenssitz kann auch im Ausland liegen. Dazu *Hess*, AfP 1997, 680 (684); *Trute/Vinke*, in: Beck'scher Kommentar zum Rundfunkrecht, § 27 Rdnr. 10.

[333] *Hess*, AfP 1997, 680 (683); *Hartstein/Ring/Kreile/Dörr/Stettner*, RStV, § 27 Rdnr. 4.

[334] *Trute/Vinke*, in: Beck'scher Kommentar zum Rundfunkrecht, § 27 Rdnr. 6.

[335] *Trute/Vinke*, in: Beck'scher Kommentar zum Rundfunkrecht, § 27 Rdnr. 12. Die KEK berücksichtigt jedoch in ständiger Spruchpraxis bei der Gesamtbewertung von Meinungsmacht auch türkisch- und russischsprachige Programme. KEK, 3. Konzentrationsbericht, S. 391.

[336] Kritisch zur geringen antikonzentrationsrechtlichen Relevanz fremdsprachiger Programme auch *Trute/Vinke*, in: Beck'scher Kommentar zum Rundfunkrecht, § 27 Rdnr. 13; *Gounalakis/Zagouras*, ZUM 2006, 716 (721 f.).

[337] Zu Recht weist *Degenhart*, K&R 2007, 380 (382) darauf hin, dass eine für die Auslegung von Art. 5 Abs. 1 S. 2 GG durchaus beachtliche demokratiestaatliche Relevanz spätestens dann besteht, wenn Adressaten fremd- oder mehrsprachige Bevölkerungsgruppen mit deutscher Staatsangehörigkeit sind.

C. Erfassung transnationaler Meinungsmacht

Allerdings darf dies nicht als kategorischer Ausschluss der **Berücksichtigungsfähigkeit transnationaler Meinungsmacht** missverstanden werden. Die Bestimmung vorherrschender Meinungsmacht hat zumindest abseits der Vermutungsregelungen des § 26 Abs. 2 S. 1 und 2 RStV als **Konkretisierung** eines verfassungsrechtlich vorgegebenen **unbestimmten Rechtsbegriffs** zu erfolgen. Obgleich das BVerfG sich noch nicht explizit zu internationaler **Meinungsmacht** geäußert hat, ist es verfassungsrechtlich grundsätzlich unbeachtlich aus welcher Richtung die Meinungsvielfalt bedroht wird.[338] Das Suggestivmedium Fernsehen darf durch *keine* gesellschaftliche Gruppe vereinnahmt werden.[339] Ob der Pluralismus in den Medien von inländischen Einzelpersonen oder Gruppen gefährdet wird oder von ausländischen, ist daher grundsätzlich unbeachtlich.[340] Insofern erscheint die Berücksichtigungsfähigkeit besonders starker ausländischer Meinungsmacht zumindest im Rahmen von § 26 Abs. 1 RStV nicht *a priori* ausgeschlossen.[341]

D. Gesamtzuschauermarkt

Bei der Beurteilung der Zuschaueranteile ist nach § 27 Abs. 1 S. 1 RStV der Fernsehmarkt in seiner Gesamtheit zu berücksichtigen. Die Bewertung vorherrschender Meinungsmacht richtet sich nicht nur nach den Zuschau-

---

[338] Schon im Fernsehurteil wird die Vereinnahmung des Rundfunks *„durch eine gesellschaftliche Gruppe"* verboten, unabhängig davon, um welche Gruppe es sich hierbei handelt. Vgl. BVerfGE 12, 205 (262) – Deutschland Fernsehen GmbH. Konsequenterweise muss man bei der Konkretisierung des Begriffs der vorherrschenden Meinungsmacht also grundsätzlich auch Gefahren für die Meinungsvielfalt berücksichtigen, die von ausländischen Märkten auf das bundesweit empfangbare Fernsehen hinein strahlen. Dies gilt beispielsweise im Hinblick auf ein mögliches Engagement von Unternehmen mit Monopolstellung im Informationssektor. So erwies sich etwa eine noch vor kurzem angedachte Übernahme der Sendergruppe *ProSiebenSat.1* durch *Silvio Berlusconis* Mediengruppe *Mediaset* aus hiesiger Sicht als kein rundfunkkonzentrationsrechtlich neutraler Vorgang. Zur Rechtslage in Italien *Mazzoleni*, MP 2003, 517 ff.; *Reinemann*, ZUM 2004, 904 ff.

[339] BVerfGE 12, 205 (261) – Deutschland Fernsehen GmbH.

[340] Das BVerfG hat es lediglich als *„sachlich vertretbar"* angesehen, ausländische Programme nicht derselben Vielfaltregulierung zu unterstellen, wie inländische, *„weil diese Programme in aller Regel nicht speziell für die Bundesrepublik bestimmt sind und die Meinungsbildung demgemäß nicht im gleichen Maße beeinflussen wie inländische Programme, dies um so weniger, als sie überwiegend nicht in deutscher Sprache verbreitet werden."* BVerfGE 73, 118 (202) – Niedersachsen. Dies muss jedoch nicht zwangsläufig bedeuten, dass Art. 5 Abs. 1 S. 2 GG die Berücksichtigung ausländischer Meinungsmacht kategorisch ausschließt.

[341] Allerdings wird man bei der „freihändigen" Beurteilung vorherrschender Meinungsmacht auch dem Umstand Rechnung tragen müssen, dass sich der Gesetzgeber mit der rundfunkkonzentrationsrechtlichen Erfassung deutschsprachiger Programme begnügte. Zum Erfordernis eines europäischen Medienkonzentrationsrechts auch *Gounalakis/Zagouras*, ZUM 2006, 716 ff.

eranteilen privater Programmveranstalter; dem **öffentlich-rechtlichen Rundfunk zukommende Anteile** werden ebenfalls **einbezogen**.[342] Dies ist keinesfalls selbstverständlich,[343] hält man sich vor Augen, dass diese Marktanteile unter dem Gesichtspunkt der Sicherung der Meinungsvielfalt im Fernsehen streng genommen **meinungsneutral** sind: Die von den öffentlich-rechtlichen Rundfunkanstalten produzierten Inhalte unterliegen einerseits strengen Ausgewogenheitspflichten,[344] andererseits aber auch einer gesellschaftlichen Kontrolle durch binnenplural verfasste Aufsichtsgremien.[345]

E. Mitwirkungspflichten der Fernsehveranstalter

Die **Mitwirkung der Fernsehveranstalter** bei der Ermittlung der Zuschaueranteile wird durch § 27 Abs. 3 RStV sichergestellt. In welcher Form dies zu erfolgen hat, wird allerdings nicht konkretisiert. Da die Vorschrift eine ausreichende Unterstützung der KEK durch das betreffende Unternehmen gewährleisten soll,[346] sind all diejenigen Handlungen, Daten und Informationen erfasst, die zu einer effizienten Bestimmung der Zuschauerreichweite benötigt werden. Nach dem Willen des Gesetzgebers soll die Mitwirkungspflicht insbesondere Informationen über Änderungen von Kanalbelegungen auf Satelliten bzw. Kabelanlagen sowie die terrestrische Verbreitung umfassen.[347] Die **Erforderlichkeit** von Informationen hat die **KEK** als **Verfahrensherrin**[348] nach § 27 Abs. 1 S. 1 RStV in eigenem Ermessen zu beurteilen. So kann sie beispielsweise Auskunft über die Beteiligungsverhältnisse an Private-Equity-Gesellschaften[349] oder die Geschäftsbedingungen in Plattformverträgen anfordern.[350]

Dass die Programmveranstalter ihre **finanziellen Aufwendungen** gegenüber der KEK geltend machen könnten,[351] lässt sich dem RStV nicht ent-

---

[342] KEK, 3. Konzentrationsbericht, S. 35; dies gilt auch für die Dritten Rundfunkprogramme. *Trute/Vinke*, in: Beck'scher Kommentar zum Rundfunkrecht, § 27 Rdnr. 15.

[343] Kritisch jüngst auch *Renck-Laufke*, ZUM 2006, 907 (914). Siehe hierzu auch die Erwiderung von *Hepach*, ZUM 2007, 40 ff.

[344] Siehe oben, § 5 B I.

[345] Hierzu oben, § 5 B II.

[346] Vgl. die amtliche Begründung zu § 27 RStV 1996, abgedruckt bei *Hartstein/Ring/Kreile/Dörr/Stettner*, RStV, § 27, S. 2.

[347] Amtliche Begründung zu § 27 RStV 1996, abgedruckt bei *Hartstein/Ring/Kreile/Dörr/Stettner*, RStV, § 27, S. 2.

[348] *Trute/Vinke*, in: Beck'scher Kommentar zum Rundfunkrecht, § 27 Rdnr. 20.

[349] Siehe hierzu auch epd-medien 62/2007, 12 sowie zur geringen Transparenz über die Beteiligungsverhältnisse an besonders renditeorientierten Private-Equity-Gesellschaften auch *Lilienthal*, epd-medien 57/2007, 3 (5).

[350] Vgl. KEK-Mitteilung 3/07, im Internet abrufbar unter: http://www.kek-online.de/kek/information/publikation/kek_mitteilung_3.pdf.

[351] So *Hess*, AfP 1997, 680 (683); *Hartstein/Ring/Kreile/Dörr/Stettner*, RStV, § 27 Rdnr. 9, wo als Kostenträger im Außenverhältnis die zuständige Landesmedienanstalt vermutet wird, im Innenverhältnis jedoch die KEK.

nehmen. Eine solche Erstattungspflicht hätte einen positiven Niederschlag im Gesetzestext finden müssen. Kommen die Betroffenen ihren **Mitwirkungspflichten** nicht hinreichend nach, sieht § 27 Abs. 3 S. 2 RStV als *Ultima Ratio*[352] die Möglichkeit vor, die **Zulassung** unkooperativer Fernsehveranstalter zu **widerrufen**. Da es sich freilich um eine Ermessensentscheidung handelt, sind unter Verhältnismäßigkeitsgesichtspunkten auch Mindermaßnahmen denkbar.[353] Der Widerruf hat durch die zuständige Landesmedienanstalt zu erfolgen.[354]

§ 19. Zurechnung von Programmen nach § 28 RStV

In welchem Umfang sich ein Medienunternehmen **Beteiligungen an Programmveranstaltern** zurechnen lassen muss, regelt § 28 RStV.[355] Eine Zurechnung kann zum einen **gesellschaftsrechtliche Hintergründe** aufweisen, aber auch aus einem **vergleichbaren Einfluss** auf einen Programmveranstalter resultieren.[356] Nach § 28 Abs. 3 RStV ist die Programmzurechnung **unabhängig vom Unternehmenssitz** zu beurteilen.[357] Die Zurechnung von Angehörigenverhältnissen nach Maßgabe des Wirtschafts- und Steuerrechts[358] gemäß § 28 Abs. 4 RStV hat infolge des Zusammenbruchs des *Kirch*-Imperiums deutlich an Relevanz verloren.[359]

Gemäß § 28 Abs. 1 S. 1 RStV sind einem Unternehmen grundsätzlich alle Programme zuzurechnen, die es **selbst veranstaltet** oder an denen es **unmittelbar mit mindestens 25 %** am Kapital bzw. an den Stimmrechtsanteilen **beteiligt** ist. Maßgeblich ist damit die gesellschaftsrechtliche **Sperrminorität**.[360] Indirekte Beteiligungen sind nach § 28 Abs. 1 S. 2 RStV zuzurechnen, sofern es sich hierbei um ein verbundenes Unterneh-

---

352 *Hess*, AfP 1997, 680 (683).
353 Zur Verhältnismäßigkeit rundfunkkonzentrationsrechtlicher Entscheidungen der KEK auch unten, § 24.
354 *Zagouras*, Konvergenz und Kartellrecht, S. 258.
355 Kritisch zum Zurechnungssystem des § 28 RStV *Koch*, AfP 2007, 305 (311 f.).
356 Siehe zu den von der KEK angelegten Maßstäben auch KEK, 3. Konzentrationsbericht, S. 393 ff.
357 Verhindert werden soll dadurch letztlich eine geographische Umgehung des Rundfunkkonzentrationsrechts. Siehe *Clausen-Muradian*, ZUM 1996, 934 (939).
358 Grundlegend hierzu *Schweitzer*, ZUM 1998, 597 ff.
359 Ursprünglich diente die Vorschrift dazu, einer Umgehung einschlägiger rundfunkkonzentrationsrechtlicher Bestimmungen durch eine Aufteilung der Beteiligungen an den Sendern *ProSieben* und *Sat.1* zwischen *Leo Kirch* und seinem Sohn *Thomas* entgegenzuwirken. Dazu KEK, ZUM-RD 2000, 241 (245 f.) – ProSieben sowie ZUM-RD 2000, 41 (50 f.) – 91 (94) – DSF. Tatsächlich kam der Vorschrift des § 28 Abs. 4 RStV schon nach der Zusammenführung der beiden Sendergruppen zur *ProSiebenSat.1 Media AG* nur noch eine klarstellende Bedeutung zu. Siehe auch *Zagouras*, Konvergenz und Kartellrecht, S. 263.
360 Vgl. *Zagouras*, Konvergenz und Kartellrecht, S. 259.

men i. S. v. § 15 AktG handelt,[361] welches wiederum am Kapital bzw. den Stimmrechten eines Veranstalters mit mindestens 25 % beteiligt ist. Liegen diese Voraussetzungen vor, so bestimmt § 28 Abs. 1 S. 3 RStV, dass die verbundenen Unternehmen als einheitliche Unternehmen anzusehen und ihre Anteile am Kapital oder an den Stimmrechten zusammenzufassen sind.

Darüber hinaus enthält § 28 Abs. 2 RStV weitere Merkmale, die dem betreffenden Unternehmen einen **vergleichbaren Einfluss** verschaffen können. Der Gesetzgeber konkretisiert diesen durch zwei **Regelbeispiele**. Ein Einfluss besteht, wenn regelmäßig ein wesentlicher Teil der Sendezeit mit **Programmteilen** gestaltet wird, die das betreffende Unternehmen zuliefert.[362] Nach § 28 Abs. 2 S. 2 Nr. 2 RStV kann er aber ebenso aus **vertraglichen Vereinbarungen** und **satzungsrechtlichen Bestimmungen** resultieren. Gleiches gilt, wenn wesentliche Entscheidungen des Veranstalters über die Gestaltung, den Einkauf oder die Produktion des Programms aus sonstigen Gründen von seiner Zustimmung abhängen.[363] Die KEK hat eine Zurechnung nach § 28 Abs. 2 RStV bei der Wahrnehmung von Geschäftsführungsfunktionen durch einen mit weniger als 25 % beteiligten Gesellschafter abgelehnt.[364] Der BayVGH nimmt einen vergleichbaren Einfluss auf landesrechtlicher Ebene bei Verflechtungen durch Personenidentität auf Führungspositionen, durch gemeinsame Nutzung von Technologien oder bei finanziellen Abhängigkeiten an, aufgrund derer der Anbieter seine Entscheidungen nicht mehr frei treffen kann, sondern dabei die Wünsche und Vorstellungen des anderen Anbieters berücksichtigen muss.[365]

§ 20. Rundfunkkonzentrationsrechtliche Handlungstatbestände

Erstmals tätig wird die KEK noch **bevor** einem Veranstalter eine **Zulassung erteilt** wird.[366] Ferner tritt sie in Aktion, wenn sich die **Beteiligungsverhältnisse an einem Programmveranstalter** nach § 29 RStV **ändern**.[367]

---

[361] Maßgeblich ist innerhalb des § 15 AktG die Beherrschung eines Unternehmens, welche dann angenommen wird, wenn ein Kapitaleigner mehr als 50 % der Stimmen auf sich vereinigt.

[362] Dazu auch *Hess*, AfP 1997, 680 (684). Siehe auch KEK, ZUM-RD 2000, 241 (246) – ProSieben.

[363] Hierzu *Zagouras*, Konvergenz und Kartellrecht, S. 262.

[364] KEK, 3. Konzentrationsbericht, S. 396.

[365] Nicht erforderlich ist aber eine Beherrschung des anderen Anbieters. BayVGH, ZUM-RD 1999, 26 (27) – Faktische Doppelsendetätigkeit.

[366] Gleiches gilt für eine Verlängerung der Zulassung eines Programmveranstalters.

[367] Zum Vollzug der Änderung von Beteiligungsverhältnissen KEK, ZUM-RD 2000, 101 (102) – Kabel 1.

Hier hat sie zu untersuchen, ob und inwieweit eine Veränderung der Beteiligungen zum Entstehen oder Verstärken vorherrschender Meinungsmacht nach § 26 Abs. 1 und 2 RStV führt. Ist diese im Bereich des bundesweit veranstalteten Fernsehens bereits eingetreten, so muss die Kommission hingegen *ex-post* vielfaltsichernde Maßnahmen nach § 26 Abs. 4 RStV einleiten.

A. Vielfaltsicherung innerhalb des Zulassungsverfahrens nach § 37 RStV

Da das **einfachgesetzliche Rundfunkkonzentrationsrecht** schon aus verfassungsrechtlichen Gründen **als Präventivkontrolle ausgestaltet** ist, müssen Risiken für die Meinungsvielfalt bereits vor der Aufnahme des Sendebetriebs beurteilt werden.[368] § 37 Abs. 1 RStV sieht daher vor, dass ein Antrag auf Zulassung eines privaten Veranstalters – so er nicht schon aus außerhalb der Vielfaltsicherung liegenden Gründen abgewiesen wird[369] – **unverzüglich nach Eingang** bei der zuständigen Landesmedienanstalt **an die KEK** zur „*Beurteilung von Fragestellungen der Sicherung der Meinungsvielfalt*" **weitergeleitet** wird.[370] Sie muss abwägen, ob die Zulassung eines Programmveranstalters zu vorherrschender Meinungsmacht führt. Ist dies der Fall, so hat sie die für die Zulassung durch die zuständige Landesmedienanstalt erforderliche Unbedenklichkeitserklärung zu versagen. Gleiches gilt für die Verlängerung der Zulassung eines Programmveranstalters, da es sich hierbei verwaltungsrechtlich um eine Neuzulassung handelt und die zeitliche Beschränkung der ursprünglichen Zulassung gerade eine regelmäßige Überprüfung der Aktivitäten eines Programmveranstalters auch unter Vielfaltgesichtspunkten bezweckt.[371]

B. Veränderung von Beteiligungsverhältnissen

Die Aufgaben der KEK bei Veränderung der Beteiligungsverhältnisse an Rundfunkunternehmen ergeben sich aus § 29 RStV. Jede geplante **Änderung von Beteiligungsverhältnissen** oder **sonstigen Einflüssen** auf Programmveranstalter ist vor ihrem Vollzug[372] bei der zuständigen Landes-

---

[368] BVerfGE 73, 118 (159) – Niedersachsen.

[369] Ein solcher Grund kann sich beispielsweise aus § 20 Abs. 4 RStV ergeben. Dazu *Hartstein/Ring/Kreile/Dörr/Stettner*, RStV, § 20 Rdnr. 24 ff.

[370] Unverzüglich bedeutet in diesem Zusammenhang ohne schuldhaftes Zögern. *Schuler-Harms*, in: Beck'scher Kommentar zum Rundfunkrecht, § 37 Rdnr. 3; *Hartstein/Ring/Kreile/Dörr/Stettner*, RStV, § 36 Rdnr. 3. Näheres bestimmt sich nach zivilrechtlichen Beurteilungsmaßstäben.

[371] Siehe zum Erneuerungsantrag von RTL KEK, ZUM-RD 2000, 41 (46 ff.) – RTL Television.

[372] KEK, ZUM-RD 2000, 101 (102) – Kabel 1, ZUM-RD 2000, 241 (244) – ProSieben; *Hess*, AfP 1997, 680 (685). Instruktiv zur kartellrechtlichen Kontrolle von Zusammenschlüssen nach ihrem Vollzug *Hahn*, WuW 2007, 1084 ff.

medienanstalt schriftlich **anzumelden**. Strittig ist, ob die Anmeldung einer Veränderung nach § 29 RStV zurückgezogen werden kann.[373] Nach § 29 S. 2 RStV trifft die Verpflichtung zur Anmeldung gleichermaßen den Programmveranstalter wie auch all jene Unternehmen, denen der betreffende Programmveranstalter nach § 28 RStV zuzurechnen ist.[374] Veränderungen der Beteiligungs- und Eigentumsverhältnisse an Rundfunkunternehmen dürfen von der zuständigen Landesmedienanstalt[375] nach § 29 S. 3 RStV nur dann **für unbedenklich erklärt** werden, wenn eine Zulassung auch unter veränderten Beteiligungsverhältnissen zu genehmigen wäre. Die Unbedenklichkeit bemisst sich wiederum nach den §§ 26 ff. RStV,[376] weshalb **dieselben Maßstäbe wie bei einer Neuzulassung** gelten.[377]

Um die **Durchsetzbarkeit** rundfunkkonzentrationsrechtlicher Entscheidungen zu gewährleisten, sind im RStV zahlreiche Rechtsfolgen vorgesehen, die das betreffende Unternehmen von einer Missachtung der Vorschriften abhalten sollen. Kommt es beispielsweise seiner Anmeldepflicht nicht nach, so handelt es ordnungswidrig und kann nach § 49 Abs. 1 und 2 RStV mit einer **Geldbuße** von bis zu 250.000 € belegt werden.[378] Einschneidender sind hingegen die Konsequenzen des Vollzugs einer nicht als unbedenklich eingestuften Beteiligungsveränderung. Für diesen Fall sieht § 29 S. 4 RStV vor, dass die betreffende **Zulassung zwingend** zu **widerrufen** ist. Ein Ermessensspielraum der zuständigen Landesmedienanstalt besteht nicht.[379] Alle mit der Beteiligungsveränderung einhergehenden Rechtsgeschäfte sind bis zur Entscheidung über die Unbedenklichkeit schwebend unwirksam.[380] Wird die **Unbedenklichkeitserklärung** schließlich **verweigert**, sind sie zivilrechtlich nach § 134 BGB **endgültig nichtig**.

---

[373] Die KEK, ZUM-RD 2000, 241 (244) – ProSieben sah hierin die Gefahr einer Verfestigung und Perpetuierung eines rechtswidrigen Zustands. *Renck-Laufke*, ZUM 2006, 907 (908) geht davon aus, dass eine Anmeldung bis zum Verfahrensabschluss, also dem Eintritt der Unanfechtbarkeit zurückgezogen werden kann.

[374] Da § 28 Abs. 2 RStV einen normativen Tatbestand enthält kann sich die Frage mitunter als problematisch erweisen, ob ein bestimmtes Programm einem Medienunternehmen aufgrund sonstiger Umstände zurechenbar ist. Um Sinn und Zweck des Rundfunkkonzentrationsrechts der §§ 26 ff. RStV nicht zu konterkarieren, ist die Anmeldepflicht daher extensiv zu verstehen. Siehe auch KEK, ZUM-RD 2000, 101 (102) – Kabel 1.

[375] Es handelt diejenige Landesmedienanstalt, welche die ursprüngliche Zulassung erteilt hat.

[376] *Trute*, in: Beck'scher Kommentar zum Rundfunkrecht, § 29 Rdnr. 10.

[377] *Hartstein/Ring/Kreile/Dörr/Stettner*, RStV, § 29 Rdnr. 8.

[378] Vgl. *Hess*, AfP 1997, 680 (685), der dies für rechtsstaatlich bedenklich hält.

[379] *Hess*, AfP 1997, 680 (685). Siehe auch *Trute*, in: Beck'scher Kommentar zum Rundfunkrecht, § 29 Rdnr. 13, der selbst eine Überprüfung der Verhältnismäßigkeit einer solchen Maßnahme einschränken will.

[380] Dies übersieht *Trute*, in: Beck'scher Kommentar zum Rundfunkrecht, § 29 Rdnr. 14, der in diesem Zusammenhang ein ausdrückliches Vollzugsverbot nach Vorbild des § 41 Abs. 1 S. 2 GWB fordert.

§ 21. Konsequenzen vorherrschender Meinungsmacht

A. Verbot weiteren Wachstums auf dem Fernsehmarkt

Welche Konsequenzen sich aus dem Vorliegen vorherrschender Meinungsmacht ergeben, regeln die Absätze 3 und 4 des § 26 RStV. Der Gesetzgeber hat sich für ein zweistufiges Rechtsfolgensystem entschieden,[381] welches nach § 26 Abs. 3 RStV aus dem Verbot weiteren Wachstums und nach § 26 Abs. 4 RStV aus dem Ergreifen vielfaltsichernder Maßnahmen besteht.[382] Zunächst sind einem Unternehmen, welches vorherrschende Meinungsmacht im Fernsehen erlangt hat, nach § 26 Abs. 3 RStV **keine weiteren Zulassungen** für die Veranstaltung zusätzlicher Programme zu erteilen (**Verbot internen Wachstums**).[383] Gleichzeitig darf der **Erwerb** weiterer zurechenbarer **Beteiligungen** an einem Fernsehveranstalter **nicht als unbedenklich attestiert** werden (**Verbot externen Wachstums**).

Verboten wird damit also das **Veranstalten zusätzlicher Fernsehprogramme**. Dies stellt nicht nur ein **Verbot externen Unternehmenswachstums** dar,[384] sondern eine quantitative Beschränkung zusätzlicher Fernsehaktivitäten, gleich ob es sich um Voll- oder Spartenprogramme handelt. Zumindest der Wortlaut des § 26 Abs. 3 RStV untersagt dem betroffenen Unternehmen über externes Wachstum im kartellrechtlichen Sinne[385] hinaus auch **internes Unternehmenswachstum**, sofern sich dieses in der Veranstaltung zusätzlicher Fernsehprogramme äußert.[386] Zusätzliches, leistungsbezogenes Wachstum ist nur auf Grundlage der bestehenden Veranstalteranzahl möglich; horizontale Unternehmenszusammenschlüsse mit Konkurrenten bleiben ihm hingegen verschlossen.[387]

---

[381] *Trute*, in: Beck'scher Kommentar zum Rundfunkrecht, § 26 Rdnr. 57.

[382] Während § 26 Abs. 3 RStV Fälle externen Wachstums betrifft, bezieht sich Abs. 4 auf internes Wachstum. Siehe KEK, 3. Konzentrationsbericht, S. 385.

[383] Speziell zum Aspekt der Zulassung *Hartstein/Ring/Kreile/Dörr/Stettner*, RStV, § 26 Rdnr. 27.

[384] So aber *Hartstein/Ring/Kreile/Dörr/Stettner*, RStV, § 26 Rdnr. 27; *Trute*, in: Beck'scher Kommentar zum Rundfunkrecht, § 26 Rdnr. 52.

[385] Zur Unterscheidung *Gounalakis*, AfP 2004, 394 (396) sowie *Zagouras*, Konvergenz und Kartellrecht, S. 95 f.

[386] *Zagouras*, Konvergenz und Kartellrecht, S. 275. Genau in diesem Punkt unterscheidet sich das Rundfunkkonzentrationsrecht des RStV vom allgemeinen Kartellrecht des GWB, welches sich auf die wettbewerbliche Beurteilung externen Unternehmenswachstums konzentriert und dementsprechend auch keine Möglichkeit der Entflechtung von Unternehmen vorsieht, die ihre Marktstellung eigenem Ansporn verdanken. Zur innerhalb von § 41 GWB vorgesehenen Möglichkeit der Entflechtung im Rahmen des Fusionsverfahrens *Mestmäcker/Veelken*, in: Immenga/Mestmäcker, GWB, § 41 Rdnr. 32.

[387] Zur Beschränkung der kartellrechtlichen Instrumentarien auf zusammenschlussbasiertes Unternehmenswachstum im Einzelnen unten, § 26 C IV.

B. Vielfaltfördernde Maßnahmen

Vielfaltfördernde Maßnahmen hat § 26 Abs. 4 RStV zum Gegenstand. Hiernach hat die zuständige Landesmedienanstalt einem Unternehmen, das bereits über vorherrschende Meinungsmacht verfügt, durch die KEK verschiedene **Maßnahmen zu deren Abbau vorzuschlagen.** Der Gesetzgeber sieht in diesem Punkt eine **enge Kooperation** zwischen dem Unternehmen und der KEK vor.[388] Nach § 26 Abs. 4 S. 2 RStV sollen vielfaltsichernde Maßnahmen möglichst einvernehmlich eingeleitet werden. Die Maßnahmen des § 26 Abs. 4 RStV sind nicht zwangsläufig als abschließende Aufzählung zu verstehen[389] und können daher miteinander kombiniert werden.[390]

I. Maßnahmen nach § 26 Abs. 4 S. 1 RStV

§ 26 Abs. 4 RStV sieht drei Maßnahmen zur **Neutralisation von Meinungsmacht** vor. Hierzu zählt nach § 26 Abs. 4 S. 1 Nr. 1 RStV zunächst das Aufgeben von Beteiligungen an Fernsehveranstaltern, die nach § 28 RStV zurechenbar sind. Dadurch wird das Unternehmen gezwungen, sich **von Beteiligungen** an einem Programmveranstalter **zu trennen.**[391] Die Grenze für dieses **einvernehmliche** *Shrink-To-Fit* stellt grundsätzlich die in § 26 Abs. 2 S. 1 RStV vorgesehene Obergrenze von 30 % des durchschnittlichen Zuschaueranteils dar.[392] Durch die **Kooperationspflicht** des § 26 Abs. 4 S. 2 RStV soll das betroffene **Unternehmen selbst entscheiden** können, auf welche Konzernteile es am ehesten verzichten kann. Sofern die vorherrschende Meinungsmacht auf den Vermutungstatbeständen des § 26 Abs. 2 S. 2 RStV beruht, besteht nach § 26 Abs. 4 S. 1 Nr. 2 RStV die Möglichkeit, seine Position auf den betreffenden medienrelevanten verwandten Märkten zu vermindern oder zurechenbare Beteiligungen an Fernsehveranstaltern aufzugeben, bis die Voraussetzungen des Vermutungstatbestandes entfallen.[393]

---

[388] Vgl. *Zagouras*, Konvergenz und Kartellrecht, S. 275.

[389] Strittig. Wie hier *Trute*, in: Beck'scher Kommentar zum Rundfunkrecht, § 26 Rdnr. 63; a. A. *Hartstein/Ring/Kreile/Dörr/Stettner*, RStV, § 26 Rdnr. 28.

[390] Denkbar sind je nach Umfang der zu erwartenden Meinungsmacht auch eine ganze Reihe von Mindermaßnahmen, sofern und soweit sie geeignet sind, verfassungsrechtlich nicht mehr zulässige Meinungsdominanz zu neutralisieren. Vgl. auch die von der KEK im Verfahren *Springer/ProSiebenSat.1* vorgeschlagenen Maßnahmen. Hierzu auch KEK-293, S. 104 ff. – Axel Springer AG.

[391] *Hartstein/Ring/Kreile/Dörr/Stettner*, RStV, § 26 Rdnr. 27.

[392] Zur Vermutungsregelung des § 26 Abs. 2 S. 1 RStV oben, § 15.

[393] Vgl. zum Vermutungstatbestand des § 26 Abs. 2 S. 2 RStV auch unten, § 21 B.

II. Vielfaltsichernde Maßnahmen nach § 30 RStV

Als dritte Maßnahme regelt § 26 Abs. 3 S. 1 Nr. 3 RStV die wohl **schonendste Form des Abbaus** vorherrschender Meinungsmacht durch Ergreifung **vielfaltsichernder Maßnahmen** nach §§ 30–32 RStV. Hierzu gehören die Einräumung von Sendezeiten für unabhängige Dritte nach § 31 RStV sowie die Einrichtung eines Programmbeirats gemäß § 32 RStV. Diese tangieren die wirtschaftlichen Interessen der betroffenen Unternehmen zwar nur peripher,[394] sie erweisen sich aber auch nur als schwaches Mittel zur Vielfaltsicherung im Fernsehen, da sie das speziell durch das Eigentum an Medienunternehmen vermittelte **Meinungspotential nur geringfügig verringern** können.[395]

1) Sendezeit für unabhängige Dritte nach § 31 RStV

Eine eigenständige Bedeutung kommt der Aufnahme von **Sendezeit für unabhängige Dritte** nach § 31 RStV im Rahmen des § 26 Abs. 4 S. 1 Nr. 3 RStV kaum zu, da besonders publikumsattraktive Programme mit einem Zuschaueranteil von über 10 % ohnehin bereits nach § 26 Abs. 5 S. 1 RStV bzw. bei einem Gesamtzuschaueranteil von über 20 % zu einer entsprechenden Einräumung von Sendezeiten verpflichtet sind. Denkbar ist eine Verringerung von Meinungsmacht allerdings, wenn das betreffende Unternehmen über das in § 31 Abs. 2 RStV geforderte Maß hinaus bereit ist, sein Programm für Dritte zu öffnen. Voraussetzung für die Anrechnung solcher überobligatorischen Drittsendezeiten ist, dass einem Fensterprogrammanbieter Sendezeit für die **Veranstaltung unabhängig produzierter Beiträge** zur Verfügung gestellt wird. Dieser darf in keinem rechtlichen Abhängigkeitsverhältnis i. S. d. § 28 RStV zum Hauptprogrammveranstalter stehen.[396]

2) Einrichtung eines Programmbeirats nach § 32 RStV

Zu guter Letzt kann Meinungsmacht im Fernsehen gemäß §§ 26 Abs. 4 S. 1 Nr. 3, 30 Nr. 2, 32 RStV durch die Schaffung eines **Programmbeirats** i. S. v. § 32 RStV abgebaut werden.[397] § 32 Abs. 1 S. 1 RStV weist ihm die **Aufgabe** zu, die Programmverantwortlichen, die Geschäftsführung des Programmveranstalters sowie die Gesellschafter bei der Gestaltung des Programms gerade im Hinblick auf die Wahrung der Meinungsvielfalt zu **beraten**.[398] Er darf aber nicht mit dem seitens der KEK unter Verhältnis-

---

394 *Hartstein/Ring/Kreile/Dörr/Stettner*, RStV, § 26 Rdnr. 33.

395 Vgl. auch VG München, ZUM 2008, 343 (351) – Springer/ProSiebenSat.1.

396 Zur Einräumung von Sendezeiten für unabhängige Dritte nach § 31 RStV auch *Zagouras*, Konvergenz und Kartellrecht, S. 276.

397 Siehe zur Entstehungsgeschichte der Vorschrift auch *Hartstein/Ring/Kreile/Dörr/ Stettner*, RStV, § 32 Rdnr. 1; *Paschke/Tacke,* in: Hamburger Kommentar, Kap. 2, 7. Abschn. Rdnr. 256 ff.

398 Kritisch zur Effizienz dieser Maßnahme auch *Trute*, in: Beck'scher Kommentar zum Rundfunkrecht, § 26 Rdnr. 62.

mäßigkeitsgesichtspunkten vorgeschlagenen **Fernsehbeirat** verwechselt werden.[399] Dieser zielt auf eine Neutralisierung jeglichen publizistischen Einflusses innerhalb eines besonders meinungsrelevanten Programmveranstalters ab.[400] Der Einfluss eines Programmbeirats auf die konkrete Programmgestaltung eines Veranstalters ist deutlich geringer und beschränkt sich auf einen eher symbolischen Beitrag zur inneren Ausgewogenheit des Programms.

Zwar versucht man über § 32 Abs. 1 S. 3 RStV einen wirksamen Einfluss des Programmbeirats auf **vertraglicher Ebene** oder durch **Satzung** rechtlich verbindlich zu gewährleisten. Ebenso sieht § 32 Abs. 2 S. 2 RStV vor, dass die Mitglieder des Programmbeirats ähnlich wie die Kontrollorgane der öffentlich-rechtlichen Rundfunkanstalten[401] auf Grund ihrer Zugehörigkeit zu gesellschaftlich relevanten Gruppen die Gewähr dafür bieten, dass sich die in der Gesellschaft vertretenen Meinungen und Weltanschauungen innerhalb des **Programmbeirats** widerspiegeln. Bei genauerem Hinsehen zeigt sich jedoch, dass es sich beim Programmbeirat *de facto* um einen **zahnlosen Tiger** handelt.

a) Organisatorischer Rahmen

Grund hierfür ist, dass nach § 32 Abs. 2 S. 1 RStV die **Mitglieder** des Programmbeirats anders als bei den öffentlich-rechtlichen Rundfunkanstalten[402] **vom Veranstalter selbst berufen** werden.[403] Hierdurch wird dem meinungsdominanten Unternehmen die Macht verliehen, das Gremium mit wohlgesonnenen Mitgliedern zu besetzen.[404] Ob von einem gefügigen Programmbeirat ein materieller Beitrag zur Sicherung der Meinungsvielfalt und Ausgewogenheit des Gesamtprogramms erwartet werden kann, erscheint fraglich. Dies gilt auch angesichts seiner Rechte nach § 32 Abs. 1 S. 3 RStV. Seinen Standpunkten soll durch **Vertrag** mit dem Veran-

---

[399] Zur Unterscheidung auch VG München, ZUM 2008, 343 (351) – Springer/ProSiebenSat.1.

[400] KEK-293, S. 104 – Axel Springer AG. Siehe auch *Hain*, K&R 2006, 150 (151) sowie zum Ablauf des Verfahrens *Renck-Laufke*, ZUM 2006, 907 ff. Kritisch insbesondere *Säcker*, K&R 2006, 49 (50), der in einer solchen Maßnahme den Ausdruck einer *„von den Interessen des privaten Eigentümers losgelösten Expropriationsphilosophie"* zu erkennen glaubt.

[401] Vgl. hierzu auch oben, § 5 B II 2.

[402] Die Zusammensetzung der Rundfunkräte öffentlich-rechtlicher Rundfunkanstalten muss im Lichte des Art. 5 Abs. 1 S. 2 GG trotz eines entsprechenden Beurteilungsspielraums der Landesgesetzgeber unter verfassungsrechtlichen Gesichtspunkten geeignet sein, die Rundfunkfreiheit und das damit verbundene Prinzip der Staatsfreiheit zu wahren. Siehe BVerfGE 83, 238 (334) – Nordrhein-Westfalen.

[403] Vgl. *Herrmann/Lausen*, Rundfunkrecht, § 11 Rdnr. 11.

[404] Hieran ändert sich letztlich auch nichts durch die Tatsache, dass die Mitglieder zunächst von der betreffenden gesellschaftlichen Gruppe vorgeschlagen werden, dazu *Hartstein/Ring/Kreile/Dörr/Stettner*, RStV, § 32 Rdnr. 7, da wiederum der Veranstalter nach Art. 2.3 der Programmbeiratrichtlinie selbst entscheidet, wer zu den gesellschaftlichen Gruppen gehören soll.

stalter oder **Satzung** Geltung verschafft werden. Es fehlt diesbezüglich aber an Druckmitteln, da eine vertragliche Lösung vom Willen des Veranstalters abhängt und es einer Satzungslösung in Anbetracht des Berufungsrechts des Programmveranstalters an der erforderlichen Effizienz fehlen dürfte. Dem prinzipiell legitimen Ansatz, vorherrschender Meinungsmacht durch ein **internes, binnenplurales Gremium** entgegenzuwirken,[405] wird die Vorschrift des § 32 RStV also nicht gerecht.

b) Aufgaben und Rechte

Die Aufgaben des Programmbeirats bestimmen sich nach § 32 Abs. 3 RStV. Er muss über alle die **Programmveranstaltung** betreffenden Fragen **unterrichtet** werden, was nach § 32 Abs. 3 S. 2 RStV ein **Recht auf Anhörung** bei wesentlichen Änderungen der **Programmstruktur**, der **Programminhalte**, des **Programmschemas** sowie bei **programmbezogenen Anhörungen** durch die zuständige Landesmedienanstalt und bei **Programmbeschwerden** beinhaltet.[406] Darüber hinaus soll der Programmbeirat nach § 32 Abs. 1 S. 2 RStV durch **Vorschläge und Anregungen** zur Sicherung der Meinungsvielfalt und Pluralität des Programms i. S. v. § 25 RStV beitragen, deren Nichtbeachtung freilich nicht sanktioniert wird.[407]

Präzisiert werden die Kompetenzen des Programmbeirats durch § 32 Abs. 4 und 5 RStV sowie durch die von den Landesmedienanstalten erlassene **Programmbeiratrichtlinie**.[408] Sie gestehen ihm eine Reihe von Rechten gegenüber dem Programmveranstalter zu, wozu nach § 32 Abs. 4 RStV **Auskunftsrechte gegenüber der Geschäftsleitung** zählen. Sofern jene eine Anfrage inhaltlich oder zeitlich nicht angemessen beantwortet, kann sich der Programmbeirat über die Geschäftsführung direkt an die Gesellschafterversammlung oder das entsprechende gesellschaftsrechtliche Kontrollorgan wenden. Dieses darf die Vorlage nur mit ¾-Mehrheit ablehnen. Ähnlich sind die in § 32 Abs. 5 RStV enthaltenen **Zustimmungspflichten** bei Änderungen der Programmstruktur, der Programminhalte oder des Sendeschemas.[409] Auch hier kann die Geschäftsleitung des Programmveranstalters die betreffenden Maßnahmen nur mit der Mehrheit von 75 % der abgegebenen Stimmen des Kontrollorgans bzw. der Gesellschafterversammlung treffen.[410]

---

[405] *Hartstein/Ring/Kreile/Dörr/Stettner*, RStV, § 32 Rdnr. 6.

[406] Hierzu auch *Hartstein/Ring/Kreile/Dörr/Stettner*, RStV, § 32 Rdnr. 9 ff.

[407] Siehe auch VG München, ZUM 2008, 343 (351) – Springer/ProSiebenSat.1.

[408] Letztere ist abgedruckt bei *Hartstein/Ring/Kreile/Dörr/Stettner*, RStV, § 33 Rdnr. 4; siehe dazu auch *Flechsig*, in: Beck'scher Kommentar zum Rundfunkrecht, § 33 Anh. 1 Rdnr. 18 ff.

[409] *Flechsig/Rossen-Stadtfeld*, in: Beck'scher Kommentar zum Rundfunkrecht, § 32 Rdnr. 12 f.

[410] § 32 Abs. 6 RStV stellt in diesem Zusammenhang klar, dass sich der Programmbeirat bei einzelkaufmännisch betriebenen Unternehmen unmittelbar an die zuständige Landesmedienanstalt wenden kann. Dazu auch *Hartstein/Ring/Kreile/Dörr/Stettner*, RStV, § 32 Rdnr. 17 f.

C. Widerruf von Zulassungen nach § 26 Abs. 4 RStV

Scheitern einvernehmliche vielfaltsichernde Maßnahmen, so sieht § 26 Abs. 4 S. 3 RStV als *Ultima Ratio*[411] die Möglichkeit einer **Entflechtung von Unternehmen** mit vorherrschender Meinungsmacht im Bereich des Fernsehens vor.[412] Konkret erfolgt dies durch einen **Widerruf** so vieler **Zulassungen** zurechenbarer Rundfunkveranstalter, bis keine vorherrschende Meinungsmacht mehr festgestellt werden kann. Wann diese Grenze erreicht ist, ergibt sich wiederum aus denselben Faktoren, die bereits für die Begründung der vorherrschenden Meinungsmacht verantwortlich waren. Verwaltungsrechtlich können dann beispielsweise so viele Zulassungen für Programme zurückgenommen werden, bis das Unternehmen nach Maßgabe des § 28 RStV weniger als 30 % der Zuschauer auf sich vereinigt.[413]

§ 26 Abs. 4 S. 3 RStV lässt einen Widerruf nur dann zu, wenn eine **einvernehmliche Einigung** zwischen der KEK und dem betreffenden Unternehmen entweder überhaupt **nicht zustande kam** oder die vereinbarten Maßnahmen nicht in angemessener Frist umgesetzt wurden. § 26 Abs. 4 S. 5 RStV stellt klar, dass aus dem Widerruf der Zulassung resultierende Vermögensnachteile nicht ersetzt werden. Zuständig für den Widerruf der Zulassung ist nach § 20 RStV die zuständige Landesmedienanstalt. § 26 Abs. 4 S. 4 RStV weist aber die Entscheidung über Art und Umfang des Lizenzwiderrufs ausdrücklich der KEK zu.[414]

§ 22. Bestimmung vorherrschender Meinungsmacht

A. Vorherrschende Meinungsmacht als unbestimmter Rechtsbegriff

I. Charakteristika verwaltungsrechtlicher unbestimmter Rechtsbegriffe

Eines der größten praktischen Probleme des Rundfunkkonzentrationsrechts liegt in der Konkretisierung des **unbestimmten Rechtsbegriffs**[415] *„vorherrschende Meinungsmacht"*. Dies gilt gleichermaßen auf verfas-

---

[411] Vgl. *Mailänder*, Konzentrationskontrolle zur Sicherung von Meinungsvielfalt im privaten Rundfunk, S. 296.

[412] Kritisch zu Entflechtungsmaßnahmen *Ricker/Schiwy*, Rundfunkverfassungsrecht, Kap. E Rdnr. 59, die in einem solchen Vorgehen einen Eingriff in das Eigentum des Rundfunkunternehmens sehen, da sich dieses rechtskonform verhalte und *„in einer an sich zulässigen Art und Weise als Teilnehmer am Meinungsmarkt agiert."* Ähnlich *Degenhart*, in: Bonner Kommentar, GG, Art. 5 Abs. 1 und 2 Rdnr. 855.

[413] Dazu schon *Kreile*, NJW 1997, 1329 (1331).

[414] Vgl. *Trute*, in: Beck'scher Kommentar zum Rundfunkrecht, § 26 Rdnr. 69 f.

[415] *Renck-Laufke*, ZUM 2000, 369 (373); *Hain*, MMR 2000, 537 (539).

sungsrechtlicher wie auch auf einfachgesetzlicher Ebene.[416] Charakteristisch für unbestimmte Rechtsbegriffe ist, dass der gesetzliche **Tatbestand nur sehr abstrakt umschrieben** wird, um den Gegebenheiten des jeweiligen Rechtsgebietes gerecht werden zu können und gegebenenfalls auch **Grundrechtspositionen** der Betroffenen bzw. Gerechtigkeitsgesichtspunkten durch Flexibilität im **Einzelfall** Rechnung zu tragen.[417] Allerdings fällt es selbst geschulten Juristen häufig schwer, eindeutig und mit Sicherheit zu sagen, wann die Voraussetzungen einer bestimmten Norm erfüllt sind.[418] Dies trifft in besonderem Maße auch auf den in § 26 Abs. 1 RStV verwendeten Terminus der vorherrschenden Meinungsmacht zu,[419] der eher ein abstraktes Ziel als ein operationalisierbares Konzept beschreibt.[420]

Dementsprechend wird man **vergeblich** nach einer **abschließenden Definition des Begriffs** suchen. Zwar hat das BVerfG in seiner Rundfunkrechtsprechung einige Faktoren herausgearbeitet, die bei der Konkretisierung der verfassungsrechtlichen Vorgaben herangezogen werden können.[421] Es handelt sich hierbei aber nicht um eine abschließende Umschreibung im Sinne einer Definition. Dies bedeutet freilich nicht, dass die KEK bei der rundfunkkonzentrationsrechtlichen Beurteilung eines bestimmten Sachverhalts völlig frei agieren könnte. Grenzen ergeben sich insbesondere aus der Verwaltungsrechtsdogmatik sowie aus verfassungsrechtlichen Gesichtspunkten.

1) Verwendung unbestimmter Rechtsbegriffe im Verwaltungsrecht

Unbestimmte Rechtsbegriffe gehören zu den besonders kontrovers diskutierten Problemfeldern des allgemeinen Verwaltungsrechts.[422] Sie dürfen **nicht** als **Ausdruck gesetzgeberischer Unfähigkeit** missverstanden werden, sondern werden bewusst als „Stilmittel" dazu eingesetzt, einen bestimmten Tatbestand beispielsweise für technische Neuerungen offen zu halten oder aber – unter **Inkaufnahme einer verringerten Anwendungssicherheit und Steuerungsfähigkeit** der Norm – eine unerwünschte begriffliche Verengung des Anwendungsbereichs einer Vorschrift zu verhindern.[423] Ihr Einsatz ist verfassungsrechtlich *per se* nicht zu beanstan-

---

416 *Trute*, in: Beck'scher Kommentar zum Rundfunkrecht, § 26 Rdnr. 29; *Gounalakis/Zagouras*, AfP 2006, 93 (97).

417 Vgl. BVerfGE 48, 210 (222) – Ausländische Einkünfte. Siehe speziell im Hinblick auf die Verwendung des Begriffs vorherrschende Meinungsmacht in § 26 RStV *Dörr/Schiedermair*, Ein kohärentes Konzentrationsrecht für die Medienlandschaft in Deutschland, S. 26.

418 *Detterbeck*, Allgemeines Verwaltungsrecht, Rdnr. 349.

419 Siehe auch VG München, ZUM 2008, 343 (347) – Springer/ProSiebenSat.1.

420 *Trute*, in: Beck'scher Kommentar zum Rundfunkrecht, § 26 Rdnr. 29.

421 Hierzu oben, § 6 D.

422 *Maurer*, Allgemeines Verwaltungsrecht, § 7 Rdnr. 47.

423 *Ipsen*, Allgemeines Verwaltungsrecht, Rdnr. 469.

den.[424] Im öffentlichen **Wirtschaftsrecht**[425] sowie im **Polizei- und Ordnungsrecht** sind Umschreibungen wie *„Zuverlässigkeit, Eignung, Befähigung"* aber auch *„öffentliche Sicherheit und Ordnung"*,[426] *„wichtiger Grund"*, *„Allgemeinwohl"* als Beispiel für unbestimmte Rechtsbegriffe zu nennen.[427]

Trotz der begrifflichen Offenheit **verzichtet** der **Normgeber** bei der Verwendung unbestimmter Rechtsbegriffe **lediglich auf die Definition** eng umgrenzter Tatbestandsmerkmale; die Bindung der Verwaltung an gesetzliche Vorgaben schränkt dies jedoch nicht ein.[428] Anders als bei Ermessensentscheidungen wird der Exekutive hier kein speziell auf die Rechtsfolgenseite abzielender Beurteilungsspielraum eingeräumt. Dieser ist gesetzlich **determiniert**[429] und steht **von Gesetzes wegen** eindeutig **fest**,[430] sodass es auch nur *eine* zutreffende Entscheidung bei unbestimmten Rechtsbegriffen geben kann:[431] Entweder liegen die Voraussetzungen einer Norm vor oder nicht.

2) Konkretisierung unbestimmter Rechtsbegriffe

Die Verwendung unbestimmter Rechtsbegriffe soll der Exekutive die Möglichkeit eröffnen, eigene juristische Bewertungen auf Basis **nachvollziehbarer** und damit auch **voll justiziabler** Gründe anzustrengen.[432] Einer inhaltlich mathematischen Formel bedarf es hierzu aber nicht. § 18 Abs. 1 S. 1 JSchG verbietet beispielsweise die *„Eignung, die Entwicklung von Kindern oder Jugendlichen oder ihre Erziehung zu einer eigenverantwortlichen und gemeinschaftsfähigen Persönlichkeit zu gefährden"*. Dass dies der Fall ist, muss aber **nicht mit absoluter Sicherheit** im Sinne einer **wissenschaftlichen Beweisführung** nachgewiesen werden.[433] Die Beurtei-

---

424 Grund hierfür ist, dass der Gesetzgeber gerade beim Schutz besonders wichtiger Rechtsgüter nicht immer alle Gefährdungslagen im Voraus absehen kann. Siehe *Gerhardt*, in: Schoch/Schmidt-Aßmann/Pietzner, VwGO, Vorb. § 113 Rdnr. 32; *Achterberg*, Allgemeines Verwaltungsrecht, § 18 Rdnr. 42.

425 Als Beispiel für einen unbestimmten Rechtsbegriff ließe sich im Kartellrecht § 42 GWB nennen, der es ermöglicht, wettbewerbsrechtlich unzulässige Unternehmenszusammenschlüsse aus Gründen des Allgemeinwohls auf Basis einer vorwiegend politischen Entscheidung des Wirtschaftsministers doch noch zu realisieren. § 42 GWB verwendet in diesem Zusammenhang den Begriff des überragenden Interesses der Allgemeinheit. Dazu jüngst *Zagouras*, WRP 2007, 1429 ff.

426 Weitere Beispiele finden sich bei *Maurer*, Allgemeines Verwaltungsrecht, § 7 Rdnr. 28; *Detterbeck*, Allgemeines Verwaltungsrecht, Rdnr. 349.

427 Vgl. *Ipsen*, Allgemeines Verwaltungsrecht, Rdnr. 468.

428 In Bezug auf § 26 Abs. 1 RStV auch *Hain*, MMR 2000, 537 (539).

429 *Sachs*, in: Stelkens/Bonk/Sachs, VwVfG, § 40 Rdnr. 147.

430 Selten, etwa im Beamtenrecht existieren Vorschriften, die auf Tatbestandsseite einen unbestimmten Rechtsbegriff enthalten und die Rechtsfolgen ins Ermessen der Anstellungsbehörde stellen. Vgl. BVerwGE 46, 176 f.; *Maurer*, Allgemeines Verwaltungsrecht, § 7 Rdnr. 48.

431 *Maurer*, Allgemeines Verwaltungsrecht, § 7 Rdnr. 29.

432 Vgl. auch *Neft*, ZUM 1999, 97 (101 f.).

433 Vgl. *Ipsen*, Allgemeines Verwaltungsrecht, Rdnr. 468.

lung einer solchen Eignung darf nicht unsachlich oder gar willkürlich sein. Ausreichend ist insofern, dass die Konkretisierung auf fachlich nachvollziehbaren Erwägungen erfolgt. Die Entwicklung eines komplexen Berechnungsmodells seitens der KEK wäre angesichts dieser Bewertungsmaßstäbe nicht notwendig gewesen. Sie hätte sich mit einem deutlich geringeren Begründungsaufwand zufrieden geben können. Nachdem sie sich jedoch zu diesem Schritt entschieden hat, darf sie nach dem Grundsatz der **Selbstbindung der Verwaltung**[434] und des allgemeinen Gleichheitssatzes des Art. 3 GG in künftigen Verfahren nur eingeschränkt von ihrem Gewichtungssystem abweichen.[435]

3) Kriterien für die Bestimmung vorherrschender Meinungsmacht i. S. v. § 26 Abs. 1 RStV

Angesichts des verfassungsrechtlichen **Bestimmtheitsgrundsatzes** muss das Vorliegen der Tatbestandsvoraussetzungen an anerkannten Auslegungsgrundsätzen ausgerichtet werden.[436] In Bezug auf § 26 Abs. 1 und 2 RStV bedeutet dies, dass auch die **KEK** bei der Beurteilung von Meinungsmacht außerhalb der positiv normierten Vermutungstatbestände nicht völlig frei ist. Wann ein Entstehen oder Verstärken vorherrschender Meinungsmacht anzunehmen ist, ergibt sich zunächst aus den Kriterien der **Vermutungstatbestände des § 26 Abs. 2 RStV** sowie aus den vom BVerfG festgelegten[437] **verfassungsrechtlichen Parametern**.[438] Dabei kann sie eine historische, systematische sowie gegebenenfalls teleologische Konkretisierung des Begriffs zugrunde legen.[439]

II. Gerichtliche Überprüfungsmaßstäbe

1) Grundsatz der vollumfänglichen gerichtlichen Überprüfbarkeit der Anwendung unbestimmter Rechtsbegriffe

Aus rechtsstaatlichen Erwägungen unterliegt die Anwendung unbestimmter Rechtsbegriffe durch die Verwaltung nach Art. 19 Abs. 4 GG prinzipiell einer **vollumfänglichen Kontrolle durch die Verwaltungsgerichtsbarkeit**.[440]

---

[434] Hierzu *Sachs*, in: Stelkens/Bonk/Sachs, VwVfG, § 40 Rdnr. 105 ff.

[435] In diesem Sinne wohl auch VG München, ZUM 2008, 343 (347) – Springer/Pro-SiebenSat.1.

[436] BVerfGE 79, 106 (120) – Hinterbliebenenversorgung.

[437] *Gounalakis/Zagouras*, AfP 2006, 93 (101 f.). Dies folgt im Wesentlichen aus der Tatsache, dass der in § 26 Abs. 1 RStV verwendete und durch Abs. 2 der Vorschrift mittels Vermutungstatbeständen konkretisierte Begriff der vorherrschenden Meinungsmacht lediglich den vom BVerfG aus Art. 5 Abs. 1 S. 2 GG entwickelten Begriff widerspiegelt. Hierzu BVerfGE, 73, 118 (172) – Niedersachsen.

[438] Ähnlich auch *Hain*, K&R 2006, 150 (155).

[439] Zu den dogmatisch anerkannten Auslegungsmethoden der Rechtswissenschaft insbesondere *Larenz/Canaris*, Juristische Methodenlehre, S. 141 ff.

[440] Vgl. etwa BVerwGE 94, 307 (309). Das ältere Schrifttum wollte nur eine eingeschränkte gerichtliche Kontrolle anerkennen. Vgl. hierzu auch *Maurer*, Allgemeines Verwaltungsrecht, § 7 Rdnr. 31 ff.

Im Normalfall erstreckt sich diese sowohl auf die Bestimmung des Sinngehalts der Norm als auch auf die Feststellung des Sachverhalts.[441] Die **Gerichte** prüfen selbst, ob die Voraussetzungen des unbestimmten Rechtsbegriffs erfüllt sind.[442] Dies gilt gleichermaßen für **rechtliche wie auch für tatsächliche Umstände.** Die Beurteilung kann auf eigener Erkenntnis beruhen oder auf externer Begutachtung durch einen Sachverständigen.[443]

2) Beschränkte Kontrolldichte bei Beurteilungsspielräumen

Durchbrochen werden diese Grundsätze, wenn eine Vorschrift der Exekutive einen eigenen **Beurteilungsspielraum** zuweist.[444] Anders als bei der Verwendung unbestimmter Rechtsbegriffe ohne Beurteilungsspielraum kommt es hier lediglich zu einer eingeschränkten gerichtlichen Kontrolle: Die Entscheidungsfindung durch die Verwaltung ist in solchen Fällen nur begrenzt objektivierbar.[445] Dies betrifft hauptsächlich **schulische und akademische Prüfungen,**[446] aber auch beamtenrechtliche **Eignungs- und Leistungsbeurteilungen** oder Begutachtungen durch **unabhängige Expertengremien.**[447]

Ob auch die Beurteilung von Meinungsmacht durch die KEK lediglich einer eingeschränkten gerichtlichen Kontrolle zugänglich ist, wird unterschiedlich beurteilt. Geschlossen wird eine solche teils aus verwaltungsrechtlichen Erwägungen, teils aus den Besonderheiten des rundfunkkonzentrationsrechtlichen Verfahrens.[448] Einschätzungen der KEK seien verwaltungsgerichtlich nur dann angreifbar, wenn sie einen relevanten **Sachverhalt nicht vollständig berücksichtigt,** von einem **unzutreffenden Sachverhalt** ausgeht oder **sachfremde Erwägungen** in ihre Entscheidungen einfließen lässt.[449] Gleiches gelte wenn sie auf andere Art und Weise **unverhältnismäßig** oder sogar **willkürlich** verfassungsrechtlich relevante Abwägungspositionen missachte. Die Gegenposition leitet die vollumfängliche Überprüfbarkeit der Beschlüsse der KEK – freilich von der Prämisse ausgehend, ein Rückgriff auf § 26 Abs. 1 RStV sei prinzipiell

---

[441] *Sachs*, in: Stelkens/Bonk/Sachs, VwVfG, § 40 Rdnr. 147.

[442] *Detterbeck*, Allgemeines Verwaltungsrecht, Rdnr. 354.

[443] *Achterberg*, Allgemeines Verwaltungsrecht, § 18 Rdnr. 45.

[444] Hierzu *Detterbeck*, Allgemeines Verwaltungsrecht, Rdnr. 359. Speziell zur Frage eines rundfunkkonzentrationsrechtlichen Beurteilungsspielraums der KEK *Hain*, MMR 2000, 537 (539), *ders.*, K&R 2007, 160 (164).

[445] Vgl. *Ipsen*, Allgemeines Verwaltungsrecht, Rdnr. 485.

[446] Instruktiv hierzu *Koenig*, VerwArch 83 (1992), 351 ff.

[447] Hierzu lassen sich u. a. Entscheidungen der Filmbewertungsstelle der Länder zählen, ebenso wie die Zulassung eines Börsenmaklers durch den Börsenvorstand oder Entscheidungen über die didaktische oder pädagogische Eignung von Schulbüchern. *Detterbeck*, Allgemeines Verwaltungsrecht, Rdnr. 374.

[448] So etwa *Hain*, MMR 2000, 537 (543).

[449] *Hain*, MMR 2000, 537 (544).

unstatthaft[450] – aus der Aufklärbarkeit konzentrationsrelevanter Sachverhalte ab.[451]

3) Verminderte gerichtliche Kontrolldichte bei Werturteilen unabhängiger Expertenkommissionen

Die Rechtsprechung nimmt neben situationsgebundenen Prüfungssituationen[452] eine verminderte Kontrolldichte der Verwaltungsgerichte bei **Werturteilen unabhängiger Expertengremien** an,[453] da Entscheidungen **unabhängiger, pluralistisch zusammengesetzter Ausschüsse** auf dem Gedanken der Repräsentation unterschiedlicher gesellschaftlicher Gruppen basieren.[454] Das BVerfG erkennt einen gerichtlich nicht nachprüfbaren Kern derartiger Werturteile an, stellt dabei aber klar, dass diese – etwa bei Entscheidungen der Bundesprüfstelle für jugendgefährdende Medien[455] – bei **gesteigerter Grundrechtsrelevanz** immer noch einer Evidenzkontrolle unterliegen.[456]

Zu derartigen **Expertengremien** zählt die Rechtsprechung die **KEK**.[457] Obwohl sie anders als die Rundfunkräte öffentlich-rechtlicher Rundfunkanstalten nicht gesellschaftlich relevante Gruppen repräsentiert,[458] besteht sie nach § 35 Abs. 5 S. 1 Nr. 1 RStV a. F. doch aus sechs **Sachverständigen** des **Rundfunk-** und des **Wirtschaftsrechts**, von denen drei die Befähigung zum Richteramt haben müssen.[459] Diese werden von den Ministerpräsidenten der Länder für die Dauer von fünf Jahren einvernehmlich berufen.[460] Ergänzt werden sie nach § 35 Abs. 5 Nr. 2 RStV n. F. von sechs Vertretern der Landesmedienanstalten. *Hain* schlussfolgert eine

---

450 Zu dieser Problematik oben, § 13 B.
451 Vgl. etwa *Neft*, ZUM 1999, 97 (101 f.); *Hess*, AfP 1997, 680 (684).
452 Siehe etwa BVerfGE 84, 34 ff. – Juristische Staatsprüfung.
453 *Detterbeck*, Allgemeines Verwaltungsrecht, Rdnr. 374.
454 Vgl. *Maurer*, Allgemeines Verwaltungsrecht, § 7 Rdnr. 45.
455 Hierzu auch *Lutz*, NJW 1988, 3194 (3195).
456 So in Bezug auf die Kunstfreiheit ausdrücklich BVerfGE 83, 130 (148) – Josefine Mutzenbacher.
457 Ausdrücklich VG München, ZUM 2008, 343 (349) – Springer/ProSiebenSat.1; siehe zuvor bereits *Hain*, MMR 2000, 537 (543 f.).
458 Gerade aus dieser Funktion des Rundfunkrats (beim ZDF Fernsehrat genannt) wird seine Binnenpluralität abgeleitet. Vgl. hierzu auch *Hesse*, Rundfunkrecht, Kap. 4 Rdnr. 78. Er soll sicherstellen, dass innerhalb der Kontrollorgane der Rundfunkanstalten des öffentlichen Rechts auch die Allgemeinheit hinreichend repräsentiert wird. *Herrmann/Lausen*, Rundfunkrecht, § 11 Rdnr. 12.
459 Näheres zum formellen Rundfunkkonzentrationsrecht bei *Neft*, ZUM 1999, 97 (98).
460 Gewisse Einschränkungen sind in § 35 Abs. 3 RStV gleichwohl vorgesehen. Es handelt sich hierbei aber lediglich um einen Negativkatalog, sodass grundsätzlich alle Personen berufen werden können, welche diese Kriterien nicht erfüllen. Zwar sind die Mitglieder von KEK und KDLM nach § 35 Abs. 6 RStV nicht an Weisungen gebunden. Dies allein entspricht allerdings nicht den Standards, welche normalerweise für binnenpluralistisch strukturierte Gremien gelten. Dazu *Herrmann/Lausen*, Rundfunkrecht, § 11 Rdnr. 12 ff.; *Gersdorf*, Grundzüge des Rundfunkrechts, Rdnr. 331 ff.

entsprechende Sachverständigenstellung der KEK zu Recht aus der Weisungsunabhängigkeit des Gremiums und der Bindungswirkung der Beschlüsse gegenüber den Landesmedienanstalten.[461] Zwar setzt die Mitgliedschaft in der KEK hauptsächlich **juristische Fähigkeiten** voraus[462] und knüpft insofern an spezifisches Expertenwissen an, über das auch **Richter** verfügen.[463] Ihr Beurteilungsspielraum resultiert aber aus der Aufgabe, eine Beurteilung rundfunkkonzentrationsrechtlich relevanter Vorgänge **frei von standortpolitischen Erwägungen** zu ermöglichen[464] und den **Unterbietungswettbewerb zwischen** den **Landesmedienanstalten** bei der **Vielfaltsicherung zu verhindern.**[465]

Als unabhängiges Expertengremium wird die KEK angesehen, weil ihren Entscheidungen in hohem Maße wertende Elemente anhaften und der Gesetzgeber sie als ein besonderes Verwaltungsorgan damit beauftragt hat, mit besonderer fachlicher Legitimation und in einem besonderen Verfahren als **Kollegialorgan** über vorherrschende Meinungsmacht im Fernsehen zu befinden.[466] Das VG München sieht es als ausschlaggebend an, dass die KEK mit der abschließenden Beurteilung konzentrationsrechtlicher Angelegenheiten betraut ist, da sie nicht nur ein Gutachten für die Landesmedienanstalten erstellt, sondern diese an ihr Urteil gebunden sind.[467] Hieran ändert auch die Tatsache nichts, dass Beschlüsse der KEK bis zum Inkrafttreten des zehnten Rundfunkänderungsstaatsvertrags von der KDLM abgeändert werden können, da deren Stellung mit derjenigen einer Widerspruchsbehörde gleichgestellt wird. *Hain* führt den Beurteilungsspielraum der KEK darauf zurück, dass die Abwägung einschlägiger Verfassungspositionen nicht nur auf quantitativen Größen wie Zuschaueranteilen beruht, sondern gerade auf qualitativen Wertungen.[468]

---

461 *Hain*, MMR 2000, 537 (543 f.).

462 Unbeachtlich ist, dass der Wortlaut des § 35 Abs. 3 S. 1 RStV von sechs „*Sachverständigen des Rundfunk- und des Wirtschaftsrechts*" spricht, auf der anderen Seite aber nur in drei Fällen eine Befähigung zum Richteramt voraussetzt.

463 Ähnlich *Neft*, ZUM 1999, 97 (102), welcher allerdings darauf abstellt, dass die Verflechtungstatbestände im Medienbereich regelmäßig aufklärbar seien und deshalb schon kein Beurteilungsspielraum der KEK bestehe. Dies mag zwar im Hinblick auf § 26 Abs. 2 S. 1 RStV zutreffen. Dennoch wird man auf diesen Umstand alleine nicht abstellen können, zumal sich die Aufgabe der KEK nicht darin erschöpft, gesellschaftsrechtliche Beteiligungen zu addieren. Insbesondere im Zusammenhang mit der heftig umstrittenen unmittelbaren Anwendung des § 26 Abs. 1 RStV hat sie hochkomplexe juristische Bewertungen zu treffen.

464 Vgl. auch *Herrmann/Lausen*, Rundfunkrecht, § 21 Rdnr. 21; *Hesse*, Rundfunkrecht, Kap. 5 Rdnr. 75.

465 Zum gesetzgeberischen Motiv der Vermeidung standortpolitischer Entscheidungen auch *Hesse*, Rundfunkrecht, Kap. 5 Rdnr. 75.

466 Siehe VG München, ZUM 2008, 343 (349) – Springer/ProSiebenSat.1.

467 VG München, ZUM 2008, 343 (347) – Springer/ProSiebenSat.1 Siehe hierzu auch *Hain*, K&R 2007, 160 (164).

468 *Hain*, MMR 2000, 537 (543 f.).

B. Konsequenzen für eine gerichtliche Überprüfung konzentrationsrechtlicher Entscheidungen

Der Beurteilungsspielraum der KEK bei der Erfassung und Bewertung vorherrschender Meinungsmacht bewirkt, dass die Fachgerichte ihre Entscheidungen nicht vollumfänglich überprüfen können. Das Gericht ist insbesondere nicht befugt, sich an die Stelle der Verwaltung zu setzen. Vielmehr beschränkt sich die Überprüfung darauf, ob die KEK die gültigen Verfahrensbestimmungen eingehalten hat, von einem richtigen Verständnis des anzuwendenden Gesetzesbegriffs ausgegangen ist, den ausschlaggebenden Sachverhalt zutreffend ermittelt hat, die für Ermessensentscheidungen ausschlaggebenden Bewertungsmaßstäbe angelegt hat und zu guter Letzt keine Willkür hat walten lassen.[469] Unter diesen Gesichtspunkten hat das VG München die im Folgenden dargestellte Methode der KEK zur Erfassung crossmedial vermittelter Meinungsmacht ausdrücklich gebilligt.[470]

§ 23. Methodische Erfassung von Meinungsmacht

Bei der Bestimmung vorherrschender Meinungsmacht genießt die KEK beachtliche Freiheiten. Sie **kann** sich hierzu **anerkannter Methoden und Berechnungsmodelle** aus der Medienwissenschaft bedienen.[471] Da es für die Anwendung unbestimmter Rechtsbegriffe aber auf eine **Bewertung des Einzelfalls** ankommt, müssen unterschiedliche Gesichtspunkte berücksichtigt, bewertet und gegeneinander abgewogen werden. Erforderlich ist eine **Prognose über eine künftige Entwicklung** bzw. des **künftigen Verhaltens** der betreffenden Unternehmen.[472] Während § 26 Abs. 2 RStV den Zuschaueranteil zur *„einheitlichen Währung"*[473] für die Bestimmung von Meinungsmacht im Fernsehen erklärt, bereitet die Erfassung publizistischen Einflusses außerhalb des Suggestivmediums Probleme. Dies gilt speziell für die Vermutungstatbestände des § 26 Abs. 2 S. 2 Var. 2 RStV, der vorherrschende Meinungsmacht beim Erreichen eines Zuschaueranteils von 25 % vermutet, sofern die Gesamtbeurteilung der medialen bzw. medienrelevanten Aktivitäten des Unternehmens ergibt, dass der dadurch erzielte Meinungseinfluss dem eines Unternehmens mit einem Anteil von 30 % der Fernsehzuschauer entspricht. Gerade das in diesem Vermutungstatbestand vorgesehene In-Relation-Setzen schwer erfassbarer

---

[469] VG München, ZUM 2008, 343 (350) – Springer/ProSiebenSat.1.
[470] Siehe VG München, ZUM 2008, 343 (347 ff.) – Springer/ProSiebenSat.1.
[471] Vgl. diesbezüglich auch *Bornemann*, MMR 2006, 275 (277 ff.).
[472] So insbesondere *Maurer*, Allgemeines Verwaltungsrecht, § 7 Rdnr. 29.
[473] Vgl. *Holznagel/Krone*, MMR 2005, 666 (672).

crossmedialer Meinungsmacht und ihre **Transponierung in die Maßein-
heit Zuschaueranteil** bereiten größte Schwierigkeiten.

A. Methode der KEK

I. Grundproblematik der Greifbarmachung multimedialer Meinungs- macht

Trotz ihrer mittlerweile über 400 Verfahren umfassenden Entscheidungspraxis hatte die KEK bislang nur wenig Anlass, vorherrschende Meinungsmacht konkret greifbar machen zu müssen. Erst die gescheiterte
Übernahme von *ProSiebenSat.1* durch *Axel Springer* lieferte einen Sachverhalt, der es erforderte, Maßstäbe für die Erfassung von **Meinungsmacht** zu entwickeln, die **aus anderen medialen Subsektoren** resultiert.[474]
Die KEK musste einen „*Wechselkurs*" bestimmen, der es ermöglicht,
multimediale Meinungsmacht in die „*einheitliche Währung*" des Zuschaueranteils umzurechnen. Dies wäre zwar eigentlich Aufgabe des Gesetzgebers gewesen.[475] Da der komplizierte politische Kompromissfindungsprozess dies jedoch offensichtlich verhinderte, fiel die Last auf das
unabhängige Expertengremium.

Aus verfassungs- bzw. verwaltungsrechtlichen Gesichtspunkten wäre
die KEK nicht gezwungen gewesen, ein derart komplexes Konzept zur Erfassung von Meinungsmacht zu entwickeln. Ein Blick auf den Umgang
mit unbestimmten Rechtsbegriffen in anderen Rechtsbereichen zeigt,
dass auch ein deutlich geringerer Begründungsaufwand noch rechtsstaatlichen Anforderungen genügt hätte. Dennoch hat sich die KEK dazu entschieden, ein auf (kommunikations-)wissenschaftlichen Erkenntnissen
gestütztes System zur Indizierung publizistischer Macht zu entwickeln.
Dies fördert die Transparenz der Konzentrationskontrolle und die
Rechts- und Planungssicherheit der Medienunternehmen, da die KEK
wegen der Selbstbindung der Verwaltung sowie des Gleichheitsgrundsat-
zes des Art. 3 GG auch künftig an die selbst entwickelten Maßstäbe gebunden ist.[476]

II. Kommunikationswissenschaftlicher Ansatz der KEK

Die Maßstäbe zur Ermittlung von Meinungsmacht gehen auf ein von der
KEK in Auftrag gegebenes und zur öffentlichen Diskussion gestelltes kom-
munikationswissenschaftliches Gutachten von *Hasebrink* zurück.[477] Me-

---

[474] KEK-293, S. 69 ff. – Axel Springer AG. Zum Verfahrensgang auch *Renck-Laufke*, ZUM 2006, 907 (908 ff.).

[475] Vgl. *Bornemann*, ZUM 2006, 200 (202 ff.).

[476] Planungs- und Rechtssicherheit sind die Grundlage für Innovationen und damit
Investitionen. Siehe *Gounalakis*, Konvergenz der Medien, S. 72.

[477] *Hasebrink*, Zur Berücksichtigung medienrelevanter verwandter Märkte bei der
Anwendung des Zuschaueranteilsmodells (§ 26 Abs. 2 Satz 2 RStV), im Internet abruf-

thodischer Ausgangspunkt ist der Versuch, das seitens des Gesetzgebers verbindlich vorgegebene Modell der Koppelung von Meinungsmacht an Zuschaueranteile auf crossmediale Meinungsmacht zu übertragen. Dies erweist sich in kommunikationswissenschaftlicher Hinsicht als schwierig, denn die **Methoden zur Erfassung der Medienwirkung unterscheiden** sich innerhalb der einzelnen medialen Subsektoren teils **erheblich**.[478] Daher versuchte die KEK ein **Rechenmodell** zu installieren, welches auf folgender Grundüberlegung basiert: Je mehr Menschen mit den Programmen eines Veranstalters **in Kontakt treten** und je länger diese andauern, desto mehr **potentielle Meinungsmacht** wird diesem Veranstalter zugeschrieben.[479]

Diese Hypothese versucht *Hasebrink* im Wege der Analogie auf andere Medien zu übertragen. Für die Bestimmung von Meinungsmacht werden zwei wesentliche Faktoren herausgearbeitet: Zum einen wird Meinungsmacht im Sinne eines **potentiellen politischen Missbrauchs** verstanden, zum anderen aber auch als **langfristiger Kultivierungsprozess**, innerhalb dessen auf Weltbilder, Wertvorstellungen und gegebenenfalls sogar auf Geschmacksmuster eingewirkt werden kann.[480] Anhand dieser Systematik werden die unterschiedlichen medialen Subsektoren analysiert. Hierzu wurde zunächst ihre charakteristische Wirkungsweise im Hinblick auf die **öffentliche Meinungsbildung** erfasst, um sie anschließend in Relation zum potentiellen Meinungseinfluss des Fernsehens zu setzen. Das Ergebnis der kommunikationswissenschaftlichen Untersuchung wird schließlich in einer gegenüberstellenden Tabelle zusammengefasst.[481]

Auch die Einteilung der relevanten Märkte geht auf **medienwissenschaftliche Erkenntnisse** zurück, da sich das im Kartellrecht gebräuchliche Bedarfsmarktkonzept nicht an publizistischen, sondern in erster Linie an **ökonomischen Parametern** orientiert.[482] Daher weicht die KEK bei der Untersuchung crossmedialer Meinungsmacht von der Marktabgrenzung des BKartA ab[483] und orientiert sich vorwiegend an den für die Meinungsrelevanz wesentlichen **Mediengattungen**.[484] Die von der KEK angelegten Gewichtungsfaktoren, also das Veranschlagen eines gewissen Bruchteils der Meinungsmacht auf benachbarten Medienmärkten, gehen in dieser Form nicht auf das Gutachten von *Hasebrink* zurück.[485]

---

bar unter http://www.kek-online.de/kek/information/publikation/bredow2003.pdf. Im Folgenden auch als KEK-Gutachten bezeichnet. Hierzu auch KEK, 3. Konzentrationsbericht, S. 382.

[478] *Kepplinger*, Der Beitrag der Kommunikationswissenschaft zur Gewichtung von Medienmärkten, S. 3 ff.

[479] *Hasebrink*, KEK-Gutachten, S. 4.

[480] Vgl. *Hasebrink*, KEK-Gutachten, S. 9.

[481] Siehe *Hasebrink*, KEK-Gutachten, S. 39.

[482] Vgl. *Hasebrink*, KEK-Gutachten, S. 5.

[483] Hierzu auch *Bohne*, WRP 2006, 540 (542).

[484] KEK-293, S. 83 – Axel Springer AG.

[485] Letzteres liefert lediglich die den Gewichtungsfaktoren zugrundeliegenden kommunikationswissenschaftlichen Erkenntnisse. In welches Verhältnis sie zur nach Maß-

III. Bestimmung crossmedialer Meinungsmacht in der Praxis der KEK

In der Praxis obliegt die schwierige Bestimmung crossmedialer Meinungsmacht mangels expliziter gesetzlicher Vorgaben der KEK. Nicht zuletzt wegen der Selbstbindung der Verwaltung hat in dieser Hinsicht der *Axel-Springer*-Beschluss des unabhängigen Expertengremiums grundlegende Bedeutung erlangt.[486] Hier hatte die KEK erstmals Anlass, eine umfassende **Prognose über die Auswirkungen** *crossmedial* **verankerter Meinungsmacht** zu treffen. Als äußerst komplex erwies sich der Sachverhalt, weil mit dem vorwiegend im Bereich der Printmedien aktiven *Axel-Springer*-Konzern zum ersten Mal ein Medienunternehmen im Wege **externen Unternehmenswachstums** auf den Fernsehmarkt stoßen und neben der *Bertelsmann-Gruppe* einen zweiten großen konglomeraten Medienkonzern in Deutschland etablieren wollte.[487]

Methodisch basieren die Erwägungen der KEK auf der Erkenntnis, dass der Zuschaueranteil als „*zentrales Kriterium*" für die rundfunkkonzentrationsrechtliche Bestimmung vorherrschender Meinungsmacht anzusehen ist, gleichzeitig aber auch als ein „*von konkreten Gegebenheiten weitgehend abstrahierter Indikator*".[488] Faktoren wie die Signifikanz des Meinungspotentials eines medialen Subsektors oder die wirtschaftliche Stärke[489] des Medienunternehmens werden ebenso hinzugezogen.[490] Als Gewichtungsfaktoren betrachtet die KEK die **Suggestivkraft, Breitenwir-**

---

gabe des Zuschaueranteils einer Sendergruppe ermittelten Meinungsmacht im bundesweiten Fernsehen zu setzen sind, ist eine juristische Frage bzw. Wertung, welcher die KEK als zuständiges rundfunkkonzentrationsrechtliches Gremium selbst nachgehen muss. Zu den Gewichtungsfaktoren bei medienrelevanten verwandten Märkten auch *Dörr*, in: Tsevas, Pluralismussicherung und Konzentrationskontrolle im Medienbereich, 9 (19).

[486] KEK-293, S. 69 ff. – Axel Springer AG. Siehe zum Verfahrensgang und der rundfunkrechtlichen Zulassung durch die Bayerische Landeszentrale für neue Medien (BLM) insbesondere *Bornemann*, ZUM 2006, 200 (201).

[487] Hierzu auch *Bornemann*, ZUM 2006, 200 ff.; *ders.* MMR 2006, 275 ff.; *Holznagel/Krone*, MMR 2005, 666 ff.; *Engel*, ZUM 2005, 776 ff.; *Hain*, K&R 2006, 150 ff.; *Huber*, in: Tsevas, Pluralismussicherung und Konzentrationskontrolle im Medienbereich, 41 (47 f.); *Gounalakis/Zagouras*, AfP 2006, 93 ff. sowie in kartellrechtlicher Hinsicht *Bohne*, WRP 2006, 540 ff. a. A. *Gounalakis/Zagouras*, NJW 2006, 1624 ff. Zur Beurteilung vertikaler und konglomerater Zusammenschlüsse nach dem GWB auch *Satzky*, WuW 2006, 870 ff.

[488] KEK-293, S. 79 – Axel Springer AG. Vgl. auch *Huber*, in: Tsevas, Pluralismussicherung und Konzentrationskontrolle im Medienbereich, 41 (52 f.).

[489] *Paschke/Goldbeck*, ZWeR 2007, 49 (73) sehen in der Bewertung wirtschaftlicher Macht eine Überschreitung Zuständigkeiten der KEK, da es sich um originäre und spezifische Aufgaben des BKartA handle. Wirtschaftliche Aspekte sind der KEK aber nicht *a priori* entzogen, sondern immer dann zu berücksichtigen, wenn sie Meinungsrelevanz entfalten.

[490] Siehe zur Gewichtung der Einflussmöglichkeiten durch die KEK auch *Mailänder*, AfP 2007, 297 (303).

kung und **Aktualität** des betreffenden Mediums[491] in Anlehnung an die Rundfunkrechtsprechung des BVerfG.[492] Andere Aspekte, wie die **Zeitdauer der Durchschnittskontakte**, bleiben dagegen unberücksichtigt.[493] Die Rechtsprechung hat diese Herangehensweise der KEK ausdrücklich als *„logisch"* und *„in sich stimmig"* gebilligt und der hieran geäußerten Kritik eine Abfuhr erteilt.[494]

1) Gewichtungsfaktoren

a) Suggestivkraft

Aus der Suggestivkraft des Fernsehens leitete schon das BVerfG das Erfordernis eines sektorspezifischen Antikonzentrationsrechts ab.[495] Die KEK folgert die **Suggestivkraft** eines bestimmten Mediums aus der systematischen Unterscheidung zwischen den Kommunikationsformen **Text**, bewegten und unbewegten **Bildern** sowie **Ton**.[496] Das größtmögliche **Suggestivpotential** wird dem Fernsehen beigemessen, da es die Fähigkeit besitzt, alle drei Formen miteinander zu kombinieren. Angesichts der fortschreitenden Konvergenz der Medien ließe sich diese Eigenschaft aber auch generell auf **audiovisuelle Medien** beziehen.[497] Die KEK bewertet die Suggestivkraft anderer traditioneller Medien wie Zeitungen, Zeitschriften oder Hörfunk als geringer, da sie jeweils nur über ein eingeengtes Spektrum an Kommunikationsformen verfügen.

Von Seiten der **Medienwirkungsforschung** wird am Kriterium der Suggestivkraft **kritisiert**, dass sich das gesteigerte **Beeinflussungspotential** des Fernsehens auf die öffentliche Meinungsbildung im Vergleich zu anderen Medien, insbesondere der Presse, nicht empirisch belegen lasse. Daher ließe sich das Ausmaß der Einflussnahme auf die öffentliche Meinungsbildung **nicht ausschließlich anhand quantitativer,** auf die Anzahl der Rezipientenkontakte ausgerichteter **Gesichtspunkte** bestimmen, sondern

---

[491] *Bornemann,* MMR 2006, 275 (278) spricht in diesem Zusammenhang von einer „Begriffstrias".

[492] So BVerfGE 90, 60 (87) – Rundfunkgebühr; siehe auch *Dörr/Schiedermair,* Ein kohärentes Konzentrationsrecht für die Medienlandschaft in Deutschland, S. 24.

[493] Vgl. KEK-293, S. 81 – Axel Springer AG. Begründet wird dieses mit den unterschiedlichen Rezeptionsweisen bzw. Nutzungsformen der verschiedenen Medien, da diese nach Ansicht der KEK etwa im Hinblick auf Aufmerksamkeit, Aktivität, aber auch Aufwand nicht einheitlich konsumiert werden.

[494] VG München, ZUM 2008, 343 (350) – Springer/ProSiebenSat.1

[495] Siehe hierzu insbesondere BVerfGE 12, 205 (260 f.) – Deutschland Fernsehen GmbH; 57, 295 (323) – FRAG.

[496] KEK, 3. Konzentrationsbericht, S. 378; KEK-293, S. 81 – Axel Springer AG.

[497] Eine Andeutung für eine entsprechende Betrachtungsweise findet sich auch schon bei KEK-293, S. 81 – Axel Springer AG, wo auf die Kommunikationsplattform Internet Bezug genommen wird. Die Einbeziehung des Oberbegriffs audiovisuelle Medien bietet sich allerdings vor allem im Hinblick auf die novellierte Fernsehrichtlinie an. Hierzu auch *Gounalakis,* WRP 2005, 1476 ff.

ebenso anhand **qualitativer**: Sog. **Elitemedien**[498] haben zwar einen geringeren Verbreitungsgrad zu verbuchen, wirken dafür aber nachhaltiger auf die Entscheidungsträger in Politik und Wirtschaft ein. Dabei wird allerdings übersehen, dass die Vielfaltsicherung den Kommunikationsprozess in seiner Gesamtheit zum Gegenstand hat und es insofern nicht darauf ankommt, ob Meinungsmacht sich in konkreten Einzelentscheidungen niederschlägt.

b) Breitenwirkung

Neben der Suggestivkraft beurteilt die KEK Meinungsmacht anhand der **Breitenwirkung** des jeweiligen Mediums.[499] Damit wird seine **Reichweite in der Gesamtbevölkerung** zum Maßstab für die Beurteilung publizistischen Einflusses.[500] Mit einer **medienspezifischen** Reichweite von über 80 % der Bevölkerung erweist sich das Fernsehen als besonders meinungsrelevant. Weit weniger Rezipienten erreichen mit 50 % der Gesamtbevölkerung die Tageszeitungen, denen Zeitschriften und Onlinemedien erst weit abgeschlagen folgen.[501] Berücksichtigung findet auch die **zeitliche und räumliche Disponibilität des Mediums**, also die Möglichkeit von **Mehrfach-Kontakten** bei der Nutzung.[502] Ebenso kann von Interesse sein, ob die Nutzung eines Mediums beispielsweise das Vorhandensein eines Endgerätes, etwa eines Fernsehgerätes oder eines Computers, voraussetzt und somit **ortsgebunden** ist.

Nach diesen Maßstäben sieht die KEK die Defizite der **Printmedien** im Bereich der Suggestivkraft durch ein **Plus an Breitenwirkung** weitestgehend wieder aufgehoben.[503] Vergleichbar hängt die Nutzung von Onlinemedien vom Einstellen bzw. Löschen einzelner Beiträge ab, weshalb ein wiederholter Konsum die Nutzung eines Aufzeichnungsmediums voraussetzt. Aufgrund ihrer Körperlichkeit sind Printmedien dagegen in zeitlicher wie in räumlicher Hinsicht mehrfach verwendbar. Problematisch ist

---

[498] Dazu werden beispielsweise politische Wochenmagazine oder überregionale Tageszeitungen gezählt.

[499] So KEK, 3. Konzentrationsbericht, S. 378; KEK-293, S. 81 – Axel Springer AG.

[500] *Dörr/Schiedermair*, Ein kohärentes Konzentrationsrecht für die Medienlandschaft in Deutschland, S. 25. Auch BVerfG, AfP 2007, 457 (460) Tz. 116 – Rundfunkgebühr II stellt hinsichtlich der Breitenwirkung auf die Reichweite und die Möglichkeit der Beeinflussung großer Bevölkerungsteile ab.

[501] In KEK-293, S. 81 – Axel Springer AG wird ausdrücklich Bezug auf die von den öffentlich-rechtlichen Rundfunkanstalten in Auftrag gegebene *„Langzeitstudie Massenkommunikation"* genommen, die in medienwissenschaftlichen Kreisen zwar allgemein anerkannt ist, in Detailfragen aber nicht immer präzise Schlüsse zulässt.

[502] Solche Mehrfach-Kontakte können einerseits unterschiedliche Personen betreffen, andererseits aber auch das wiederholte Konsumieren eines Mediums. Damit soll letztendlich erfasst werden, dass beispielsweise Tageszeitungen oder Zeitschriften häufig von mehreren in einem Hausstand lebenden Personen gelesen oder gewisse Medien archiviert und von ein und derselben Person nochmals wahrgenommen werden.

[503] So wird beispielsweise die Reichweite des Rundfunks durch die in Echtzeit ausgestrahlte Reihenfolge des Programms wegen der zeitlichen Disponibilität verringert.

unter kommunikationswissenschaftlichen Gesichtspunkten freilich, dass sich die Methoden zur Analyse der Medienreichweite im Fernsehen diametral von denen der Printmedien unterscheiden.[504] Während die **Fernsehforschung** die **Nutzungsdauer** erfasst, wird die Nutzung von **Zeitungen** und **Zeitschriften** nach der **Lesehäufigkeit** bzw. **Lesefrequenz** bemessen.[505]

Kritisiert wird an der Herangehensweise der KEK, dass die einzelnen **Reichweiten** der Printmedien nicht einfach zu einer crossmedialen Meinungsmacht **addiert** werden sollten, da sich die Leserschaften von Publikationen im Unterschied zu den Fernsehzuschauern überschneiden.[506] Dies gelte selbst für den Fall, dass sich tatsächlich eine *„einheitliche Währung"* für die Bestimmung crossmedialer Meinungsmacht finden ließe. Die gemeinsame Reichweite mehrerer, verschiedenen Subsektoren zugehöriger Medien wird also wegen externer und interner Überschreitungen geringer veranschlagt als die Summe ihrer einzelnen Reichweiten.

c) Aktualität

Als letztes Kriterium für die Bestimmung von Meinungsmacht zieht die KEK die **Aktualität** eines bestimmten Mediums heran. Diese wird freilich nur im Sinne von **Tagesaktualität** verstanden.[507] Die Aktualisierungszyklen des Mediums sind unbeachtlich. Wie schnell eine Nachricht verbreitet werden kann, ist von sekundärer Bedeutung. Dies könnte man allerdings insofern anders gewichten, als gerade Eilmeldungen, beispielsweise über Naturkatastrophen oder Terroranschläge, nur in Medien erscheinen können, die zur Verbreitung von Nachrichten in Echtzeit fähig sind.[508]

d) Marktabgrenzung auf Grundlage von Mediengattungen

Die Faktoren Suggestivkraft, Breitenwirkung und Aktualität müssen bei der Bestimmung von Meinungsmacht gegeneinander abgewogen und gewichtet werden. Die **sachliche und räumliche Abgrenzung** der **medienrelevanten verwandten Märkte**[509] erfolgt dabei allerdings nicht auf Basis des **Bedarfsmarktkonzepts**.[510] Ungeachtet der reichhaltigen kartellrechtlichen Kasuistik im medialen Bereich[511] wendet sich die KEK explizit von

---

[504] So auch die KEK-293, S. 81 f. – Axel Springer AG; *Kepplinger*, Der Beitrag der Kommunikationswissenschaft zur Gewichtung von Medienmärkten, S. 10.

[505] *Kepplinger*, Der Beitrag der Kommunikationswissenschaft zur Gewichtung von Medienmärkten, S. 10.

[506] Vgl. *Kepplinger*, Der Beitrag der Kommunikationswissenschaft zur Gewichtung von Medienmärkten, S. 12.

[507] KEK-293, S. 82 – Axel Springer AG; KEK, 3. Konzentrationsbericht, S. 378.

[508] Kritisch auch *Bornemann*, MMR 2006, 275 (279).

[509] Zum Erfordernis der Marktabgrenzung auch *Janik*, AfP 2002, 104 (110 f.).

[510] Siehe hierzu *Zagouras*, Konvergenz und Kartellrecht, S. 23.

[511] Hierzu auch *Möschel*, in: Immenga/Mestmäcker, GWB, § 19 Rdnr. 30; *Bechtold*, GWB, § 19 Rdnr. 12 sowie speziell im Hinblick auf Konvergenzmärkte auch *Zagouras*, Konvergenz und Kartellrecht, S. 24.

wettbewerbsrechtlichen Beurteilungsmaßstäben ab[512] und knüpft stattdessen an der **Mediengattung** „bundesweit empfangbares Fernsehen"
an.[513] Differenziert wird **nicht anhand bestimmter Teilsegmente**, etwa
nach Programmgattungen, Vertriebswegen oder Finanzierungsformen.[514]
Die KEK legt vielmehr einen **einheitlichen Markt** zum Beispiel für **Tageszeitungen** oder auch **Zeitschriften** zugrunde.[515] Das Raster der KEK zur
Erfassung crossmedialer Meinungsmacht erweist sich als wesentlich
grobmaschiger.[516]

2) Praktische Umsetzung

Umgesetzt wurden diese Grundsätze erstmals in der Entscheidung zur
Übernahme von *ProSiebenSat.1* durch *Axel Springer*.[517] Ausgangspunkt
war, dass sich der **Gesamtanteil der Zuschauer** der Sendergruppe *ProSie-
benSat.1* im Referenzzeitraum lediglich auf **22,06 %** bzw. im Dezember
2005 sogar nur auf **20,9 %** belief und die in § 26 Abs. 2 S. 2 RStV enthaltenen Aufgreifschwellen nicht erreicht wurden.[518] Daher griff die KEK
auf den Grundtatbestand des § 26 Abs. 1 RStV zurück.[519]

a) Tageszeitungen

Besondere Bedeutung wurde der dominierenden Stellung im Bereich der
Tageszeitungen beigemessen.[520] Gestützt wurde dies auf die Rechtspre-

---

[512] So KEK-293, S. 82 – Axel Springer AG; vgl. auch *Bornemann*, MMR 2006,
275 (278).

[513] Dogmatischer Ausgangspunkt sei das Anknüpfen des Gesetzgebers am Zuschauermarktanteilsmodell und das Hervorheben des Fernsehens als Gattung. Vgl. KEK-
293, S. 83 – Axel Springer AG; begrenzt zustimmend *Bornemann*, MMR 2006, 275
(278); a. A. *Paschke/Goldbeck*, ZWeR 2007, 49 (73), welche dieses Vorgehen unter
dem Gesichtspunkt der gesetzlichen Leitbilder für Vermutungen als nicht systemge-
recht begründet ansehen. Siehe auch *Gounalakis/Zagouras*, AfP 2006, 93 (97).

[514] Als Beispiel ließe sich etwa die im Kartellrecht zugrunde gelegte Differenzierung
zwischen Pay- und Free-TV anführen. Vgl. hierzu *Trafkowski*, Medienkartellrecht,
S. 34 f.

[515] KEK-293, S. 87 – Axel Springer AG.

[516] Die mangelnde Differenzierung der KEK bei der Bestimmung der medienrelevanten Märkte mag sich zwar vordergründig aus der Zieldivergenz von allgemeinem Kartellrecht und sektorspezifischer Rundfunkkonzentrationskontrolle erklären. Hierzu
Trute, in: Beck'scher Kommentar zum Rundfunkrecht, § 26 Rdnr. 8. Die Werbemärkte
spielen im Rundfunkrecht eine viel geringere Rolle als im Kartellrecht.

[517] Hierzu auch KEK, 3. Konzentrationsbericht, S. 378 f.; *Huber*, in: Tsevas, Pluralismussicherung und Konzentrationskontrolle im Medienbereich, 41 (48 ff.); *Mailänder*,
AfP 2007, 297 (303).

[518] Die KEK legt § 27 Abs. 1 S. 2 RStV verfassungskonform dahingehend aus, dass
zur Ermittlung des Zuschaueranteils nicht allein auf die Momentaufnahme eines bestimmten Zeitpunkts abgestellt werden darf. KEK, ZUM-RD 1999, 241 (247) – Pro-
Sieben.

[519] Siehe hierzu auch *Bornemann*, MMR 2006, 275 (276 f.); *Paschke/Goldbeck*,
ZWeR 2007, 49 (73) sowie *Bohne*, WRP 2006, 540 (547).

[520] Vgl. KEK-293, S. 87 – Axel Springer AG. Selbst kritische Stimmen akzeptieren
dies als plausibel. Siehe etwa *Bornemann*, MMR 2006, 275 (276).

chung des BVerfG, wonach der Prozess der **öffentlichen Meinungsbildung** besonders bei der Dominanz einer gesellschaftlich relevanten Gruppe in den **medialen Subsektoren Fernsehen** und **Tagespresse** gefährdet wird.[521] Die **Gewichtung** der Tageszeitungen beruht auf der Erkenntnis, dass Faktenwissen und Verhaltensintentionen von Zeitungen und Zeitschriften im Allgemeinen sogar stärker beeinflusst werden als vom Medium Fernsehen.[522] So wirken Zeitungsberichte im Vorfeld einer Bundestagswahl beispielsweise deutlich intensiver auf die öffentliche Meinungsbildung ein als Wortbeiträge im Hörfunk.[523]

In tatsächlicher Hinsicht kann die Bezifferung der Reichweite von Tageszeitungen Probleme bereiten, da keine mit der seitens der *Gesellschaft für Konsumforschung (GfK)* eruierten Zuschaueranteilsdaten **vergleichbaren Messdaten** zur Erfassung von Meinungsmacht ermittelt werden können.[524] Die von der *Arbeitsgemeinschaft Media-Analyse (AG.MA)* erhobene Zahl der **Leser pro Ausgabe** ist Resultat einer Berechnung von **Lesewahrscheinlichkeiten**, aber kein empirisch ermittelter Wert.[525] Ähnlich wie die für die *Allensbacher Markt- und Werbeanalyse* verwendeten Verfahren wird die **Nutzung** von Zeitungen und Zeitschriften auf Basis der durchschnittlichen Anzahl derjenigen Leser festgestellt, die eine Ausgabe nutzen; die Lese*dauer* bleibt dabei aber – anders als bei der *GfK*-Fernsehmessung – außen vor.[526] Dementsprechend stellt die KEK bei der Ermittlung von Meinungsmacht im Bereich der Tagespresse auf einheitliche Erhebungsverfahren ab, die nach der Erfassung der täglichen Mediennutzung trachten und zu dem Ergebnis führen, dass die Reichweite der **Tageszeitungen** nur zu **etwa zwei Drittel** der Reichweite des Mediums Fernsehen entspricht.[527]

---

[521] BVerfGE 73, 118 (175) – Niedersachsen.

[522] *Hasebrink*, KEK-Gutachten, S. 21 unter Bezugnahme auf *Schönbach*, Das unterschätzte Medium, S. 136.

[523] Dies resultiert nicht zuletzt aus dem Umstand, dass sich Tageszeitungen, insbesondere Abonnementszeitungen, deutlicher im politischen Spektrum verorten lassen, als Fernsehen oder Hörfunk.

[524] Als Indikator wird die tägliche Reichweite einer Zeitung herangezogen, wie sie im Rahmen der Media-Analyse festgestellt wird. Dies spiegelt den prozentualen Anteil der Bevölkerung ab 14 Jahren an einem durchschnittlichen Werktag wieder. Da es nicht auf die Anzahl der verkauften oder kostenlos vertriebenen Exemplare ankommt, sondern nur auf die Frage, wie viele Personen tatsächlich durch eine Tageszeitung erreicht werden, lässt sich auch erklären, warum es die *Bild*-Zeitung zu einer Reichweite von 18,8 % der Bevölkerung bringt, während beispielsweise die *FAZ* nur 1,3 % der über 14-Jährigen erreicht. Siehe insbesondere *Hasebrink*, KEK-Gutachten, S. 22 f.

[525] Vgl. KEK-293, S. 89 – Axel Springer AG.

[526] *Kepplinger*, Der Beitrag der Kommunikationswissenschaft zur Gewichtung von Medienmärkten, S. 10.

[527] Die KEK beruft sich dabei auf zwei im Wesentlichen übereinstimmende Studien der öffentlich-rechtlichen Rundfunkanstalten und *SevenOne Media*, welche die Reichweite des Fernsehens mit 89 % bzw. 80 % beziffern, wohingegen die Reichweite der Tagespresse bei 51 % bzw. 53 % veranschlagt wird. KEK-293, S. 89 – Axel Springer AG.

Bei der konkreten Berechnung der Meinungsmacht der Tagespresse stützt sich die KEK weitestgehend auf Marktdaten, wie sie auch im **Kartellrecht** herangezogen werden.[528] So ist neben dem Anteil auf den Lesermärkten auch der Abstand zu Mitbewerbern zu beurteilen. Gleiches gilt für seine **Selbstdarstellung gegenüber Werbekunden.**[529] Selbst die gegenüber anderen Zeitungsformaten, beispielsweise Abonnementzeitungen, gesteigerte Suggestivkraft von Boulevardzeitungen aufgrund ihrer optischen Aufmachung kann Berücksichtigung finden, wie auch die **gesteigerte Disponibilität** des Mediums[530] oder seine Fähigkeit zum sog. *„Agenda-Setting"*,[531] also seine publizistische Macht, die Schlagzeilen des Tages zu bestimmen, die auch von anderen Medien aufgegriffen werden, oder aber die Durchführung bundesweiter Kampagnen fördert.[532]

b) Programmzeitschriften

Neben den Tageszeitungen zählt die KEK die Programmzeitschriften zu den für die Bestimmung vorherrschender Meinungsmacht im Fernsehen besonders relevanten Medien.[533] Aufgrund ihres meist 14-tägigen Erscheinungsrhythmus gehören sie zwar nicht zu den tagesaktuellen Medien.[534] Dennoch sind sie für Bewertungen der KEK von Interesse, da sie mit einem Aktionsradius von ca. 60 % die **reichweitenstärkste Gattung unter den Publikumszeitschriften** darstellen.[535] Ihre Suggestivkraft wird mangels Audiovisualität und der wenigen redaktionellen Beiträge im Vergleich zum Fernsehen als relativ gering eingestuft.[536] Allerdings zeichnen sich Fernsehzeitschriften durch ihre **zeitliche** und **räumliche Disponibilität** aus: Häufig werden sie von allen in einem Haushalt lebenden Personen gleich **mehrmals gelesen** oder zumindest genutzt.

Die meinungsbildende Funktion von Programmzeitschriften folgert die KEK in erster Linie aus der **Möglichkeit**, das **Auswahlverhalten des Fernsehzuschauers** beispielsweise in Form von Programmbewertungen **zu be-

---

[528] Vgl. hierzu auch BKartA WuW DE-V 1163 (1172) – Springer/ProSiebenSat.1.

[529] Vgl. KEK-293, S. 91 – Axel Springer AG.

[530] *Bornemann*, MMR 2006, 275 (277).

[531] Beispiele für ein solches *„Agenda-Setting"* lassen sich finden bei *Rossen-Stadtfeld*, in: Beck'scher Kommentar zum Rundfunkrecht, § 25 Rdnr. 13.

[532] KEK-293, S. 91 – Axel Springer AG; siehe auch *Hasebrink*, KEK-Gutachten, S. 24.

[533] Siehe zu den Marktstrukturen im Bereich der Programmzeitschriften insb. *Sjurts*, Strategien in der Medienbranche, S. 127 ff.

[534] KEK, 3. Konzentrationsbericht, S. 380.

[535] KEK-293, S. 92 – Axel Springer AG.

[536] Stattdessen spielen insbesondere Wochenzeitungen und Nachrichtenmagazine ebenso wie aktuelle Publikumszeitschriften eine wichtige Rolle bei der Darstellung und Reflexion der Hintergründe des tagesaktuellen Geschehens. Siehe hierzu *Hasebrink*, KEK-Gutachten, S. 27.

einflussen.[537] Ihre Meinungsrelevanz gegenüber dem bundesweiten Fernsehen entfalten Programmzeitschriften, indem sie die Fähigkeit vermitteln, konzerneigene Produkte im Sinne einer publizistischen **Crossmedia-Promotion** innerhalb redaktioneller Beiträge anzupreisen und damit auf das **Auswahlverhalten der Zuschauer** einzuwirken.[538] Dementsprechend wird der **Gewichtungsfaktor** von der KEK auch mit **einem Siebtel** veranschlagt.[539]

c) Publikumszeitschriften

Als dritte Gruppe versucht die KEK die von **Publikumszeitschriften im Allgemeinen** ausgehende Meinungsmacht zu erfassen.[540] Dieser nahezu das **gesamte Zeitschriftenspektrum umspannenden** Gattung weist die KEK eine erhebliche Rolle bei der Bestimmung von Themen der **gesellschaftspolitischen Diskussion** im Sinne eines *„Agenda-Setting"* zu.[541] Eine solche Fähigkeit wird zunächst der Gruppe der klassischen **politischen Wochenmagazine**, wie *DER SPIEGEL*, *FOCUS* oder aber auch *stern* zugesprochen.[542] Die KEK nimmt eine gewisse Meinungsmacht aber auch bezüglich sog. *Special-Interest*-Titel an.[543] Mit dem Faktor von **einem Zehntel** fällt die Bewertung der Meinungsrelevanz allgemeiner **Publikumszeitschriften** insgesamt relativ gering aus, da ihnen wegen der wöchentlichen bzw. zweiwöchentlichen Erscheinungsweise[544] das Erfordernis der Tagesaktualität abgesprochen und ihre Breitenwirkung lediglich auf 20 % beziffert wird.[545]

Die Differenzierung zwischen Publikumszeitschriften und Programmzeitschriften stößt nicht nur auf Zustimmung. Bemängelt wird einerseits

---

[537] Ähnlich auch die Einschätzung des BKartA, welches im Fall *Axel Springer/ProSiebenSat.1* den Vorschlag unterbreitete, *Axel Springer* solle sich von Beteiligungen an Programmzeitschriften, insbesondere der *HÖRZU* trennen. Vgl. BKartA WuW DE-V 1163 (1176) – Springer/ProSiebenSat.1.

[538] Vgl. auch *Gounalakis/Zagouras*, NJW 2006, 1624 (1625).

[539] KEK, 3. Konzentrationsbericht, S. 380; KEK-293, S. 93 – Axel Springer AG, wobei die Kommission in diesem Zusammenhang explizit auf die Vermutungsregelungen des GWB bezüglich der Marktbeherrschung zurückgreift und in dieser Hinsicht ein Oligopol von *Axel Springer* und dem *Heinrich Bauer Verlag* annimmt, die gemeinsam ca. 85 % des Programmzeitschriftenmarktes beherrschen. Infolgedessen wird auch aus dem Anteil von *Axel Springer* am Gesamtmarkt für Programmzeitschriften von 29 % auf eine Äquivalenz zum Zuschaueranteil von 4 % geschlossen.

[540] Siehe zum Begriff der Publikumszeitschriften im kartellrechtlichen Kontext auch *Möschel*, in: Immenga/Mestmäcker, GWB, § 19 Rdnr. 30 f.

[541] KEK, 3. Konzentrationsbericht, S. 380; KEK-293, S. 94 – Axel Springer AG.

[542] *Hasebrink*, KEK-Gutachten, S. 24. Eine besonders hohe Bedeutung für die Bestimmung vorherrschender Meinungsmacht scheinen politischen Nachrichtenmagazinen auch *Holznagel/Krone*, MMR 2005, 666 (673) zuzusprechen.

[543] Vgl. KEK, 3. Konzentrationsbericht, S. 380; KEK-293, S. 94 – Axel Springer AG.

[544] Aus kommunikationswissenschaftlicher Perspektive werden die Publikumszeitschriften als Print-Äquivalent der wöchentlichen und zweiwöchentlichen Magazine und Experten-Talkshows angesehen. *Hasebrink*, KEK-Gutachten, S. 25.

[545] KEK-293, S. 95 – Axel Springer AG.

die stärkere Gewichtung von Programmzeitschriften im Vergleich zu Publikumszeitschriften, denen auch **politische Wochenmagazine** zuzurechnen sind.[546] Sicherlich üben diese größeren Einfluss auf die sog. Entscheidungselite aus, als der *kicker* oder die *BRAVO*. Dennoch ist die Abkoppelung der Fernsehprogramm- von den übrigen Publikumszeitschriften sachgemäß, weil sie Einfluss auf **Programmwahl** ausüben und dadurch der Meinungsmacht im Fernsehen vorgelagert sind.[547]

d) Anzeigenblätter

Eine eher **untergeordnete Rolle** spielen **Anzeigenblätter**.[548] Da sie nicht täglich erscheinen, spricht ihnen die KEK das Merkmal der Tagesaktualität ebenso wie eine spürbare Suggestivkraft ab.[549] Dagegen wird ihre Reichweite gerade bei der Zielgruppe der 14- bis 49-Jährigen als besonders hoch eingestuft.[550] Bislang hat die KEK noch keinen Faktor zur Bestimmung der Meinungsrelevanz von Anzeigenblättern festgelegt, zumal sie vorwiegend als lokale und bestenfalls regionale Werbeplattform dienen. Ihre publizistische Relevanz ist wegen des oft nur sehr kleinen redaktionellen Teils eher gering, weshalb der Bemessungsfaktor auch entsprechend niedrig ausfallen dürfte.[551]

e) Online-Aktivitäten

Schwierig gestaltet sich die Erfassung von Meinungsmacht, die **Online-Aktivitäten** konglomerater Medienkonzerne entspringt, da für Telemedien kaum gesicherte Erkenntnisse über das tatsächliche Nutzerverhalten und die publizistische Wirkung bestehen.[552] Infolgedessen geht die KEK von einer begrenzten Breitenwirkung aus.[553] Hierfür spricht die eingeschränkte zeitliche und räumliche Disponibilität der entsprechenden Medien, da sie – trotz UMTS und WIMAX – nicht überall genutzt werden

---

[546] Siehe *Bornemann*, MMR 2006, 275 (278) sowie *Säcker*, K&R 2006, 49 (54).

[547] Ähnlich auch KEK-293, S. 92 – Axel Springer AG.

[548] Siehe hierzu auch *Gounalakis/Rhode*, AfP 2000, 321 ff.

[549] Vgl. *Hasebrink*, KEK-Gutachten, S. 28.

[550] KEK-293, S. 95 – Axel Springer AG. Dies liegt letztlich auch daran, dass sich Anzeigenblätter teilweise durch sehr geringe redaktionelle Teile auszeichnen und von Werbung dominiert werden. Auch kartellrechtlich werden sie weder den Straßenverkaufs- noch den Abonnementzeitungen zugerechnet. Vgl. *Bechtold*, GWB, § 19 Rdnr. 12.

[551] *Hasebrink*, KEK-Gutachten, S. 29 misst ihnen in kommunikationswissenschaftlicher Hinsicht zumindest potentiell einen hohen Meinungseinfluss zu, der aus dem Zusammenwirken vieler Anzeigenblätter resultieren kann.

[552] So liefert die Informationsgemeinschaft zur Feststellung der Verbreitung von Werbeträgern zwar mittlerweile Informationen über die Anzahl der *Visits*, also Besuche auf einer Website, ebenso wie über die *Page Impressions*, also die konkreten Seitenaufrufe für einzelne Homepages. Allerdings können diese Daten allein nicht genügend Anhaltspunkte für eine materielle Erfassung der Meinungsmacht im Internet liefern. Vgl. *Hasebrink*, KEK-Gutachten, S. 31.

[553] KEK-293, S. 96 – Axel Springer AG.

können. Im Allgemeinen kommt Telemedien ein relativ **hohes Maß an Tagesaktualität** zu, während die KEK die **Suggestivkraft niedrig** einstuft. Die KEK geht vom **Gewichtungsfaktor ½ für Online-Aktivitäten** aus.[554] Im Endeffekt wird ihre Meinungsrelevanz aus ihrer **Nutzung als komplementäres Angebot zu den Print- und Fernsehangeboten** geschlussfolgert.[555] Ein großer Teil der Inhalte stammt von **Tageszeitungen, Zeitschriften, Fernseh- und Hörfunkveranstaltern**, woraus besonders intensive **Überlappungen zu den „Muttermedien"** resultieren.[556] Typischerweise wird die Popularität der Onlineauftritte speziell zur **publizistischen Cross-Promotion** genutzt.[557] Ebenso werden auf den Websites die Inhalte der Tageszeitungen bzw. Zeitschriften wie auch Themen der konzerneigenen Fernsehsendungen beworben. Diese Synergieeffekte werden verstärkt, wenn die Medienunternehmen mit großen Access-Providern zusammenarbeiten.[558] Obgleich es in diesem Zusammenhang noch sehr schwierig ist, das onlinespezifische Rezipientenverhalten mit Mitteln der angewandten Medienwissenschaft zu erfassen,[559] kann insbesondere den Angeboten großer Fernsehsender und Presseorgane eine exponierte Stellung eingeräumt werden, da **mediale Marken** mit **hohem Bekanntheitsgrad** ungemein hilfreich sind, um aus der Masse der Internetangebote herauszustechen und die Aufmerksamkeit der User auf sich zu ziehen.[560]

f) Hörfunk

Den Online-Aktivitäten gleichgestellt wird der **Hörfunk**. Als Programmmedium ist er artverwandt zum Fernsehen und verfügt über die mit Abstand **längsten Nutzungszeiten**. Seine Meinungsrelevanz lässt sich allerdings nur als gering einschätzen,[561] da sich das Radio immer stärker zu einem **Unterhaltungsmedium** entwickelt hat, während der publizistische Einfluss durch Wortbeiträge deutlich in den Hintergrund tritt. Dement-

---

[554] KEK-293, S. 98 – Axel Springer AG.

[555] Vgl. KEK-293, S. 97 – Axel Springer AG.

[556] *Hasebrink*, KEK-Gutachten, S. 29.

[557] So wird innerhalb der redaktionellen Beiträge in Tageszeitungen oder Fernsehsendungen zur Vertiefung auf die eigene Website Bezug genommen. Zur publizistischen Cross-Promotion auch *Gounalakis/Zagouras*, NJW 2006, 1624 (1625) m. w. N.

[558] Hierdurch kann der Netzzugang mit medialen Inhalten verknüpft werden. Eingehend zur Konvergenz der Wirtschaftssektoren *Gounalakis*, Konvergenz der Medien, S. 15 ff.

[559] Vgl. KEK-293, S. 98 – Axel Springer AG, wo die Kommission zu dem Ergebnis gelangt, dass alle Online-Aktivitäten von *Axel Springer* und *ProSiebenSat.1* gemeinsam in ihrer Gesamtheit in etwa einem Zuschaueranteil von 3 % entsprechen.

[560] Vor diesem Hintergrund erklärt sich beispielsweise auch das Jointventure von *T-Online* und der *Bild*-Zeitung bei der gemeinsam gestalteten Website *www.bild.de*, welches bereits im Jahr 2002 ohne wesentliche Beanstandungen seitens des BKartA genehmigt wurde. Siehe hierzu BKartA WuW/E DE-V 624 – Bild/T-Online.

[561] Siehe auch *Hasebrink*, KEK-Gutachten, S. 14 ff.

sprechend wird von der KEK in Bezug auf **Radioprogramme** ein **Gewichtungsfaktor von ½** in Ansatz gebracht.[562] Zur Begründung verweist die KEK darauf, dass der Hörfunk ebenso wie das Fernsehen oder die Tageszeitungen über einen hohen Grad an Aktualität in seiner Berichterstattung verfügt. Dennoch bewirken das Erfordernis eines Endgerätes, die technische Abhängigkeit vom (zumindest terrestrischen) Empfang eines Signals und nicht zuletzt die Programmabfolge, dass man die **Disponibilität** als **gering** einstuft. Die **mangelnde Visualität** des Mediums Hörfunk führt aus Sicht der KEK zu einer relativ geringen Suggestivkraft, die deutlich hinter derjenigen des Fernsehens zurückbleibt.[563]

g) Meinungsmacht medienrelevanter verwandter Branchen

Bei der Bestimmung der Meinungsmacht hat die KEK nicht nur **originäre Medienmärkte**, sondern ebenso **medienrelevante verwandte Märkte** zu berücksichtigen. *Dass* der Rundfunkveranstaltung vor- bzw. nachgelagerte Märkte[564] Meinungsrelevanz entfalten können, hat das BVerfG schon im DSF-Beschluss festgestellt.[565] *Wie* diese jedoch in Relation zum Zuschaueranteil zu setzen ist, wird weder vom einfachen Recht noch von der Rundfunkjudikatur präzisiert. Die KEK ist auf diese Frage bislang nur am Rande eingegangen. Sie beabsichtigt aber wirtschaftlich und damit mittelbar vermittelte Meinungsmacht bei rundfunkkonzentrationsrechtlichen Fragestellungen ebenso zu berücksichtigen wie solche, die sich aus medialen Hilfstätigkeiten ergibt.[566] Zu diesen wurden bisher die medienrelevanten verwandten **Märkte für TV-Produktionen, Druck und Vertrieb von Presseerzeugnissen**, aber auch die **Zeitungs- oder Rundfunkprogramm-Logistik** gezählt.[567]

Die KEK steht dabei vor dem Problem, dass sie die **Auswirkungen rein wirtschaftlicher Macht** auf den öffentlichen Kommunikationsprozess umrechnen muss, wenn und sofern die betreffenden Unternehmen zumindest mittelbar an der Erstellung, Aufbereitung oder Distribution von Rundfunkinhalten beteiligt sind.[568] Auf welche Weise eine beherrschende Marktstellung auf den **Telekommunikationsmärkten für die Rundfunkübertragung** oder die von elektronischen **Programmnavigationssystemen**

---

[562] KEK-293, S. 98 – Axel Springer AG.

[563] Vgl. KEK-293, S. 98 – Axel Springer AG.

[564] Relevanz entfalten können aber auch fernsehähnliche Dienste, wie Business-TV, Navigatoren bzw. elektronische Programmführer oder auch weitere dem Medium Fernsehen verwandte Publikumsmärkte. Vgl. auch *Hasebrink*, KEK-Gutachten, S. 31 f., welcher zur letzten Gruppe insbesondere die Medien Buch, Video/DVD, Tonträger, Kino, aber auch Computerspiele zählt.

[565] BVerfGE 95, 163 (173) – DSF.

[566] Vgl. KEK-293, S. 99 – Axel Springer AG.

[567] KEK-293, S. 99 – Axel Springer AG.

[568] Welche Branchen zu berücksichtigen sind, ergibt sich aus § 26 Abs. 2 S. 2 RStV. Hierzu bereits oben, § 16 B.

ausgehende Meinungsmacht in die medienkonzentrationsrechtlich relevante „*Währung*" des Zuschaueranteils umzurechnen ist, hat die KEK
mangels Erheblichkeit bislang noch nicht beantwortet.

Fest steht lediglich, dass das für Medien entwickelte Rechenmodell
nicht herangezogen werden kann, wenn beispielsweise marktstarke Telekommunikationsunternehmen das bundesweite Fernsehen als Betäti-
gungsfeld entdecken. Kriterien wie Tagesaktualität, Reichweite und Suggestivkraft sind hier keine Hilfe. Ähnliches gilt für den **Rechtehandel**,
etwa für die **Übertragung von Großereignissen**,[569] oder das Konzipieren
von **Werbekampagnen**. Diese Wirtschaftsbereiche sind zwar zu den medienrelevanten verwandten Märkten zu zählen.[570] Die Bestimmung eines
Gewichtungsfaktors zeigt sich hier als äußerst schwierig. Die Lösung für
die Einbeziehung nichtmedialer meinungsrelevanter Märkte liegt in einer
normativen Herangehensweise. Hier kann die KEK auf Grundlage fun-
dierter wettbewerbsrechtlicher, medienökonomischer und kommunikationswissenschaftlicher Erkenntnisse eine Einzelfallabwägung durchführen. Diese kann auf Grundlage von Gewichtungsfaktoren erfolgen, sie
muss es aber nicht, solange die KEK den von der Verwaltungsrechtsprechung herausgearbeiteten Anforderungen an die „freihändige" Konkretisierung unbestimmter Rechtsbegriffe gerecht wird.

*b) Konkrete Umsetzung der Gewichtungsmaßstäbe im Wege der
     Addition*

Auf diese Weise ermittelte Meinungsmacht wird von der KEK schließlich
addiert.[571] Im Verfahren *Axel Springer/ProSiebenSat.1* zählte die KEK
zum Zuschaueranteil der Sendergruppe *ProSiebenSat.1* von **22,06 %** einen nach ihrer Berechnungsmethode ermittelten Zuschaueranteil von
weiteren 17 % für die zurechenbaren **Tageszeitungen**. Zusätzliche **4 %**
wurden für die vom Konzern verlegten **Programmzeitschriften** veranschlagt sowie **1 %** für den Marktanteil bei den **Publikumszeitschriften**
und weitere **3 %** für die entsprechenden **Onlineangebote**.[572] Diese addier-
ten Zuschaueranteile von insgesamt 25 % rechnete sie schließlich dem
tatsächlichen Zuschaueranteil hinzu, was nach dem Vollzug der Fusion
einen Gesamtanteil von über **47 %** entsprochen hätte.[573] Die KEK berücksichtigt allerdings die in § 26 Abs. 2 S. 3 RStV vorgesehenen Bonusregelungen für die Öffnung des eigenen Programms für Drittfenster i. S. d.
§ 26 Abs. 5 RStV sowie das Anbieten von Regionalfenstern nach § 25

---

[569] Zur kartellrechtlichen Dimension der Zentralvermarktung von Fernsehrechten
insbesondere *Wertenbruch*, ZIP 1996, 1417 ff. sowie *Körber/Zagouras*, WuW 2004,
1144 ff.

[570] Siehe *Hartstein/Ring/Kreile/Dörr/Stettner*, RStV, § 26 Rdnr. 21.

[571] Hierzu auch *Bornemann*, MMR 2006, 275 (277).

[572] KEK-293, S. 99 f. – Axel Springer AG.

[573] Vgl. KEK-293, S. 99 – Axel Springer AG.

Abs. 4 RStV.[574] Dementsprechend zog sie im betreffenden Verfahren auch einen Bonus von insgesamt 5 % des Zuschaueranteils ab.[575] In einem letzten Schritt überprüft die KEK bei der Anwendung des unbestimmten Rechtsbegriffs der vorherrschenden Meinungsmacht ihr Ergebnis im Wege einer **wertenden Gesamtbetrachtung.**[576] Grundsätzlich können in die Gesamtabwägung auch andere für die Meinungsbildung relevante Faktoren einfließen, wie etwa die Rolle der öffentlich-rechtlichen Rundfunkanstalten, die schon aufgrund ihrer binnenpluralen Organisation mit Vorkehrungen zur Sicherung der internen Meinungsvielfalt versehen sind.[577]

IV. Kritik an der Methode der KEK

1) Kommunikationswissenschaftliche Kritik

Das Konzept der KEK zur Erfassung von Meinungsmacht wurde von ihr zur öffentlichen Diskussion gestellt und teils heftig kritisiert.[578] Bedenken wurden zunächst von medienwissenschaftlicher Seite geäußert. Die Kommunikationswissenschaften sehen sich schon methodisch kaum in der Lage, **crossmedial vermittelte Meinungsmacht greifbar** zu machen.[579] Nach *Kepplinger* ließe sich dies noch am ehesten im Wege von **Feldexperimenten** realisieren.[580] Einfacher, dafür aber auch weniger präzise sind mit **individuellen Inhaltsanalysen** verbundene **Panelbefragungen**, bei denen auf Grundlage von Stichproben ermittelte Personen gleich zweimal interviewt werden.[581] Darüber hinaus kommen Panelbefragungen mit **Inhaltsanalysen auf Aggregatsebene** ebenso wie mit **Inhaltsanalysen kombi-**

---

[574] Zwischen KEK und den Landesmedienanstalten ist allerdings strittig, unter welchen Voraussetzungen Regionalfenster überhaupt als vielfaltverstärkende Maßnahme anzusehen sind. Siehe hierzu insbesondere KEK-293, S. 100 ff. – Axel Springer AG.

[575] KEK-293, S. 102 – Axel Springer AG. Trotz dieser Berücksichtigung vielfaltstärkender Maßnahmen errechnete die KEK einen Zuschaueranteil von immerhin 42 %, der den in § 26 Abs. 2 S. 1 RStV enthaltenen Grenzwert von 30 % Zuschaueranteil bei weitem überschreite.

[576] Vgl. KEK-293, S. 102 – Axel Springer AG.

[577] Siehe hierzu auch *Ricker/Schiwy*, Rundfunkverfassungsrecht, Kap. E Rdnr. 8 ff.

[578] Die überwiegend kritischen Reaktionen auf das Gutachten von *Hasebrink* im Rahmen des öffentlichen Hearings finden sich im Internet unter: http://www.kek-online.de/Inhalte/antworten_zur_oeffentlichen_befragung.htm#Eingereichte%20Antworten.

[579] Zur Bedeutung der Medienwissenschaften für das Medienrecht *Kübler*, Medien, Menschenrechte und Demokratie, § 4 I, S. 40 f.

[580] Hier werden zwei vergleichbare Personenklassen gebildet, die über einige Zeit bestimmten Medien ausgesetzt oder eben von ihnen ferngehalten werden, um anschließend durch eine quantitative Inhaltsanalyse zu ermitteln, inwiefern sich die Betroffenen in ihrer Meinungsbildung haben beeinflussen lassen. Vgl. *Kepplinger*, Der Beitrag der Kommunikationswissenschaft zur Gewichtung von Medienmärkten, S. 3.

[581] Nutzungsdaten werden hier in Bezug auf alle genutzten Medienangebote erhoben und zwischen den jeweiligen Befragungen inhaltlich analysiert.

nierte **Trendbefragungen** bzw. Einzelbefragungen der Interviewten in Betracht, die auf eine Inhaltsanalyse gänzlich verzichten.[582]

Bezweifelt wird mitunter, ob die Messung der Medienreichweite bzw. von Marktanteilen ein geeignetes Instrument zur Erfassung von Meinungsmacht darstellt, da es hierbei nicht um eine **Messung von Medienwirkungen** gehe, sondern um eine grobe **Schätzung ihres Wirtschaftspotentials.**[583] Die verwendeten Daten enthielten keinerlei Informationen bezüglich der Art und Intensität der Mediennutzung, also der Kontaktqualität. Ebenso wenig ließen sich Schlussfolgerungen ziehen in Bezug auf die eigentliche Meinungsrelevanz der genutzten Medienangebote oder deren Einfluss auf die Elite der Entscheidungsträger in Wirtschaft und Politik.[584]

In juristischer Hinsicht erweist sich diese Kritik freilich nicht als sonderlich ergiebig, zumal sie besser an den **Gesetzgeber** oder gar das **BVerfG zu adressieren** gewesen wäre als an die KEK: Die Bundesländer erklärten den Zuschaueranteil und damit die Medienreichweite zum ausschlaggebenden Kriterium für die Bestimmung von Meinungsmacht.[585] Sie bestimmten den Umfang der Rezipientenkontakte zur *„einheitlichen Währung"* und damit zum Indikator für die Erfassung konzentrationsrechtlich relevanter Vorgänge.[586] Die Frage, ob vorherrschende Meinungsmacht im Fernsehen überhaupt eine Bedrohung für den öffentlichen Kommunikationsprozess darstellt, hat das BVerfG längst selbst beantwortet, sodass sie unter medienwissenschaftlichen Gesichtspunkten nicht mehr hinterfragt werden muss.

Die KEK muss in *rechtlich* verbindlicher Weise eine Entscheidung über vorherrschende Meinungsmacht treffen. Sie kann sich nicht mit der Erkenntnis begnügen, dass die Kommunikationswissenschaften keine hinreichenden Erkenntnisse über das Entstehen und Wirken vorherrschender Meinungsmacht liefern.[587] Ihre Aufgabe ist es, einen unbestimmten Rechtsbegriff verfassungsrechtlichen Ursprungs zu konkretisieren.[588] Wie auch in anderen Rechtsbereichen erfordert dies eine sachliche Bewer-

---

[582] *Kepplinger*, Der Beitrag der Kommunikationswissenschaft zur Gewichtung von Medienmärkten, S. 4 ff.

[583] Nach *Kepplinger*, Der Beitrag der Kommunikationswissenschaft zur Gewichtung von Medienmärkten, S. 7 werden gerade die Inhalte vernachlässigt.

[584] Vgl. zu dieser Fragestellung auch *Schenk*, Medienwirkungsforschung, S. 103 ff.

[585] Siehe hierzu auch *Holznagel/Krone*, MMR 2005, 666 (673) sowie *Engel*, ZUM 2005, 776 (780).

[586] Vgl. auch *Holznagel/Krone*, MMR 2005, 666 (672).

[587] Eine kritische Haltung gegenüber kommunikationswissenschaftlichen Erkenntnissen nimmt in Bezug auf crossmediale Werbung auch das BKartA ein. Vgl. den Originalumdruck des Beschlusses B 6–92202 – Fa – 103/05, S. 49 – Springer/ProSiebenSat.1.

[588] Aus diesem Grund wird auch juristischer Sachverstand als maßgeblich für die Mitgliedschaft in der KEK angesehen. Zur Reorganisation der KEK im Rahmen des zehnten Rundfunkänderungsstaatsvertrags unten, § 25 B I.

tung, **nicht aber** eine **vollumfängliche wissenschaftliche Beweisführung** auf empirischer Grundlage.

2) Juristische Kritik

Mitunter harsche Kritik an der Methode der KEK wurde auch von juristischer Seite geäußert. *Bornemann* wirft der KEK etwa eine Umrechnung „*gefühlter Meinungsmacht*" vor,[589] *Säcker* sogar „*neosozialistische Tendenzen*".[590] Inhaltlich wird die **Berechnungsmethode** der KEK als **undurchsichtig** bemängelt[591] und die konkrete Einbeziehung von Aktivitäten auf medienrelevanten verwandten Märkten[592] als wenig transparent erachtet. Der KEK wird vorgehalten, den auf Basis der Gewichtungsfaktoren **ermittelten Wert dem Zuschaueranteil auf prozentualer Ebene hinzuzurechnen, ohne** dass sich eine **Bezugsgröße** im Sinne eines Gesamtmarkts bestimmen ließe.[593] *Paschke* und *Goldbeck* werfen der KEK vor, die von ihr entwickelten Entscheidungsgrundsätze entsprächen nicht den Anforderungen verfassungsrechtlich erforderlicher Leitbilder, da entscheidungserhebliche Faktoren weder durch den Gesetzgeber vorgeprägt seien noch auf empirisch gesicherten sozial- bzw. medienwissenschaftlichen Erkenntnissen beruhten.[594]

B. Würdigung der Methode der KEK

Der Vorwurf der Verwendung abstruser Gewichtungs- und Rechenmodelle, die sich weder kommunikationswissenschaftlich fundieren lassen noch auf mathematisch nachvollziehbaren Erwägungen beruhen,[595] lässt sich angesichts des überobligatorischen Begründungsaufwands der KEK nicht halten. Dies sieht auch die Rechtsprechung so.[596] Unter verwaltungsrechtlichen Gesichtspunkten wäre ein derart detailliertes Rechenmodell nicht einmal erforderlich gewesen. Die Kritik bringt daher in erster Linie ein politisches Missfallen über die von der KEK angelegten Maßstäbe zum Ausdruck. Eine Rechtswidrigkeit der Gewichtungsmaßstäbe der KEK lässt sich daraus jedenfalls nicht schlussfolgern.

---

[589] *Bornemann*, MMR 2006, 275 ff.

[590] So *Säcker*, K&R 2006, 49 (50); kritisch hierzu *Hain*, K&R 2006, 150 ff.

[591] Siehe *Bornemann*, ZUM 2006, 200 (201) sowie *Säcker*, K&R 2006, 49 (53).

[592] *Bornemann*, MMR 2006, 275 (278), fordert etwa, dass Marktanteile eines Unternehmens von unter 10 % unberücksichtigt bleiben sollten. Von ähnlichen, allerdings nach der Meinungsmacht des jeweiligen Mediums differenzierenden Schwellenwerten geht auch *Hasebrink*, KEK-Gutachten, S. 41 aus, der aus kommunikationswissenschaftlicher Sicht eine Grenze für substantielle Meinungsmacht ziehen will.

[593] *Bornemann*, MMR 2006, 275 (276 f.).

[594] *Paschke/Goldbeck*, ZWeR 2007, 49 (72).

[595] Kritisch *Bornemann*, ZUM 2006, 200 (203); *Säcker*, K&R 2006, 49 (54) großzügiger hingegen *Hain*, K&R 2006, 150 (155).

[596] VG München, ZUM 2008, 343 (347 ff.) – Springer/ProSiebenSat.1.

Trotz teilweise polemischer Kritik muss der KEK zu Gute gehalten werden, dass sie **transparent** umschrieben hat, **nach welchen Kriterien** sie **multimediale Meinungsmacht** bei der Beurteilung konzentrationsrechtlicher Vorgänge im Bereich des Fernsehens bemisst und insofern auch der Forderung nach einer effizienten Vielfaltsicherung nachgekommen ist.[597] In sicheres Fahrwasser hat sie sich sicherlich bei den für die Bestimmung von Meinungsmacht ausschlaggebenden Kriterien der **Suggestivkraft, Breitenwirkung, Aktualität** begeben, da diese auch vom BVerfG als Indikatoren zugrunde gelegt werden.[598] Obwohl man ihre Methode in Detailfragen hinterfragen kann, ist doch ein **Zuwachs an Rechtssicherheit** in der Rundfunkkonzentrationskontrolle zu verbuchen: Wenigstens kann auf Kriterien zurückgegriffen werden, die eine **Prognose** über die Zulässigkeit eines bestimmten Zusammenschlussvorhabens künftig **vereinfachen**.

Die KEK wäre wegen der politischen Dimension ihrer Entscheidungen noch stärker kritisiert worden, wenn sie auf eine **numerische Gewichtung** crossmedialer Meinungsmacht **verzichtet** hätte. Verwaltungsrechtlichen Erfordernissen hätte sie ebenso genügt, wenn sie ihre Entscheidungen auf Basis **abstrakterer Erwägungen** getroffen hätte, ohne dabei auf ein **Additionsverfahren** zurückzugreifen.[599] Das Umrechnen von Meinungsmacht in Zuschaueranteile führt zwar zu einer größeren Prognostizierbarkeit rundfunkkonzentrationsrechtlicher Entscheidungen. An seine Grenzen stößt es allerdings bei **mittelbar meinungsrelevanten Branchen** wie dem Telekommunikationswesen. Hier ist es kaum möglich, Meinungsmacht **mathematisch zu erfassen** und in **Gewichtungsfaktoren** festzuschreiben,[600] sodass man auf eine normative Beurteilung von Meinungsmacht nicht verzichten kann.

§ 24. Verhältnismäßigkeit rundfunkkonzentrationsrechtlicher Entscheidungen

Wie jeder hoheitliche Akt[601] müssen **konzentrationsrechtliche Entscheidungen der KEK verhältnismäßig** sein.[602] Das **Übermaßverbot** verbietet es dem Staat und seinen Institutionen den Adressaten einer Maßnahme über Gebühr zu belasten.[603] Gerade bei gesteigertem Grundrechtsbezug

---

[597] Zum Effizienzgebot oben, § 6.
[598] Siehe beispielsweise BVerfGE 57, 295 (323) – FRAG.
[599] Kritisch zu diesem *Säcker*, K&R 2006, 49 (54).
[600] Ähnlich *Mailänder*, AfP 2007, 297 (303).
[601] Siehe zum Kriterium der Verhältnismäßigkeit auch BVerfGE 69, 1 (35) – Kriegsdienstverweigerung; *Ossenbühl*, Jura 1997, 617 ff.; *Bleckmann*, JuS 1994, 177 ff.
[602] VG München, ZUM 2008, 343 (350 f.) – Springer/ProSiebenSat.1; KEK-293, S. 103 – Axel Springer AG. Siehe auch *Huber*, in: Tsevas, Pluralismussicherung und Konzentrationskontrolle im Medienbereich, 41 (67 f.).
[603] *Detterbeck*, Allgemeines Verwaltungsrecht, Rdnr. 229.

folgt aus dem Rechtsstaatsprinzip, dass Grundrechte nur soweit beschränkt werden dürfen, wie dies zum Schutz öffentlicher Interessen unerläßlich ist.[604] Entscheidungen der KEK müssen daher **geeignet, erforderlich und angemessen** sein, den verfolgten Zweck zu erreichen.[605]

A. Geeignetheit

Im Rahmen der Verhältnismäßigkeitsprüfung setzt die KEK einen Schwerpunkt auf die Frage, ob die Versagung einer rundfunkkonzentrationsrechtlichen Unbedenklichkeitserklärung in jedem Fall erforderlich ist.[606] Die **Geeignetheit** einer solchen Versagung spielt hingegen eine eher **untergeordnete Rolle**, da der Gesetzgeber schon durch die Ausgestaltung der Kompetenzen und Aufgaben der KEK klargestellt hat, dass die rundfunkkonzentrationsrechtlichen Instrumentarien und Rechtsfolgen des RStV grundsätzlich in der Lage sind, vorherrschende Meinungsmacht im bundesweiten Fernsehen zu verhindern.[607]

B. Erforderlichkeit

Damit hat sich die KEK auf die Frage zu konzentrieren, ob die Versagung einer Unbedenklichkeitserklärung im Einzelfall zum Schutze der Meinungsvielfalt **erforderlich** ist. Die KEK muss untersuchen, ob nicht eine gleichermaßen effektive rechtmäßige Alternative zur Versagung zur Verfügung steht.[608] Sie selbst nimmt dies wiederum an, wenn durch andere Maßnahmen sichergestellt ist, dass vorherrschende Meinungsmacht mit hinreichender Wahrscheinlichkeit vermieden wird.[609] Diesbezüglich lassen sich **zwei Kategorien von Alternativmaßnahmen** einteilen. Zur ersten, der **Neutralisierung vorherrschender Meinungsmacht**, zählt der **Verzicht** auf zurechenbare **Programme** sowie die **binnenplurale Ausgestaltung** des

---

604 BVerfGE 19, 342 (348) – Wencker.

605 Vgl. *Detterbeck*, Allgemeines Verwaltungsrecht, Rdnr. 229 ff.

606 Auf die Frage, ob eine Verweigerung der Unbedenklichkeitserklärung auch geeignet ist, das Ziel der Sicherung der Meinungsvielfalt zu erreichen, ist gleichermaßen vom Gesetzgeber wie auch von der Verfassung vorgegeben. Ein Verbot weiteren internen bzw. externen Wachstums von Medienunternehmen oder Programmveranstaltern ist *per se* geeignet, das Ziel der Verhinderung vorherrschender Meinungsmacht zu erreichen. Vgl. zum verfassungsrechtlichen Erfordernis der Begrenzung vorherrschender Meinungsmacht BVerfGE 12, 205 (260 f.) – Deutschland Fernsehen GmbH; 57, 295 (323) – FRAG.

607 Damit kann die abstrakte Geeignetheit einer Versagung pauschal unterstellt werden. Verboten sind Maßnahmen, wenn sie den erstrebten Erfolg – in Bezug auf medienkonzentrationsrechtlich relevante Sachverhalte also die Verhinderung vorherrschender Meinungsmacht – überhaupt nicht erreichen können. Siehe zur Geeignetheit *Maurer*, Allgemeines Verwaltungsrecht, § 10 Rdnr. 17.

608 VG München, ZUM 2008, 343 (350 f.) – Springer/ProSiebenSat.1; *Hain*, K& R 2006, 150 (152).

609 Vgl. hierzu KEK-293, S. 103 – Axel Springer AG.

betreffenden Medienunternehmens. In beiden Fällen wird die Ursache für das Entstehen vorherrschender Meinungsmacht beseitigt: die Möglichkeit der Beeinflussung der öffentlichen Meinung über das Medium Fernsehen. Kann eine solche aufgrund rechtlicher und organisatorischer Umstände gänzlich ausgeschlossen werden, so besteht kein Anlass mehr zur Versagung einer Unbedenklichkeitserklärung. Die **zweite Gruppe von Alternativmaßnahmen** betrifft die **graduelle Reduktion** von **Meinungsmacht** auf ein verfassungsrechtlich **erträgliches Maß**. Zu dieser sind die Verminderung der **wirtschaftlichen Marktmacht** auf medienrelevanten verwandten Märkten, die überobligatorische **Einräumung von Drittsendezeiten** sowie die Einrichtung eines **Programmbeirats** zu zählen.[610] Die Rechtsprechung hat die von der KEK entwickelten Maßnahmen auch im Zusammenhang mit der Verhinderung externen Wachstums und daraus resultierender Meinungsmacht gebilligt.[611]

I. Veräußerung von Beteiligungen an Fernsehveranstaltern

Der **Verzicht auf einzelne,** einer Senderfamilie zugehörige **Fernsehprogramme**[612] gehört als Alternative zur Versagung der Unbedenklichkeitserklärung zu den effektiven Maßnahmen der Vielfaltsicherung. Sie bezweckt die **Verringerung der Meinungsmacht** im Bereich des bundesweiten Fernsehens. Ähnlich wie bei der kartellrechtlichen Veräußerungszusage[613] wird dem Unternehmen die Möglichkeit eingeräumt, den angestrebten Zusammenschluss unter Verzicht auf ein besonders meinungsrelevantes Fernsehprogramm noch zu retten. Verankert wird dies im Rechtsgedanken der §§ 26 Abs. 4 S. 1 Nr. 1 und 2 RStV, die Entflechtungsmaßnahmen für den Fall vorsehen, dass vorherrschende Meinungsmacht aus internem Unternehmenswachstum herrührt.[614] Aus Sicht der Medien ist die Entflechtung von Senderfamilien allerdings wenig attraktiv, weil die Werbezeit meist programmübergreifend vermarktet wird.[615]

II. Binnenplurale Ausgestaltung von Sendern

Als weitere **Mindermaßnahme** zur Versagung der Unbedenklichkeitserklärung hat die KEK die **binnenplurale Ausgestaltung besonders großer**

610 Siehe auch KEK, 3. Konzentrationsbericht, S. 380.

611 VG München, ZUM 2008, 343 (350 f.) – Springer/ProSiebenSat.1.

612 Hierzu auch *Hain*, K&R 2006, 150 (151).

613 Ähnlich geht man diesbezüglich auch im Kartellrecht vor, wo das BKartA auf vergleichbare Auflagen zurückgreift, solange diese nicht zu einer Verhaltenskontrolle führen. Vgl. in diesem Zusammenhang auch BKartA WuW DE-V 1163 (1176) – Springer/ProSiebenSat.1.

614 Vgl. KEK-293, S. 104 – Axel Springer AG.

615 Siehe hierzu auch BKartA WuW DE-V 1163 (1168 ff.) – Springer/ProSiebenSat.1.

Sender durch Schaffung eines **Fernsehbeirats** in Erwägung gezogen.[616] Der vom Gesetz verfolgte **Zweck** der Verhinderung vorherrschender Meinungsmacht kann auch ohne die Veräußerung von Beteiligungen erreicht werden, wenn die mit der Position des einzig stimmberechtigten Anteilseigners des Veranstalters verbundenen **Einflussnahmemöglichkeiten** zumindest bei einem zuschaueranteilstarken Programm soweit **neutralisiert** werden, dass der Zuschaueranteil dieses Programms bei der Bewertung der Meinungsmacht nicht mehr zu berücksichtigen wäre.[617] Hierzu muss sich der Betroffene eines **jeden publizistischen Einflusses** auf den Programmveranstalter **entledigen**,[618] wodurch ein besonders meinungsrelevanter Sender *de facto* ähnlichen Standards unterstellt wird wie der öffentlich-rechtliche Rundfunk.[619]

Erforderlich sind nach Ansicht der KEK ein von den politischen Parteien und gesellschaftlich relevanten Gruppen bestellter dreißigköpfiger **Fernsehbeirat** sowie ein entsprechendes **Redaktionsstatut**.[620] Der Eigentümer darf nicht mehr in der Lage sein, über **wirtschaftlichen Druck** auf die Programminhalte Einfluss zu nehmen und hat die dauerhafte und umfassende Finanzierung des Fernsehbeirats sicherzustellen.[621] Medien scheuen sich vor einem solchen Schritt wegen seiner wirtschaftlichen Konsequenzen.[622] Hat ein Unternehmer keinerlei Einfluss mehr auf die Programminhalte eines oder mehrerer seiner Sender, so erweist sich eben dieser wirtschaftlich betrachtet als **kaum kalkulierbares Risiko**,[623] da die Attraktivität gegenüber Werbekunden in einer Wechselwirkung zu den gesendeten Inhalten steht.

III. Verminderung der Marktstellung auf medienrelevanten verwandten Märkten

Eine Alternative zur endgültigen Versagung der Unbedenklichkeitserklärung stellt die **Verringerung desjenigen Meinungspotentials dar, welches aus der Beherrschung medienrelevanter verwandter Märkte resultiert.**[624]

---

[616] KEK-293, S. 104 – Axel Springer AG. Siehe auch *Hain*, K&R 2006, 150 (151).

[617] So ausdrücklich KEK-293, S. 104 – Axel Springer AG.

[618] Die KEK fordert in dieser Hinsicht die vollständige Entziehung der Programmverantwortung. KEK-293, S. 104 – Axel Springer AG.

[619] Kritisch hierzu insbesondere *Säcker*, K&R 2006, 49 (50), der in einer solchen Maßnahme den Ausdruck einer *„von den Interessen des privaten Eigentümers losgelösten Expropriationsphilosophie"* zu erkennen glaubt.

[620] Kritisch hierzu *Säcker*, K&R 2006, 49 (50).

[621] Vgl. *Säcker*, K&R 2006, 49 (50).

[622] *Hain*, K&R 2006, 150 (151); *Säcker*, K&R 2006, 49 (50).

[623] Dies belegen auch die im Verfahren *Springer/ProSiebenSat.1* eingebrachten Gegenvorschläge von *Axel Springer*, die allerdings seitens der KEK-293, S. 105 – Axel Springer AG, u. a. deshalb abgelehnt wurden, weil sie nicht als ausreichend angesehen wurden, die von einem derart crossmedial ausgerichteten Unternehmen ausgehende Meinungsmacht zu neutralisieren.

[624] Siehe KEK-293, S. 106 – Axel Springer AG.

Die Verringerung der Marktstellung auf den betreffenden Märkten ist auch im Kartellrecht üblich[625] und zielt dort auf den ökonomischen Wettbewerb ab.[626] Wenn sich die Veräußerung aber auf Unternehmensteile erstreckt, aus denen die Meinungsdominanz im Fernsehen im Einzelfall resultiert, kann sie sich als vielfaltsichernde Maßnahme erweisen. Dabei muss jedoch die Gefahr vorherrschender Meinungsmacht ausgeschlossen werden können.

IV. Einräumung von Sendezeit für Dritte

Ferner können Bedenken in Bezug auf vorherrschende Meinungsmacht durch Einräumung von **Sendezeit für unabhängige Dritte** aus dem Weg geräumt werden.[627] Diese Form der Vielfaltsicherung ist in den Bonusregelungen des § 26 Abs. 5 RStV bereits vorgesehen.[628] Durch eine überobligatorische Öffnung des Programms für Dritte lässt sich Meinungsmacht weiter abbauen. Die KEK ist entsprechend der Wertungen des § 26 RStV aber nur zu **Abschlägen** in Höhe von weiteren **3 % des Zuschaueranteils bereit,**[629] wodurch sich die Maßnahme lediglich zur **Korrektur verhältnismäßig geringer Überschreitungen** des Zuschaueranteils eignet.

V. Einrichtung eines Programmbeirats

Zu guter Letzt erwägt die KEK die Möglichkeit der **Einrichtung eines Programmbeirats** i. S. v. § 26 Abs. 4 S. 1 Nr. 3 i. V. m. § 32 RStV als Alternative zur Versagung.[630] Allerdings kommt einem derartigen Gremium lediglich eine **beratende, indikative, keinesfalls aber eine imperative Funktion** zu, auf deren Grundlage ein Programmbeirat beispielsweise konkrete Vorgaben verbindlich festlegen könnte.[631] Dementsprechend misst die KEK ihm nur eine geringe vielfaltfördernde Bedeutung bei.[632] Im Unterschied zur Schaffung eines Fernsehbeirats erblickt sie in der Schaffung

---

[625] Vgl. auch die Veräußerungsvorschläge des BKartA WuW DE-V 1163 (1176) – Springer/ProSiebenSat.1 im Parallelverfahren.

[626] *Mestmäcker/Veelken,* in: Immenga/Mestmäcker, GWB, § 40 Rdnr. 58.

[627] KEK-293, S. 106 – Axel Springer AG.

[628] Hierzu auch *Zagouras,* Konvergenz und Kartellrecht, S. 274 ff.

[629] KEK-293, S. 106 – Axel Springer AG. Im Falle *Springer/ProSiebenSat.1* ging der Vorschlag zur Schaffung eines senderübergreifenden Programmbeirats auf die Antragsteller zurück. Vgl. *Hain,* K&R 2006, 150 (151).

[630] Vgl. KEK-293, S. 107 – Axel Springer AG.

[631] Vgl. *Säcker,* K&R 2006, 49 (50).

[632] KEK-293, S. 107 – Axel Springer AG. Geschlussfolgert wird dies insbesondere aus dem Umstand, dass beispielsweise die Änderung der Programmstruktur bzw. der Programminhalte der Zustimmung des Beirats bedarf. Dieses Zustimmungsbedürfnis wird jedoch faktisch durch die Regelung des § 32 Abs. 5 S. 2 RStV wieder aufgehoben, indem die Zustimmung für die betreffende Maßnahme seitens der Geschäftsführung mit Zustimmung des Kontrollorgans über die Geschäftsführung oder ggf. durch eine ¾ Mehrheit der Gesellschafterversammlung ersetzt werden kann.

von Programmbeiräten nur eine Verringerung vorherrschender Meinungsmacht, nicht aber ihre Neutralisierung.[633] Daher wird sie bestenfalls mit einem **Abschlag von 3 % des Zuschaueranteils** honoriert.

C. Angemessenheit

Schließlich setzt die Verhältnismäßigkeit einer Versagung der Unbedenklichkeitserklärung voraus, dass die Entscheidung über das endgültige Scheitern eines geplanten Zusammenschlusses auch **angemessen** ist. Maßgeblich für diese **Verhältnismäßigkeit im engeren Sinne** ist, dass die konkrete Maßnahme **nicht außer Verhältnis zum erstrebten Erfolg** steht.[634] Hierbei sind die Wertentscheidungen der Rechtsordnung einzubeziehen. Eine Entscheidung der KEK muss daher verfassungsrechtliche Vorgaben, insbesondere die Kommunikationsgrundrechte des Art. 5 GG, hinreichend berücksichtigen.[635]

In dieser Hinsicht wird gerade bei Versagungsentscheidungen eine **Aushöhlung der individualgrundrechtlich geschützten Interessen der Medien** befürchtet. So werde bei konglomeraten Zusammenschlüssen das für die Pressefreiheit aus Art. 5 Abs. 1 S. 2 GG resultierende Recht des Eigentümers eines Presseorgans konterkariert, die publizistische und wirtschaftliche Ausrichtung des Mediums zu bestimmen, was auch beinhalte, das Programm eines Fernsehsenders zu planen, zu strukturieren sowie auf die Inhalte einzuwirken.[636] Der KEK wird vorgeworfen, die einschlägige Rechtsprechung des BVerfG[637] zu missachten, wonach an private Rundfunkveranstalter nicht dieselben binnenpluralen Vorkehrungen gegen die Vereinnahmung durch eine gesellschaftliche Gruppe zu stellen seien wie bei öffentlich-rechtlichen Rundfunkanstalten.[638]

Diese Bedenken beruhen allerdings auf der nur für das Pressewesen anerkannten **Tendenzfreiheit**.[639] Es darf nicht übersehen werden, dass sich die Tendenzfreiheit der Presse nicht auf den Rundfunk übertragen lässt.[640] Im privaten Fernsehen gelten speziellere Vorgaben für die Sicherung der Meinungsvielfalt. Wegen der Indienststellung des Rundfunks unter die Belange der Allgemeinheit,[641] hat auch das publizistische **Selbstbestimmungsrecht und Selbstentfaltungsrecht der Eigentümer von Me-**

---

[633] So KEK-293, S. 107 – Axel Springer AG.
[634] *Maurer*, Allgemeines Verwaltungsrecht, § 10 Rdnr. 17.
[635] Hierzu auch *Hain*, K&R 2006, 150 (152).
[636] *Säcker*, K&R 2006, 49 (50).
[637] Vgl. BVerfGE 73, 118 (158 f.) – Niedersachsen; 83, 238 (316) – Nordrhein-Westfalen.
[638] *Säcker*, K&R 2006, 49 (51). Siehe auch die Replik von *Hain*, K&R 2006, 150 (151).
[639] Siehe hierzu auch *Stock*, NJW 1987, 217 (218).
[640] Vgl. *Hain*, K&R 2006, 150 (153).
[641] Vgl. BVerfGE 74, 297 (323) – Baden-Württemberg.

dienunternehmen hinter der Vielfaltsicherung zurückzutreten.[642] Gleiches gilt für die **Wirtschaftsfreiheiten des Unternehmers aus Art. 2, 12, 14 GG.**

Gegen die Angemessenheit von Untersagungsentscheidungen wird weiter ins Feld geführt, die KEK berücksichtige den **Eingriffscharakter rundfunkkonzentrationsrechtlicher Entscheidungen nicht gebührend.**[643] So wird im Grundtatbestand des § 26 Abs. 1 RStV keine hinreichende Ermächtigung für Eingriffe in grundrechtlich geschützte Positionen der Rundfunkveranstalter gesehen.[644] Da das BVerfG Medienunternehmen individuelle Grundrechtspositionen überhaupt erst zugesteht, wenn die Meinungsvielfalt im Fernsehen sichergestellt ist, vermag dieser Einwand ebensowenig durchzugreifen.

§ 25. Administrativer Rahmen der Konzentrationskontrolle

A. Kompetenzverteilung zwischen KEK und Landesmedienanstalten als medienpolitische Fragestellung

Medienpolitisch erweist sich die **Vielfaltsicherung** im bundesweit empfangbaren Fernsehen als **heißes Eisen.**[645] Es stehen sich **zwei Lager** gegenüber, die kaum eine Gelegenheit auslassen, ihre **Einflusssphären** zu erweitern.[646] Die **KEK** sieht sich **als Hüterin der Meinungsvielfalt** im Fernsehen, die **Landesmedienanstalten** als **Anwälte der Medienkonzerne.**[647] Im stetigen Bemühen, Medienunternehmen die Türen für ihre – mitunter recht ambitionierten – Strategien[648] möglichst weit offen zu halten, mussten sich die Landesmedienanstalten in der Vergangenheit die nicht unbegründete Kritik gefallen lassen, allzu bereitwillig der juristi-

---

[642] Vgl. BVerfGE 87, 181 (197) – Hessen 3.

[643] Dies führe zu einer Verkürzung insbesondere der wirtschaftlichen Entfaltungsmöglichkeiten der Betroffenen. *Bornemann*, ZUM 2006, 200 (202).

[644] *Bornemann*, ZUM 2006, 200 (203).

[645] Dies hat besonders nachhaltig die Diskussion um die gleichermaßen an kartell- wie auch rundfunkkonzentrationsrechtlichen Hürden gescheiterte Fusion von *Axel Springer* und *ProSiebenSat.1* gezeigt. Siehe KEK-293 – Axel Springer AG; zu den kartellrechtlichen Gründen, die gegen einen entsprechenden Zusammenschluss sprachen BKartA WuW DE-V 1163 (1166 ff.) – Springer/ProSiebenSat.1. Die Brisanz der Materie äußert sich nicht zuletzt in der teilweise sehr starken Emotionalität und geringen Sachbezogenheit der Reaktionen. So spricht *Säcker*, K&R 2006, 49 (50) von einem „neosozialistischen Modell" der KEK sowie von einer „von den Interessen des privaten Eigentümers losgelösten Expropriationsphilosophie", während *Bornemann*, MMR 2006, 275 „gefühlte Meinungsmacht" unterstellt. Nicht verschwiegen sei freilich der ebenfalls sehr direkte Duktus von *Renck-Laufke*, ZUM 2006, 907 ff.

[646] Die Entwicklung des schwierigen Verhältnisses zwischen der KEK und den Landesmedienanstalten zeichnet *Mailänder*, AfP 2007, 297 (299) nach.

[647] Vgl. *Gounalakis*, Konvergenz der Medien, S. 89.

[648] Grundlegend hierzu *Sjurts*, Strategien in der Medienbranche, S. 286 ff.

schen Bewertung der KEK eine eigene, *medienpolitische* entgegensetzen zu wollen.[649] Beispiele für die **grundverschiedenen Standpunkte** der beiden Ebenen der Rundfunkaufsicht gibt es viele.[650]

Das **angespannte Verhältnis** zwischen der KEK und den Landesmedienanstalten hat sich gerade in jüngerer Zeit gezeigt.[651] Die beiden Aufsichtsinstanzen haben in medienkonzentrationsrechtlichen Fragen ein **diametrales Grundverständnis** an den Tag gelegt. Während sich beispielsweise die BLM als Wegbereiter medialer „*Elefantenhochzeiten*" empfand und schon vor dem Eintritt in das eigentliche Verfahren öffentlich eine offensichtliche Unbedenklichkeit des Vorhabens verkündete,[652] zeigten sich die KEK wie auch das BKartA,[653] das denselben Sachverhalt unter wettbewerblichen Gesichtspunkten zu beurteilen hatte, sehr viel stärker an rechtlichen Vorgaben orientiert. Die Landesmedienanstalten sehen sich dem Vorwurf ausgesetzt, verfassungsrechtlichen Vorgaben im Rahmen der §§ 26 ff. RStV nicht hinreichend Berücksichtigung zu schenken,[654] obwohl dies gerade bei besonders **grundrechtsrelevanten Rechtsmaterien** erforderlich ist.[655] Hierbei handelt es sich nicht nur um eine aktuelle Tendenz. Auch die Schaffung eines unabhängigen, hauptsächlich mit Juristen besetzten Gremiums zur Beurteilung der Vielfaltsicherung in Form der KEK geht darauf zurück, dass sich die **Landesmedienanstalten** zu sehr von **standortpolitischen Erwägungen** leiten ließen.[656]

---

[649] Siehe *Dörr*, AfP-Sonderheft 2007, 33 f.; *Renck-Laufke*, ZUM 2006, 907 ff.

[650] Vgl. beispielsweise die seit Jahren andauernde und in vollster Schärfe geführte Auseinandersetzung zwischen *Hepach* und *Renck-Laufke*, die immer wieder neu aufflammt. Siehe erst jüngst *Renck-Laufke*, ZUM 2006, 907 ff. sowie *Hepach*, ZUM 2007, 40 ff. Zum Spannungsverhältnis zwischen KEK und den Landesmedienanstalten auch *Knothe/Lebens*, AfP 2000, 125.

[651] Dazu auch *Renck-Laufke*, ZUM 2006, 907 ff.

[652] So hielt der Präsident der BLM den geplanten Zusammenschluss von *Axel Springer* und *ProSiebenSat.1* unmittelbar nach dessen Ankündigung in der Pressemitteilung 47/2005 vom 05.08.2005 „*für medienrechtlich unbedenklich, weil die entsprechenden Grenzwerte nach dem Rundfunkstaatsvertrag bei weitem nicht erreicht werden.*" Die vollständige Presseerklärung ist im Internet abrufbar unter http://www.blm.de/inter/de/pub/aktuelles/pressemitteilungen/pressemitteilungen.cfm?fuseaction_pre=detail&prid=905&. Auf ähnliche Weise versuchten die Landesmedienanstalten vollendete Tatsachen schon im Vorfeld der Entscheidung der KEK im Verfahren Discovery-Channel zu schaffen. Siehe beispielsweise *Knothe/Lebens*, AfP 2000, 125.

[653] Siehe BKartA WuW/E DE-V 1163 (1166 ff.) – Springer/ProSiebenSat.1.

[654] Instruktiv zur verfassungskonformen Auslegung von einfachem Recht BVerfGE 69, 315 (350 ff.) – Brokdorf.

[655] Als Beispiel für die verfassungskonforme Auslegung in besonderem Maße grundrechtsrelevanter Vorschriften entgegen ihres Wortlauts lässt sich die Auflösung von Versammlungen unter freiem Himmel nach § 15 Abs. 3 VersG anführen. Hierzu *Pieroth/Schlink/Kniesel*, Polizei- und Ordnungsrecht, § 23 Rdnr. 4.

[656] Siehe bereits *Gounalakis*, Konvergenz der Medien, S. 89.

B. Aufgabenverteilung zwischen KEK und Landesmedienanstalten

Die Aufgabenbereiche von KEK und Landesmedienanstalten werden nach Maßgabe der §§ 35 ff. RStV voneinander abgegrenzt. Sie regeln die Organisation der Medienaufsicht sowie die Finanzierung besonderer Aufgaben. Nach § 35 Abs. 1 RStV a. F.[657] hat die **zuständige Landesmedienanstalt** grundsätzlich im Vor- und Nachverfahren einer Zulassung die Einhaltung der für die privaten Veranstalter geltenden Bestimmungen zur Sicherung der Meinungsvielfalt nach dem RStV zu gewährleisten. Im Rahmen der zehnten Änderung des RStV haben die Länder in § 35 Abs. 1 S. 1 RStV n. F. auf eine ausdrückliche Nennung des Vor- bzw. Nachverfahrens verzichtet, was sich aber nicht auf die Kompetenzen der KEK auswirkt. § 35 Abs. 1 S. 2 RStV bestimmt, dass die zuständige Landesmedienanstalt die **Entscheidungen gegenüber den Medienunternehmen** trifft.[658] Um zu verhindern, dass sich diese von standortpolitischen Interessen leiten lässt, wird ihr nach § 35 Abs. 2 RStV die **KEK** sowie bis zum 31. August 2008 noch die **Konferenz der Direktoren der Landesmedienanstalten (KDLM)** als **Organ** bei der Erfüllung ihrer Aufgaben an die Seite gestellt.[659]

I. Kommission zur Ermittlung der Konzentration im Medienbereich (KEK)

1) Organisatorischer Rahmen der Vielfaltsicherung vor Schaffung der KEK

Die Entscheidung zur Schaffung eines **unabhängigen Expertengremiums für die Beurteilung rundfunkkonzentrationsrechtlicher Sachverhalte** fiel im Vorfeld des dritten Rundfunkänderungsstaatsvertrags von 1997.[660] Zuvor oblag es den Landesmedienanstalten, im Rahmen des Zulassungsverfahrens neben den sonstigen Voraussetzungen auch die Einhaltung der konzentrationsrechtlichen Bestimmungen des RStV zu überprüfen.[661] Die nach außen auftretende Anstalt hatte ihre Entscheidung mit den übrigen Landesmedienanstalten zu koordinieren, wobei jede eine Verletzung der antikonzentrationsrechtlichen Vorgaben des RStV beanstanden konnte.[662] Dieses System erwies sich als **ineffizient**. Zum einen ließen sich die

---

[657] Gemeint ist der RStV in der Fassung des neunten RÄStV.

[658] Vgl. *Hepach*, ZUM 1999, 603 (606).

[659] *Dörr/Schiedermair*, Ein kohärentes Konzentrationsrecht für die Medienlandschaft in Deutschland, S. 50.

[660] Dazu auch *Kreile*, NJW 1997, 1329 ff.; *Dörr*, MP 1996, 621 ff.

[661] Zum Rechtszustand bis zum Inkrafttreten des dritten Rundfunkänderungsstaatsvertrags und der Einführung der KEK/KDLM auch *Degenhart/Stock*, AfP 1995, 548 (549); *Stettner*, ZUM 2003, 891 (893): *Gounalakis*, Konvergenz der Medien, S. 50.

[662] Siehe zum Rechtsrahmen der gemeinschaftlichen Aufsicht über die Sicherung der Meinungsvielfalt im Fernsehen *Schuler-Harms*, AfP 1993, 629 (631 ff.).

handelnden Landesmedienanstalten immer wieder von **standortpolitischen Erwägungen** leiten,[663] zum anderen kam es zwischen den Anstalten
zu Auseinandersetzungen über die konkrete Handhabung der Antikonzentrationsvorschriften des RStV.[664] Daher entschlossen sich die Ministerpräsidenten 1996 mit der Einführung des Zuschaueranteilsmodells die
Beurteilung konzentrationsrelevanter Sachverhalte einem **überwiegend
mit juristischen Sachverständigen besetzten Expertengremium** zu überlassen. Seine Entscheidungen können bis zum Inkrafttreten des zehnten
Rundfunkänderungsstaatsvertrages wiederum durch **2/3-Mehrheit** der
KDLM aufgehoben werden.

2) Aufgaben der KEK

Den Landesmedienanstalten wurde ein **Gremium** an die Seite gestellt, das
der Forderung des BVerfG nach einer **präventiven Konzentrationskontrolle bundeseinheitlich**[665] und frei von **medienpolitischen Interessen**
nachkommen soll.[666] Der KEK wird seitdem die **Schlüsselrolle bei der Bestimmung und Beurteilung von Meinungsmacht** im Fernsehen zugewiesen.[667] Ihre **Aufgabe** ist die **Sicherung der Meinungsvielfalt** und damit die
Aufrechterhaltung eines für die Demokratie gerade in der Informationsgesellschaft fundamentalen Spektrums unterschiedlicher Ansichten und
Meinungen im kommerziellen Fernsehen. Sie ist nur den Interessen der
Allgemeinheit an der Aufrechterhaltung des durch Art. 5 Abs. 1 GG in
seiner Gesamtheit geschützten **unabhängigen Kommunikationsprozesses**
verpflichtet.[668] Insoweit war sie zumindest in ihrer ursprünglichen Ausgestaltung als weisungsunabhängiges Expertengremium in vielerlei Hinsicht **mit** einem **Gericht vergleichbar.**

3) Umstrukturierung der Medienaufsicht im Rahmen des zehnten
   Rundfunkänderungsstaatsvertrags

Nachdem auf der Ministerpräsidentenkonferenz in Wiesbaden unter der
Leitung des hessischen Ministerpräsidenten *Roland Koch* am 19. Okto-
ber 2007 der zehnte Rundfunkänderungsstaatsvertrag in seiner endgültigen Fassung ausgehandelt wurde, ist die grundlegende Umstrukturierung
der Medienaufsicht mittlerweile beschlossene Sache. Neben der Schaffung neuer Gremien wie der Kommission zur Zulassung und Aufsicht
(ZAK) und der Gremienvorsitzendenkonferenz (GVK), sowie der Inte-

---

[663] Vgl. etwa *Hain*, MMR 2000, 537 (538); *Trafkowski*, Medienkartellrecht,
S. 178 f.

[664] Siehe etwa BVerwG, NJW 1997, 3040 ff. – DSF; sowie zuvor BayVGH,
ZUM 1995, 423 ff. Zu den damals anhängigen Gerichtsverfahren auch *Schuler-
Harms*, AfP 1993, 629 f.

[665] *Kuch*, ZUM 1997, 12 (13); *Renck-Laufke*, ZUM 2000, 369.

[666] Vgl. *Knothe/Lebens*, AfP 2000, 125; *Hepach*, ZUM 1999, 603.

[667] *Stock*, JZ 1997, 583 (593).

[668] Hierzu bereits oben, § 4 I.

gration der Kommission für Jugendmedienschutz (KJM) in den Rege-
lungsrahmen des RStV wurde die bisherige Zweiteilung der Konzentrationsaufsicht in KEK und KDLM aufgegeben.[669] Ab dem 1. September
2008 werden die beiden Ebenen der publizistischen Wettbewerbsaufsicht
in einer umstrukturierten KEK zusammengefasst.[670] Die Länder haben
sich für die Schaffung eines 6+6 Systems entschieden, wonach den unabhängigen Experten der KEK künftig sechs Vertreter der Landesmedienanstalten an die Seite gestellt werden. Die Reorganisation des formellen Medienkonzentrationsrechts beschränkt sich freilich nur auf die personelle
Ausgestaltung der KEK. Durch die Integration der Landesmedienanstalten sollte deren politischer Einfluss gestärkt werden.[671] Medienpolitischen Gesichtspunkten wird nunmehr durch die Zusammensetzung des
Gremiums Rechnung getragen, was die Unabhängigkeit der KEK unter-
gräbt.[672] Ihre eigentlichen Kompetenzen werden aber nicht angetastet.

4) Organisation und Zusammensetzung der KEK bis zum zehnten Rundfunkänderungsstaatsvertrag

Was die bisherige Organisation und Zusammensetzung der KEK betrifft,
so bestimmt § 35 Abs. 3 RStV a. F., dass sich die Kommission aus **sechs
Sachverständigen des Rundfunk- und Wirtschaftsrechts** zusammen-
setzt.[673] Um hinreichende juristische Fachkenntnisse zu gewährleisten,
muss mindestens die Hälfte der Mitglieder der KEK über die Befähigung
zum Richteramt verfügen.[674] Zur Sicherstellung der Effizienz der Vielfaltsicherung setzte der RStV ursprünglich auf das sog. **Ratsmodell**.[675] Dieses
beruht auf der Prämisse, dass sich vorherrschende Meinungsmacht am
besten auf Basis von **Expertenwissen** erkennen und effektiv verhindern
lässt.[676]

---

[669] Siehe zum Entwurf des zehnten RÄStV bereits *Hess/Jury-Fischer*, AfP 2007, 338
(341 f.) sowie *Schmits*, K&R 2007, 135 ff.

[670] Kritisch hierzu *Mailänder*, AfP 2007, 297 (305).

[671] Siehe auch KEK, 10. Jahresbericht, S. 292 ff.

[672] Vgl. beispielsweise die Nachweise zur Diskussion um die Umstrukturierung der
Medienaufsicht bei *Heymann*, AfP 2007, 327 (329).

[673] Eine Liste der bisherigen Mitglieder der KEK findet sich bei *Hartstein/Ring/Krei-
le/Dörr/Stettner*, RStV, § 35 Rdnr. 8. Zum aktuellen Stand der Mitglieder http://
www.kek-online.de/cgi-bin/esc/mitglieder.html.

[674] Maßgeblich ist in diesem Zusammenhang die Vorschrift des § 5 Abs. 1 HS. 1
DRiG, wonach die Befähigung zum Richteramt erwirbt, wer ein rechtswissenschaftli-
ches Studium an einer Universität mit der ersten Prüfung und einen anschließenden
Vorbereitungsdienst mit der zweiten Staatsprüfung abschließt. Ferner sind nach § 7
DRiG ordentliche Professoren der Rechte zum Richteramt befähigt.

[675] Dazu auch *Dörr*, MP 1998, 54 (56); *ders./Schiedermair*, Ein kohärentes Konzentrationsrecht für die Medienlandschaft in Deutschland, S. 51 f.

[676] Vgl. *Hartstein/Ring/Kreile/Dörr/Stettner*, RStV, § 35 Rdnr. 6. Die hierin anklin-
genden Bedenken bezüglich der mangelnden binnenpluralistischen Struktur des Gremiums können nicht geteilt werden. Anders als bei der Aufsicht über öffentlich-rechtliche Rundfunkanstalten geht es bei der Bestimmung von Meinungsmacht nicht um das

Der RStV enthält aber auch eine Reihe von **Inkompatibilitätsregelungen**,[677] welche die politische **Unabhängigkeit der Expertenkommission** gewährleisten sollen.[678] Hierzu sieht § 35 Abs. 3 S. 3 RStV a. F. vor, dass Mitglieder und Bedienstete der Institutionen der **Europäischen Union** ebenso von einer Mitgliedschaft in der KEK ausgeschlossen sind wie Mitglieder der **Verfassungsorgane des Bundes** und der Länder.[679] Ferner verschließt sich eine Mitgliedschaft in der KEK denjenigen, bei denen sich ein **Interessenskonflikt** bei der Beurteilung konzentrationsrechtlicher Sachverhalte ergeben kann, etwa bei Bestehen eines Wettbewerbsverhältnisses. Ausdrücklich verboten ist die Mitgliedschaft von Bediensteten und Gremienmitgliedern der **öffentlich-rechtlichen Rundfunkanstalten**[680] und **privater Rundfunkveranstalter** einschließlich derjenigen Unternehmen, die sich einen Veranstalter nach § 28 RStV zurechnen lassen müssen.[681] Einen mit der Unabhängigkeit des Gremiums nicht mehr vereinbaren Interessenskonflikt sah der Gesetzgeber bis zum zehnten Rundfunkänderungsstaatsvertrag schließlich im Hinblick auf **Gremienmitglieder** und Bedienstete der **Landesmedienanstalten**.

Die **Unabhängigkeit** des Gremiums wird gleichermaßen durch § 35 Abs. 6 RStV a. F. wie auch durch § 35 Abs. 8 S. 1 RStV n. F. untermauert. Hiernach sind die Mitglieder der KEK bei der Erfüllung ihrer Aufgaben **nicht an Weisungen gebunden**. Dies äußert sich in erster Linie gegenüber den Ländern wie auch den im Außenverhältnis in Aktion tretenden Landesmedienanstalten. Sie dient aber ebenso der **Staatsferne der Rundfunkaufsicht**.[682] Da die Unabhängigkeit der KEK auch auf Grund von Umständen tangiert sein kann, die von den Mitgliedern der Kommission selbst ausgehen, werden die jeweils einschlägigen landesrechtlichen Bestimmungen über die Befangenheit im Verwaltungsverfahren der §§ 21, 22 VwVfG auf das Gremium entsprechend angewendet.[683] Hierin ver-

---

sich in der Gesellschaft widerspiegelnde Meinungsspektrum, sondern um die Anwendung und Konkretisierung von Recht.

[677] Vgl. *Schuler-Harms*, in: Beck'scher Kommentar zum Rundfunkrecht, § 35 Rdnr. 9.

[678] *Hartstein/Ring/Kreile/Dörr/Stettner*, RStV, § 35 Rdnr. 5.

[679] Hierzu zählen etwa Bundestag und Bundesrat ebenso wie das Bundesverfassungsgericht oder die Bundesregierung.

[680] Der RStV zählt insofern ausdrücklich die Landesrundfunkanstalten der *ARD*, des *ZDF*, des *Deutschlandradios* sowie des Europäischen Fernsehkulturkanals *arte* auf.

[681] Siehe dazu im Einzelnen *Zagouras*, Konvergenz und Kartellrecht, S. 258 ff.

[682] *Hartstein/Ring/Kreile/Dörr/Stettner*, RStV, § 35 Rdnr. 5; *Schuler-Harms*, in: Beck'scher Kommentar zum Rundfunkrecht, § 35 Rdnr. 15. Siehe zum Prinzip der über Art. 5 Abs. 1 S. 2 GG vermittelten Staatsfreiheit des Rundfunks auch § 4 C.

[683] Siehe *Schuler-Harms*, in: Beck'scher Kommentar zum Rundfunkrecht, § 35 Rdnr. 15. Nach § 7 Abs. 1 GeschO-KEK entscheidet über eine Befangenheit eines Mitglieds grundsätzlich die KEK selbst. Im Falle der Befangenheit nach § 3 GeschO-KEK wird ein Ersatzmitglied tätig. Die GeschO ist abgedruckt bei *Hartstein/Ring/Kreile/Dörr/Stettner*, RStV, § 35 Rdnr. 16.

deutlicht sich die **strukturelle Verwandtschaft** zu gerichtlichen Spruch-
körpern.

Alle Mitglieder werden **einvernehmlich durch die Ministerpräsidenten**
der Länder berufen. Die Berufung erfolgt für **jeweils fünf Jahre.** Eine Wie-
derberufung ist nach § 35 Abs. 3 S. 2 HS. 2 RStV a. F. zulässig und für den
Fall, dass ein Mitglied nicht nur vorübergehend verhindert ist, werden
zwei **Ersatzmitglieder** berufen.[684] Bei endgültigem Ausscheiden eines Mitglieds müssen die Ministerpräsidenten über die Ernennung eines neuen
entscheiden, bei dem es sich entweder um eines der Ersatzmitglieder oder
um ein neues Vollmitglied handeln kann.

5) Organisation und Zusammensetzung der KEK nach dem 1. September 2008

a) Reorganisationsmaßnahmen

Grundlegende Änderungen hat das formelle Rundfunkkonzentrationsrecht im Rahmen des zehnten Rundfunkänderungsstaatsvertrages erfah-
ren. Mit Wirkung zum 1. September 2008 wird die Medienaufsicht in der
Bundesrepublik umstrukturiert.[685] Künftig wird den medienpolitischen
Interessen der Länder nicht mehr im Abweichverfahren nach § 37 Abs. 2
RStV a. F. Berücksichtigung geschenkt.[686] Stattdessen werden Vertreter
der Landesmedienanstalten in die KEK integriert.[687] Nach § 36 Abs. 5
S. 1 Nr. 2 RStV n. F. werden die sechs Sachverständigen des Rundfunk-
und Wirtschaftsrechts durch sechs nach Landesrecht bestimmten gesetzlichen Vertretern der Landesmedienanstalten ergänzt. Im Gegenzug wird
die KDLM[688] als rundfunkkonzentrationsrechtliche Institution zum 31.
August 2008 abgeschafft.

Um eine gewisse Parität zu wahren, hat man zwar die Anzahl der Direktoren in der KEK auf sechs begrenzt. Nichtsdestotrotz wurde die KEK
von einem homogenen in ein heterogenes Gremium umgewandelt: Die
erste Gruppe bilden die Experten des Rundfunk- und des Wirtschaftsrechts, deren Auswahl, Rechte und Pflichten in Form des § 35 Abs. 5 S. 2
bis 6 RStV n. F. weitestgehend den Vorgaben des § 35 Abs. 3 RStV a. F.
entsprechen. Die strengen Kriterien für die fachliche Eignung und die In-
kompatibilität der Ämter gelten für diese Gruppe von KEK-Mitgliedern
fort.[689] Die zweite Gruppe bilden die Direktoren der Landesmedienan-

---

[684] Zu Abgrenzungsproblemen *Hartstein/Ring/Kreile/Dörr/Stettner*, RStV, § 35
Rdnr. 9.

[685] Zur Diskussion um die Umstrukturierung der Medienaufsicht *Schwartmann*, in:
Böge/Doetz/Dörr/Schwartmann, Wieviel Macht verträgt die Vielfalt?, 9 (10 f.).

[686] Vgl. epd-medien 37/2007, 11; *Hess/Jury-Fischer*, AfP 2007, 199 (202).

[687] Siehe zum Entwurf bereits *Hess/Jury-Fischer*, AfP 2007, 338 (341); kritisch *Mailänder*, AfP 2007, 297 (305) sowie *Ritlewski*, ZUM 2008, 403 (409).

[688] Zur KDLM auch unten, § 25 B II.

[689] Siehe hierzu auch *Ritlewski*, ZUM 2008, 403 (409).

stalten, die keinen vergleichbaren Erfordernissen unterliegen und nach
§ 36 Abs. 5 S. 8 RStV n. F. durch die Landesmedienanstalten einschließlich zweier Ersatzmitglieder für den Fall der Verhinderung eines Vertre-
ters gewählt werden.[690]
Zur Verhinderung von Pattsituationen zwischen den unabhängigen Experten und den Vertretern der Landesmedienanstalten wurde nach Kritik
der KEK die Regelung des § 35 Abs. 9 S. 2 RStV n. F. aufgenommen.[691]
Die unter Effizienzgesichtspunkten gebotene Vorschrift bestimmt, dass
dem Vorsitzenden der KEK im Falle der Stimmgleichheit die Stichstimme
zukommt.[692] Da dieser wiederum nach § 35 Abs. 5 S. 7 RStV n. F. ebenso
wie sein Stellvertreter aus der Gruppe der unabhängigen Experten i. S. d.
§ 35 Abs. 5 S. 1 Nr. 1 RStV n. F. stammen muss, ist zumindest sichergestellt, dass die KEK in Folge der neuen Konstellation nicht völlig (stand-
ort-)politischen Interessen preisgegeben wird.[693]

b) Kritik

Als problematisch erweist sich der Zusammenschluss von KEK und
KDLM in zweierlei Hinsicht. Zum einen setzt sich der Gesetzgeber durch
die Integration von sechs Vertretern der Landesmedienanstalten in ein
nach dem Ratsmodell organisiertes Expertengremium in Widerspruch zu
seiner ursprünglichen Intention, die gesellschaftspolitisch bedeutsame
Frage der Vielfaltsicherung im Fernsehen unabhängig beurteilen zu lassen.[694] Der im Unvereinbarkeitsprinzip des § 35 Abs. 3 S. 3 RStV a. F. zum
Ausdruck kommende Antagonismus zwischen Landesmedienanstalten
und KEK hatte durchaus seine Legitimation.
    Schwerer wiegen die aus den verfassungsrechtlichen Vorgaben an die
Vielfaltsicherung resultierenden Bedenken. Art. 5 Abs. 1 S. 2 GG gebietet
wegen der Bedeutung der Meinungsvielfalt[695] für die Demokratie möglichst effiziente Vorkehrungen gegen das Entstehen vorherrschender Meinungsmacht.[696] Ob diese Aufgabe von der KEK auch nach dem Inkrafttreten des zehnten Rundfunkänderungsstaatsvertrags noch ausreichend
wahrgenommen werden kann, lässt sich bezweifeln. Schon wegen der
Größe von zwölf Mitgliedern nebst vier Ersatzmitgliedern, wird die Arbeit der KEK künftig erschwert.[697] Schwerwiegender sind jedoch die poli-

---

[690] § 35 Abs. 6 RStV enthält in diesem Zusammenhang die Einschränkung, dass die
Vertreter der Landesmedienanstalten nicht gleichzeitig der KEK und der KJM angehören dürfen. Ein Verfahren zur Auswahl der KEK-Mitglieder sieht der RStV hingegen
nicht vor.
[691] *Hess/Jury-Fischer*, AfP 2007, 199 (202).
[692] Siehe auch *Hess/Jury-Fischer*, AfP 2007, 338 (341).
[693] Vgl. *Hess/Jury-Fischer*, AfP 2007, 199 (202).
[694] Kritisch insofern auch KEK, 10. Jahresbericht 2007, S. 293.
[695] Hierzu erst jüngst BVerfG, AfP 2007, 457 (460 f.) Tz. 116 ff. – Rundfunkgebühren II. Hierzu auch *Gounalakis/Wege*, NJW 2008, 800 ff.
[696] Vgl. BVerfGE 57, 295 (323) – FRAG.
[697] Ähnlich schon KEK, 10. Jahresbericht, S. 293.

tischen Konsequenzen der Integration der Landesmedienanstalten in die KEK. Bislang haben sich diese nämlich nicht nur wenig kooperativ gegenüber der KEK gezeigt, sondern in Einzelfällen sogar geradezu kontraproduktiv.[698] Durch die Reorganisation der KEK wird nunmehr die Möglichkeit eröffnet, eine unabhängige Bewertung der Meinungskonzentration auf fachlicher Ebene zu erschweren.[699] Ob dies dem Gebot der effizienten Vielfaltsicherung noch genügt, darf gerade angesichts der jüngsten Stärkung der Bedeutung unabhängiger Expertengremien wie der KEF durch das BVerfG bezweifelt werden.[700]

6) KEK als Organ der jeweils zuständigen Landesmedienanstalt

Obwohl § 35 Abs. 2 S. 2 RStV unzweideutig bestimmt, dass die KEK als Organ der jeweils zuständigen Landesmedienanstalt fungiert,[701] sind die Konsequenzen dieser **Kategorisierung umstritten**. Zum Teil wird die KEK als ein nichtständiges Organ verstanden, welches im Wege der **Organleihe** für die jeweils zuständige Landesmedienanstalt tätig wird[702] und der handelnden Anstalt nur fallweise inkorporiert wird.[703] Zutreffender erscheint jedoch die Einstufung der KEK als **gemeinsame Ländereinrichtung**.[704] Sie dient als ein verhältnismäßig neues Organisationsgebilde der **supraföderalen Koordination**,[705] wie man sie von der Zentralvergabestelle für Studienplätze (ZVS) oder der Gebühreneinzugszentrale (GEZ) her kennt.[706] Das

---

[698] Vgl. die Nachweise bei *Mailänder*, AfP 2007, 297 (299 ff.) sowie KEK, 3. Konzentrationsbericht, S. 368 f.

[699] In der Diskussion um die Vielfaltsicherung wurde die Integration der Landesmedienanstalten mitunter als Versuch angesehen, die KEK wegen ihrer bisherigen Entscheidungspraxis abzustrafen. Vgl. *Holznagel*, zitiert nach *Heymann*, AfP 2007, 327 (329).

[700] BVerfG, AfP 2007, 457 (461 f.) Tz. 128 ff. – Rundfunkgebühren II.

[701] Siehe hierzu auch BayVGH, ZUM 2007, 501, wo das Gericht von einem normhistorisch verfehlten Verständnis der KEK ausgeht und den Landesmedienanstalten eine Letztentscheidungskompetenz unterstellt. Diese Einschätzung erweist sich unter verschiedenen Gesichtspunkten als fragwürdig. Zum einen hätte das Gericht auf verfassungsrechtliche Implikationen wie das Erfordernis einer effizienten Vielfaltsicherung eingehen müssen. Zum anderen aber übersieht das Gericht die gesetzgeberische Intention, die Vielfaltsicherung einer Entscheidungskompetenz der Landesmedienanstalten zu entziehen und sie einer unabhängigen Expertenkommission zu übertragen. Zu Recht wird die Entscheidung daher kritisiert von *Mailänder*, AfP 2007, 297 (304), der sogar von einem „*Alibi-Gerichtsverfahren*" spricht. Angesichts der Stärkung unabhängiger Expertengremien durch BVerfG, AfP 2007, 457 (460 f.) Tz. 116 ff. – Rundfunkgebühr II lässt sich der Standpunkt des BayVGH schon kurz nach dem Beschluss nicht mehr aufrechterhalten.

[702] So etwa *Bornemann/Kraus/Lörz*, Bayerisches Mediengesetz, Art. 27 Rdnr. 123; *Hepach*, ZUM 1999, 603 (606).

[703] *Neft*, ZUM 1999, 97 (98).

[704] *Renck-Laufke*, ZUM 2000, 369; vgl. *Knothe/Lebens*, AfP 2000, 125; zustimmend *Zagouras*, Konvergenz und Kartellrecht, S. 282 f.

[705] *Bumke*, ZUM 1998, 121 (126).

[706] Vgl. *Renck-Laufke*, ZUM 2000, 369 (370).

Rechtsinstitut der Organleihe erweist sich schon deshalb nicht als passend, da es an einem einzelnen Rechtsträger fehlt, der die KEK weiterverleihen könnte.[707] Dementsprechend kann sich die KEK auch in verwaltungsprozessrechtlicher Hinsicht auf eine Teilprozessfähigkeit zur Verteidigung ihrer Rechte und Kompetenzen berufen.[708]

7) Zuständigkeit der KEK

Der **Kompetenzbereich der KEK** ist in § 36 RStV niedergelegt. Da die KEK seit jeher rege von ihrer Unabhängigkeit Gebrauch machte und dabei kaum eine Gelegenheit ausließ, sich gegenüber den Landesmedienanstalten zu positionieren, ist die Reichweite ihrer Kompetenzen umstritten. Nach § 36 Abs. 1 S. 1 RStV a. F. bzw. § 36 Abs. 4 S. 1 RStV n. F. ist die KEK zuständig für die **abschließende Beurteilung** von Fragestellungen der **Sicherung von Meinungsvielfalt** im Zusammenhang mit der bundesweiten Veranstaltung von Fernsehprogrammen. Inhaltlich überschneiden sich die rundfunkkonzentrationsrechtlichen Zuständigkeiten der **KDLM** noch bis zum 31. August 2008, sobald und soweit diese in das **Abweichverfahren** nach § 37 Abs. 2 RStV a. F. eintritt.[709]

Diese Kompetenzzuweisung ist sowohl im Hinblick auf die alte als auch die neue Rechtslage in einem weiten Sinne zu verstehen. Erfasst werden alle Sachverhalte, die einen Bezug zur Vielfaltsicherung aufweisen. Zum Ausdruck bringt dieses extensive Verständnis § 36 Abs. 1 S. 2 RStV a. F. bzw. § 36 Abs. 4 S. 2 RStV n. F. Die Regelungen führen einzelne Kompetenzen der KEK ausdrücklich auf. Dass es sich hierbei **nicht** um eine **abschließende Aufzählung** handelt, ergibt sich durch die Verwendung des Begriffs *„insbesondere"*.[710] Dementsprechend kann sich die Kompetenz der KEK auch auf Teilbereiche erstrecken, welche diese explizit aufgezählten Aufgaben möglicherweise nur tangieren, jedoch für eine **effiziente publizistische Wettbewerbsaufsicht** erforderlich sind.[711]

Materiell erweist sich der Anwendungsbereich der Norm als breit gefasst.[712] Die **Generalklausel**[713] des § 36 Abs. 1 S. 1 RStV a. F. bzw. des

---

[707] Dazu auch *Zagouras*, Konvergenz und Kartellrecht, S. 282 f.

[708] *Renck-Laufke*, ZUM 2006, 907 (910). A. A. BayVGH, ZUM 2007, 501 f.

[709] Vgl. unten, § 25 B II 2.

[710] So auch die amtliche Begründung zu § 36 RStV, abgedruckt bei *Hartstein/Ring/Kreile/Dörr/Stettner*, RStV, § 36, S. 1.

[711] Denkbar wären in diesem Zusammenhang beispielsweise Annexkompetenzen der Kommission oder aber auch Ansprüche gegenüber den Landesmedienanstalten, die auf Konsultation des Gremiums in rundfunkkonzentrationsrechtlichen Fragen ausgerichtet sind.

[712] Anders *Stettner*, ZUM 2003, 891 (894), der aus einem nicht näher präzisierten Gebot föderalistischer Vielfalt den Schluss ziehen will, die Kompetenzen der KEK seien restriktiv zu interpretieren. Dies steht freilich schon im Widerspruch zu der in § 36 Abs. 1 S. 1 RStV enthaltenen Generalklausel, welche sicherstellen soll, dass auch atypische Sachverhalte konzentrationsrechtlich erfasst werden können.

[713] *Schuler-Harms*, in: Beck'scher Kommentar zum Rundfunkrecht, § 36 Rdnr. 3.

§ 36 Abs. 4 S. 1 RStV n. F. schließt auch Fallkonstellationen mit ein, die nicht unter die Regelbeispiele des § 36 Abs. 1 S. 2 RStV zu subsumieren sind. Die recht ambivalente Umschreibung ist unter regulatorischen Gesichtspunkten erforderlich, weil eine unabhängige Konzentrationsaufsicht auch für atypische Fallkonstellationen gewappnet sein muss. Ausschlaggebend ist, ob die medienrechtliche Beurteilung eines bestimmten Sachverhalts in irgendeiner Form die Frage nach dem **Entstehen oder Verstärken vorherrschender Meinungsmacht** im **bundesweit empfangbaren Fernsehen** betrifft. Im Umkehrschluss enthält § 36 Abs. 1 S. 1 RStV a. F. bzw. § 36 Abs. 4 S. 1 RStV n. F. auch eine negative Aussage zu den Kompetenzen der KEK. So **fehlt es an einer Zuständigkeit** immer dann, wenn ein bestimmter Sachverhalt **keinerlei Bezug zur Sicherung der Meinungsvielfalt** aufweist.

Die Reichweite der KEK-Kompetenzen und ihr **Verhältnis zur jeweils zuständigen Landesmedienanstalt** erwies sich bei der **Verlängerung einer Sendegenehmigung** eines Programmveranstalters sowie bei der **Verlagerung der Programmanbietertätigkeiten auf Tochtergesellschaften** als fraglich.[714] Hinter dieser Diskussion verbirgt sich die Frage nach der Prärogative, über die Konzentrationsrelevanz eines bestimmten Sachverhalts zu entscheiden. Während die BLM selbst beurteilen möchte, wann die KEK hinzuzuziehen sei und sich damit letztlich eine im RStV nicht vorgesehene Zuständigkeit für die Auslegung des § 36 RStV zuweist, nimmt die KEK ein solches Recht aus guten Gründen für sich in Anspruch.[715] Schon aus teleologischen Gesichtspunkten ergibt sich, dass eine solche Kompetenz sinnvollerweise nur der KEK zukommen kann. Allein sie kann die rundfunkkonzentrationsrechtliche Relevanz eines bestimmten Sachverhalts beurteilen.[716] Wäre dies eine Aufgabe der Landesmedienanstalten, so wäre die Generalklausel des § 36 Abs. 1 S. 1 RStV a. F. bzw. § 36 Abs. 4 S. 1 RStV n. F. ihrer Funktion beraubt:[717] Die KEK könnte

---

[714] Siehe zu diesen Fragen auch das Gutachten von *Stettner*, ZUM 2003, 891 ff. Die BLM hatte die KEK nur *„im Rahmen eines kooperativen Informationsaustausches"* über die Vorgänge in Kenntnis gesetzt, ohne sie in das Verfahren einzubeziehen. Siehe insbesondere auch die Replik von *Renck-Laufke*, ZUM 2004, 344 ff. sowie die Reaktionen hierauf von *Stettner*, ZUM 2004, 742 ff. und *Bornemann*, ZUM 2004, 739 ff.

[715] Siehe in diesem Zusammenhang auch die Mitteilung der KEK zur Behandlung von Anträgen bundesweiter Fernsehveranstalter auf Zulassungsverlängerung und auf Zulassung anderer Konzernunternehmen KEK, ZUM 2003, 904 ff. mit kritischer Anmerkung von *Stettner*, ZUM 2003, 910 ff. Siehe hierzu wiederum die Erwiderung von *Renck-Laufke*, ZUM 2004, 344 (345 f.).

[716] Dies wird beispielsweise verkannt von *Stettner*, ZUM 2003, 891 (895), der entgegen der Formulierung *„insbesondere"* in § 36 Abs. 1 S. 1 RStV in S. 2 derselben Vorschrift eine *„abschließende Umschreibung des Sachbereichs Kompetenzausübungen bei Zulassungen"* erblickt.

[717] Siehe *Renck-Laufke*, ZUM 2004, 344 (345).

von ihrem Recht und ihrer Pflicht, auch atypische Fälle zu beurteilen, keinen Gebrauch machen.[718] Nach 36 Abs. 1 S. 1 RStV a. F. bzw. § 36 Abs. 4 S. 1 RStV n. F. ist die KEK zuständig für die Prüfung der Sicherung der Meinungsvielfalt bei allen Entscheidungen über eine Zulassung oder deren Änderung. § 36 Abs. 1 S. 2 RStV a. F. bzw. § 36 Abs. 4 S. 2 RStV n. F. stellt ferner die Beteiligung der KEK im Rahmen des rundfunkrechtlichen Zulassungsverfahrens nach §§ 20 ff. RStV ausdrücklich klar. Nach § 36 Abs. 1 S. 2 Var. 2 RStV a. F. bzw. § 36 Abs. 4 S. 2 Var. 2 RStV n. F. erstreckt sich der Zuständigkeitsbereich der KEK aber auch auf die Beurteilung der Meinungsvielfalt bei **Veränderungen von Beteiligungsverhältnissen an Programmveranstaltern** nach Maßgabe des § 29 RStV. Ihr obliegt es, die für den Vollzug einer derartigen Veränderung der Gesellschaftsanteile erforderliche **Unbedenklichkeitserklärung zu erteilen** oder **zu versagen.**[719]

Zu guter Letzt sehen § 36 Abs. 1 S. 2 RStV a. F. bzw. § 36 Abs. 4 S. 2 RStV n. F. die Zuständigkeit der KEK für das **Ergreifen vielfaltsichernder Maßnahmen nach § 26 Abs. 4 RStV** vor.[720] Hiernach soll die KEK mit Hilfe der zuständigen Landesmedienanstalt bereits eingetretene Meinungsmacht relativieren, indem sie ein Einvernehmen mit dem betroffenen Unternehmen über die Abgabe zurechenbarer Beteiligungen an Programmveranstaltern, eine Verringerung seiner Marktstellung auf medienrelevanten verwandten Märkten oder das Ergreifen vielfaltsichernder Maßnahmen i. S. d. §§ 30 ff. RStV herstellt.

Neben diesen positiven Kompetenzzuweisungen an die KEK und nach Maßgabe des § 37 Abs. 2 RStV a. F. bis zum 31. August 2008 auch an die KDLM zählt § 36 Abs. 2 RStV a. F. bzw. § 36 Abs. 5 RStV n. F. verschiedene Bereiche auf, innerhalb derer der Kommission **keine** originären **Kompetenzen** zukommen. So sieht § 36 Abs. 2 S. 1 RStV a. F. bzw. § 36 Abs. 5 S. 1 RStV n. F. vor, dass die **Auswahl und Zulassung von Fensterprogrammveranstaltern** sowie die Aufsicht über das Programm dem für die Zulassung zuständigen Organ der betreffenden **Landesmedienanstalt** obliegen. § 36 Abs. 2 S. 2 RStV bestimmt, dass bis zum 31. August 2008 die Feststellung des Vorliegens der **Voraussetzungen von § 25 Abs. 4 S. 1** RStV[721] weder der KEK noch der KDLM obliegt; die Feststellung muss bis zum Inkrafttreten des zehnten Rundfunkänderungsstaatsvertrags vielmehr von einer **Mehrheit von ¾ der Landesmedienanstalten** getroffen werden. Nach neuem Recht ist sie gemäß § 36 Abs. 2 S. 1 Nr. 6 RStV n. F. Aufgabe der ZAK. Die Auswahl und Zulassung der Regionalfensterbetreiber sowie der Fensterprogrammveranstalter obliegt hingegen ebenso

---

[718] Hierfür spricht auch die Vorlagepflicht der Landesmedienanstalten aus § 37 Abs. 1 RStV. Vgl. KEK, ZUM 2003, 904 (905).

[719] KEK-293 – Axel Springer AG; dazu auch *Dörr*, AfP-Sonderheft 2007, 33 ff.

[720] Siehe oben, § 21.

[721] Hierzu oben, § 12.

wie die Aufsicht über diese Programme nach § 36 Abs. 5 S. 1 RStV n. F. der zuständigen Landesmedienanstalt. Der **KEK** wird bei der Vielfaltsicherung im laufenden Programm nach § 25 RStV eine **eher passive Rolle** zugewiesen; bei Zulassung und Auswahl von Fensterprogrammveranstaltern durch die zuständige Landesmedienanstalt ist das Benehmen[722] mit der KEK herzustellen.[723] Gleiches gilt für die Auswahl und Zulassung von Fernsehprogrammveranstaltern.

8) Verfahrensrechte der KEK

a) Allgemeine Auskunftsrechte der KEK

Um dem **verfassungsrechtlichen Gebot der Effizienz der Vielfaltsicherung** im Fernsehen entsprechen zu können,[724] muss die KEK alle für die Beurteilung eines Sachverhalts **relevanten Umstände ermitteln können.** Sie kann sich ein **vollumfängliches Bild über alle Faktoren** verschaffen, die entweder bereits auf Ebene des **einfachen Rundfunkrechts** für die Bestimmung vorherrschender Meinungsmacht **von Relevanz** sind oder nach Maßgabe der **Rundfunkjudikatur** des BVerfG berücksichtigt werden müssen.[725] Eine umfassende Auskunftsverpflichtung des betroffenen Unternehmens ergibt sich insbesondere bei einer Änderung von Beteiligungsverhältnissen.[726] Da sie jedoch als Organ der jeweils zuständigen Landesmedienanstalt tätig wird,[727] hatte sich der Gesetzgeber ursprünglich dazu entschlossen, ihr die **Verfahrensrechte** nicht unmittelbar zuzuweisen. Vielmehr bestimmte § 36 Abs. 1 S. 3 RStV a. F., dass diese der KEK – ebenso wie der KDLM – **über die jeweils zuständige Landesmedienanstalt vermittelt** werden. Nach Streichung der Passage *„durch die zuständige Landesmedienanstalt"* kann die KEK die Verfahrensrechte der §§ 21, 22 RStV ebenso wie die übrigen in § 35 Abs. 2 S. 1 RStV n. F. aufgeführten Gremien künftig nach § 37 Abs. 4 RStV n. F. eigenständig geltend machen.[728]

Bezüglich Art und Umfang der Verfahrensrechte der KEK verweist § 36 Abs. 1 S. 3 RStV a. F. bzw. § 37 Abs. 4 RStV n. F. auf die Bestimmungen der §§ 21, 22 RStV. Der Programmveranstalter muss der KEK alle **Anga-**

---

[722] Begrifflich wird Benehmen allerdings im verwaltungsrechtlichen Kontext nicht als Einvernehmen im Sinne einer völligen Willensübereinstimmung verstanden, sondern eher als ein Recht, seinen Standpunkt vorzutragen, ohne dass diesbezüglich eine endgültige Zustimmung erforderlich wäre. Vgl. *Sachs*, in: Stelkens/Bonk/Sachs, VwVfG, § 44 Rdnr. 185.

[723] Siehe *Dörr/Schiedermair*, Ein kohärentes Konzentrationsrecht für die Medienlandschaft in Deutschland, S. 56.

[724] Dazu schon *Gounalakis/Zagouras*, AfP 2006, 93 (100).

[725] In diesem Sinne auch KEK, ZUM-RD 2000, 41 (50 f.) – 91 (94) – DSF.

[726] VG Berlin, MMR 1999, 180 (181).

[727] Vgl. *Stock*, JZ 1997, 583 (593).

[728] Zur Kritik an der vorherigen Geltendmachung der Verfahrensrechte durch die Landesmedienanstalten KEK, 3. Konzentrationsbericht, S. 368.

ben machen, **Auskünfte** erteilen und **Unterlagen** vorlegen, **die zur Prüfung des Zulassungsantrags erforderlich sind.**[729] Im Einzelnen kann die
KEK nach § 21 Abs. 2 RStV alle für die Beurteilung der **Programmzurechnung** nach § 28 RStV erforderlichen Informationen verlangen.[730]
Gleiches gilt für möglicherweise relevante Angehörigenverhältnisse, den
Gesellschaftsvertrag des Programmveranstalters sowie Umstände, aus
denen sich ein publizistischer Einfluss ergeben kann, der dem einer gesellschaftsrechtlich vermittelten Sperrminorität nach § 28 Abs. 2 RStV entspricht.[731] Soweit dies § 21 Abs. 3 RStV vorsieht, kann sich die KEK auch
auf die Klärung von Sachverhalten mit Auslandsbezug berufen. Der Antragsteller darf die Auskunftserteilung nicht mit der Begründung verwei-
gern, die in § 26 Abs. 2 RStV enthaltenen Schwellengrößen zu unter-
schreiten, da diese lediglich Vermutungsregelungen betreffen, nicht aber
den Grundtatbestand des § 26 Abs. 1 RStV.[732]

Sie kann nach § 22 RStV **dieselben Auskunftsrechte** und Ermittlungs-
befugnisse für sich in Anspruch nehmen, wie die Landesmedienanstalten
im **Zulassungsverfahren.**[733] Nach § 22 Abs. 1 S. 1 RStV kann die KEK
alle **Ermittlungen** durchführen und Beweise erheben, die zur Erfüllung ihrer Aufgaben nach § 36 Abs. 1 RStV a. F. bzw. § 36 Abs. 4 RStV n. F. notwendig sind. Nach § 36 Abs. 1 S. 3 RStV a. F. bzw. § 37 Abs. 4 RStV n. F.
i. V. m. § 22 Abs. 1 S. 2 RStV kann sie sich dabei derjenigen **Beweismittel**
bedienen, welche sie **nach pflichtgemäßem Ermessen** zur Ermittlung des
Sachverhaltes für erforderlich hält. § 22 Abs. 1 S. 3 RStV zählt hierzu u. a.
das Einholen von **Auskünften**, die Anhörung oder das Einholen schrift-
licher **Äußerungen von Verfahrensbeteiligten, Zeugen** und **Sachverständigen**, das Beiziehen von **Urkunden** und **Akten** sowie die **Augen-
scheinnahme.**[734] Auskunftsverlangen allerdings sind nur subsidiär an
Nichtverfahrensbeteiligte zu richten, wenn sich die Sachverhaltsaufklä-
rung durch die Beteiligten selbst nicht als ergiebig erweist.

Die KEK kann nach § 22 Abs. 3 und 4 RStV sogar die Abgabe einer ei-
desstattlichen **Versicherung** verlangen und **Geschäftsräume betreten.**
§ 22 Abs. 5 RStV verleiht ihr die Rechtsmacht, Aufzeichnungen, Bücher,
Geschäftspapiere und andere **Urkunden** zu **verlangen.** Nach § 22 Abs. 7
RStV kann die KEK sogar **Durchsuchungen** vornehmen, sofern diese zu-

[729] Zum Umfang der Auskunftspflichten nach § 21 Abs. 1 RStV auch *Bumke*, in:
Beck'scher Kommentar zum Rundfunkrecht, § 21 Rdnr. 10 ff.
[730] Zur Zurechnung von Programmen nach § 28 RStV oben, § 19.
[731] Vgl. KEK, ZUM-RD 2000, 241 (245 f.) – ProSieben.
[732] Siehe KEK, ZUM-RD 2000, 41 (51) – RTL Television.
[733] Vgl. VG Berlin, MMR 1999, 180 (181). Zum Zulassungsverfahren *Bumke*, in:
Beck'scher Kommentar zum Rundfunkrecht, § 20 Rdnr. 32 ff.; *Hartstein/Ring/Kreile/
Dörr/Stettner*, RStV, § 20 Rdnr. 3 ff.
[734] Maßgeblich für die Beurteilung der Zulässigkeit eines Beweismittels ist nach ver-
waltungsverfahrensrechtlichen Gesichtspunkten die Vorschrift des § 26 VwVfG. Dazu
auch *Stelkens/Kallerhoff*, in: Stelkens/Bonk/Sachs, VwVfG, § 26 Rdnr. 6 ff.

vor ordnungsgemäß vom jeweils zuständigen **Amtsrichter** angeordnet wurden.[735] Ob sie von diesen Ermittlungsrechten tatsächlich Gebrauch macht, hängt letztlich von den Gegebenheiten des Einzelfalles ab.

b) Private-Equity-Investoren und Verschwiegenheitsverpflichtungen

Unter Transparenzgesichtspunkten kann sich ein Engagement von **Private-Equity-Gesellschaften** (sog. **Finanzinverstoren**) an Programmveranstaltern als problematisch erweisen,[736] die privates Beteiligungskapital verwalten. Da diese in aller Regel bereits bei Tätigung der Investition eine klare **Exit-Strategie** verfolgen und unternehmerische Entscheidungen überwiegend renditeorientiert treffen,[737] wird ihr Engagement in den Medien vielfach als Gefahr für das publizistische Niveau angesehen.[738] Zu Zwecken der **kurzfristigen Gewinnmaximierung**[739] kommt es häufig zu Einsparmaßnahmen gerade bei den für die Meinungsbildung relevanten aber mit hohen Kosten verbundenen Informationsformaten,[740] weshalb man im Rahmen des zehnten Rundfunkänderungsstaatsvertrags ursprünglich eine generelle Beschränkung der Beteiligungen von Private-Equity-Gesellschaften bei Medienunternehmen in Höhe von 25 % einführen wollte.[741]

---

[735] Nach § 22 Abs. 7 S. 2 RStV können derartige Durchsuchungen bei Gefahr im Verzug auch ohne entsprechende richterliche Anordnung durchgeführt werden. Von der Erforderlichkeit einer solchen Regelung einmal abgesehen, dürfte sich angesichts des besonders hohen Grundrechtsschutzes der Medienschaffenden gerade auf subjektivrechtlicher Ebene die praktische Bedeutung der Vorschrift unter Rechtstaatlichkeitsgesichtspunkten praktisch gegen Null bewegen.

[736] Siehe zur Übernahme der Sendergruppe ProSiebenSat.1 durch Permira und KKR auch v. *Wallenberg*, WuW 2007, 115.

[737] Vgl. zum Vorgehen internationaler Finanzinvestoren auch *Lilienthal*, epd-medien 57/2007, 3 ff.

[738] In diesem Zusammenhang ist freilich zwischen der medienpolitischen und medienkonzentrationsrechtlichen Dimension des Engagements von Private-Equity-Gesellschaften in den Medien zu unterscheiden und damit zwischen einem möglichen Verlust an Programmqualität und der Bewertung von Beteiligungsverhältnissen. Siehe auch *Hess/Jury-Fischer*, AfP 2007, 430 (431).

[739] Die Dauer des Engagements eines Private-Equity-Investors im Rahmen eines Buy-Out beträgt üblicherweise nicht länger als sechs Jahre, innerhalb derer regelmäßig tief eingreifende Konsolidierungsprozesse durchgeführt werden, in deren Verlauf Konzernstrukturen verändert und Einsparpotentiale aufgedeckt und ausgereizt werden. Siehe KEK, 10. Jahresbericht, S. 298.

[740] Private-Equity-Gesellschaften sind in der Regel nicht produktiv tätig, sondern erwirtschaften ihren Gewinn allein durch finanzielle Transaktionen, insbesondere durch den Kauf und Verkauf von Unternehmen. Dies geschieht meist dadurch, dass die betreffenden Unternehmen zu einem vergleichsweise günstigen Preis erworben, dann aber durch verschiedene Maßnahmen des Investors im Wert gesteigert werden. KEK, 10. Jahresbericht, S. 298.

[741] Siehe epd-medien 60/2007, 11. Für den zehnten Rundfunkänderungsstaatsvertrag war ursprünglich eine Regelung vorgesehen, die den publizistischen Einfluss von Private-Equity-Gesellschaften beschränken sollte: *„Einer Aktiengesellschaft darf nur dann eine Zulassung erteilt werden, wenn in der Satzung bestimmt ist, dass die Aktien*

De lege lata bereitet das Kapital privater **Finanzinvestoren** vor allem bei der Transparenz der Eigentümerverhältnisse Schwierigkeiten.[742] Wegen entsprechender Absprachen mit den Fondsverwaltern ist der Öffentlichkeit meist nicht ersichtlich, wer sich tatsächlich als Kapitalgeber hinter den Gesellschaften verbirgt. Die Verflechtung unterschiedlicher Beteiligungsgesellschaften erschwert es weiter, sich ein Bild von den Beteiligungsverhältnissen zu verschaffen.[743] Allerdings haben sich **Vertraulichkeitsabsprachen** von Fondsverwaltern dem rundfunkkonzentrationsrechtlichen Transparenzgebot unterzuordnen. Daher kann die KEK auch von international operierenden Finanzinvestoren sämtliche Informationen einfordern, die sie zur Bewertung der Meinungsmacht im Fernsehen für erforderlich hält.[744] Dem Geheimhaltungsinteresse der Geldgeber kann dadurch nachgekommen werden, dass **sensible Daten** der Öffentlichkeit nicht zugänglich gemacht werden.[745]

c) Vorlage von Plattformverträgen

Da bei der Beurteilung von Meinungsmacht im Fernsehen auch ein Engagement auf Telekommunikationsmärkten zu berücksichtigen ist, überprüft die KEK, ob und inwieweit sich **Plattformbetreiber** die von ihnen vertriebenen Programme als eigene zurechnen lassen müssen.[746] Daher fordert sie Einsicht in bestehende und geplante **Plattformverträge**.[747] Die Pflicht zur Vorlage von Plattformverträgen erstreckt sich sogar auf die Angebote von Kabelnetzbetreibern, wenn diese über die reine Signalweiterleitung hinaus eigene Inhaltepakete zusammenstellen und vermarkten. Selbst wenn solche erst nach erfolgter konzentrationsrechtlicher Prüfung abgeschlossen werden, sind diese unter Vorlage der Vereinbarungen gemäß § 29 Satz 1 RStV bei der KEK anzuzeigen. Hintergrund ist, dass

---

nur als Namensaktien oder stimmrechtslose Vorzugsaktien ausgegeben werden." Krit. hierzu *Lilienthal*, epd-medien 57/2007, 3 (5).

[742] *Lilienthal*, epd-medien 57/2007, 3 (6) sieht hierin sogar die Gefahr, dass die KEK nicht über hinreichend Informationen verfügt, um die Beteiligungsverhältnisse an Private-Equity-Gesellschaften beurteilen zu können, dem die KEK jedoch zu Recht widersprochen hat.

[743] Zu den Beteiligungsverhältnissen bei *ProSiebenSat.1* KEK, 10. Jahresbericht 2007, S. 53 ff.

[744] In der Praxis verlangt die KEK beispielsweise bei beteiligten Fondgesellschaften entsprechend der Bestimmungen der Richtlinie zu § 29 Abs. 2 RStV über Ausnahmen von der Anmeldepflicht bei börsennotierten Aktiengesellschaften die Angabe der Kapital- und Stimmrechtsbeteiligungen ab einer Höhe von 5 %. Siehe KEK, 3. Konzentrationsbericht, S. 368.

[745] Siehe zur Vorgehensweise der KEK im Fall KKR/Permira epd-medien 62/2007, 12.

[746] Zum Einfluss von Plattformbetreibern auf die Programmgestaltung auch KEK, 10. Jahresbericht 2007, S. 294 ff.

[747] Siehe KEK, 3. Konzentrationsbericht, S. 369 sowie KEK-Mitteilung 3/07, im Internet abrufbar unter: http://www.kek-online.de/kek/information/publikation/kek_mitteilung_3.pdf.

Plattformbetreiber zunehmend selbst als Inhalteanbieter und Inhaltever-
markter agieren. Zum einen verschafft ihnen dies eine **Gatekeeper-Funktion**, zum anderen treten sie zumindest im Bereich des **Pay-TV** in Konkurrenz zu Veranstaltern.[748]

II. Konferenz der Direktoren der Landesmedienanstalten (KDLM)

1) Aufgaben der KDLM

Bis zum Inkrafttreten des zehnten Rundfunkänderungsstaatsvertrags am 1.
September 2008 sieht der RStV ein **zweistufiges System** der Bewertung und
Verhinderung vorherrschender Meinungsmacht vor.[749] Auf der ersten Stufe
steht die KEK. Sie ist „**Herrin des Verfahrens**".[750] Die Ministerpräsidenten
der Länder wollten den Landesmedienanstalten nicht jede Möglichkeit der
Einflussnahme auf Entscheidungen der KEK entreißen. Daher schuf man
eine zweite Ebene, welche Beschlüsse der KEK aufheben kann: die **Konferenz der Direktoren der Landesmedienanstalten (KDLM)**.[751] Ihre Mitglieder setzen sich nach § 35 Abs. 5 RStV a. F. aus den jeweiligen gesetzlichen
Vertretern der Landesmedienanstalten zusammen, die wiederum im Falle
einer Verhinderung durch ihren ständigen Vertreter nach Maßgabe des
Landesrechts vertreten werden.[752] Die KDLM ist keine Institution mit
feststehender personeller Zusammensetzung und Amtsperiode, sondern
eine ständige Einrichtung der Vertreter der Landesmedienanstalten. Im
Falle der Verhinderung eines Mitglieds können die jeweiligen ständigen
Vertreter einspringen.[753] Allerdings können sich die Mitglieder der
KDLM ebenso wie diejenigen der KEK nach § 35 Abs. 5 RStV a. F. auf
eine **vollumfängliche Weisungsfreiheit** berufen.[754] Ihre Zuständigkeiten
und Befugnisse korrespondieren mit denjenigen der KEK.[755]

---

[748] Bei noch nicht vollständig ausgearbeiteten Verbreitungskonzepten sieht die KEK
bislang noch keine Dringlichkeit einer Entscheidung, da unter diesen Voraussetzungen
ein Sendestart in unmittelbarer Zukunft durch die Antragstellerin nicht zu verwirklichen ist. Da der Abschluss von Plattformverträgen nicht vor der vorherigen Erteilung
einer Sendelizenz abhängt, nimmt die KEK ohne der Vorlage eines Plattformvertrags
eine abschließende medienkonzentrationsrechtliche Bewertung vor. Siehe auch *Hess/
Jury-Fischer*, AfP 2007, 430 (431).
[749] Dazu auch *Zagouras*, Konvergenz und Kartellrecht, S. 281.
[750] *Neft*, ZUM 1999, 97 (100).
[751] Hierzu auch *Dörr/Schiedermair*, Ein kohärentes Konzentrationsrecht für die Medienlandschaft in Deutschland, S. 53.
[752] Zur Organisation und Finanzierung der KDLM *Schuler-Harms*, in: Beck'scher
Kommentar zum Rundfunkrecht, § 35 Rdnr. 29.
[753] *Schuler-Harms*, in: Beck'scher Kommentar zum Rundfunkrecht, § 35 Rdnr. 25.
[754] Damit agieren die Direktoren der Landesmedienanstalten bei der Beurteilung
konzentrationsrechtlicher Sachverhalte gerade nicht als Interessenvertreter der Landesmedienanstalt bzw. der jeweiligen Länder. *Hartstein/Ring/Kreile/Dörr/Stettner*,
RStV, § 35 Rdnr. 11.
[755] Allerdings verbleiben einige Kernkompetenzen bei der KEK und können insofern
auch nicht von der KDLM ersetzt werden. Dazu gehört beispielsweise die Zuständig-

2) Abweichverfahren nach § 37 Abs. 2 RStV a. F.

Verfahrensrechtlich umgesetzt wurde das zweistufige System der publizistischen Wettbewerbsaufsicht **in Anlehnung an** die kartellrechtliche Institution der **Ministererlaubnis** des § 42 GWB[756] in § 37 Abs. 2 RStV a. F.[757] Hiernach kann die zuständige Landesmedienanstalt bis zum 31. August 2008 von einer rundfunkkonzentrationsrechtlichen Entscheidung der KEK abweichen, wenn sie innerhalb eines Monats die KDLM anruft und diese wiederum innerhalb von drei Monaten mit einer **Mehrheit von ¾ ihrer gesetzlichen Mitglieder** einen abweichenden Beschluss trifft. Diese Möglichkeit besteht nach § 37 Abs. 2 S. 1, Abs. 3 RStV a. F. nicht nur für den Fall der Zulassung eines Rundfunkveranstalters, sondern grundsätzlich für alle rundfunkkonzentrationsrechtlichen Entscheidungen der KEK. Aus der Fähigkeit zu Überstimmung eines Beschlusses der KEK durch eine ¾-**Mehrheit** der KDLM kann eine Befugnis, die KEK künftig an ihre Rechtsansicht zu binden, nicht abgeleitet werden.[758]

---

keit für die Ermittlung der den Medienunternehmen jeweils zurechenbaren Zuschaueranteile nach § 36 Abs. 1 S. 4 RStV.

[756] Zur Grenzen der Ministererlaubnis bei Zusammenschlüssen von Medienunternehmen *Zagouras*, WRP 2007, 1429 ff.

[757] Siehe *Knothe/Lebens*, AfP 2000, 125.

[758] *Renck-Laufke*, ZUM 2006, 907 (910).

Kapitel 3. Medienkonzentration und Kartellrecht

§ 26. Zieldivergenz von Antikonzentrations- und Kartellrecht

A. Publizistische und ökonomische Wettbewerbsregulierung

Die Zielsetzungen der **Antikonzentrationsvorschriften** des RStV und des **Kartellrechts** des GWB **unterscheiden sich** ganz erheblich.[1] Wegen dieser Zieldivergenz muss ein Sachverhalt gleichzeitig konzentrationsrechtlich wie auch wettbewerbsrechtlich bewertet werden.[2] Das Rundfunkkonzentrationsrecht greift die **publizistische Bedeutung** von **Medien für die Demokratie** auf und versucht ein für den Willensbildungsprozess **unabdingbares Mindestmaß an Meinungsvielfalt** speziell im Bereich des Fernsehens zu gewährleisten. Es geht dabei aber ausschließlich um die **Verhinderung vorherrschender Meinungsmacht**[3] und den Schutz der geistig-publizistischen Konkurrenz von Meinungen.[4] Dagegen begegnet das **Kartellrecht** branchenübergreifend möglichen **negativen Auswirkungen wirtschaftlicher Macht**.

I. Parallele Anwendbarkeit von Medienkonzentrations- und Kartellrecht

Wegen der unterschiedlichen Regelungsintention stehen antikonzentrationsrechtliche und kartellrechtliche Vorschriften in **keinerlei Exklusivitäts- oder Alternativverhältnis** zueinander. Die Bestimmungen des Rundfunkkonzentrationsrechts des **RStV** und der **Fusionskontrolle** des **GWB** kommen **nebeneinander zur Anwendung**.[5] KEK und Bundeskartellamt (BKartA) treffen ihre Entscheidungen autonom.[6] Bindungswirkungen für

---

[1] Siehe auch KEK, ZUM-RD 1999, 251 (252) – PREMIERE. Zum Verhältnis der Vielfaltsicherung zu kartellrechtlichen Regelungen *Dörr/Schiedermair*, Ein kohärentes Konzentrationsrecht für die Medienlandschaft in Deutschland, S. 33 f.

[2] Zur Zieldivergenz von Kartellrecht und Vielfaltsicherung *Kübler*, MP 1999, 379 (383); *Gounalakis*, AfP 2004, 394 (396).

[3] *Gounalakis*, AfP 2004, 394 (396).

[4] KEK, 3. Konzentrationsbericht, S. 35.

[5] Vgl. KG WuW/E OLG 4811 (4820 f.) – Radio NRW. Siehe auch *Gounalakis*, Funktionsauftrag und wirtschaftliche Betätigung des Zweiten Deutschen Fernsehens, S. 120 f.; *Immenga*, ZWeR 2004, 328 (344); *Dörr/Schiedermair*, Ein kohärentes Konzentrationsrecht für die Medienlandschaft in Deutschland, S. 57.

[6] Dem steht freilich weder entgegen, dass die Verfahren oft hintereinander geschaltet sind, noch dass beide Aufsichtsebenen zusammenarbeiten. Vgl. *Dörr/Schiedermair*, Ein kohärentes Konzentrationsrecht für die Medienlandschaft in Deutschland, S. 57.

die jeweils andere Aufsichtsebene entstehen nicht.[7] Folglich kann der identische Sachverhalt nach Maßgabe der §§ 26 ff. RStV zu einer Versagung der erforderlichen Unbedenklichkeitserklärung unter dem Gesichtspunkt der Vielfaltsicherung führen, während er aus rein ökonomischer Sicht nicht zu beanstanden ist.[8] Desgleichen ist das Scheitern eines geplanten Zusammenschlusses unter umgekehrten Vorzeichen möglich: Eine Fusion kann sich – beispielsweise wegen der Beschränkung der Konzentrationskontrolle auf deutschsprachige Programme[9] – als unbedenklich erweisen, während sie wegen ihrer wettbewerblichen Konsequenzen von den Kartellbehörden untersagt wird.

II. Präventive Zugangskontrolle

Diese Loslösung des Rundfunkkonzentrationsrechts von der wettbewerbsrechtlichen Beurteilung eines bestimmten Sachverhalts beruht auf **verfassungsrechtlichen Vorgaben.** Art. 5 Abs. 1 S. 2 GG beinhaltet in der Leseweise des BVerfG das Erfordernis einer **präventiven Zugangskontrolle** zum Rundfunk,[10] die **vorherrschende Meinungsmacht verhindert.**[11] Wie diese Vielfaltsicherung im Detail ausgestaltet sein muss, ließ das BVerfG zwar weitestgehend offen, solange sie dem **Effizienzkriterium** und dem **Präventionsgedanken** gerecht wird.[12] Ebenso hat es sich auf Tatbestandsebene mit dem Heranziehen wettbewerbsrechtlicher Mechanismen begnügt.[13] Allerdings sind darüber hinausgehende **gesetzliche Vorkehrungen** und **Instrumentarien** im Vorfeld eines Zusammenschlusses bereitzustellen, die einer Vereinnahmung des Suggestivmediums Fernsehen durch eine gesellschaftliche Gruppe effektiv begegnen kön-

---

[7] KEK, ZUM-RD 1999, 251 (252) – PREMIERE; *Mestmäcker/Veelken*, in: Immenga/Mestmäcker, GWB, Vorb. § 35 Rdnr. 68.

[8] Hierbei handelt es sich freilich um eine eher theoretische Möglichkeit, da publizistischer und ökonomischer Wettbewerb in einem engen Interdependenzverhältnis stehen. Wegen der tatsächlichen Gegebenheiten auf dem deutschen Fernsehmarkt und des bereits seit Jahren etablierten Oligopols bei der Vermarktung von Werbezeiten zwischen der *RTL-Group* und *ProSiebenSat.1* hätte ein Zusammenschluss nach der Prognose des BKartA nicht nur zu einer Konsolidierung des Duopols auf den Fernsehwerbemärkten, sondern darüber hinaus auch zu einer Verfestigung der marktbeherrschenden Stellung im Bereich des bundesweiten Lesermarktes für Straßenverkaufszeitungen sowie des bundesweiten Anzeigenmarktes für Zeitungen geführt. Siehe hierzu BKartA WuW/E DE-V 1163 (1166 ff.) – Springer/ProSiebenSat.1; *Kuchinke/Schubert*, WuW 2006, 477 (478 f.).

[9] Kritisch dazu *Gounalakis/Zagouras*, ZUM 2006, 716 (721).

[10] Die Voraussetzungen für die Einführung privaten Rundfunks in der Bundesrepublik wurden bereits im dritten Rundfunkurteil aufgestellt. Siehe BVerfGE 57, 295 (318 ff.) – FRAG.

[11] Siehe BVerfGE 12, 205 (262) – Deutschland Fernsehen GmbH.

[12] Hierzu im Einzelnen auch oben, § 6 A.

[13] So darf etwa das Landesrundfunkrecht die Erteilung einer Unbedenklichkeitserklärung durch das Bundeskartellamt zur Voraussetzung der Rundfunkzulassung machen. BVerfGE 73, 118 (175 f.) – Niedersachsen.

nen.[14] Dem Erfordernis einer **präventiven Konzentrationskontrolle**[15] wäre aber bei einem gänzlichen **Verzicht auf medienkonzentrationsrechtliche Vorschriften**[16] nicht mehr genüge getan,[17] zumal das Kartellrecht des GWB *per se* keine Beschränkung inneren Unternehmenswachstums kennt.[18]

III. Kompetenzrechtliche Aspekte

Die Trennung der beiden Ebenen resultiert auch aus dem **Kompetenzgefüge des Grundgesetzes**.[19] Da sich die Kartellrechtskompetenz des Bundes aus Art. 74 Abs. 1 Nr. 16 GG nicht auf die Regulierung des publizistischen Wettbewerbs erstreckt[20] und der Zuständigkeitstitel politische, moralische oder kulturelle Aspekte weitestgehend außen vor lässt,[21] obliegt die **Sicherung der Meinungsvielfalt** nach Art. 30, 70 GG **ausschließlich** den **Ländern**.[22] Zusätzlich begrenzt das Verbot der Mischverwaltung[23] eine Übertragung rundfunkkonzentrationsrechtlicher Zuständigkeiten an das BKartA: Dem Bund dürfen im Wege einer Kooperation prinzipiell keine Mitspracherechte für Materien eingeräumt werden, für die ihm weder eine positive noch eine ungeschriebene Bundeskompetenz zugewiesen ist.[24] Daher wäre eine Annäherung der rundfunkkonzentrations- sowie medienkartellrechtlich relevanten Tatbestände zwar auf materiellrechtlicher Ebene angesichts der **Konvergenz der Medien und Kommunikationsplattformen** wünschenswert.[25] Auf administrativer Ebene ließe sich eine Wahrnehmung der publizistischen Wettbewerbsaufsicht durch das BKartA jedoch nicht nur verfassungsrechtlich kaum bewerkstelligen;[26] sie ist auch medienpolitisch nicht erstrebenswert.[27]

---

14 Erforderlich sind präventive Vorkehrungen gegen das Entstehen vorherrschender Meinungsmacht. Siehe auch *Gounalakis*, AfP 2004, 394 (396).

15 Siehe hierzu *Degenhart*, in: Bonner Kommentar, GG, Art. 5 Abs. 1 und 2 Rdnr. 855.

16 Vgl. *Niewiarra*, ZUM 1993, 2 (5); *Knothe/Lebens*, AfP 2000, 125 (126).

17 *Kübler*, in: Blaurock, Medienkonzentration und Angebotsvielfalt zwischen Kartell- und Rundfunkrecht, 111 (114 ff.); *Jochimsen*, K&R 1999, 3.

18 Dazu *Mestmäcker/Veelken*, in: Immenga/Mestmäcker, GWB, Vorb. § 35 Rdnr. 28.

19 Hierzu oben, § 9.

20 *Maunz*, in: Maunz/Dürig, GG, Art. 74 Rdnr. 193.

21 *Kunig*, in: v.Münch/Kunig, GG, Art. 74 Rdnr. 75.

22 Siehe BVerfGE 57, 295 (321) – FRAG.

23 Hierzu bereits *Gounalakis*, NJW-Beilage 23/2002, 20 (25 f.).

24 *Beese/Merkt*, MMR 2000, 532 (536).

25 Die bestehenden Regulierungsstrukturen könnten dadurch transparenter ausgestaltet werden, dass sich das Medienkonzentrationsrecht klar auf seine eigentliche Aufgabe fokussiert und auftretende Abgrenzungsschwierigkeiten zwischen Kartellrecht und publizistischen Wettbewerbsregeln durch eine Harmonisierung der einschlägigen Bestimmungen und geeignete prozedurale Regelungen minimiert werden. *Gounalakis*, Konvergenz der Medien, S. 146.

26 Siehe *Zagouras*, Konvergenz und Kartellrecht, S. 364 f.

27 *Gounalakis*, AfP 2004, 394 (397); *ders.*, ZUM 2003, 180 (187).

B. Charakteristika des Antikonzentrationsrechts

I. Vielfaltsicherung als Kernaufgabe des Rundfunkkonzentrationsrechts

Zentrales Anliegen des **Antikonzentrationsrechts** ist die **Sicherung der Meinungsvielfalt**. Diese Aufgabe resultiert unmittelbar aus der Rundfunkfreiheit des Art. 5 Abs. 1 S. 2 GG.[28] Gestützt auf dem **Demokratieprinzip** des Art. 20 Abs. 1, 2 GG[29] verfolgt das Rundfunkkonzentrationsrecht das Ziel, das Suggestivmedium Fernsehen vor einer Vereinnahmung durch eine gesellschaftliche Gruppe zu bewahren.[30] Der Rundfunk hat dem **öffentlichen Meinungsbildungsprozess** in seiner Gesamtheit zu dienen.[31] Antikonzentrationsrecht ist in Deutschland insofern mit der Verhinderung vorherrschender Meinungsmacht im Rundfunk, insbesondere innerhalb des Fernsehens gleichzusetzen.[32] Angesichts jüngerer medienökonomischer Veränderungen,[33] dürften in Zukunft zusätzliche Aspekte der Sicherung der Meinungsvielfalt bzw. des **Pluralismus in den Medien** stärker in den Vordergrund rücken, wie die **Verhinderung von Informationsmonopolen**[34] oder die publizistische Relevanz telekommunikativer **Flaschenhalspositionen**.[35]

II. Administrativer Rahmen

Schon der **administrative Rahmen** der Rundfunkkonzentrationskontrolle unterscheidet sich ganz erheblich von demjenigen des Kartellrechts. Während der ökonomische Wettbewerb von den **Kartellbehörden** beaufsichtigt wird, hat man den Schutz des publizistischen Wettbewerbs im Fernsehen in die Hände der **KEK** gelegt. Sie wacht als unabhängige Expertenkommission über die Meinungsvielfalt und hat nach § 35 Abs. 5 RStV n. F. aus sechs Sachverständigen des Rundfunk- und Wirtschaftsrechts sowie aus sechs nach Landesrecht bestimmten gesetzlichen Vertretern der Landesmedienanstalten zu bestehen.[36] Obwohl die KEK nach § 35 Abs. 6 RStV a. F. bzw. § 35 Abs. 8 RStV n. F. an externe Weisungen

---

[28] Zur verfassungsrechtlichen Aufgabe der Vielfaltsicherung oben, § 5.

[29] Siehe hierzu *Lehrke*, Pluralismus in den Medien, S. 39 ff.

[30] BVerfGE 12, 205 (262) – Deutschland Fernsehen GmbH.

[31] Zur dienenden Funktion der Rundfunkfreiheit bereits BVerfGE 57, 295 (319) – FRAG.

[32] Weiter gefasst ist der auf europäischer Ebene verwendete Begriff der Pluralismussicherung. Vgl. *Zagouras*, AfP 2007, 1.

[33] Siehe etwa *Kübler*, MP 2004, 131 (132).

[34] BVerfGE 97, 228 (256) – Kurzberichterstattung. Dazu im Einzelnen auch oben, § 9.

[35] Vgl. *Gounalakis*, Konvergenz der Medien, S. 145; *Trute*, in: Beck'scher Kommentar zum Rundfunkrecht, § 26 Rdnr. 49.

[36] Zu den Änderungen des zehnten Rundfunkänderungsstaatsvertrags insb. *Schipanski*, in: Fechner, Crossmediale Fusionen und Meinungsvielfalt, 28 ff.

nicht gebunden ist, tritt sie lediglich als Organ der jeweils zuständigen Landesmedienanstalt auf.

III. Verfassungslastigkeit des Rundfunkkonzentrationsrechts

Viel stärker als das Recht der Wettbewerbsbeschränkungen sieht sich das Medienrecht und speziell das **Rundfunkkonzentrationsrecht** verfassungsrechtlichen **Einflüssen ausgesetzt.** Die Medienordnung in Deutschland wurde intensiver von der **Rundfunkjudikatur des BVerfG** beeinflusst, als von einem der Feder des Gesetzgebers entspringendem **medienpolitischem Gesamtkonzept** der Politik: Die Eckpunkte des Antikonzentrationsrechts sind **situativ** im Rahmen einer Einzelfallbeurteilung durch die Rechtsprechung bestimmt worden; sie spiegeln nicht in demselben Umfang kommunikations- oder wirtschaftswissenschaftliche Erkenntnisse wider, wie dies im Kartellrecht der Fall ist. Gerade wegen der Unbestimmtheit vieler Bestimmungen des RStV muss bei seiner Auslegung sehr viel stärker als beim Kartellrecht auf Art. 5 Abs. 1 S. 2 GG zurückgegriffen werden.[37]

IV. Rundfunkkonzentrationsrechtliches Verbot internen Wachstums

Zu den Charakteristika des deutschen **Antikonzentrationsrechts** zählt ferner, dass es nicht nur auf die Beurteilung externen Unternehmenswachstums, also auf Zusammenschlüsse von Medienunternehmen, zugeschnitten ist. Mit **internem Wachstum** erstreckt sich die publizistische Wettbewerbsaufsicht anders als das Kartellrecht[38] selbst auf **wirtschaftliche Erfolge eines Medienkonzerns,** die er aufgrund **eigener Anstrengungen** auf dem Zuschauermarkt verbuchen kann.[39] Internes Wachstum muss nicht notwendigerweise weiteren Beteiligungen an Programmveranstaltern entspringen.[40] Das Rundfunkkonzentrationsrecht toleriert den leistungsbasierten Ausbau von Marktanteilen und damit inneres Unternehmenswachstum nur bis zur Grenze der vorherrschenden Meinungsmacht. Wird diese überschritten, sind sogar **Entflechtungsmaßnahmen** denkbar.[41]

---

[37] Siehe bereits oben, § 10

[38] So versteht das Kartellrecht unter unternehmensinternem Wachstum grundsätzlich jede Steigerung der Marktanteile, welche im Unterschied zu externem Wachstum weder durch Fusionen noch durch Übernahmen, sondern lediglich durch den eigenverantwortlichen Zugewinn an Marktanteilen erreicht wird. Siehe *Knothe/Lebens,* AfP 2000, 125 (127).

[39] Siehe auch *Dörr/Schiedermair,* Ein kohärentes Konzentrationsrecht für die Medienlandschaft in Deutschland, S. 32.

[40] *Degenhart,* in: Bonner Kommentar, GG, Art. 5 Abs. 1 und 2 Rdnr. 855.

[41] Kritisch zu Entflechtungsmaßnahmen *Ricker/Schiwy,* Rundfunkverfassungsrecht, Kap. E Rdnr. 59, die in einem solchen Vorgehen einen Eingriff in das Eigentum des Rundfunkunternehmens sehen, da sich dieses rechtskonform verhalte und *„in einer an sich zulässigen Art und Weise als Teilnehmer am Meinungsmarkt agiert."*

V. Marktanteilsbeschränkung

Zu guter Letzt enthält § 26 Abs. 2 S. 1 RStV eine **Marktanteilsbeschränkung** für das bundesweit empfangbare Fernsehen. Der Gesetzgeber hat sich für eine Marktanteilsobergrenze von **30 % der im Jahresdurchschnitt erreichten Fernsehzuschauer** entschieden,[42] ab deren Erreichen vorherrschende Meinungsmacht widerlegbar[43] vermutet wird. Obgleich der Wert **sehr hoch bemessen** ist[44] und eine **Konsolidierung** des Duopols der Sendergruppen *RTL-Group* und *ProSiebenSat.1* förderte, wird der zulässige Einfluss eines Medienunternehmens auf die Meinungsbildung im Suggestivmedium Fernsehen auf einen Maximalwert beschränkt, was dem Kartellrecht in dieser Form fremd ist.

C. Charakteristika der kartellrechtlichen Zusammenschlusskontrolle

I. Wettbewerbsrechtliche Zielsetzungen

Anders als im RStV geht es im Kartellrecht nicht primär um den Schutz besonderer Verfassungsgüter wie dem demokratischen Willensbildungsprozess, sondern um die Sicherung **des Wettbewerbs** und seiner **Steuerungsfunktion**.[45] In seiner wirtschaftspolitischen Zielsetzung versucht das Kartellrecht den freien Markt dadurch zu bewahren, dass es das Entstehen einer **wirtschaftlichen Machtstellung** einzelner Anbieter verhindert bzw. Regeln bereitstellt, welche einen **Missbrauch marktbeherrschender Stellungen einschränken** sollen.[46] „Wettbewerb" lässt sich nur schwer in wenigen Worten umschreiben.[47] Zumindest im Grundmuster des **Angebotswettbewerbs** bemühen sich mehrere Unternehmen gleichzeitig darum, durch ihre Angebote in ein wirtschaftliches Verhältnis mit der Marktgegenseite zu treten.[48] Charakteristisch ist die Existenz von Märkten mit mindestens zwei sich antagonistisch verhaltenden Anbie-

---

[42] Siehe auch *Zagouras*, Konvergenz und Kartellrecht, S. 256 f.

[43] Vgl. *Gounalakis/Zagouras*, AfP 2006, 93 (94).

[44] Vgl. *Stock*, JZ 1997, 583 (592).

[45] Charakteristisch für die Steuerungsfunktion des Wettbewerbs ist insofern, dass er auf Basis des freien Spiels von Angebot und Nachfrage den Wirtschaftsablauf und die Zusammensetzung des Güterangebotes entsprechend der Nachfrage in qualitativer, quantitativer und zeitlicher Hinsicht lenkt. *Bunte*, Kartellrecht, S. 4.

[46] Vgl. *Knothe/Lebens*, AfP 2000, 125 (126).

[47] Der Gesetzgeber hat absichtlich auf eine Definition des Wettbewerbsbegriffs verzichtet, da es sich um einen offenen und damit unbestimmten Rechtsbegriff handelt. Siehe *Bunte*, Kartellrecht, S. 3. *Möschel*, Recht der Wettbewerbsbeschränkungen, Rdnr. 61 spricht vom Wettbewerb als juristischem Zweckbegriff, den es nach Maßgabe der dafür adäquaten Methoden zu präzisieren gilt.

[48] *Emmerich*, Kartellrecht, § 1 Rdnr. 3.

tern oder Nachfragern,[49] sodass auch das Modell der außenpluralen Vielfaltsicherung im Rundfunk und das Prinzip der Anbietervielfalt[50] dem Grundmuster entspricht.

Geschützt werden die Wettbewerbsmechanismen einerseits durch die Missbrauchsaufsicht der §§ 19 ff. GWB, die konkrete, den Wettbewerb in einer bestimmten Branche beeinträchtigende Verhaltensweisen marktbeherrschender Unternehmen betrifft, und andererseits durch die **Zusammenschlusskontrolle** der §§ 35 ff. GWB, welche in § 38 Abs. 3 GWB einige **Modifikationen für Medienunternehmen** enthält. Da gesetzliche Verhaltensnormen und die Missbrauchsaufsicht der §§ 19 ff. GWB keinen wirksamen Ersatz für die vom Wettbewerb ausgehenden **Disziplinierungen** darstellen,[51] bedarf es einer **präventiven Zusammenschlusskontrolle**, die Gefährdungen der Marktstruktur erfassen kann:[52] Bereits durch die Verhinderung von Monopolstellungen und Kartellen soll die **wirtschaftliche Effizienz** erhöht und somit verhindert werden, dass die Marktgegenseite bzw. die Verbraucher als Abnehmer einer bestimmten Ware oder gewerblichen Leistung **überhöhte Preise** entrichten müssen.[53]

Auf nationaler Ebene wird die Funktionsfähigkeit des Wettbewerbs seit 1958 durch das **Gesetz gegen Wettbewerbsbeschränkungen (GWB)** geschützt, welches auf der Zuständigkeit des Bundes zur Verhütung des Missbrauchs wirtschaftlicher Machtstellung aus Art. 74 Abs. 1 Nr. 16 GG beruht.[54] Nach dem Willen des Gesetzgebers stellt das GWB *„eine der wichtigsten Grundlagen zur Förderung und Erhaltung der Marktwirtschaft dar. Es soll die Freiheit des Wettbewerbs sicherstellen und wirtschaftliche Macht da beseitigen, wo sie die Wirksamkeit des Wettbewerbs und die ihm innewohnenden Tendenzen zur Leistungssteigerung beeinträchtigt und die bestmögliche Versorgung der Verbraucher in Frage stellt.“*[55] Man ging davon aus, *„dass die Wettbewerbswirtschaft die ökonomischste und zugleich demokratischste Form der Wirtschaftsordnung ist und dass der Staat nur insoweit in den Marktablauf lenkend eingreifen soll, wie dies zur Aufrechterhaltung des Marktmechanismus oder zur Überwachung derjenigen Märkte erforderlich ist, auf denen die Marktform des vollständigen Wettbewerbs nicht erreichbar ist“.*[56] Die **Zusam-**

---

[49] Antagonistisches Marktverhalten zeichnet sich wiederum dadurch aus, dass die Marktteilnehmer ihren Zielerreichungsgrad zu Lasten anderer Wirtschaftssubjekte durch Einsatz eines oder mehrerer Aktionsparameter verbessern wollen. *Bunte,* Kartellrecht, S. 4.

[50] Zur Anbietervielfalt auch BVerfGE 52, 283 (296) – Tendenzbetrieb.

[51] *Mestmäcker/Veelken,* in: Immenga/Mestmäcker, GWB, Vorb. § 35 Rdnr. 27.

[52] Vgl. *Lettl,* Kartellrecht, Rdnr. 709.

[53] *Kübler,* Medien, Menschenrechte und Demokratie, § 24 I 2 b), S. 267.

[54] Siehe hierzu oben, § 9 C.

[55] Vgl. die Begründung zum Regierungsentwurf zum GWB, BT-Drs. 2/1158, Anlage 1, S. 21.

[56] So die Begründung zum Regierungsentwurf zum GWB, BT-Drs. 2/1158, Anlage 1, S. 21. Schon zuvor hatten die Alliierten versucht, die während des Dritten Reichs ent-

menschlusskontrolle wurde durch die zweite GWB-Novelle von 1973 eingeführt und in der dritten Novelle um die sog. **Pressefusionskontrolle** erweitert. Der heutige § 38 Abs. 3 GWB geht einschließlich der **Rundfunkfusionskontrolle** auf die sechste GWB-Novelle zurück.

II. Zweck und Funktionen des Wettbewerbsrechts

Das GWB nimmt ganz überwiegend wirtschaftspolitische Funktionen wahr. Zu ihnen zählen neben der eigentlichen **Steuerungs- und Ordnungsfunktion** auch die **Verteilungs-, Antriebs- oder Leistungsfunktion des Wettbewerbs.**[57] Weitere Eigenschaften liegen in seiner **Einkommensverteilungs-, Auslese-, Freiheitssicherungs-** und nicht zuletzt der **Verbraucherschutzfunktion.**[58] Zu diesen allgemeinen Schutzzwecken des Wettbewerbsrechts lassen sich die ökonomischen Ziele wie die **Freiheit des Wettbewerbshandelns** ebenso zählen wie ein beliebig definierbares öffentliches Interesse.[59] Die Rechtsprechung sieht den Zweck der Fusionskontrolle hauptsächlich in der Bewahrung einer **ausgewogenen Marktstruktur,** wodurch einseitige, **nicht mehr leistungsbedingte Verhaltensspielräume** der Unternehmen im Interesse des umfassenden Schutzes der Handlungsfreiheit anderer Unternehmen **verhindert** werden sollen.[60] Anders als bei der Missbrauchsaufsicht der §§ 19 ff. GWB geht es nicht um den Schutz vor Wettbewerbsbeeinträchtigungen, die einem konkreten Verhalten entspringen, sondern um eine Veränderung der **unternehmens- und marktbezogenen Strukturen** für den Wettbewerb auf den betroffenen Märkten.[61]

Ziel der §§ 35 ff. GWB ist die Verhinderung **übermäßiger Unternehmenskonzentration**[62] und der Schutz des (Rest-)**Wettbewerbs** vor einer weiteren Verschlechterung der Marktstruktur.[63] Durch unverfälschten Wettbewerb soll die **Allokation knapper Ressourcen verbessert** und dank der Erhöhung der wirtschaftlichen Effizienz **Innovation stimuliert** werden.[64] Ist eine solche Allokation nicht mehr gewährleistet, so kommt es zum Marktversagen. Konsequenz ist neben preisbedingten Kapitalfehllei-

---

standenen Kartelle, Syndikate und ähnliche Monopolstellungen durch eine Reihe von Dekartellierungsgesetzen zu beseitigen, welche die deutsche Wirtschaftsmacht und Rüstungskapazitäten zurückdrängen und auf wirtschaftspolitischer Ebene die Durchsetzung des Prinzips der Wettbewerbsfreiheit in Deutschland forcieren sollten. Siehe insbesondere *Schmidt*, Wettbewerbspolitik und Kartellrecht, S. 162; *Möschel*, Recht der Wettbewerbsbeschränkungen, Rdnr. 27 f.

[57] So *Emmerich*, Kartellrecht, § 1 Rdnr. 7.

[58] Zu diesen Wettbewerbsfunktionen auch *Bunte*, Kartellrecht, S. 4 f.

[59] *Möschel*, Recht der Wettbewerbsbeschränkungen, Rdnr. 81.

[60] BGHZ 71, 102 (115) – Kfz-Kupplungen.

[61] *Bunte*, Kartellrecht, S. 245.

[62] *Emmerich*, Kartellrecht, § 31 Rdnr. 8.

[63] *Mestmäcker/Veelken*, in: Immenga/Mestmäcker, GWB, Vorb. § 35 Rdnr. 33.

[64] Siehe *Kübler*, Medien, Menschenrechte und Demokratie, § 24 I 2 b), S. 267.

tungen eine Erlahmung der wirtschaftlichen Dynamik durch fehlende Motivation zur betriebswirtschaftlichen **Kostensenkung** oder **Produktinnovation**.[65] Ein Monopolist hat beispielsweise nicht damit zu rechnen, dass Preiserhöhungen von Wettbewerbern seinen eigenen Absatz erhöhen oder entsprechende Senkungen seine eigene Absatzmenge verringern.[66] Die Verhinderung von Meinungsmacht als charakteristische Nebenwirkung eines Marktversagens innerhalb medialer Märkte gehört hingegen nicht zu den eigentlichen Anliegen des GWB.

III. Zusammenschlusskontrolle als ökonomische Wettbewerbsregulierung

Das europäische und nationale Kartellrecht erfassen Marktmacht **ausschließlich unter ökonomischen Gesichtspunkten**.[67] Wettbewerbsrecht gilt zwar grundsätzlich für alle Wirtschaftsbereiche.[68] Dennoch bestehen gerade für mediale Märkte einige Besonderheiten. Sie bedienen gleichzeitig einen **Leser-** bzw. **Zuschauermarkt** sowie einen Werbemarkt.[69] Darüber hinaus enthält § 38 Abs. 3 GWB eine **branchenspezifische Ausgestaltung der Fusionskontrolle** für Presse- oder Rundfunkunternehmen.[70]

IV. Keine wettbewerbsrechtliche Sanktionierung internen Wachstums

Das GWB sieht im geschäftlichen Erfolg eines Unternehmens allein noch keinen Grund zur Intervention gegen eine marktbeherrschende Stellung.[71] Die **Beherrschung eines bestimmten Marktes** ist ein *per se* noch **wettbewerbsrechtlich neutraler Vorgang**: Obwohl jede Marktbeherrschung den Wettbewerb potentiell gefährdet, wird sie durch das Kartellrecht nicht verboten.[72] Ein Unternehmen, welches unter Wahrung der **Privatautonomie** und durch **eigene Erfolge** einen Vorsprung im Markt erzielt hat, soll **nicht bestraft** werden,[73] da die wettbewerblichen Wirkungen internen Wachstums ökonomisch positiver bewertet werden als bei externem: Internes Unternehmenswachstum schafft **neue Kapazitäten** und damit einen gewissen **Impuls** zu verstärktem Wettbewerb.[74]

---

[65] *Emmerich*, Kartellrecht, § 1 Rdnr. 8.

[66] *Mestmäcker/Veelken*, in: Immenga/Mestmäcker, GWB, Vorb. § 35 Rdnr. 27.

[67] *Knothe/Lebens*, AfP 2000, 125 (126).

[68] Siehe zu spezialgesetzlichen Vorschriften im Bereich der Telekommunikationsbranchen *Zagouras*, Konvergenz und Kartellrecht, S. 143 ff.

[69] Instruktiv *Möschel*, Pressekonzentration und Wettbewerbsgesetz, S. 83 ff.

[70] BVerfG, AfP 1985, 107 (108) – Münchener Anzeigenblätter.

[71] *Knothe/Lebens*, AfP 2000, 125 (127); siehe zur grundsätzlichen kartellrechtlichen Unbedenklichkeit internen Wachstums *Kling/Thomas*, Kartellrecht, § 9 Rdnr. 2.

[72] Hierzu *Mestmäcker/Veelken*, in: Immenga/Mestmäcker, GWB, Vorb. § 35 Rdnr. 28.

[73] Siehe etwa *Bunte*, Kartellrecht, S. 11.

[74] *Mestmäcker/Veelken*, in: Immenga/Mestmäcker, GWB, Vorb. § 35 Rdnr. 28. Dahingegen wird bei Unternehmenszusammenschlüssen nur die Verfügungsmacht über

Sanktioniert wird wirtschaftliche Dominanz erst dann, wenn Marktanteile durch **externes Wachstum** über das wettbewerblich tolerierbare Maß hinaus erweitert werden und von dem Unternehmenszusammenschluss nach Maßgabe von § 36 Abs. 1 GWB zu erwarten ist, dass er eine marktbeherrschende Stellung begründet oder verstärkt.[75] Ihre wirtschaftspolitische Rechtfertigung findet die unterschiedliche Behandlung internen und externen Wachstums darin, dass **Zusammenschlüsse bereits vorhandene wirtschaftliche Kapazitäten verändern, ohne dabei aber neue zu schaffen.**[76] **Marktanteilsbeschränkungen** im Sinne des Rundfunkkonzentrationsrechts kennt das GWB nicht.[77] Die konzentrationsrechtlich relevanten Neugründungen von Programmveranstaltern bereits am Fernsehmarkt vertretener Unternehmen sind kartellrechtlich nicht greifbar.[78]

V. Unterschiedliche verfassungsrechtliche Implikationen

Kartell- und Rundfunkkonzentrationsrecht unterscheiden sich in ihrer **Grundrechtsverhaftetheit.**[79] Die Kartellbehörden haben zwar als Teil der öffentlichen Gewalt die Verfassung und somit die Grundrechte speziell in Form der Wettbewerbsfreiheit zu achten.[80] Dennoch weist das **Rundfunkkonzentrationsrecht** eine deutlich höhere Grundrechtsrelevanz auf.[81] Zwar können bei der Auslegung kartellrechtlicher **Generalklauseln** die **Wertungen** der Kommunikationsfreiheiten des **Art. 5 Abs. 1 GG** einfließen.[82] Auch auf kartellrechtlicher Ebene kann man sich daher nicht *per se* der Vielfaltsicherung entziehen. Speziell die Vielfaltsicherung in der Presse stützt sich verfassungsrechtlich auf die Idee eines funktionsfähigen und außenpluralen Wettbewerbs,[83] auf dessen Steuerungsfunktion noch

---

Kapazitäten zusammengefasst. *Möschel*, Recht der Wettbewerbsbeschränkungen, Rdnr. 710.

[75] Zur diesbezüglich erforderlichen Prognose über die künftige Marktstellung auch *Zagouras*, Konvergenz und Kartellrecht, S. 115 ff.

[76] *Mestmäcker/Veelken*, in: Immenga/Mestmäcker, GWB, Vorb. § 35 Rdnr. 28.

[77] Dazu oben, § 15.

[78] *Hesse*, Rundfunkrecht, Kap. 5 Rdnr. 92. Mit Umweg über das Landesrecht lässt sich freilich die medienrechtliche Zulassung eines Programmveranstalters an eine kartellrechtliche Unbedenklichkeitserklärung knüpfen. Gegen ein solches Vorgehen bestehen keine grundsätzlichen verfassungsrechtlichen Bedenken. Siehe BVerfGE 73, 118 (175 f.) – Niedersachsen.

[79] Zum verfassungsrechtlichen Kontext des Kartellrechts *Möschel*, Recht der Wettbewerbsbeschränkungen, Rdnr. 7.

[80] Vgl. speziell im Hinblick auf die Pressemärkte *Möschel*, Pressekonzentration und Wettbewerbsgesetz, S. 34 f.

[81] Hierzu im Einzelnen oben, § 10.

[82] Vgl. insofern auch BGHZ 76, 55 (68 f.) – *Elbe Wochenblatt*; *Mestmäcker*, Medienkonzentration und Meinungsvielfalt, S. 102 ff.; *ders./Veelken*, in: Immenga/Mestmäcker, GWB, Vorb. § 35 Rdnr. 53 ff.; ausführlich *Möschel*, Pressekonzentration und Wettbewerbsgesetz, S. 49 ff.

[83] BVerfGE 20, 162 (175) – *Spiegel*.

weniger verzichtet werden kann als bei konventionellen Branchen.[84] Dennoch gehört die **Sicherung des Pluralismus** im Bereich der Medien **nicht** zu den **originären Aufgaben des Wettbewerbsrechts;** sie entfaltet bestenfalls in Zweifelsfragen Relevanz.

VI. Europäische Fusionskontrolle

Die Zuständigkeit für die kartellrechtliche Fusionskontrolle verteilt sich zwischen der **Europäischen Kommission,** welche **Zusammenschlussvorhaben mit gemeinschaftsweiter Bedeutung** i.S.d. Art. 1 Abs. 2 und 3 FKVO zu beurteilen hat, und den nationalen Kartellbehörden, insb. dem **BKartA.**[85] Sachlich gilt die Fusionskontrollverordnung ebenso wie die EG-Wettbewerbsregeln der Art. 81, 82 und 86 EGV für den öffentlichrechtlichen und den kommerziellen Rundfunk.[86] Nach Art. 21 Abs. 2 und 3 FKVO sowie § 35 Abs. 3 GWB ergibt sich der **Vorrang der europäischen Fusionskontrolle,**[87] weshalb von der Europäischen Kommission genehmigte Zusammenschlüsse von gemeinschaftsweiter Bedeutung auf kartellrechtlicher Ebene von den Mitgliedstaaten nicht mehr untersagt werden dürfen.[88] Allerdings greift das europäische Kartellrecht der medienkonzentrationsrechtlichen Beurteilung medialer Zusammenschlussvorhaben nach nationalem Recht nicht vor.[89] Art. 21 Abs. 4 FKVO stellt ausdrücklich klar, dass die **Mitgliedstaaten geeignete Maßnahmen zum Schutz** anderer berechtigter Interessen treffen können, zu denen auch die **Medienvielfalt** zählt.[90] Die Europäische Kommission bewertet Unternehmenszusammenschlüsse ausschließlich unter wettbewerblichen Gesichtspunkten. Der Schutz der Meinungsvielfalt gehört bislang noch nicht zum Prüfungsumfang des Fusionskontrollverfahrens. Damit entsteht aus einer kartellrechtlichen Beurteilung eines bestimmten Fusionsvorhabens **kein Präjudiz für seine medienkonzentrationsrechtliche Bewertung** durch die KEK.[91]

---

[84] Ähnlich *Mestmäcker/Veelken*, in: Immenga/Mestmäcker, GWB, Vorb. § 35 Rdnr. 69.

[85] Dazu auch *Dörr*, in: Dörr/Müller-Graff, Medien in der Europäischen Gemeinschaft, 95 (108 f.); *Braun*, in: Hamburger Kommentar, Kap. 5, 21. Abschnitt, Rdnr. 15 ff.

[86] *Mestmäcker/Veelken*, in: Immenga/Mestmäcker, GWB, Vorb. § 35 Rdnr. 72.

[87] Siehe auch *Kling/Thomas*, Kartellrecht, § 20 Rdnr. 71.

[88] Ebenso wenig dürfen von der Europäischen Kommission untersagte Vorhaben nachträglich von den Mitgliedstaaten genehmigt werden. Siehe *Emmerich*, Kartellrecht, § 14 Rdnr. 9.

[89] Zur Sicherung der Meinungsvielfalt durch das europäische Wettbewerbsrecht *Dörr*, in: Dörr/Müller-Graff, Medien in der Europäischen Gemeinschaft, 95 (108 ff.).

[90] Hierzu *Mestmäcker/Veelken*, in: Immenga/Mestmäcker, GWB, Vorb. § 35 Rdnr. 73; *Dörr/Schiedermair*, Ein kohärentes Konzentrationsrecht für die Medienlandschaft in Deutschland, S. 47 f.

[91] Im Umkehrschluss entfalten Entscheidungen der KEK aber auch kein Präjudiz für die wettbewerbliche Beurteilung eines Sachverhalts durch die Europäische Kommission. Hier gilt der Grundsatz, dass die Mitgliedstaaten nicht erlauben dürfen, was die

§ 27. Besonderheiten bei der kartellrechtlichen Beurteilung von Medien

A. Marktabgrenzung

Kartellrechtlich unterscheiden sich Medien von konventionellen Branchen. Dies gilt hauptsächlich für die **Bestimmung sachlich relevanter Märkte**. Sie erfolgt auf Grundlage des sog. **Bedarfsmarktkonzepts:** Eine Abgrenzung der Märkte hat grundsätzlich aus Perspektive der **Marktgegenseite** zu erfolgen. Maßgeblich ist, inwiefern eine Ware oder Dienstleitung aus Sicht der Abnehmer **funktionell austauschbar** ist:[92] Es kommt darauf an, ob sich die Produkte nach Eigenschaft, Verwendungszweck und Preislage so nahe stehen, dass der verständige Verbraucher sie für die Deckung eines bestimmten Bedarfs gleichfalls als geeignet ansieht.[93] Neben der Austauschbarkeit aus Sicht der Marktgegenseite kann bei der Marktabgrenzung die Flexibilität von Bedeutung sein, das eigene Angebot auf andere Waren und Leistungen umstellen zu können.

B. Unterscheidung in Rezipienten- und Werbemärkte

Die Abgrenzung des Marktes erfolgt unter Berücksichtigung seiner sachlichen, räumlichen und gegebenenfalls zeitlichen Relevanz. Speziell Printmedien werden auf zwei Märkten abgesetzt: Einerseits werden sie **von Lesern gekauft**, andererseits den **Werbekunden Anzeigefläche** zu Zwecken der individuellen Absatzförderung angeboten.[94] Die Austauschbarkeit der Leistung muss sowohl aus Sicht der Leser als auch der Werbenden bestimmt werden,[95] sodass **zwischen** einem **Leser- und** einem **Anzeigenmarkt differenziert** wird.[96] Bei unentgeltlich verteilten Anzeigenblättern[97] kann es am erforderlichen Leistungsaustausch zwischen dem Verlag und den Rezipienten fehlen.[98] Umstritten ist, ob Gleiches auch für den Zu-

---

Kommission untersagt hat. Vgl. *Mestmäcker/Veelken*, in: Immenga/Mestmäcker, GWB, Vorb. § 35 Rdnr. 74.

[92] *Möschel*, Recht der Wettbewerbsbeschränkungen, Rdnr. 509; *Braun*, in: Hamburger Kommentar, Kap. 5, 21. Abschnitt, Rdnr. 15 ff.

[93] So auch die ständige Rechtsprechung. Vgl. BGHZ 67, 104 (113 f.) – Vitamin-B-12; WuW/E BGH 3058 (3062) – Pay-TV-Durchleitung; *Ruppelt*, in: Langen/Bunte, Kartellrecht, § 19 Rdnr. 11.

[94] Vgl. auch *Möschel*, Pressekonzentration und Wettbewerbsgesetz, S. 86 f.

[95] Vgl. *Kübler/Simitis*, JZ 1969, 445 (446); eingehend hierzu *Möschel*, Pressekonzentration und Wettbewerbsgesetz, S. 83 ff.; *Hildebrandt*, Die Anwendung der §§ 22 und 26 GWB auf das Pressewesen, S. 67.

[96] *Spieler*, Fusionskontrolle im Medienbereich, S. 47; *Kleinmann/Bechtold*, Fusionskontrolle, § 22 Rdnr. 61; siehe auch BGHZ 76, 55 (74) – Elbe-Wochenblatt.

[97] Siehe zur lauterkeitsrechtlichen Diskussion um die Zulässigkeit von Anzeigenblättern insbesondere *Möschel*, Pressekonzentration und Wettbewerbsgesetz, S. 27 ff.

[98] *Möschel*, in: Immenga/Mestmäcker, GWB, § 19 Rdnr. 31 m. w. N.

schauermarkt im Bereich des **Free-TV** gilt, bei dem die Inhalte werbefinanziert und damit für den Zuschauer kostenlos zur Verfügung gestellt werden. Während hier überwiegend das **Fehlen eines Leistungsaustauschverhältnisses** angenommen wird,[99] stellt man teilweise darauf ab, dass das Entgelt für kostenlos empfangbare Fernsehprogramme durch Konsum von Werbung entrichtet wird und ein Leistungsaustausch – gewissermaßen an der Supermarktkasse – durch den Kauf der beworbenen Güter und Dienstleistungen erfolgt.[100]

C. Mediale Märkte

I. Fernseh- und Hörfunkmärkte

Bei der sachlichen Marktabgrenzung kommt es häufig auf die **Verbreitungsform** eines Mediums an. Es besteht **kein gemeinsamer Markt für** alle Medien, der sich gleichzeitig auf **Presse und Rundfunk** erstreckt.[101] Ungeachtet der verfassungsrechtlichen Terminologie[102] ist nach dem Bedarfsmarktkonzept sachlich zwischen den beiden Sektoren Hörfunk und Fernsehen zu differenzieren.[103] Dies gilt insbesondere für den Bereich der **Werbung**.[104] Im Fernsehen muss zwischen kostenlos empfangbaren kommerziellen Angeboten (**Free-TV**), dem größtenteils über Gebührenaufkommen finanzierten **öffentlich-rechtlichen Rundfunk**[105] und dem Bezahlfernsehen (**Pay-TV**) unterschieden werden.

II. Zeitungsmärkte

Die Märkte für **Printmedien** werden im Allgemeinen **stark ausdifferenziert**.[106] Die Marktabgrenzung erfolgt hauptsächlich anhand der **Erscheinungsweise**.[107] An einer funktionalen Austauschbarkeit fehlt es etwa

---

[99] So beispielsweise der Standpunkt des BKartA, welches einen entsprechenden Leistungsaustausch in Bezug auf die Rezipienten nur beim Pay-TV erblickt. Vgl. Monopolkommission, Hauptgutachten XI, Rdnr. 584 ff. *Mestmäcker/Veelken*, in: Immenga/Mestmäcker, GWB, Vorb. § 35 Rdnr. 79; *Parlasca*, WuW 1994, 210 (214).

[100] Vgl. *Knothe/Lebens*, AfP 2000, 125 (128).

[101] So besteht beispielsweise kein gemeinsamer Markt für das Anzeigengeschäft in Tageszeitungen und im Bereich der Fernsehwerbung. Siehe KG WuW/E OLG 2228 (2232) – Zeitungsmarkt München; WuW/E 3767 (3773) – Niederrheinische Anzeigenblätter.

[102] BVerfGE 12, 205 (226) – Deutschland Fernsehen GmbH spricht von Rundfunk als *„Hörrundfunk und Fernsehrundfunk"*.

[103] *Mestmäcker/Veelken*, in: Immenga/Mestmäcker, GWB, Vorb. § 35 Rdnr. 81.

[104] Vgl. KG WuW/E OLG 4811 (4825) – Radio NRW.

[105] BKartA WuW/E DE-V 1163 (1166 f.) – Springer/ProSiebenSat.1.

[106] Instruktiv zur Markteinteilung im Bereich der Printmedien *Möschel*, Pressekonzentration und Wettbewerbsgesetz, S. 83 ff. Die Markteinteilung im Hinblick auf die Anzeigenmärkte muss nicht unbedingt mit derjenigen für die Lesermärkte identisch sein. Siehe *Bunte*, Kartellrecht, S. 190.

[107] Siehe *Mestmäcker/Veelken*, in: Immenga/Mestmäcker, GWB, Vorb. § 35 Rdnr. 50, die auf ein Verwischen der traditionellen Marktunterteilungen aufgrund sich ändernder tatsächlicher Gegebenheiten hinweisen.

zwischen **Zeitungen und Zeitschriften**.[108] Bei Zeitungen werden verschiedene Märkte für **Tages-, Sonntags- und Wochenzeitungen** gebildet.[109] Innerhalb derer können wiederum je nach Inhalt, Charakter, Leserkreis, Erscheinungsweise und Vertriebsform weitere relevante Märkte bestehen.[110] Auch die jeweiligen Vertriebsweisen können bei Zeitungen als Abgrenzungsmerkmal dienen. Verschiedene Zeitungsmärkte ergeben sich beispielsweise für **Abonnement- und Straßenverkaufszeitungen**.[111] Darüber hinaus existieren Märkte für **Anzeigenblätter**, die kostenlos an die Haushalte verteilt werden und höchstens kleinere redaktionelle Beiträge enthalten.[112] In **räumlicher Hinsicht** kann es ebenfalls an einer **Substituierbarkeit** aus Sicht der Leser bzw. Anzeigenkunden fehlen,[113] weshalb verschiedene Märkte für **überregionale, regionale und lokale Zeitungen** abgegrenzt werden.[114]

III. Zeitschriftenmärkte

Bei Zeitschriften wird zwischen **Publikums- und Fachzeitschriften** differenziert.[115] Sie lassen sich wiederum in separate Märkte unterteilen.[116] Da eine Austauschbarkeit weder für die Leser noch für die Anzeigenkunden sog. Special-Interest-Titel besteht, bei denen es sich gleichermaßen um Anglermagazine, Auto-, Frauenzeitschriften, Männermagazine oder allgemeine Illustrierte bzw. politische Wochenmagazine handeln kann, erwächst hieraus in der Regel das Erfordernis zur Bildung spezifischer Teilmärkte. Dies kann sich als schwierig erweisen, da **fließende Übergänge mit dem Rand- und Substitutionswettbewerb** bestehen.[117]

---

[108] *Bunte*, Kartellrecht, S. 190.

[109] *Emmerich*, Kartellrecht, § 27 Rdnr. 20. Siehe gerade im Hinblick auf politische Wochenzeitungen auch BGHZ 92, 223 (229 f.) – Gruner+Jahr/Zeit I. Siehe auch die Beispiele bei *Mestmäcker/Veelken*, in: Immenga/Mestmäcker, GWB, § 38 Rdnr. 51.

[110] *Mestmäcker/Veelken*, in: Immenga/Mestmäcker, GWB, § 38 Rdnr. 50.

[111] *Ruppelt*, in: Langen/Bunte, Kartellrecht, § 19 Rdnr. 31.

[112] *Spieler*, Fusionskontrolle im Medienbereich, S. 34.

[113] Vgl. BGHZ 82, 1 (10 f.) – Springer/Münchener Zeitungsverlag; *Möschel*, in: Immenga/Mestmäcker, GWB, § 19 Rdnr. 30.

[114] Siehe etwa WuW/E BGH 1783 (1784) – Neue Osnabrücker Zeitung im Zusammenhang mit der Verweigerung einer Stellenanzeige für einen Setzer.

[115] Hierzu *Sjurts*, Strategien in der Medienbranche, S. 120.

[116] *Bunte*, Kartellrecht, S. 190.

[117] *Möschel*, in: Immenga/Mestmäcker, GWB, § 19 Rdnr. 30.

§ 28. Materielles Medienkartellrecht

A. Medienkartellrecht als modifizierte Zusammenschlusskontrolle

I. Grundlagen der Zusammenschlusskontrolle

Zentrale Vorschrift der Zusammenschlusskontrolle ist § 36 Abs. 1 GWB. Hiernach ist ein Zusammenschluss vom BKartA zu untersagen, von dem zu erwarten ist, dass er eine **marktbeherrschende Stellung begründet** oder **verstärkt**. Ausnahmsweise ist davon abzusehen, wenn die beteiligten Unternehmen nachweisen können, dass durch den Zusammenschluss auch Verbesserungen der Wettbewerbsbedingungen eintreten und diese die Nachteile der Marktbeherrschung überwiegen. Wann von einem Unternehmenszusammenschluss auszugehen ist, bestimmt sich nach § 37 GWB. Als Zusammenschlusstatbestände i. S. d. § 37 GWB kommen etwa der Vermögens-, Kontroll- oder auch der Anteilserwerb in Betracht. Weitere Voraussetzung ist, dass auch die in § 35 Abs. 1 und 2 GWB enthaltenen **Umsatzschwellen** erreicht werden: Die beteiligten Unternehmen müssen im jeweils letzten Geschäftsjahr vor dem Zusammenschluss insgesamt weltweit Umsatzerlöse von mehr als 500 Millionen Euro und mindestens ein beteiligtes Unternehmen im Inland Umsatzerlöse von mehr als 25 Millionen Euro erzielt haben. An diesen Umsatzschwellen setzen die **medienspezifischen Modifikationen** des § 38 Abs. 3 GWB an, die sie für bestimmte Bereiche medialer Betätigung deutlich herabsetzen.[118]

II. Zusammenschlusskategorien

1) Horizontale und vertikale Unternehmenszusammenschlüsse

Kartellrechtlich wird unterschieden zwischen **horizontalen, vertikalen** und **konglomeraten Zusammenschlüssen**. **Horizontale** beziehen sich auf Unternehmen, die auf demselben kartellrechtlich relevanten Markt tätig sind.[119] Dagegen stehen die Unternehmen bei **vertikalen Zusammenschlüssen** auf verschiedenen Wirtschaftsstufen, die typischerweise vor- bzw. nachgelagerte Märkte betreffen.[120] Eine dritte Gruppe stellen **kon-**

---

[118] Zu den Modifikationen durch § 38 Abs. 3 GWB auch *Zagouras*, Konvergenz und Kartellrecht, S. 132 ff.

[119] Gerade im Fernsehbereich wird horizontale Konzentration durch einen hohen Fixkostenanteil bei der Programmproduktion und den Mechanismus der Werbespot-Reichweiten-Spirale begünstigt. Dazu KEK, 3. Konzentrationsbericht, S. 37 f.

[120] *Ruppelt*, in: Langen/Bunte, Kartellrecht, § 36 Rdnr. 26, 31; *Möschel*, Recht der Wettbewerbsbeschränkungen, Rdnr. 711. Im Fernsehbereich zählen hierzu unternehmerische Verflechtungen eines Programmveranstalters mit den Bereichen Programmproduktion, Rechtehandel und Programmverbreitung. Attraktiv ist vertikale Konzentration im Rundfunk deshalb, weil sie das Beschaffungsrisiko reduziert und den Zugang zum Rezipientenmarkt sichert. KEK, 3. Konzentrationsbericht, S. 38 f.

glomerate Zusammenschlüsse dar.[121] Sie beziehen sich auf Unternehmen verschiedener Wirtschaftsstufen, ohne dass es sich hierbei um vor- bzw. nachgelagerte Märkte handelt.[122]

2) Konglomerate Unternehmenszusammenschlüsse

Bei konglomeraten Fusionen erweist es sich am schwierigsten, die Wirkungen eines Zusammenschlusses für den Wettbewerb zu prognostizieren. Häufig handelt es sich bei crossmedialen Fusionen um **Produkterweiterungszusammenschlüsse**,[123] die zu einer Minderung des Wettbewerbsdrucks führen können, der zumindest von potentiellem Wettbewerb oder Substitutionskonkurrenz am Marktrand ausgeht.[124] Sie versuchen, Früchte aus der Funktionsgemeinschaft bei der Nutzung gemeinsamer Produktionsanlagen, dem Vertrieb oder dem gemeinsamen Marketing zu ziehen.[125] Konglomerate Medienkonzerne zeichnen sich in der Regel durch eine Verbesserung der medialen Wertschöpfungskette aus.[126] Sie sind in der Lage, einmal erstellte Inhalte mit ganz geringen Mehrkosten auf verschiedenen Plattformen zu vertreiben.[127]

B. Hintergründe der Medienkonzentration

I. Fortgeschrittene Pressekonzentration

Die Gründe für die anhaltende **Pressekonzentration** liegen weniger in der publizistischen Ausrichtung von Printmedien als in der Bedeutung der Werbemärkte für die Verlage.[128] Daher begnügt man sich bei vielen Pressefusionen mit einer **Vereinigung des Anzeigengeschäfts**, während die Redaktionen der verschiedenen Zeitungen mehr oder weniger selbstständig weitergeführt werden.[129] Ökonomisch geht es im Mediengeschäft um **das**

---

[121] Diese dürfen wiederum nicht mit echten Konglomeraten verwechselt werden, die auf völlig verschiedenen Märkten tätig sind.

[122] Zu dieser Gruppe ist auch die letztlich gescheiterte Übernahme von *ProSiebenSat.1* durch *Axel Springer* zu zählen. Siehe BKartA WuW/E DE-V 1163 – Springer/ProSiebenSat.1. Hierzu *Kuchinke/Schubert*, WuW 2006, 477 ff.; *Bohne*, WRP 2006, 540 ff. sowie *Gounalakis/Zagouras*, NJW 2006, 1624 ff.

[123] Bei derartigen *product extension mergers* bieten die betreffenden Unternehmen ihre Waren und Dienstleistungen auf demselben geographischen Markt an, jedoch nicht auf dem sachlich identischen. *Möschel*, Recht der Wettbewerbsbeschränkungen, Rdnr. 711.

[124] Durch den abgeschwächten Wettbewerbsdruck wird der Verhaltensspielraum des Erwerbers erhöht. *Emmerich*, Kartellrecht, § 34 Rdnr. 40.

[125] *Möschel*, Recht der Wettbewerbsbeschränkungen, Rdnr. 711.

[126] Vgl. auch KEK, 3. Konzentrationsbericht, S. 39.

[127] Siehe speziell zu den Strategien internationaler Medienkonzerne *Sjurts*, Strategien in der Medienbranche, S. 436 ff.

[128] Differenzierend zwischen ökonomischer und publizistischer Pressekonzentration bereits *Hochreiter*, WuW 1976, 296 (297).

[129] Vgl. BKartA WuW/E DE-V 871 ff. – Tagesspiegel/Berliner Zeitung. Siehe hierzu auch die Kritik von *Säcker*, BB 2003, 2245 ff. sowie die Erwiderung von *Bechtold*, BB

knappe Gut Aufmerksamkeit,[130] wobei dem Werbemarkt von den Unternehmen regelmäßig eine größere Bedeutung beigemessen wird als dem Rezipientenmarkt.[131] Die publizistische Ausrichtung ist von großer Bedeutung für den angesprochenen Leser- bzw. Rezipientenkreis.[132] Nach diesem entscheidet sich das Platzieren von Werbung.[133]

Der Preis für die Werbung bestimmt sich anhand sog. **Tausender-Kontakt-Preise**, also dem Entgelt, welches der Werbende zu entrichten hat, um jeweils eintausend Adressaten mit seinen Botschaften zu erreichen.[134] Der **Umsatz** eines Medienunternehmens steht damit in Relation zu der **Anzahl der erreichten Rezipienten**: bei Printmedien nach der Auflagenzahl und im Fernsehen nach der Zuschauerquote.[135] Medien müssen sich um **massenattraktive Inhalte** bemühen, dadurch die Aufmerksamkeit der Zielgruppe erreichen und diese wiederum für das Anzeigengeschäft nutzen.[136]

All diese Faktoren fördern gerade Zusammenschlüsse von Tageszeitungen, da mit der Gesamtleserzahl die Werbeumsätze steigen, während andere Verlagsfunktionen wie der Druck vergemeinschaftet werden.[137] Weitere Ursachen für die Pressekonzentration liegen neben üblichen **Rationalisierungs- und Synergieeffekten**[138] in der **Senkung der Produktionskosten**: Technische **Investitionen** sind besser ausgelastet[139] und damit schneller amortisiert; gleichzeitig lassen sich durch modernere Herstellungstechniken Personalkosten einsparen.[140] Ähnliches gilt für die Beschaffung von Inhalten durch Nachrichtenagenturen.[141]

Erst jüngst hat der BGH die Lage auf den deutschen Pressemärkten recht treffend zusammengefasst: *„Die Verhältnisse auf den lokalen und*

2003, 2528 ff. Zur Möglichkeit einer Ministererlaubnis *Engel*, ZWeR 2003, 448 ff.; *Zagouras*, WRP 2007, 1429 ff.

[130] *Brinkmann*, in: Freundesgabe Kübler, 153 (159).

[131] Siehe *Sjurts*, Strategien in der Medienbranche, S. 13.

[132] *Immenga*, ZWeR 2004, 328 (345) spricht insofern von einer wechselseitigen Abhängigkeit von Leser- und Anzeigenmärkten.

[133] Vgl. bereits BGHZ 82, 1(7) – Münchener Anzeigenmarkt.

[134] *Groß*, ZUM 1996, 365 (373); *Mestmäcker/Veelken*, in: Immenga/Mestmäcker, GWB, Vorb. § 35 Rdnr. 46.

[135] Die Anzeigenerlöse von Verlagshäusern bestimmen trotz eines deutlichen Rückgangs des Werbeaufkommens seit dem Siegeszug der Online-Medien den Umsatz erheblich mit. Dazu *Mestmäcker/Veelken*, in: Immenga/Mestmäcker, GWB, Vor § 35 Rdnr. 48; *Groß*, ZUM 1996, 365 (373) m. w. N.

[136] Vgl. *Brinkmann*, in: Freundesgabe Kübler, 153 (159); siehe auch KEK, 3. Konzentrationsbericht, S. 36 f.

[137] Hierzu insbesondere *Mestmäcker/Veelken*, in: Immenga/Mestmäcker, GWB, Vorb. § 35 Rdnr. 47.

[138] Speziell zu crossmedialen Synergieeffekten *Bender*, Cross-Media-Ownership, S. 69ff.

[139] *Kunert*, Pressekonzentration und Verfassungsrecht, S. 19.

[140] Siehe zu den betriebswirtschaftlichen Vorteilen von Pressefusionen insbesondere *Groß*, ZUM 1996, 365 (372 ff.).

[141] *Kunert*, Pressekonzentration und Verfassungsrecht, S. 19.

regionalen Pressemärkten haben sich in den letzten Jahrzehnten dramatisch verändert. *Während die lokalen und regionalen Tageszeitungen in den fünfziger Jahren des vorigen Jahrhunderts einem nicht unerheblichen Wettbewerb ausgesetzt waren, sind die lokalen und regionalen Tageszeitungen heute in ihren Kernverbreitungsgebieten vielfach Monopolanbieter auf dem Lesermarkt. Lediglich dort, wo sich die Verbreitungsgebiete benachbarter Lokal- oder Regionalzeitungen überschneiden, herrscht noch Wettbewerb.*"[142] Aus Sicht der Meinungsvielfalt führt dies zu einer **Schwächung der Wettbewerbsfähigkeit** publizistischer **Konkurrenzprodukte,** die keinem Anzeigenverbund angehören. Gerade sog. **Koppelungstarife** erweisen sich dabei als problematisch,[143] bei denen mehrere einzelne Anzeigenpreise in verschiedenen Zeitungen zu einem Kombinationspreis zusammengefasst[144] und preisliche Anreize für Werbung in weniger interessanten Medien geschaffen werden.[145] Hieraus resultierende Marktmacht kann den **wirtschaftlichen Aktionsradius** von Konkurrenzprodukten nachhaltig tangieren und die Einstellung von Titeln bzw. den Verkauf noch selbstständiger publizistischer Titel an Medienkonzerne zur Folge haben.

II. Konzentration im Privatfernsehen

Anders liegen die Gründe für die **Rundfunkkonzentration.**[146] Nachdem der **Hörfunk** von den Nationalsozialisten vereinnahmt worden war, die Kindertage des **Fernsehens** durch die auf **Kapitalbedarf** und **Frequenzknappheit** geprägt waren[147] und sich ein Wettbewerb privater Veranstalter weder betriebswirtschaftlich noch technisch realisieren ließ,[148] wurde das Monopol der öffentlich-rechtlichen Anstalten erst mit der Entwicklung neuer Übertragungstechniken aufgebrochen und privaten Veranstaltern der Weg in eine **duale Rundfunkordnung** geebnet.[149] Platz für **private Veranstalter** entstand erst mit dem Ausbau der Breitbandkabelnetze und der Satellitentechnik. Dennoch konnte sich im kommerziellen Fernsehen kein funktionsfähiger Wettbewerb etablieren. Dies lag zunächst an den

---

[142] So jüngst BGHZ 157, 55 (65) – 20 Minuten Köln.

[143] Zur wettbewerbsrechtlichen Dimension u. a. BGH, GRUR 1977, 668 (670) – WAZ Anzeiger; *Köhler,* in: Hefermehl/Köhler/Bornkamm, UWG, § 4 Rdnr. 12.27.

[144] Instruktiv OLG Frankfurt, GRUR 1988, 847 (848 f.) – Füllanzeigen; zu Zwangskombinationen im Anzeigenbereich *Möschel,* Pressekonzentration und Wettbewerbsgesetz, S. 9.

[145] Dazu insbesondere KG WuW/E OLG 1767 (349) – Kombinationstarif. Hierzu *Möschel,* Pressekonzentration und Wettbewerbsgesetz, S. 17 ff.

[146] Instruktiv zu den Marktstrukturen im Bereich des Fernsehens *Sjurts,* Strategien in der Medienbranche, S. 286 ff.

[147] BVerfGE 12, 205 (261) – Deutschland Fernsehen GmbH.

[148] Vgl. *Brinkmann,* in: Freundesgabe Kübler, 153 (156).

[149] Zu den damaligen Strukturmerkmalen des öffentlich-rechtlichen Rundfunkangebots auch *Greiffenberg,* in: Mestmäcker, Offene Rundfunkordnung, 311 (324).

rechtlichen Rahmenbedingungen. Das auf die Schaffung binnenpluralistischer Strukturen der Veranstalter ausgerichtete **Beteiligungsgrenzenmodell** begünstigte statt programmlicher Ausgewogenheit durch Beteiligung unterschiedlicher Medienkonzerne *de facto* die **Medienverflechtung.**[150] Die Weichen für das heutige **Oligopol** auf dem Fernsehwerbemarkt waren aber gestellt[151] und auch die Einführung des Zuschauermarktanteilsmodells konnte die Marktmacht der bereits herausgebildeten **Senderfamilien** nicht mehr beseitigen. Sie konnten Fernsehwerbung in verschiedenen Programmen anbieten, was ihre Attraktivität gegenüber Werbekunden steigerte und selbst finanzstarke potentielle Konkurrenten von einem **Marktzutritt** abschreckte.[152]

Ökonomisch liegen die **Ursachen für Konzentrationsentwicklungen** im Fernsehen in erster Linie in der **Kontaktkostendegression:** Die Ausgaben für die Produktion und Ausstrahlung eines Programms bleiben konstant, gleich wie viele Zuschauer tatsächlich erreicht werden.[153] Je mehr Rezipienten ein Programmveranstalter ansprechen kann, desto größer sind seine **Stückkostenvorteile.**[154] Da sich auch die Preise für Werbung in Hörfunk und Fernsehen sowie in Printmedien auf Grundlage der sog. **Tausender-Kontakt-Preise** bestimmen,[155] steigt der Umsatz mit der Anzahl der erreichten Haushalte im Falle der Werbefinanzierung überproportional an.[156] Beim werbefinanzierten Free-TV führt dies dazu, dass Rundfunkunternehmen ihre Angebote diversifizieren und neben der für Werbung besonders attraktiven Kernzielgruppe der 14-49-Jährigen möglichst verschiedene Zielgruppen anzusprechen versuchen.

III. Konvergenzbedingte konglomerate Medienkonzentration

Neben diesen horizontalen Konzentrationstendenzen zeigte sich in der letzten Dekade eine **Tendenz zur konglomeraten Konzentration** auf medialen und medienrelevanten Märkten.[157] Die von konventionellen Unternehmenszusammenschlüssen im Allgemeinen ausgehenden **Synergieeffekte** gelten in ganz besonderem Umfang für die Kommunikations-

---

150 *Zagouras*, Konvergenz und Kartellrecht, S. 249. Instruktiv zur Problematik der Verflechtung unterschiedlicher Medienunternehmen *Kübler*, Medienverflechtung, S. 17 ff.

151 Hierzu BKartA WuW/E DE-V 1163 (1168) – Springer/ProSiebenSat.1.

152 Zu Marktzutrittschranken im Fernsehen insbesondere *Sjurts*, Strategien in der Medienbranche, S. 295 ff. sowie zu konvergenzbedingten Marktzutrittshürden *Gounalakis*, NJW-Beilage 23/2002, 20 (24).

153 Siehe *Brinkmann*, Freundesgabe Kübler, 153 (158); *Hesse*, Rundfunkrecht, Kap. 5 Rdnr. 69.

154 KEK, 3. Konzentrationsbericht, S. 37; *Gounalakis*, AfP 2004, 394.

155 *Brinkmann*, Freundesgabe Kübler, 153 (158).

156 Vgl. dazu etwa *Kiefer*, MP 1995, 58 (60).

157 Hierzu insb. *Sjurts*, Strategien in der Medienbranche, S. 39. Ein Überblick über das aktuelle Wettbewerbsgeschehen findet sich bei *Koch*, AfP 2007, 305 (306).

branchen.[158] Über die charakteristischen Vorteile der Zusammenlegung von Produktionsmitteln und Know-how, der Vermeidung von Parallelstrukturen, Kostenersparnissen und Gewinnsteigerungen hinaus bietet eine konglomerate Ausrichtung **beachtliche Vorteile bei der Optimierung der Wertschöpfungskette** von der **Informationserlangung** bis zur Vermarktung der Inhalte.[159] Infolge der **Digitalisierung** und der **Konvergenz der Medien und Kommunikationsplattformen**[160] kann ein breit aufgestelltes Unternehmen einmal erstellte Inhalte **ohne** oder zumindest mit **geringen Mehrkosten**[161] auf den unterschiedlichsten Plattformen vermarkten.[162] So kann ein Beitrag zu fast denselben Kosten in der Tageszeitung, im Fernsehen sowie im Internet an die Rezipienten gebracht werden.[163] Sie werden auf verschiedenen Plattformen aus einer Hand beliefert.[164] Idealerweise werden die Inhalte sogar über die eigene Telekommunikationsinfrastruktur verbreitet.[165]

Die **Vorteile konglomerater Medienkonzerne** erstrecken sich auch auf das Werbegeschäft.[166] Die **Attraktivität** eines konglomeraten Kommunikationskonzerns **gegenüber Werbekunden** kann durch das Anbieten sog. **Kombinationstarife** gesteigert werden,[167] bei denen Werbezeit bzw. Anzeigenplatz plattformübergreifend **gebündelt** angeboten werden.[168] Ein weiterer Vorteil liegt in der **Fähigkeit**, besonders **preisgünstig konzerneigene Produkte zu bewerben**. Dies gilt insbesondere für die sog. **Cross-Promotion**,[169] von der sie entweder offen über als solche gekennzeichnete Werbung[170] oder unterschwellig in Form redaktionell aufbereiteter Beiträge Gebrauch machen können.[171]

---

[158] Zu den Synergievorteilen *Bender*, Cross-Media-Ownership, S. 69 ff. sowie *Zagouras*, Konvergenz und Kartellrecht, S. 14.

[159] Siehe auch *Gounalakis*, Konvergenz der Medien, S. 74.

[160] Dem konvergenzbedingtem Drang zu horizontaler und vor allem vertikaler Konzentration muss das Kartellrecht mit effektiven Instrumenten begegnen können. *Gounalakis*, NJW-Beilage 23/2002, 20 (22).

[161] *Kübler*, MP 2004, 131 (132).

[162] Dazu *Gounalakis*, Konvergenz der Medien, S. 74.

[163] Vgl. *Kübler*, MP 2004, 131 (132).

[164] Zu den wirtschaftlichen Auswirkungen der Konvergenz *Zagouras*, Konvergenz und Kartellrecht, S. 13 ff.

[165] Dies wirft die Frage nach der wettbewerblichen Beurteilung sog. Flaschenhalspositionen auf, die über die telekommunikative Signalübermittlung hinaus auch Navigationssystemen oder elektronischen Programmführern zukommen können. *Gounalakis*, NJW-Beilage 23/2002, 20 (22).

[166] BKartA WuW/E DE-V 1163 (1168 ff.) – Springer/ProSiebenSat.1.

[167] Zur wettbewerbsrechtlichen Beurteilung von Kombinationstarifen BGH, GRUR 1977, 668 (670) – WAZ Anzeiger.

[168] *Kübler*, in: Hübner, Rechtsprobleme der privaten Rundfunkordnung, S. 43.

[169] BKartA WuW/E DE-V 1163 (1174) – Springer/ProSiebenSat.1.

[170] Dazu VG Berlin, ZUM-RD 2001, 48 ff.

[171] Siehe hierzu *Kübler*, in: Hübner, Rechtsprobleme der privaten Rundfunkordnung, S. 44; *Bornemann*, K&R 2001, 302 ff.; *Platho*, MMR 2002, 21 ff.

Aus dieser Strategie resultieren **Verbundunternehmen, die verschiedene Märkte für Kommunikationsdienstleistungen** in sich vereinigen.[172] Sicherlich sind die Motive für die Konzentration in den Kommunikationsbranchen hauptsächlich **betriebswirtschaftlichen Ursprungs**.[173] Nichtsdestotrotz bergen sie erhebliche **Risiken für den publizistischen und ökonomischen Wettbewerb** auf medialen Märken in sich.[174] Da nur wenige Kommunikationskonzerne über die Macht verfügen dürften, sich in einer konvergenten Welt dauerhaft zu positionieren,[175] führen die Kombination von marktbeherrschenden Stellungen in Schlüsselpositionen und überragende Finanzkraft zu Planungs- und Handlungsspielräumen, welche die Risiken des konglomeraten Medienkonzerns durch Abhängigkeiten vom Anzeigengeschäft sowie konjunkturellen Wechsellagen streuen und die der geringer konzentrierter Wettbewerber wesentlich erhöhen.[176]

C. Schaffung des Medienkartellrechts als Reaktion auf die Pressekonzentration

Lange bevor das BVerfG die rechtlichen Rahmenbedingungen für den Markteintritt privater Rundfunkveranstalter absteckte,[177] setzte sich der Bundestag mit der Pressekonzentration auseinander.[178] Als problematisch empfand man den **drastischen Rückgang selbstständiger publizistischer Einheiten:**[179] Gerade bei Lokalzeitungen rechnete sich eine Berichterstattung über nationale und internationale Themen nicht mehr,[180] weswegen sich viele Verlage auf die **lokale und regionale Berichterstattung als Kerngeschäft** konzentrieren[181] und kostspieligere Zeitungsteile extern zuliefern lassen. 1967 kam die *Güntherkommission* zum Ergebnis, dass die **Pressekonzentration** vorwiegend **betriebswirtschaftlichen Zwängen** entspringt.[182] Sie schlug **Marktanteilsbeschränkungen** vor, vergleich-

---

172 Vgl. *Mestmäcker/Veelken*, in: Immenga/Mestmäcker, GWB, Vorb. § 35 Rdnr. 52 f.

173 *Peifer*, Vielfaltssicherung im bundesweiten Fernsehen, S. 24 f. Zu den konzentrationsfördernden Auswirkungen der Konvergenz insbesondere *Gounalakis*, Konvergenz der Medien, S. 73 f. sowie *ders.* NJW-Beilage 23/2002, 20 (22).

174 Ähnlich auch jüngst BVerfG, AfP 2007, 457 (460) Tz. 118 – Rundfunkgebühr II.

175 Siehe schon *Gounalakis*, AfP 2004, 394.

176 Instruktiv *Mestmäcker/Veelken*, in: Immenga/Mestmäcker, GWB, Vorb. § 35 Rdnr. 52.

177 BVerfGE 57, 295 ff. – FRAG.

178 Vgl. *Löffler*, AfP 1976, 155.

179 So schrumpfte die Anzahl selbstständiger Vollredaktionen im Bereich der Tageszeitungen allein in den Jahren 1954 bis 1976 um fasst 50 %. Zu den Erscheinungsformen der Verlagskonzentration im Einzelnen *Mestmäcker*, Medienkonzentration und Meinungsvielfalt, S. 33 ff.

180 Zu den historischen Hintergründen der Pressekonzentration *Kübler*, Medienverflechtung, S. 17 ff.

181 Vgl. BVerfGE 73, 118, (175 f.) – Niedersachsen.

182 *Löffler*, AfP 1976, 155.

bar mit der Zuschaueranteilsbeschränkung des § 26 Abs. 1 S. 1 RStV.[183] Nachdem der Vorschlag im Bundestag auf wenig Zuspruch stieß, suchte man nach alternativen Instrumentarien der Vielfaltsicherung.[184] Teilweise wurde sogar die Beseitigung der privatwirtschaftlichen Organisationsform der Presse und binnenplurale Strukturen für Verlage gefordert.[185] Ohne derart radikalen Vorschlägen Aufmerksamkeit zu schenken, entschied man sich für die pressespezifische **Modifikation kartellrechtlicher Vorschriften durch das Pressefusionskontrollgesetz.**[186] Es ermöglichte die Einbeziehung lokaler und regionaler Tageszeitungen in die Fusionskontrolle,[187] welche die einschlägigen Schwellenwerte nicht erreichten.[188]

§ 29. Medienfusionskontrolle

A. Zweck der Medienfusionskontrolle

Materiellrechtlich erweist sich das **Medienkartellrecht** als eine **branchenspezifische Modifikation der allgemeinen Zusammenschlusskontrolle.**[189] Es verfolgt dabei jedoch spezifische Zwecke. § 38 Abs. 3 GWB stellt bestimmte Sonderregelungen für die Berechnung der Umsatzerlöse von Presse- und Rundfunkunternehmen auf.[190] Über den Schutz des Wettbewerbs in seiner ökonomischen Dimension hinaus wird das Ziel verfolgt, die **Meinungsvielfalt im Bereich der Printmedien** durch die **Erhaltung der Wettbewerbsstruktur** auf den privatwirtschaftlich organisierten Pressemärkten abzusichern.[191] Legitimiert wird dies zum einen mit dem **fehlenden Wettbewerb auf lokaler und regionaler Ebene,**[192] zum anderen mit der Irreversibilität einer weiteren Verschlechterung der **Wettbewerbsstruktur** wegen **hoher Marktzutrittschranken.**[193]

---

[183] Dazu bereits oben, § 15.

[184] Die Diskussion um die Pressekonzentration war stark ideologisch geprägt. Vgl. *Mestmäcker*, AfP 1978, 3. So wurde mitunter die privatwirtschaftliche Struktur der Presse in ihrer Gesamtheit in Frage gestellt.

[185] Diese sollten hinsichtlich ihrer Organisation den Vorgaben der öffentlich-rechtlichen Rundfunkanstalten entsprechen und insoweit die gesellschaftlich relevanten Gruppen repräsentieren. Vgl. *Mestmäcker*, AfP 1978, 3.

[186] So hatte der Bundesrat zunächst Einspruch gegen das Gesetz der Bundesregierung eingelegt, innerhalb dessen man sich gegen die als sehr niedrig empfundenen Aufgreifschwellen aussprach. Zum Gesetzgebungsverfahren *Löffler*, AfP 1976, 155.

[187] *Möschel*, Recht der Wettbewerbsbeschränkungen, Rdnr. 817.

[188] *Bauer*, in: Loewenheim/Meessen/Riesenkampff, Kartellrecht, § 38 Rdnr. 14.

[189] Vgl. *Riesenhuber*, AfP 2003, 481 (487).

[190] *Bunte*, Kartellrecht, S. 247.

[191] Siehe *Emmerich*, Kartellrecht, § 31 Rdnr. 9.

[192] Vgl. *Mestmäcker/Veelken*, in: Immenga/Mestmäcker, GWB, § 38 Rdnr. 27. Die medienpolitische Legitimation der Einbeziehung von lokalen Pressetiteln wird seitens der Medienvertreter heute freilich hinterfragt. Siehe *Koch*, AfP 2007, 305 (309).

[193] BGHZ 82, 1 (10 f.) – Springer/Münchener Zeitungsverlag; vgl. jüngst auch BGHZ 157, 55 (64 f.) – 20 Minuten Köln.

B. Medienspezifische Bestimmung der Umsatzerlöse

Konkret sieht § 38 Abs. 3 GWB vor, dass die kartellrechtlich relevanten Umsatzerlöse für die erfassten Bereiche **um das Zwanzigfache multipliziert** werden. Dies gilt nicht für alle Umsätze eines in den besagten Rundfunk- oder Pressebereichen tätigen Unternehmens, sondern nur für die in § 38 Abs. 3 GWB aufgeführten **Konzernbereiche**.[194] Das Medienkartellrecht dient der Ausweitung der Zusammenschlusskontrolle auf umsatzschwächere Subsektoren der Medienwirtschaft nicht aber einer Abstrafung diversifizierter Medienkonzerne.[195] Daher sind beispielsweise Anzeigenerlöse von Presseprodukten dem Anwendungsbereich des § 38 Abs. 3 GWB zuzurechnen.[196] Die Ermittlung der maßgeblichen Umsatzerlöse richtet sich nach § 277 Abs. 1 HGB.[197] Dieser stellt auf **betriebstypische Umsatzerlöse aus der gewöhnlichen Geschäftstätigkeit** ab. Außerhalb des typischen Betriebszweckes erwirtschaftete Erlöse bleiben unberücksichtigt. § 38 Abs. 1 S. 2 GWB stellt aber klar, dass Umsatzerlöse aus Lieferungen und Leistungen zwischen verbundenen Unternehmen (Innenumsatzerlöse) ebenso außen vor bleiben wie Verbrauchssteuern.[198] Besonderheiten gelten für den **Handel mit Presseprodukten**, da sich die für den Vertrieb von Zeitschriften und Zeitungen ermittelten Umsatzerlöse verringern.[199] § 38 Abs. 2 GWB sieht vor, dass für den Handel mit Waren, wozu auch **Zeitungen und Zeitschriften** zu zählen sind, bei der Berechnung der maßgeblichen Umsatzerlöse lediglich ¾ der Umsatzerlöse in Ansatz zu bringen sind.[200]

§ 30. Pressefusionsrecht

Für den Zusammenschluss von Presseunternehmen sieht § 38 Abs. 3 GWB die Multiplikation von **Umsatzerlösen** für den **Verlag**, die **Herstellung** und den **Vertrieb** von **Zeitungen**, **Zeitschriften** und deren **Bestandteilen** vor. § 38 Abs. 3 Var. 1 GWB gilt nur für periodisch erscheinende Druckwerke; Büchermärkte werden nicht erfasst.[201] Bei der Umsatzbe-

[194] In diesem Sinne bereits *Ruppelt*, in: Langen/Bunte, Kartellrecht, § 38 Rdnr. 11; *Paschke*, in: Frankfurter Kommentar, GWB, § 38 Rdnr. 13.

[195] Vgl. *Zagouras*, Konvergenz und Kartellrecht, S. 141 f.

[196] Vgl. BGHZ 76, 55 (74 f.) – Elbe-Wochenblatt.

[197] Hierzu *Paschke*, in: Frankfurter Kommentar, GWB, § 38 Rdnr. 2 ff.

[198] Durch das Ausklammern der Innenumsätze sollen Mehrfachzählungen vermieden werden. *Mestmäcker/Veelken*, in: Immenga/Mestmäcker, GWB, § 38 Rdnr. 7.

[199] Strittig. Siehe *Kling/Thomas*, Kartellrecht, § 20 Rdnr. 60.

[200] Relevant ist dies bei Pressegrossisten. *Kleinmann/Bechtold*, Fusionskontrolle, § 23 Rdnr. 331; siehe zu den Unterschieden zwischen § 23 GWB a. F. und § 38 GWB n. F. auch *Mestmäcker/Veelken*, in: Immenga/Mestmäcker, GWB, § 38 Rdnr. 32.

[201] *Bechtold*, GWB, § 38 Rdnr. 5; *Mestmäcker/Veelken*, in: Immenga/Mestmäcker, GWB, § 38 Rdnr. 28 fordern insoweit sogar eine laufende Berichterstattung. Ebenso *Paschke*, in: Frankfurter Kommentar, GWB, § 38 Rdnr. 14.

rechnung kommt es auf eine Unterscheidung zwischen Zeitungen und Zeitschriften ebenso wenig an[202] wie auf ihre **Zuordnung zu** einem bestimmten **Leser- oder Anzeigenmarkt**.[203] Eine Marktabgrenzung entfaltet erst Relevanz, wenn es um die Marktbeherrschung geht. Auch Anzeigenblätter werden erfasst, sofern sie mit einem gewissen, nicht völlig belanglosen redaktionellen Teil versehen sind, etwa in Form einer Stadtteilbeilage oder eines Lokalteils.[204]

Inhaltlich bezieht sich § 38 Abs. 3 Var. 1 GWB nur auf den Verlag, die Herstellung und den Vertrieb von Presseprodukten. Der **Verlag** erfasst publizistische Tätigkeiten eines Presseunternehmens einschließlich der Informationsbeschaffung und Aufbereitung der Inhalte für die Rezipienten.[205] Ferner erstreckt sich § 38 Abs. 3 GWB auf die **Herstellung von Presseerzeugnissen**, also ihren **Druck**. Dagegen ist **unter dem Vertrieb** der Periodika der **Handel mit Zeitschriften und Zeitungen** auf jeder Handelsstufe zu verstehen.[206] Zu den **Bestandteilen** von Zeitungen und Zeitschriften gehören vollständige Vorlagen, die von **Zeitungsredaktionen** bzw. **Kopfblättern** angefertigt und von Lokalzeitungen meist unverändert übernommen werden.[207] Gleiches gilt für Beilagen wie „*Supplements*"[208] oder **Sonderhefte**.[209] Mitunter wird sogar die Beschaffung von Redaktionsmaterialien durch eine **Nachrichtenagentur** als Bestandteil i. S. d. § 38 Abs. 3 GWB angesehen.[210] Allerdings handelt es sich hierbei nur um dem Zeitungs- und Zeitschriftengeschäft vorgelagerte Märkte, da die Beiträge zumindest vom Layout her noch redaktionell bearbeitet werden müssen.[211]

---

[202] *Kleinmann/Bechtold*, Fusionskontrolle, § 23 Rdnr. 328.

[203] Vgl. *Mestmäcker/Veelken*, in: Immenga/Mestmäcker, GWB, § 38 Rdnr. 28. Unbeachtlich ist gerade bei Periodika auch die Frage, ob der betreffende Umsatz auf dem Leser- oder Anzeigenmarkt bzw. auf beiden Märkten generiert wird.

[204] BGHZ 102, 180 (190) – Singener Wochenblatt; WuW/E BGH 1905 (1906 f.) – Münchener Anzeigenblätter. So auch die Einschätzung bei BVerfG, AfP 1985, 107 (108) – Münchener Anzeigenblätter.

[205] Nach § 1 VerlG besteht die Tätigkeit eines Verlags in der Vervielfältigung und Verbreitung eines Schriftwerks auf eigene Rechnung.

[206] *Kleinmann/Bechtold*, Fusionskontrolle, § 23 Rdnr. 331; siehe zum Zusammenschluss von Zeitungsverlagen mit Zeitschriftenhändlern auch BKartA WuW/E DE-V 1 ff. – ASV/Stilke.

[207] *Ruppelt*, in: Langen/Bunte, Kartellrecht, § 38 Rdnr. 10.

[208] Hierzu zählen extern zugekaufte beispielsweise Programmbeilagen für Tageszeitungen. *Kleinmann/Bechtold*, Fusionskontrolle, § 23 Rdnr. 330.

[209] Letztere müssen ihrem Erscheinungsbild nach als ein Teil des Periodikums angesehen werden können oder getrennt vertrieben werden. Ferner fehlt es ihnen am Merkmal der periodischen Erscheinungsweise.

[210] So *Mestmäcker/Veelken*, in: Immenga/Mestmäcker, GWB, § 38 Rdnr. 30; *Paschke*, in: Frankfurter Kommentar, GWB, § 38 Rdnr. 15.

[211] Vgl. *Ruppelt*, in: Langen/Bunte, Kartellrecht, § 38 Rdnr. 10; differenzierend *Kleinmann/Bechtold*, Fusionskontrolle, § 23 Rdnr. 331.

§ 31. Rundfunkfusionsrecht

A. Rundfunkspezifische Modifikationen

§ 38 Abs. 3 GWB wurde durch die sechste GWB-Novelle **auf Rundfunk-veranstalter ausgeweitet,**[212] um lokal und regional agierende Veranstalter besser erfassen zu können.[213] Trotz der **geringen praktischen Bedeutung** der Vorschrift[214] standen die Länder einer Ausweitung der Pressefusions-kontrolle auf Hörfunk und Fernsehen aus kompetenzrechtlichen Grün-den kritisch gegenüber.[215] Inhaltlich bezieht sich § 38 GWB auf die **Her-stellung** von **Hörfunk- und Fernsehprogrammen** und damit auf deren **Produktion.** Der **Vertrieb** von Rundfunkprogrammen umfasst nach der zweiten Variante des § 38 Abs. 3 GWB auch **Rahmenprogrammanbieter,** welche lokale und regionale Veranstalter entgeltlich mit Programmteilen oder eigens produzierten Programmen versorgen.[216] Ebenso wird die **Zweitverwertung von Rundfunkinhalten** wie die Veräußerung von Pro-grammen ins Ausland der Multiplikationsklausel des § 38 Abs. 3 GWB unterworfen.[217] Ob dies ebenso für den Handel mit Film- oder Übertra-gungsrechten für Sportereignisse gilt,[218] erscheint angesichts des Wort-lauts der Vorschrift fraglich. Das Zwanzigfache der Umsatzerlöse wird ferner bei Unternehmen in Ansatz gebracht, die sich auf die **Vermarktung** und den **Absatz von Rundfunkwerbezeiten** konzentrieren, ohne selbst Rundfunkprogramme zu veranstalten,[219] da Werbezeit gerade im kom-merziellen Rundfunk nicht immer durch die Programmveranstalter selbst, sondern sendergruppenübergreifend durch eigenständige juristi-sche Personen vermarktet wird.[220]

B. Öffentlich-rechtliche Rundfunkanstalten und Kartellrecht

Ob sich Kartellrecht auf **öffentlich-rechtliche Rundfunkanstalten** anwen-den lässt, war lange umstritten.[221] Kritiker sahen hierin eine kompetenz-

---

[212] Zum Anwendungsbereich des § 38 Abs. 3 GWB auch *König/Trafkowski,* ZUM 2003, 513 ff.
[213] Vgl. *Mestmäcker/Veelken,* in: Immenga/Mestmäcker, GWB, § 38 Rdnr. 33.
[214] Siehe *Bunte,* Kartellrecht, S. 247.
[215] Siehe dazu BR-Drs. 852/1/97, S. 13.
[216] Begründung zum Regierungsentwurf zu § 38 Abs. 3 GWB, BR-Drs. 852/97, S. 59; *Bechtold,* GWB, § 38 Rdnr. 6.
[217] *Zagouras,* Konvergenz und Kartellrecht, S. 140.
[218] Hierzu in rechtsvergleichender Hinsicht *Körber,* Großereignisse und Übertra-gungsrechte, S. 185 ff.
[219] *Ruppelt,* in: Langen/Bunte, Kartellrecht, § 38 Rdnr. 11.
[220] Instruktiv zur Vermarktung von Werbezeiten hierzu BKartA WuW/E DE-V 1163 (1168 f.) – Springer/ProSiebenSat.1.
[221] Siehe hierzu *Mestmäcker/Veelken,* in: Immenga/Mestmäcker, GWB, Vorb. § 35 Rdnr. 68; *Gounalakis,* Funktionsauftrag und wirtschaftliche Betätigung des Zweiten Deutschen Fernsehens, S. 120.

widrige **Möglichkeit der Einflussnahme des Bundes auf den öffentlich-rechtlichen Rundfunk**.[222] Befürchtet wurde einerseits eine **laufende Verhaltenskontrolle**, andererseits befürchtete man eine **Einmischung des Bundes** bei der Ausgestaltung von Gemeinschaftsanstalten über das Wettbewerbsrecht.[223] Dementsprechend war die Rede von einem generellen Primat des Rundfunkrechts gegenüber dem GWB[224] und vereinzelt wurde gefordert, das Kartellrecht unter Spezialitätsgesichtspunkten gänzlich hinter dem Rundfunkrecht zurücktreten zu lassen.[225] Trotz ihrer binnenpluralen Organisation nehmen Rundfunkanstalten am wirtschaftlichen Leben teil. Solange die Rundfunkveranstaltung ihnen allein vorbehalten war, traten sie der Marktgegenseite als Monopolisten entgegen.

Da sie gleichermaßen Rundfunkprogramme veranstalten, herstellen und vertreiben sowie Werbezeiten vermarkten,[226] üben sie ebenso wie private Rundfunkveranstalter eine **unternehmerische Tätigkeit** aus. Spätestens seit Einführung der dualen Rundfunkordnung stehen sie, was die Zuschaueranteile und die Vermarktung von Werbezeiten anbelangt,[227] **im direkten Wettbewerb zu privaten Veranstaltern**.[228] Sie unterstehen damit ebenso den lauterkeitsrechtlichen Bestimmungen des UWG[229] wie dem Kartellrecht des GWB.[230] Im Rahmen von § 38 Abs. 3 GWB sind daher über die Werbeeinnahmen hinaus auch **Einnahmen aus den Rundfunkgebühren** zu den **Umsatzerlösen** zu zählen.[231] Allerdings gelten für öffentlich-rechtliche Rundfunkanstalten einige Besonderheiten.[232] Durch die

---

[222] Siehe etwa bezüglich der Gesetzgebungskompetenz des Bundes bereits *Kull*, AfP 1974, 634 (635); *Stock*, AfP 1989, 627 (630 f.); *Hadamik*, AfP 1989, 643 (645).

[223] Bedenken gegen die Pressefusionskontrolle des heutigen § 38 Abs. 3 GWB äußerten bereits *Bechtold*, AfP 1980, 88 (89); *Pitschas*, DB 1981, 729 (739 f.).

[224] Vgl. *Stock*, AfP 1989, 627 (630 f.); *Hadamik*, AfP 1989, 643 (644).

[225] So etwa *Wittig-Terhardt*, AfP 1986, S. 298 (305 f.).

[226] Exemplarisch sei diesbezüglich die Lizenzierung von Übertragungsrechten für sportliche Großereignisse angeführt. Hier untersagte das BKartA eine Kooperation von *ARD* und *ZDF* sowie dem *Deutschen Sportbund*, BGHZ 110, 371 ff. – Sportübertragungen. Zu kartellrechtlichen Fragen der Zentralvermarktung auch *Wertenbruch*, ZIP 1996, 1417 (1421 ff.) sowie *Körber*, Großereignisse und Übertragungsrechte, S. 21 ff.

[227] Zu den Marktbeziehungen von öffentlich-rechtlichen und privaten Rundfunkanbietern bereits *Wieck*, in: Mestmäcker, Offene Rundfunkordnung, 363 (369 ff.).

[228] Nach kartellrechtlichen Maßstäben ist von einer Wettbewerbsbeziehung bei wirtschaftlicher Betätigung der öffentlichen Hand immer dann auszugehen, wenn wirtschaftliche Leistungen auf dem Markt angeboten oder nachgefragt werden. Siehe auch *Bunte*, Kartellrecht, S. 36 sowie *Klaue*, in: Mestmäcker, Offene Rundfunkordnung, 385 (386 ff.).

[229] Siehe zur Anwendbarkeit des Lauterkeitsrechts nach alter Rechtslage auch BGH, GRUR 1990, 611 (613) – Werbung im Programm; *Schröder*, ZUM 2000, 6 (10). Öffentlich-rechtliche Rundfunkanstalten haben ihr Verhalten an lauterkeitsrechtlichen Maßstäben zu messen, sofern ihm keine hoheitliche Funktion zukommt. Zu dieser Abgrenzung *Boesche*, Wettbewerbsrecht, Rdnr. 174 ff.

[230] *Mestmäcker/Veelken*, in: Immenga/Mestmäcker, GWB, Vorb. § 35 Rdnr. 68.

[231] KG WuW/E OLG 4811 (4824) – Radio NRW; *Bechtold*, GWB, § 38 Rdnr. 6.

[232] Siehe bereit *Zagouras*, Konvergenz und Kartellrecht, S. 285 ff.

Anwendung wettbewerbsrechtlicher Bestimmungen darf **der Funktions-auftrag öffentlich-rechtlicher Rundfunkanstalten nicht gefährdet** oder in irgendeiner Weise **untergraben** werden.[233] Ebenso ist eine Instrumentali-sierung des **Kartellrechts für medienpolitische Ziele verboten,** sodass sich wettbewerbsrechtliche Maßnahmen auf die **Sicherung des ökonomischen Wettbewerbs** auf den Rundfunkmärkten beschränken müssen.

§ 32. Verfassungsrechtliche Fragen des Medienkartellrechts

In **verfassungsrechtlicher Hinsicht** erweist sich die Anreicherung des auf wirtschaftswissenschaftlichen Erkenntnissen basierenden Wettbewerbs-schutzes mit Elementen der Vielfaltsicherung keineswegs als unproble-matisch: Das BVerfG verzichtet einerseits auf **spezielle Vorkehrungen zum Schutze des Meinungspluralismus im Bereich der Printmedien,** so-lange marktwirtschaftliche Strukturen ein Mindestmaß an Vielfalt ge-währleisten.[234] Andererseits erscheint die Anreicherung des Kartellrechts mit vielfaltsichernden Elementen **kompetenzrechtlich fragwürdig,** da die Zuständigkeit des Bundes aus Art. 74 Abs. 1 Nr. 16 GG die Verhütung des Missbrauchs *wirtschaftlicher* Machtstellung umfasst, nicht aber pub-lizistischer.[235] Die **Vielfaltsicherung** obliegt nach Art. 30, 70 GG **aus-schließlich den Bundesländern.**[236]

Die Verfassungsmäßigkeit des Pressefusionskontrollgesetzes[237] wurde daher ebenso wie seine wettbewerbspolitische Legitimation vielfach an-gezweifelt,[238] wohingegen die Ausweitung des § 38 Abs. 3 GWB auf den Rundfunk eher von zurückhaltender Kritik begleitet wurde.[239] Nachdem das BVerfG schon die **Pressefusionskontrolle** als **verfassungsrechtlich un-problematisch** bewertete, wird weder die **generelle Anwendbarkeit des**

---

[233] Vgl. *Gounalakis*, Funktionsauftrag und wirtschaftliche Betätigung des Zweiten Deutschen Fernsehens, S. 121.

[234] Vgl. BVerfGE 20, 162 (176) – Spiegel.

[235] *Maunz*, in: Maunz/Dürig, GG, Art. 74 Rdnr. 193.

[236] Siehe BVerfGE 57, 295 (321) – FRAG.

[237] Zur Verfassungsmäßigkeit der Pressefusionskontrolle *Gehrhardt*, AfP 1971, 2 (3 ff.); *Mestmäcker/Veelken*, in: Immenga/Mestmäcker, GWB, Vorb. § 35 Rdnr. 55 ff.

[238] Siehe zur Diskussion bereits *Gehrhardt*, AfP 1971, 2 ff.; *Löffler*, AfP 1971, 43; *Kull*, AfP 1974, 634 (635).

[239] Lediglich der Bundesrat hat in seiner Stellungnahme zu § 38 Abs. 3 GWB im Ge-setzgebungsverfahren geltend gemacht, dass hierin eine Überschreitung der Normge-bungskompetenz des Bundesgesetzgebers zu sehen sei. Weder Art. 74 Abs. 1 Nr. 11 GG noch Art. 74 Abs. 1 Nr. 16 GG entfalte in diesem Punkt eine Gesetzgebungszuständig-keit des Bundes, sodass die ausschließliche Kompetenz der Länder zur Rundfunkge-setzgebung missachtet werde. BR-Drs. 852/1/97, S. 13. Gefordert wurde die ersatzlose Streichung der Erweiterung des Anwendungsbereichs von § 38 Abs. 3 GWB auf den Rundfunk.

GWB auf den Rundfunksektor[240] noch die Berechtigung medienspezifischer Modifikationen in Frage gestellt.[241] Das Gericht sah in der Pressefusionskontrolle des GWB nicht die Sicherung publizistischer Vielfalt auf den Pressemärkten, *„sondern die Wettbewerbszwecken dienende Ausgestaltung der Fusionskontrolle unter den besonderen Bedingungen der Pressemärkte zur Schaffung einer effektiven Fusionskontrolle."*[242] Ferner stellte es fest, dass *„die vom Gesetzgeber im Fusionskontrollrecht zwischen den der Pressefusionskontrolle unterworfenen und den sonstigen Unternehmen vorgenommene Differenzierung im Hinblick auf die strukturellen Unterschiede von Pressemärkten einerseits und sonstigen Märkten andererseits mit Art. 5 Abs. 1 GG vereinbar"* ist.[243]

Nicht anders sind die **rundfunkspezifischen Modifikation** des § 38 Abs. 3 GWB zu bewerten.[244] Auch hier ging es darum, der Regionalisierung und Lokalisierung der Rundfunkmärkte und den **veränderten Marktverhältnissen** zu begegnen.[245] Durch die Herabsetzung der einschlägigen Umsatzschwellen für den Rundfunk sollte einer ähnlichen Entwicklung entgegengetreten werden, wie sie das Pressewesen durchlaufen hatte.[246] Da man dabei am ökonomischen Wettbewerb anknüpft, entstehen auch keine Konflikte mit dem Medienkonzentrationsrecht.[247]

§ 33. „Lex Holtzbrinck"

Ändern wollte man das Pressefusionsrecht im Rahmen der siebten GWB-Novelle als Reaktion auf die vom BKartA untersagte Übernahme des *Berliner Verlags* durch die *Holtzbrinck-Gruppe*.[248] Der vielfach als *„Lex Holtzbrinck"*[249] bezeichnete Gesetzesentwurf sah u. a. die Einführung zweier neuer Absätze in § 36 GWB vor, durch welche Zeitungsverlage in erheblichem Umfang **medienkartellrechtlich privilegiert** werden sollten.[250] Ihre **externen Wachstumsmöglichkeiten** sollten durch Schaffung

---

[240] Zur damaligen Diskussion bereits *Gounalakis*, Funktionsauftrag und wirtschaftliche Betätigung des Zweiten Deutschen Fernsehens, S. 120.

[241] So auch *Mestmäcker/Veelken*, in: Immenga/Mestmäcker, GWB, Vorb. § 35 Rdnr. 63.

[242] BVerfG, AfP 1985, 107 (108) – Münchener Anzeigenblätter.

[243] So explizit BVerfG, AfP 1985, 107 (108) – Münchener Anzeigenblätter.

[244] Hierzu bereits *Zagouras*, Konvergenz und Kartellrecht, S. 138 ff.

[245] So die Begründung zum Regierungsentwurf zu § 38 Abs. 3 GWB, BR-Drs. 852/97, S. 59.

[246] Siehe zu der Entwicklung bis 1976 auch *Kübler*, Medienverflechtung, S. 19.

[247] Vgl. *Zagouras*, Konvergenz und Kartellrecht, S. 138 f.

[248] Siehe BKartA WuW/E DE-V 695 ff. – Tagesspiegel/Berliner Zeitung.

[249] So schon *Bremer/Martini*, ZUM 2003, 942.

[250] Kritisch zu den ursprünglich geplanten pressespezifischen Änderungen des Kartellrechts im Rahmen der siebten GWB-Novelle insb. *Immenga*, ZWeR 2004, 328 (337 ff.); *Böge*, MMR 2004, 227 ff. Siehe auch *v. Wallenberg*, K&R 2005, 481 (482).

mehrerer **Ausnahmen** für die Untersagung von Pressefusionen ausgeweitet werden. Ausweislich der Begründung zum Regierungsentwurf wollte man sicherstellen, dass *„auch unter den veränderten, wirtschaftlichen Bedingungen und trotz der entstandenen neuen Konkurrenz anderer Medien die noch sehr vielfältige deutsche Presselandschaft erhalten bleibt".*[251] Tatsächlich zielten die Regelungen jedoch auf eine wettbewerbsrechtliche Tolerierung bestimmter Zusammenschlüsse, solange eine (beschränkte) redaktionelle Selbstständigkeit der jeweiligen Printmedien gewährleistet bliebe.

Auf der einen Seite war vorgesehen, die in § 38 Abs. 3 GWB enthaltene **Multiplikationsklausel** für Periodika vom Faktor Zwanzig auf den **Faktor Zehn zu verringern** und gleichzeitig eine neue **Bagatellklausel für Presseunternehmen** einzuführen.[252] Darüber hinaus sollten *„vielfaltserhaltende Pressefusionen"*[253] ermöglicht werden. Zusammenschlussvorhaben sollten trotz der prognostizierten Begründung oder Verstärkung einer marktbeherrschenden Stellung nicht untersagt werden, wenn *„Vorkehrungen dafür getroffen sind, dass die erworbene Zeitung langfristig neben der erwerbenden mit ihren redaktionellen Ausgaben als eigenständige redaktionelle Einheit erhalten bleibt."*[254] Ganz bewusst sollten **nur Zeitungsmärkte privilegiert** werden.[255] Ein entsprechender Erhalt **selbstständiger redaktioneller Einheiten** wäre nach dem Gesetzesvorhaben **widerlegbar zu vermuten,**[256] wenn der Veräußerer oder ein Dritter, auf welchen der Erwerber weder aufgrund eines Anteilsbesitzes noch wegen sonstiger Verbindungen einen wettbewerblich erheblichen Einfluss ausüben kann, an dem erworbenen Unternehmen mit mehr als 25 % des Kapitals oder der Stimmrechte beteiligt ist. Die redaktionelle Selbstständigkeit sollte am Verbleib des **Titelrechts** festgemacht werden.[257]

Schon vor Veröffentlichung des Referentenentwurfs brach eine heftige **Diskussion** über das Gesetzesvorhaben aus.[258] Bemängelt wurde insbe-

---

[251] Begründung zum Regierungsentwurf, BT-Drs. 15/3640, S. 37.

[252] Die Anhebung der Bagatellschwelle sollte nach Einschätzung des BMWA ungefähr 30 selbstständige Zeitungsverlage (exklusive Anzeigenblätter) betreffen. Vgl. Begründung zum Regierungsentwurf, BT-Drs. 15/3640, S. 37. Siehe auch *Böge,* MMR 2004, 227 (229 f.).

[253] So *Staebe,* AfP 2004, 14.

[254] Begründung zum Regierungsentwurf, BT-Drs. 15/3640, S. 57.

[255] Siehe auch *Staebe,* AfP 2004, 14 zur ursprünglich vorgesehenen Einbeziehung aller Periodika im Sinne von § 38 Abs. 3 GWB.

[256] Allgemeine Bedenken gegen das ambivalente legislatorische Mittel des Vermutungstatbestandes machen jüngst mit gewichtigen Argumenten *Paschke/Goldbeck,* ZWeR 2007, 49 (50) geltend.

[257] Eine Rückausnahme war vorgesehen, sofern das erwerbende Unternehmen nicht die Titelrechte an der Zeitung übernehmen sollte und diese beim Veräußerer oder einem rechtlich selbstständigen Dritten verblieben.

[258] Ablehnend etwa *Immenga,* ZWeR 2004, 328 (337 ff.); *Bremer/Martini,* ZUM 2003, 942 ff.; *v. Wallenberg,* K&R 2005, 481 (484).

sondere, dass der Gesetzgeber – in allzu enger Anlehnung an das von den Beteiligten im kartellrechtlichen Verwaltungsverfahren selbst vorgeschlagene **Stiftungsmodell**[259] – von der These ausging, eine Minderheitsbeteiligung, die formelle Abtretung des Titelrechts sowie das Vereinbaren eines **Mitbestimmungs- oder Vetorechtes** bei Entscheidungen über den Erhalt der Zeitung als eigenständige redaktionelle Einheit seien geeignete Mittel zum Schutze des wirtschaftlichen und publizistischen Wettbewerbs.[260] Abgesehen von seiner **Entstehungsgeschichte**[261] zeigten sich Schwächen des Entwurfs im systemwidrigen Ansatz, Elemente der Vielfaltsicherung mit der auf die Beurteilung ökonomischer Konsequenzen abzielenden Pressefusionskontrolle zu vermischen.[262] So wurde auf der einen Seite betont, den publizistischen Wettbewerb mittels *„vielfaltserhaltender Pressefusionen"* durch die Schaffung von Synergien in nichtredaktionellen Bereichen fördern zu wollen,[263] während man gleichzeitig darauf abstellte, die Maßnahme hätte den wirtschaftlichen Wettbewerb innerhalb der Zeitungsbranche zum Gegenstand.[264]

§ 34. Zusammenwirken publizistischer und ökonomischer Wettbewerbsaufsicht am Beispiel des Zusammenschlussvorhabens Springer/ProSiebenSat.1

A. Medienkonzentrationsrechtliche Dimension

Die unterschiedlichen Ansätze von Medienkonzentrations- und **Kartellrecht** lassen sich an der gescheiterten Übernahme von *ProSiebenSat.1* durch *Axel Springer* im Jahre 2006 verdeutlichen. Während die KEK die Erteilung der Unbedenklichkeitserklärung wegen des **Entstehens vorherrschender Meinungsmacht** versagte,[265] untersagte das BKartA die Fusion wegen der **Verstärkung marktbeherrschender Stellungen** durch konglo-

---

259 Siehe dazu BKartA WuW/E DE-V 695 ff. – Tagesspiegel/Berliner Zeitung.

260 Vgl. *Bremer/Martini*, ZUM 2003, 942 (943).

261 Siehe hierzu *Bremer/Martini*, ZUM 2003, 942 ff.; *Staebe*, AfP 2004, 14 ff. Darstellung des Zusammenschlussvorhabens in der konzerneigenen Presse auch *Basedow*, ZEuP 2004, 446 (447).

262 Ähnlich *Immenga*, ZWeR 2004, 328 (339).

263 Neben der Begründung zum Regierungsentwurf, BT-Drs. 15/3640, S. 37 ff. etwa *Staebe*, AfP 2004, 14.

264 *Staebe*, AfP 2004, 14 (18).

265 KEK-293 – Axel Springer AG. Die Reaktionen auf die Entscheidung waren gespalten. Zu den Gegnern der Untersagung gehören hauptsächlich *Bornemann*, ZUM 2006, 200 ff.; *ders.*, MMR 2006, 275 ff.; *Säcker*, K&R 2006, 49 ff. Zu den Befürwortern sind u. a. zu zählen: *Renck-Laufke*, ZUM 2006, 907 ff.; *Hain*, K&R 2006, 150 ff.; *Bohne*, WRP 2006, 540 ff.; *Dörr*, in: Festschrift Mailänder, 481 ff.; *Dittmann*, in: Festschrift Mailänder, 469 ff.; *Gounalakis/Zagouras*, AfP 2006, 93 ff.; *dies.*, NJW 2006, 1624 ff.

merate Wirkungen.[266] Die KEK stützte ihre Entscheidung auf die **Gefahr crossmedialer Meinungsmacht**: Die Meinungsvielfalt im Fernsehen sah sie durch einen konglomeraten Medienkonzern gefährdet, der zugleich über eine sehr starke Stellung in den Printmedien wie auch im bundesweit empfangbaren Fernsehen verfügen würde.[267] Methodisch stützte sie ihre Entscheidung auf drei ursprünglich vom BVerfG entwickelte Faktoren:[268] **Suggestivkraft, Breitenwirkung** und **Aktualität**.[269]

B. Kartellrechtliche Dimension

Zeitgleich stützte das BKartA[270] die Untersagung des Zusammenschlusses wegen seiner marktübergreifenden Effekte auf drei Aspekte: Er führe zur **Verstärkung einer kollektiven Marktbeherrschung** auf dem **Fernsehwerbemarkt**, zur Festigung der **marktbeherrschenden Stellungen** auf dem bundesweiten **Lesermarkt für Straßenverkaufszeitungen** sowie dem bundesweiten **Anzeigenmarkt** für **Tageszeitungen**.[271] Anders als die **KEK**, deren Beurteilung auf **Mediengattungen** beruhte,[272] bewertete das **BKartA** die wahrscheinlichen Auswirkungen der Übernahme auf mediale Märkte, die es nach Maßgabe der funktionalen Austauschbarkeit der Produkte bestimmt hatte. Eine Prognose der wettbewerblichen Auswirkungen konglomerater Zusammenschlüsse ist schwierig, da es hier weder um den Wettbewerb auf demselben relevanten Markt noch um vor- bzw. nachgelagerte Märkte geht.[273] Einerseits können sie zu einer **Erhöhung von Marktzutrittschranken** führen, andererseits ermöglichen sie **wettbewerbsbeschränkende Strategien** gegenüber konkurrierenden Unternehmen.[274]

I. Auswirkungen auf den Fernsehwerbemarkt

Zunächst stützte das BKartA seine Entscheidung auf die negativen Auswirkungen der Fusion für den **bundesweiten Markt für Fernsehwerbung**, der sich mangels hinreichenden Binnenwettbewerbs zwischen *ProSiebenSat.1* und *Bertelsmann* ohnehin schon als hochkonzentriert erweist.[275] Beide Sendergruppen verfügen gemeinsam zu etwa gleich großen Teilen

---

[266] BKartA WuW/E DE-V 1163 – Springer/ProSiebenSat.1.
[267] Vgl. KEK-293, S. 99 – Axel Springer AG.
[268] KEK-293, S. 81 – Axel Springer AG.
[269] BVerfGE 90, 60 (87) – Rundfunkgebühren I.
[270] BKartA WuW/E DE-V 1163 – Springer/ProSiebenSat.1. Hierzu *Kuchinke/Schubert*, WuW 2006, 477 ff.; *Bohne*, WRP 2006, 540 ff. sowie *Gounalakis/Zagouras*, NJW 2006, 1624 ff.
[271] BKartA WuW/E DE-V 1163 (1165) – Springer/ProSiebenSat.1.
[272] KEK-293 – Axel Springer AG; siehe auch oben, § 23 A III 1 d).
[273] Zur den Charakteristika horizontaler und vertikaler Unternehmenszusammenschlüsse *Ruppelt*, in: Langen/Bunte, Kartellrecht, § 36 Rdnr. 26 ff., 31 ff.
[274] Dazu insbesondere *Möschel*, Recht der Wettbewerbsbeschränkungen, Rdnr. 712.
[275] Siehe hierzu auch *Lange*, MP 2005, 546 (549).

über einen Marktanteil von ca. 80 % des Gesamtwerbeaufkommens im Fernsehen.[276] Da sie bei der Vermarktung der Werbezeiten weitestgehend parallele Interessen verfolgen, wurde das Fehlen eines wesentlichen Binnenwettbewerbs zwischen den Sendergruppen als **Duopol** im Sinne von § 19 Abs. 2 S. 2 GWB eingestuft.[277] Gestützt wurde dies auf die annähernd **gleichen Preis- und Rabattstrukturen** der beiden Sendergruppen, denen ein qualifiziertes Interesse an wettbewerbsbeschränkendem **Parallelverhalten** mit dem gemeinsamen Ziel einer Gewinnmaximierung attestiert wurde.[278] Das BKartA sah in einem Zusammenschluss die Gefahren weiterer Interessenskongruenzen zu *Bertelsmann* im Bereich überregionaler Tageszeitungen[279] sowie einer wettbewerbsbeschränkenden Fähigkeit zur **plattformübergreifenden Vermarktung von Werbung,**[280] da die *Bild*-Zeitung als einzig denkbare Randsubstitution für bundesweite Fernsehwerbung keine hinreichende Ausweichmöglichkeit für Werbekunden mehr böte.[281] Ähnlich war die Bewertung der **Verflechtung** beider Multimediakonzerne **durch Gemeinschaftsunternehmen,**[282] etwa in Form von gemeinsamen Beteiligungen an privaten Hörfunkveranstaltern oder Tiefdruckunternehmen.[283]

II. Auswirkungen auf den bundesweiten Lesermarkt für Straßenverkaufszeitungen

Das BKartA befürchtete ebenso eine **Konsolidierung der Marktbeherrschung des bundesweiten Lesermarktes für Straßenverkaufszeitungen.**[284] Auf diesem verfügt *Axel Springer* über einen Marktanteil von ca. 81 %.[285] Eine weitere Verstärkung dieser Marktstellung wurde aus den **strukturellen Auswirkungen konglomerater Medienzusammenschlüsse** gefolgert, die sich in einem der **Finanzkraft** eines vereinten Konzerns ent-

---

[276] BKartA WuW/E DE-V 1163 (1168) – Springer/ProSiebenSat.1.

[277] So BKartA WuW/E DE-V 1163 (1168) – Springer/ProSiebenSat.1.

[278] Dies wird auch daraus geschlussfolgert, dass *ARD* und *ZDF* als Rundfunkanstalten des öffentlichen Rechts nach § 16 Abs. 1 RStV nur bis max. 20 Minuten Werbung treiben dürfen, was zu einer Divergenz von Marktanteil und Zuschaueranteil führt. Vgl. BKartA WuW/E DE-V 1163 (1170) – Springer/ProSiebenSat.1.

[279] Hervorgehoben werden in diesem Zusammenhang etwa die Tageszeitungen *Financial Times Deutschland* und die *Welt*. BKartA WuW/E DE-V 1163 (1170 f.) – Springer/ProSiebenSat.1.

[280] Siehe BKartA WuW/E DE-V 1163 (1171) – Springer/ProSiebenSat.1.

[281] BKartA WuW/E DE-V 1163 (1171) – Springer/ProSiebenSat.1. Siehe auch *Kuchinke/Schubert*, WuW 2006, 477 (479).

[282] Grundlegend zu dem damit einhergehenden Strukturproblemen *Kübler*, Medienverflechtung, S. 74 ff.; siehe aber auch den Gegenstandpunkt von *Lerche*, Presse und privater Rundfunk, S. 19 ff.

[283] *Lange*, MP 2005, 546 (549); siehe auch *Gounalakis/Zagouras*, NJW 2006, 1624 (1625).

[284] BKartA WuW/E DE-V 1163 (1171 f.) – Springer/ProSiebenSat.1.

[285] Siehe auch *Bohne*, WRP 2006, 540 (543).

springenden **Droh- und Abwehrpotential gegenüber Wettbewerbern** sowie dem **Abschreckungs- und Entmutigungseffekt** äußern.[286] Eine Verstärkung der beträchtlichen Vormachtstellung der *Bild*-Zeitung wurde in einer Konsolidierung des Status quo wegen der Fähigkeit **zur publizistischen Cross-Promotion** und **crossmedialer Werbung für konzerneigene Medienprodukte** erblickt.[287] Dabei berief sich das BKartA auf die Rechtsprechung des BGH zum Zusammenschluss von Presseverlagen,[288] nach der eine marktbeherrschende Stellung nicht nur dann verstärkt wird, wenn die Fähigkeit zur Abwehr des nachstoßenden Wettbewerbs durch Minderung des seitens der Wettbewerber zu erwartenden Drucks gesteigert oder auch nur konsolidiert wird.

1) Publizistische Cross-Promotion

Cross-Promotion[289] ist **Werbung für konzerneigene Produkte** durch **publizistische Bezugnahme.** Kennzeichnend für diese Form der wettbewerblichen Einflussnahme ist, dass **contentimmanent** und auf bestimmte Konzernprodukte in der Berichterstattung bzw. Unterhaltung hingewiesen wird.[290] Es kann sich um redaktionelle Beiträge handeln, die auf ein bestimmtes Medienprodukt, etwa ein Fernsehformat, aufmerksam machen.[291] Aus dieser **Fähigkeit zur gegenseitigen publizistischen Bezugnahme auf konzerneigene Produkte** leitete das BKartA eine Verstärkung der Marktmacht der *Bild*-Zeitung ab, die angesichts des Interesses an der Steigerung der Verkaufszahlen von *Bild* und *BamS* nach einer Fusion durch die zahlreichen Informations- und Infotainment-Formate der Sendergruppe *ProSiebenSat.1* nahe liegen würde.[292]

2) Crossmediale Werbung zugunsten von Konzernprodukten

Ferner sah das BKartA den Ausbau **konventioneller crossmedialer Werbung für eigene Konzernprodukte** dann als wettbewerblich problematisch an, wenn sie durch **Gewährung konzerninterner Rabatte** gefördert wird. Durch **Kombinationsstrategien und Markentransfers** können Pro-

---

[286] BGH WuW/E BGH 2276 (2283) – Süddeutscher Verlag/Donau-Kurier; siehe auch *Ruppelt*, in: Langen/Bunte, Kartellrecht, § 36 Rdnr. 33; *Möschel*, Recht der Wettbewerbsbeschränkungen, Rdnr. 712.

[287] Ähnlich schon OLG Düsseldorf WuW/E DE-R 1501 – National Geographic.

[288] BGH WuW/E BGH 2276 (2283) – Süddeutscher Verlag/Donau-Kurier; WuW/E BGH 1854 (1856 ff.) – Zeitungsmarkt München.

[289] Siehe etwa zur medienrechtlichen Problematik der Cross-Promotion bei Senderfamilien VG Berlin, ZUM-RD 2001, 48 ff.; *Bornemann*, K&R 2001, 302 ff. sowie *Platho*, MMR 2002, 21 ff.

[290] *Gounalakis/Zagouras*, NJW 2006, 1624 (1625).

[291] Hierzu auch schon BKartA WuW/E BKartA 2497 (2501) – Springer/Lezinsky.

[292] Als Beispiel für konzerninterne Cross-Promotion wird insofern die Zusammenarbeit des Regionalsenders *Hamburg 1* und des *Hamburger Abendblattes* bei der Sendung „*WM-Countdown*" angeführt, innerhalb derer die Sport-Experten der Zeitung als Moderatoren und Gesprächspartner eingebunden wurden.

dukte zu sonst nur schwer erreichbaren Kundengruppen vordringen,[293] nicht gebuchte Werbezeiten lassen sich durch kurzfristige Belegung mit konzerninterner Werbung besser nutzen.[294] Darüber hinaus besteht die Gefahr einer höheren Präsenz der konzerneigenen Straßenverkaufszeitungen in der Öffentlichkeit durch Sponsoring sowie – in Vorgriff auf die novellierte Fernsehrichtlinie[295] – durch weitergehende Möglichkeiten zur Bewerbung der *Bild*-Zeitung etwa in Form von **Product-Placement**.[296]

III. Auswirkungen auf den bundesweiten Anzeigenmarkt für Zeitungen

Das dritte Standbein der Untersagung waren die Auswirkungen für den **überregionalen Zeitungsanzeigenmarkt**. Da die *Bild*-Zeitung ihre Erlöse trotz des allgemein stark rückläufigen Anzeigengeschäfts im Printbereich noch deutlich steigern konnte,[297] wurde aus der Fähigkeit zum Anbieten **crossmedialer Werbekampagnen** geschlossen, dass die marktbeherrschende Stellung des Unternehmens auf dem bundesweiten Anzeigenmarkt für Zeitungen noch weiter verstärkt würde: Die **Fähigkeit**, Werbekunden **auf mehrere mediale Subsektoren gleichzeitig abgestimmte Werbekonzepte** anbieten zu können, bewirke einen *Multiplying*-Effekt, dessen wettbewerbsbeschränkende Wirkung sich nicht nur auf die Anzeigenmärkte, sondern ebenso auf die **Fernsehwerbemärkte** erstreckt.[298] Ein Zusammenschluss mit der Sendergruppe hätte dementsprechend den noch verbleibenden Wettbewerbsdruck der *Bild*-Zeitung als einzige in ihrer Breitenwirkung vergleichbare Werbemöglichkeit außerhalb des Fernsehens entfallen lassen und somit die Neutralisierung des Randsubstitutionswettbewerbs des Duopols auf dem Fernsehwerbemarkt zur Folge gehabt.[299]

C. Gerichtliche Überprüfung

Eine Genehmigung der Fusion von *ProSiebenSat.1* im Wege der Ministererlaubnis nach § 42 GWB[300] strebte *Axel-Springer*, eventuell unter dem

---

[293] Vgl. BKartA WuW/E DE-V 1163 (1175 f.) – Springer/ProSiebenSat.1.

[294] BKartA WuW/E DE-V 1163 (1175 f.) – Springer/ProSiebenSat.1.

[295] Zur Auflockerung der Werbemöglichkeiten *Gounalakis*, WRP 2005, 1476 ff.

[296] *Bohne*, WRP 2006, 540 (544).

[297] Dies brachte dem *Axel-Springer*-Konzern eine Marktanteilssteigerung von unter 30 % auf über 40 % innerhalb weniger Monate ein. BKartA WuW/E DE-V 1163 (1176) – Springer/ProSiebenSat.1.

[298] Siehe auch *Gounalakis/Zagouras*, NJW 2006, 1624 (1626).

[299] BKartA WuW/E DE-V 1163 (1175 f.) – Springer/ProSiebenSat.1.

[300] Nach § 42 Abs. 1 GWB kann der Bundesminister für Wirtschaft und Technologie in pflichtgemäßem Ermessen von einer wettbewerblichen Entscheidung des BKartA abweichen, wenn die gesamtwirtschaftlichen Vorteile eines Zusammenschlusses seine Nachteile aufwiegen oder aber der Zusammenschluss durch überragendes Allgemeininteresse gerechtfertigt ist, welches sich beispielsweise aus sozial-, regional-, militär- oder gesundheitspolitischen Gründen ergeben kann. *Riesenkampff/Lehr*, in: Loewen-

Eindruck eines schwierig zu begründenden Allgemeinwohlinteresses an der Übernahme, ebenso wenig an, wie ein Abweichverfahren nach § 37 Abs. 2 S. 4 RStV a. F.[301] Um sich jedoch Klarheit darüber zu verschaffen, welcher Spielraum dem Unternehmen auf dem heimischen Markt für externes Wachstum überhaupt noch verbleibt, legte *Axel Springer* Beschwerde gegen die **Untersagungsverfügung** des BKartA beim OLG Düsseldorf ein.

Wie im Parallelverfahren vor dem VG München[302] hatte der Medienkonzern mit seiner kartellrechtlichen Beschwerde in erster Instanz ebenso wenig Erfolg.[303] Das OLG Düsseldorf betrachtete die **Untersagungsverfügung** als **erledigt**, da der Konzern das angemeldete Zusammenschlussvorhaben nicht mehr weiterverfolge, nachdem die **Sendergruppe mittlerweile an Dritte weiterveräußert** wurde.[304] Auch ein Feststellungsinteresse i. S. d. § 71 Abs. 2 S. 2 GWB[305] wurde mangels **Wiederholungsgefahr der Untersagung** verneint.[306] Auf die Rechtsbeschwerde von *Axel Springer* hat der BGH indes das Feststellungsinteresse bestätigt und die Sache an das OLG Düsseldorf zurückverwiesen.[307]

D. Verhältnis von Kartell- und Medienrecht

Die Frage, ob und inwiefern die **publizistische Wettbewerbsaufsicht** und damit auch die Sicherung der Meinungsvielfalt inhaltlich stärker an **das Kartellrecht herangeführt**[308] bzw. ihm sogar **gänzlich einverleibt** werden sollte, steht nach wie vor auf der medienpolitischen Agenda.[309] Angesichts der Zieldivergenz der beiden Rechtsmaterien sollte man dem BKartA die Aufsicht über den publizistischen Wettbewerb sinnvollerwei-

heim/Meessen/Riesenkampff, Kartellrecht, § 42 Rdnr. 7. Siehe zur Ministererlaubnis bei Medienfusionen *Engel*, ZWeR 2003, 448 ff. sowie *Zagouras*, WRP 2007, 1429 ff.

301 Siehe auch *Gounalakis/Zagouras*, NJW 2006, 1624 (1627).

302 VG München, ZUM 2008, 343 ff. – Springer/ProSiebenSat.1 m. krit. Anm. *Hepach*. Zustimmend hingegen *Hain*, K&R 2007, 160 ff. Siehe zur Beiladung der KEK in diesem Verfahren auch VGH München, ZUM 2007, 501 f.

303 OLG Düsseldorf WuW/ DE-R 1839 ff. – Springer/ProSiebenSat.1. Allerdings ließ das Gericht die Rechtsbeschwerde gegen den Beschluss nach § 74 Abs. 2 GWB zu.

304 OLG Düsseldorf WuW/ DE-R 1839 (1840) – Springer/ProSiebenSat.1 ging von einem Wegfall der Beschwer aus.

305 Ausreichend ist hierfür jedes nach den Umständen des Falles anzuerkennende schutzwürdige Interesse rechtlicher, wirtschaftlicher oder ideeller Art. Vgl. *Bechtold*, GWB, § 71 Rdnr. 7.

306 OLG Düsseldorf WuW/ DE-R 1839 (1843) – Springer/ProSiebenSat.1.

307 BGH, Beschluss vom 25. September 2007 – KVR 30/06 – Springer/ProSiebenSat.1.

308 *Gounalakis*, Konvergenz der Medien, S. 146.

309 Vgl. den Vorschlag des Wissenschaftlichen Beirats beim Bundesministerium für Wirtschaft und Technologie in seinem Gutachten „*Offene Medienordnung*", S. 29 ff. Das Gutachten ist im Internet abrufbar unter http://www.bmwi.de/BMWi/Redaktion/PDF/__Archiv/Medienordnung1,property=pdf,bereich=bmwi,sprache=de,rwb=true.pdf. Siehe zur Diskussion auch *Knothe/Lebens*, AfP 2000, 125 (126 ff.).

se nicht übertragen.[310] Doch auch bei Fortführung einer zweigeteilten Wettbewerbsaufsicht über die Medienbranchen wird man in der Diskussion um die Zukunft der Vielfaltsicherung[311] dem Bedürfnis der Beteiligten nach **Rechtssicherheit** entsprechen müssen.[312] Eine **transparente Rechtslage** ist die Voraussetzung **für Investitionen** und diese sind wiederum **notwendig**, um Innovationen nutzen zu können.[313]

Dies zeigt die gescheiterte „Elefantenhochzeit" von *Axel Springer* und *ProSiebenSat.1*: Das geltende Recht lässt die wünschenswerte Rechtsklarheit nicht nur wegen des **missglückten Wortlauts** und der **intransparenten Normsystematik** vermissen. Von präzisen, insbesondere medienrechtlichen Vorgaben hätten alle Beteiligten schon im Vorfeld profitiert.[314] Obgleich auf eine präventive und von der kartellrechtlichen Wettbewerbskontrolle unabhängige publizistische Wettbewerbsaufsicht nicht verzichtet werden kann, ist doch auf materiellrechtlicher Ebene eine möglichst weitreichende Harmonisierung der medienkartell- und rundfunkkonzentrationsrechtlichen Bestimmungen zu fordern.[315] Ein medienpolitisch bedenklicher Umbau der KEK und die damit verbundene Stärkung des Einflusses der Landesmedienanstalten, wie sie im zehnten Rundfunkänderungsstaatsvertrag beschlossen wurden, verfolgt demgegenüber politische Ziele. Der Rechtsklarheit dient er nicht.

---

[310] In diesem Sinne beispielsweise *Kübler*, MP 1999, 379 (383); *Immenga*, ZWeR 2004, 328 (342); *Brenner*, ZUM 1998, 877 (886 ff.); *Engels*, ZUM 1996, 44 (49); *Gounalakis*, Konvergenz der Medien, S. 145 f.

[311] Hierzu auch *Dörr/Schiedermair*, Ein kohärentes Konzentrationsrecht für die Medienlandschaft in Deutschland, S. 59 ff.; *Schulz/Held*, Die Zukunft der Kontrolle der Meinungsmacht, S. 55 ff.

[312] Siehe bereits *Gounalakis*, Konvergenz der Medien, S. 139 ff.

[313] *Gounalakis*, Konvergenz der Medien, S. 140.

[314] Hierzu bereits *Gounalakis*, NJW-Beilage 23/2002, 20 (21 f.).

[315] *Gounalakis*, Konvergenz der Medien, S. 146.

Kapitel 4. Ausblick – Europäische Pluralismussicherung

§ 35. Vielfaltsicherung als grenzüberschreitende Angelegenheit

In welche Richtung sich das Medienkonzentrationsrecht künftig entwickelt, hängt zum einen vom technischen Fortschritt ab, zum anderen von (medien-) rechtspolitischen Wertungen. Während sich eine **Prognose** über die erste Variable verbietet, besteht rechtspolitisch in verschiedener Hinsicht Handlungsbedarf. Zunächst wird man sich *de lege ferenda* dem Problem der geringen **Rechtssicherheit** für alle Beteiligten widmen müssen.[1] Ein weiterer Schwachpunkt der gegenwärtigen **Vielfaltsicherung** ist, dass sie materiell noch **zu stark am Rundfunk**, genauer gesagt am **Fernsehen**, verhaftet ist.[2] Dagegen greift die Rechtsordnung crossmedial vermittelte Meinungsmacht nur peripher auf. Die Freiheit und Unabhängigkeit des öffentlichen Kommunikationsprozesses wird nicht nur durch die dominante Marktstellung eines oder mehrerer Fernsehveranstalter bedroht, sondern durch die Uniformität der Berichterstattung in den Massenmedien in ihrer Gesamtheit. Insofern ist eine Verlagerung des Pluralismusschutzes von der Vielfaltsicherung im medialen Subsektor Fernsehen hin zu einem **plattformübergreifenden Medienkonzentrationsrecht** zu fordern, welches in der Lage ist, Meinungsdominanz jedweder Provenienz zu verhindern und damit der Bildung von Informationsmonopolen entgegenzuwirken.[3]

Zu den **strukturellen Defiziten** des Antikonzentrationsrechts gehört aber erst recht seine **nationale Ausrichtung**. Einzelstaatliches Medienkonzentrationsrecht beschränkt sich naturgemäß auf die Verhinderung bzw. Eindämmung inländischer Meinungsmacht; transnationaler publizistischer Einfluss wird dagegen höchstens peripher erfasst. In den Mitgliedstaaten bestehen **grundverschiedene Konzeptionen** zur Sicherung der publizistischen Vielfalt.[4] Ebenso fehlt es an einer **Vergleichbarkeit des**

---

[1] Siehe bereits *Gounalakis*, Konvergenz der Medien, S. 139 ff.

[2] Zur plattformübergreifenden Vielfaltsicherung *Gounalakis/Zagouras*, ZUM 2006, 716 ff.

[3] Zum Erfordernis einer europäischen Vielfaltsicherung *Gounalakis/Zagouras*, JZ 2008, 652 ff.

[4] So besteht ein relativ starres Modell der Begrenzung von Mehrfachveranstaltungen von Fernsehprogrammen in Frankreich. In Italien verfolgt man mit fraglichem Erfolg ein umsatzbezogenes Modell, während man im Vereinigten Königreich bis vor Kurzem noch eine sehr statische Marktanteilsbegrenzung in Höhe von 15 % der Zuschaueranteile kannte. Die Slowakei, Estland und Slowenien verbieten sogar eine gleichzeitige unternehmerische Betätigung auf dem Gebiet von Presse, Hörfunk und Fernsehen gänzlich im Sinne einer publizistischen Gewaltenteilung. Siehe zur Regulierung cross-

Schutzniveaus.[5] Der wohl größte Mangel an der Konzeption nationaler Alleingänge liegt im Fehlen von Instrumentarien zur Begegnung einer Oligopolisierung der Meinungsmärkte auf Gemeinschaftsebene: Benötigt werden Regeln für den publizistischen Wettbewerb, die grenzüberschreitender Meinungsmacht begegnen können.

§ 36. Kompetenzen zur Schaffung einer europäischen Vielfaltsicherung

Auf Gemeinschaftsebene hat man das Problem der grenzüberschreitenden Meinungsmacht seit geraumer Zeit erkannt.[6] Nachdem der Vorschlag einer **Richtlinie über den Zugang zu Medieneigentum**[7] vor einigen Jahren an politischen Widerständen scheiterte,[8] sorgte zuletzt der sog. *Reding-Wallström-Plan* für ein Wiederaufflammen der Diskussion.[9] Die Europäische Kommission hat in ihrem *Arbeitsdokument Medienpluralismus*[10] zu erkennen gegeben, dass man sich in Brüssel nicht auf eine gemeinschaftsweite Regulierung der Eigentumsverhältnisse an Medien beschränken möchte, sondern den **freien Zugang zu Informationen,** die **Verhinderung von Informationsmonopolen** sowie die Schaffung einer transparenten und von politischem Einfluss weitestgehend **unabhängigen**

---

medialer Aktivitäten in europäischen Rechtsordnungen auch KEK, 3. Konzentrationsbericht, S. 403 ff.

[5] Ein Überblick über die Vielfaltsicherung in den Mitgliedstaaten der Europäischen Gemeinschaft findet sich im Arbeitsdokument Medienpluralismus der Europäischen Kommission, S. 19 ff.

[6] Immer wieder gab es Vorstöße in Richtung europäische Vielfaltsicherung. Vgl. etwa *Hain*, AfP 2007, 527 ff. Auch seitens der Wissenschaft gab es immer wieder Anregungen zur Ausgestaltung einer europäischen Medienordnung zur Sicherung des publizistischen Wettbewerbs. Siehe etwa *Iliopoulos-Strangas*, in: Stern/Prütting, Kultur- und Medienpolitik im Kontext des Entwurfs einer europäischen Verfassung, 29 (103), welche etwa die Transparenz der Eigentumsverhältnisse an Medienunternehmen und deren Finanzierung, konkrete Gewährleistungen über den eigentumsrechtlichen Status hinaus sowie die Trennung der zeitgleichen Betätigung als Medienunternehmer und Politiker in die Pluralismusdiskussion mit einbezieht.

[7] Zur Richtlinie *Dörr*, NJW 1997, 1341 (1342); *Tettenborn*, MMR 1998, 18 (20); ausführlicher *Ress/Bröhmer*, Europäische Gemeinschaft und Medienvielfalt, S. 20 ff.

[8] Die 1997 vorgeschlagene Richtlinie über den Zugang zu Medieneigentum begriff Vielfaltsicherung noch als überwiegend antikonzentrationsrechtliche Angelegenheit. Zur Richtlinie *Ress/Bröhmer*, Europäische Gemeinschaft und Medienvielfalt, S. 20 ff.; *Dörr*, NJW 1997, 1341 (1342); *Tettenborn*, MMR 1998, 18 (20). Die Vielfaltsicherung wurde damals noch primär als Aufgabe der Mitgliedstaaten verstanden. Siehe *Mailänder*, Konzentrationskontrolle zur Sicherung der Meinungsvielfalt im privaten Rundfunk, S. 327 ff.

[9] Siehe hierzu *Zagouras*, AfP 2007, 1 ff.

[10] *Commission Staff Working Document „Media Pluralism in the Member States of the European Union"*, SEC (2007) 32 vom 16. Januar 2007, S. 5. Im Folgenden auch als Arbeitsdokument Medienpluralismus bezeichnet. Es kann abgerufen werden unter http://ec.europa.eu/information_society/media_taskforce/pluralism/index_en.htm.

Medienaufsicht anstrebt.[11] Hierzulande konzentriert sich die Diskussion um die europäische Vielfaltsicherung[12] primär auf die Kompetenzfrage.[13]

A. Kompetenzzuweisungen

I. Prinzip der begrenzten Einzelermächtigung

Die Europäische Gemeinschaft kann – anders als souveräne Staaten – ihre Zuständigkeiten nicht selbst begründen;[14] es fehlt ihr an der sog. **Kompetenz-Kompetenz**.[15] Sie muss ihre Rechtsakte auf eine **primärrechtliche Ermächtigungsgrundlage** stützen.[16] Für eine gemeinschaftsweite Vielfaltsicherung lässt sich eine solche in **Art. 47 Abs. 2 EGV i. V. m. Art. 55 EGV** sowie **Art. 95 EGV** erblicken. Sie verleihen der Gemeinschaft eine **Koordinierungskompetenz** für Rechts- und Verwaltungsvorschriften zur Aufnahme und Ausübung selbstständiger Tätigkeit sowie der Erbringung von Dienstleistungen,[17] durch die verbleibende, nichtdiskriminierende Beschränkungen der Grundfreiheiten verringert oder gänzlich abgeschafft werden.[18]

II. Koordinierungsmaßnahmen nach Art. 47 Abs. 2 EGV i. V. m. Art. 55 EGV

Trotz der im Schrifttum geäußerten Bedenken[19] erweisen sich die **Anforderungen an die Koordinierungszuständigkeit** der Gemeinschaft[20] tat-

---

[11] Vgl. Europäische Kommission, Arbeitsdokument Medienpluralismus, S. 5. Siehe auch *Zagouras*, AfP 2007, 1 (2 f.).

[12] Das Meinungsspektrum reicht vom vollumfänglichen Begrüßen europäischer Vorstöße, *Brühann*, ZUM 1993, 600 (605); *Schwartz*, AfP 1993, 409 (420 f.), bis hin zu deren kategorischer Ablehnung. So u. a. *Ress/Bröhmer*, Europäische Gemeinschaft und Medienvielfalt, S. 88 ff.

[13] Siehe zur aktuellen Diskussion um die Regulierungskompetenz *Hain*, AfP 2007, 527 ff. sowie *Gounalakis/Zagouras*, JZ 2008, 652 ff.

[14] Anders als souveräne Staaten, denen grundsätzlich eine Allzuständigkeit für die Gesetzgebung zukommt, kann die Gemeinschaft als supranationale Organisation nur dann Rechtsakte erlassen, wenn sie hierzu ausdrücklich oder im Sinne einer *Implied Power* ermächtigt wurde. *König*, in: Schulze/Zuleeg, Europarecht, § 2 Rdnr. 6.

[15] Dazu *Calliess*, in: Calliess/Ruffert, EUV/EGV, Art. 5 EGV Rdnr. 12.

[16] *Dörr*, Die Rolle des öffentlich-rechtlichen Rundfunks in Europa, S. 25; *König*, in: Schulze/Zuleeg, Europarecht, § 2 Rdnr. 1.

[17] Die in Art. 47 Abs. 2 EGV i. V. m. Art. 55 EGV und Art. 95 Abs. 1 S. 2 EGV verwendeten Begriffe der Koordinierung und Angleichung decken sich. *Bröhmer*, in: Calliess/Ruffert, EUV/EGV, Art. 47 Rdnr. 10.

[18] *Schlag*, in: Schwarze, EU-Kommentar, Art. 47 Rdnr. 2; *Mestmäcker/Engel/Gabriel-Bräutigam/Hoffmann*, Der Einfluss des europäischen Gemeinschaftsrechts auf die deutsche Rundfunkordnung, S. 45.

[19] Siehe etwa *Dörr*, in: Dörr/Müller-Graff, Medien in der Europäischen Gemeinschaft, 95 (111).

[20] Zu erwähnen sind insb. EuGH, C-376/98, Tabakwerbeverbot I, Slg. 2000, I-8419; C-380/03, Tabakwerbeverbot II, Slg. 2006, I-11573; besonders kritisch hierzu *Stein*, EuZW 2007, 54 ff.

sächlich als relativ **niedrig**. Einzelstaatliche Regulierung im Bereich der Vielfaltsicherung kann eine deutliche **Beschränkung des freien Sendeverkehrs** sowie der **Niederlassungsfreiheit** hervorrufen.[21] Dies gilt speziell für die **divergierenden Regelungsmodelle** in den Mitgliedstaaten.[22] Der Einwand, allein die Existenz divergierender Regelungen in den Mitgliedstaaten biete noch keine hinreichende Grundlage für eine gemeinschaftliche Koordinierung,[23] vermag schon wegen des **breiten Ermessensspielraums** nicht zu überzeugen, welcher der Europäischen Kommission in Bezug auf das anvisierte Koordinierungsziel eingeräumt wird.[24]

III. Angleichungsmaßnahmen nach Art. 95 Abs. 1 S. 2 EGV

Ergänzend[25] kommt als Ermächtigungsgrundlage für eine gemeinschaftsweite Vielfaltsicherung die Angleichungskompetenz aus Art. 95 Abs. 1 S. 2 EGV in Betracht.[26] Sie dient der **Beseitigung von Hindernissen** für die **Grundfreiheiten** und **Wettbewerbsverzerrungen**, welche sich aus Unterschieden zwischen den Vorschriften der Mitgliedstaaten ergeben und der Errichtung und dem reibungslosen Funktionieren des Binnenmarktes abträglich sind.[27] Relevanz entfaltet die Kompetenzzuweisung des Art. 95 EGV bei der Warenverkehrsfreiheit und damit beim Handel mit Presseprodukten.[28]

---

[21] Schon deshalb können nationale Alleingänge zu Wettbewerbsverzerrungen bzw. - beschränkungen führen. In diesem Sinne bereits *Schwartz*, AfP 1987, 375 (378) sowie *Brühann*, ZUM 1993, 600 (602). Vgl. sogar *Ress/Bröhmer*, Europäische Gemeinschaft und Medienvielfalt, S. 34.

[22] Siehe *Schüll*, Schutz der Meinungsvielfalt im Rundfunkbereich durch das europäische Recht, S. 139 m. w. N.

[23] Zur Begründung wird angeführt, Koordinierungsmaßnahmen zielten nicht auf die Erleichterung der Niederlassungsfreiheit ab, sondern auf die Uniformität ihrer Ausübungsvoraussetzungen. *Ress/Bröhmer*, Europäische Gemeinschaft und Medienvielfalt, S. 37.

[24] Vgl. EuGH, C-63/89, Assecurances du crédit, Slg. 1991, I-1799 Rdnr. 10 f.

[25] Die Kombination der unterschiedlichen Befugnisnormen ist wegen der Subsidiaritätsklausel des Art. 95 Abs. 1 S. 1 EGV erforderlich. Art. 95 EGV ist als Generalangleichungskompetenz ausgestaltet, die gegenüber Art. 47 Abs. 2 EGV und Art. 55 EGV zurücktritt. *Schüll*, Schutz der Meinungsvielfalt im Rundfunkbereich durch das europäische Recht, S. 131 f. Die Auswahl der richtigen Ermächtigungsgrundlage soll die Einhaltung des vorgesehenen Verfahrens sicherstellen. Vgl. EuGH, C-491/01, British-American-Tobacco, Slg. 2002, I-11453 Rdnr. 98.

[26] Vgl. *Brühann*, ZUM 1993, 600 (602); a. A. *Dörr*, in: Dörr/Müller-Graff, Medien in der Europäischen Gemeinschaft, 95 (111).

[27] Siehe *Fischer*, in: Lenz/Borchardt, EUV/EGV, Art. 95 EGV Rdnr. 4.

[28] Vgl. *Schwarze*, ZUM 2002, 89 (91).

IV. Qualitative Anforderungen an Koordinierungs- bzw. Angleichungsmaßnahmen

Um einer allzu extensiven Anwendung der Angleichungskompetenzen entgegenzuwirken, hat die Rechtsprechung einige qualitative Anforderungen für den Rückgriff auf Art. 47 Abs. 2 EGV i. V. m. Art. 55 EGV sowie Art. 95 EGV aufgestellt.[29] Ausgehend von der Intensität der Grundfreiheitenbeeinträchtigung[30] fordert der EuGH, dass Koordinierungs- bzw. Angleichungsmaßnahmen in subjektiver Hinsicht die Voraussetzungen für die **Errichtung** und das **Funktionieren** des **Binnenmarktes** verbessern sollen.[31] Dies hat durch **Abbau von Hemmnissen** für die **Niederlassungs- und Dienstleistungsfreiheit** oder **Beseitigung von Wettbewerbsverzerrungen** zu geschehen.[32] Eine rein abstrakte Gefahr der Beeinträchtigung von Grundfreiheiten reicht nicht aus.[33] Vielmehr muss die Aufnahme und Ausübung selbstständiger Tätigkeit sowie das Erbringen von Dienstleistungen nach erfolgter Koordinierung leichter möglich sein.[34] Diese Hürde wird von einer gemeinschaftsweiten Vielfaltsicherung schon durch die Vereinheitlichung der medienkonzentrationsrechtlichen Maßstäbe genommen: Allein durch den Abbau der in einzelnen Mitgliedstaaten noch vorgesehenen **publizistischen Gewaltenteilung** wird das Funktionieren des Binnenmarktes gefördert.[35]

Ähnlich verhält es sich mit der subsidiären Beseitigung von **Wettbewerbsverzerrungen**.[36] Letztere haben nach der Rechtsprechung des EuGH **spürbar** zu sein,[37] was im Schrifttum in Bezug auf die Pluralismussicherung mitunter bezweifelt wird.[38] Diese Einwände sind nicht zwin-

---

[29] Diese beziehen sich gleichermaßen auf die Ermächtigungsgrundlagen der Art. 47 Abs. 2 EGV i. V. m. Art. 55 EGV wie auch auf Art. 95 EGV. *Tietje/Troberg*, in: v. d. Groeben/Schwarze, EUV/EGV, Art. 47 EGV Rdnr. 56.

[30] Dazu *Bröhmer*, in: Calliess/Ruffert, EUV/EGV, Art. 47 Rdnr. 11 f.

[31] EuGH, C-376/98, Tabakwerbeverbot I, Slg. 2000, I-8419 Rdnr. 84 f.; *Schwarze*, ZUM 2002, 89 (90).

[32] Vgl. EuGH, C-376/98, Tabakwerbeverbot I, Slg. 2000, I-8419 Rdnr. 85 f.; *Schwartz*, AfP 1993, 409 (414).

[33] *Tietje/Troberg*, in: v. d. Groeben/Schwarze, EUV/EGV, Art. 47 EGV Rdnr. 56.

[34] *Schlag*, in: Schwarze, EU-Kommentar, Art. 47 Rdnr. 21.

[35] Hierzu *Gounalakis/Zagouras*, JZ 2008, 652 (658). Crossmediale Betätigungen sind unabhängig von der Beteiligung etwa in Estland und der Slowakei verboten. Siehe KEK, 3. Konzentrationsbericht, S. 403 ff.

[36] Auf deren Nachweis kommt es streng genommen nicht mehr an, wenn das Bestehen von Handelshemmnissen festgestellt wurde. Vgl. EuGH, C-491/01, British-American-Tobacco, Slg. 2002, I-11453 Rdnr. 60.

[37] EuGH, C-376/98, Tabakwerbeverbot I, Slg. 2000, I-8419 Rdnr. 112. Siehe auch *Bock*, Rechtsangleichung und Regulierung im Binnenmarkt, S. 122 ff.; Vgl. *Zuleeg*, in: v. d. Groeben/Schwarze, EUV/EGV, Art. 5 EGV Rdnr. 13.

[38] So etwa *Ress/Bröhmer*, Europäische Gemeinschaft und Medienvielfalt, S. 29; *Mailänder*, Konzentrationskontrolle zur Sicherung von Meinungsvielfalt im privaten Rundfunk, S. 333; *Hain*, AfP 2007, 527 (533).

gend.[39] Medienunternehmen sehen sich nicht nur vereinzelt dem gänzlichen Ausschluss crossmedialen Engagements ausgesetzt; sie sind auch mit äußerst unterschiedlichen Medienkonzentrationsordnungen in den Mitgliedstaaten konfrontiert, die divergierende Wachstumsvoraussetzungen schaffen und darüber hinaus – beispielsweise im Hinblick auf die konzentrationsrechtliche Zurechnung deutschsprachiger Fernsehprogramme nach § 27 Abs. 1 S. 1 RStV[40] – unterschiedliche Maßstäbe für das Erbringen medialer Dienstleistungen setzen.[41]

B. Kompetenzausübungsschranken

Die Zuständigkeit der Europäischen Gemeinschaft zur Schaffung eines Antikonzentrationsrechts wird häufig wegen der – nicht zu verleugnenden – kulturellen Dimension der Materie in Frage gestellt.[42] Anknüpfungspunkt ist die Kulturklausel des Art. 151 EGV.[43] Einer übergebührlichen Beanspruchung des Kulturbegriffs steht freilich entgegen, dass Art. 151 EGV Harmonisierungsbestrebungen mit deutlichem kulturellem Bezug nicht *per se* widerspricht:[44] Es geht um die **Verhinderung von Gemeinschaftsmaßnahmen**, welche **die nationale Kulturpolitik** der Mitgliedstaaten **ersetzen** oder deren **Kulturen vereinheitlichen** sollen.[45] Europäische Vielfaltsicherung schränkt die kulturelle Eigenständigkeit der Mitgliedstaaten aber nicht ein; sie wird durch die Absicherung ihrer kommunikativen Grundlagen vielmehr gefördert und unterstützt.

---

[39] Ähnlich *Schüll*, Schutz der Meinungsvielfalt im Rundfunkbereich durch das europäische Recht, S. 143 ff.

[40] Hierzu bereits oben, § 18 B.

[41] Dazu *Gounalakis/Zagouras*, JZ 2008, 652 (658 ff.).

[42] Vgl. zum Kulturbegriff des Art. 151 EGV *Jury*, Die Maßgeblichkeit von Art. 49 EG für nationale rundfunkpolitische Ordnungsentscheidungen, S. 217 ff.

[43] Siehe etwa *Dörr/Schiedermair*, Ein kohärentes Konzentrationsrecht für die Medienlandschaft in Deutschland, S. 35 ff.; *Mestmäcker/Engel/Gabriel-Bräutigam/Hoffmann*, Der Einfluss des europäischen Gemeinschaftsrechts auf die deutsche Rundfunkordnung, S. 35; *Ress/Bröhmer*, Europäische Gemeinschaft und Meinungsvielfalt, S. 58 ff.; *Mailänder*, Konzentrationskontrolle zur Sicherung von Meinungsvielfalt im privaten Rundfunk, S. 97 f. sowie jüngst *Hain*, AfP 2007, 527 (532).

[44] Mediale Betätigung, speziell aber Fernsehveranstaltung, wird eine Doppelnatur als kultureller und wirtschaftlicher Sachverhalt attestiert. *Dörr*, Die Rolle des öffentlich-rechtlichen Rundfunks in Europa, S. 27. Grund hierfür ist, dass zwei unterschiedliche Märkte, ein publizistischer und ein wirtschaftlicher, bedient werden. Vgl. *Iliopoulos-Strangas*, in: Stern/Prütting, Kultur- und Medienpolitik im Kontext des Entwurfs einer europäischen Verfassung, 29 (88 f.). Allein aus der kulturellen Dimension der Medien kann aber nicht auf eine Unzuständigkeit der Gemeinschaft geschlossen werden. Vgl. *Gounalakis*, Konvergenz der Medien, S. 21 f.

[45] So zutreffend *Blanke*, in: Calliess/Ruffert, EUV/EGV, Art. 151 EGV Rdnr. 1. Die Gemeinschaft muss Absichten verfolgen, die zu den kulturpolitischen Zielen der Mitgliedstaaten kompatibel und komplementär sind. *Nettesheim*, JZ 2002, 157 (162) m. w. N.

Auch die **Querschnittsklausel** des Art. 151 Abs. 4 EGV steht wegen des funktionalen Verständnisses der europäischen Kompetenzen einer gemeinschaftsweiten Vielfaltsicherung nicht entgegen. Die Vorschrift beinhaltet **keinen absoluten Kulturvorbehalt** der **Mitgliedstaaten;**[46] sie zeigt sich vielmehr als in der hiesigen Diskussion häufig überbewertete Bestimmung. In der **Judikatur zum Tabakwerbeverbot** hat der EuGH bezüglich des Harmonisierungsverbots für den Gesundheitsschutz in Art. 152 Abs. 5 EGV postuliert, dass eine durch das Primärrecht vermittelte Zuständigkeit nicht schon deshalb wieder beseitigt wird, weil der Regulierungsgegenstand gleichzeitig einer anderen Materie zuzuordnen ist: Sofern die übrigen Voraussetzungen des Art. 95 EGV vorliegen, ist selbst ein ausdrückliches Harmonisierungsverbot wie Art. 152 Abs. 5 EGV unbeachtlich.[47]

Dass Harmonisierungsverbote hierdurch faktisch umgangen werden, kann man durchaus kritisieren. Dennoch nimmt der EuGH mit seiner Argumentation den auf Art. 151 Abs. 5 EGV gestützten Bedenken gegen ein europäisches Medienkonzentrationsrecht den Wind aus den Segeln. Für die Vielfaltsicherung reicht es kompetenzrechtlich aus, wenn sich die Europäische Gemeinschaft auf Art. 47 Abs. 2 EGV i. V. m. Art. 55 EGV oder Art. 95 EGV stützen kann. **Kulturelle Belange der Mitgliedstaaten können** dabei in erheblichem Umfang **tangiert** werden. Wegen der Vergleichbarkeit der Kompetenzausübungsschranken der Art. 151 Abs. 5 EGV und Art. 152 Abs. 5 EGV kann für die Medienregulierung nichts anderes gelten als für den Gesundheitsschutz.[48]

Das **Subsidiaritätsprinzip** des Art. 5 Abs. 2 EGV und der **Verhältnismäßigkeitsgrundsatz** des Art. 5 Abs. 3 EGV können einem europäischen Medienkonzentrationsrecht ebenso wenig entgegengehalten werden. Zwar wird im Hinblick auf den Subsidiaritätsgrundsatz von kritischen Stimmen immer wieder ins Feld geführt, medialer Pluralismus könne besser auf mitgliedschaftlicher Ebene geschützt werden.[49] Dem ist jedoch die **Ohnmacht** der nationalen Vielfaltsicherung **zur Bewältigung transnationaler Meinungsmacht** entgegenzuhalten.[50] Ebenso wenig würden gemeinschaftliche Maßnahmen *a priori* am Verhältnismäßigkeitsgrundsatz

---

[46] *Blanke,* in: Calliess/Ruffert, EUV/EGV, Art. 151 Rdnr. 14 f. Art. 151 EGV ermöglicht selbst eine unmittelbare Kulturförderung durch die EU, die aber nicht in Usurpation oder Übernahme umschlagen darf. *Nettesheim,* JZ 2002, 157 (165).

[47] Siehe insb. EuGH, C-376/98, Tabakwerbeverbot I, Slg. 2000, I-8419 Rdnr. 86 ff.

[48] In diesem Sinne auch *Schüll,* Schutz der Meinungsvielfalt im Rundfunkbereich durch das europäische Recht, S. 135; *Gounalakis/Zagouras,* JZ 2008, 652 ff. A. A. *Hain,* AfP 2007, 527 (533), der in Art. 151 EGV die Diversität nationaler Kulturen zum Ausdruck kommen sieht und deshalb eine restriktivere Auslegung der Vorschrift fordert.

[49] Vgl. *Mailänder,* Konzentrationskontrolle zur Sicherung der Meinungsvielfalt im privaten Rundfunk, S. 339; *Ress/Bröhmer,* Europäische Gemeinschaft und Medienvielfalt, S. 54 f.

[50] Hierzu *Gounalakis/Zagouras,* JZ 2008, 652 ff.

des Art. 5 Abs. 3 EGV scheitern. Schon der **breite Ermessensspielraum,** welcher der Europäischen Gemeinschaft bei der Beurteilung der Geeignetheit, Erforderlichkeit und Angemessenheit von Maßnahmen gewährt wird,[51] räumt solche Bedenken aus.[52] Schließlich spricht hierfür auch die fundamentale **Bedeutung des Rechtsgutes Meinungsvielfalt** für den demokratischen Kommunikationsprozess.[53]

§ 37. Schlussbemerkung

Abschließend lässt sich festhalten, dass eine **europäische Vielfaltsicherung kompetenzrechtlich möglich** und angesichts der zunehmenden transnationalen Konzentration auch **rechtspolitisch wünschenswert** ist. Es sprechen keine zwingenden primärrechtlichen Bedenken gegen ein koordiniertes Vorgehen der Gemeinschaft. Ob und zu welchem Zeitpunkt ein solcher Schritt erfolgt, ist damit weniger eine kompetenzrechtliche, sondern eher eine medien- bzw. rechtspolitische Frage. Der Schutz des offenen und demokratischen Kommunikationsprozesses vor Medienkonzentration und Uniformität in der Berichterstattung gehört jedenfalls zu den zentralen Fragen, denen sich die europäische Medienordnung künftig stellen muss.

---

[51] Der Ermessensspielraum der Gemeinschaft bzgl. der Verhältnismäßigkeit ihrer Maßnahmen ist umso breiter, je komplexer eine Regulierungsmaterie ist, da die regulatorische Bewertung eines undurchsichtigen Sachverhalts regelmäßig dessen hypothetische Beurteilung voraussetzt. Vgl. EuGH, C-380/03, Tabakwerbeverbot II, Slg. 2006, I-11573, Rdnr. 45; *Calliess*, in: Calliess/Ruffert, EUV/EGV, Art. 5 EGV Rdnr. 53.

[52] Siehe in Bezug auf die Geeignetheit europäischer Maßnahmen auch *Schüll*, Schutz der Meinungsvielfalt im Rundfunkbereich durch das europäische Recht, S. 156 f.

[53] So schon *Gounalakis/Zagouras*, JZ 2008, 652 (653).

Stichwortverzeichnis

(Die Zahlen beziehen sich auf die Seiten.)